Tendances des impôts sur la consommation 2016

TVA/TPS ET DROITS D'ACCISE : TAUX, TENDANCES ET QUESTIONS STRATÉGIQUES

OCDE

DES POLITIQUES MEILLEURES POUR UNE VIE MEILLEURE

Cet ouvrage est publié sous la responsabilité du Secrétaire général de l'OCDE. Les opinions et les interprétations exprimées ne reflètent pas nécessairement les vues officielles des pays membres de l'OCDE.

Ce document et toute carte qu'il peut comprendre sont sans préjudice du statut de tout territoire, de la souveraineté s'exerçant sur ce dernier, du tracé des frontières et limites internationales, et du nom de tout territoire, ville ou région.

Merci de citer cet ouvrage comme suit :
OCDE (2017), *Tendances des impôts sur la consommation 2016: TVA/TPS et droits d'accise : taux, tendances et questions stratégiques*, Éditions OCDE, Paris.
http://dx.doi.org/10.1787/ctt-2016-fr

ISBN 978-92-64-26406-9 (imprimé)
ISBN 978-92-64-26409-0 (PDF)
ISBN 978-92-64-27022-0 (ePub)

Series: Tendances des impôts sur la consommation
ISSN 1028-8171 (imprimé)
ISSN 1999-0987 (online)

Les données statistiques concernant Israël sont fournies par et sous la responsabilité des autorités israéliennes compétentes. L'utilisation de ces données par l'OCDE est sans préjudice du statut des hauteurs du Golan, de Jérusalem-Est et des colonies de peuplement israéliennes en Cisjordanie aux termes du droit international.

Les corrigenda des publications de l'OCDE sont disponibles sur : *www.oecd.org/about/publishing/corrigenda.htm*.

Avant-propos

Cette publication est la onzième de la série Tendances des impôts sur la consommation, *publiée tous les deux ans par l'OCDE. Elle présente des données comparatives internationales relatives aux impôts sur la consommation dans les pays membres de l'OCDE au 1*er *janvier 2016. Les tableaux contenant des données provenant des* Comptes nationaux *et des chiffres relatifs aux recettes fiscales issus des* Statistiques des recettes publiques 1965-2015 *sont actualisés jusqu'à l'année 2014 comprise. Les niveaux des prix des carburants sont actualisés au 4*e *trimestre 2015 et proviennent des* Statistiques trimestrielles – Energy Prices and Taxes *(en anglais seulement) publiées par l'Agence internationale de l'énergie. Les données sur les différents pays ont, pour l'essentiel, été communiquées par les délégués auprès du Groupe de travail n° 9. Les taux de change utilisés pour convertir les monnaies nationales en dollar des États-Unis (USD) sont les taux moyens du marché pour 2015 extraits des* Statistiques monétaires et financières de l'OCDE, *sauf pour les tableaux 1.A1.10 (chapitre 1), 2.A2.3 et 2.A2.7 (chapitre 2) où les taux à parité de pouvoir d'achat (PPA) sont utilisés car ils permettent une meilleure comparaison de la valeur des seuils d'exonération de la TVA (les taux PPA pour le PIB 2015 sont extraits de la base de données des Statistiques de l'OCDE).*

Cette publication illustre l'évolution des impôts sur la consommation en tant qu'instruments de mobilisation des recettes fiscales. Elle recense et documente les nombreuses différences qui existent en matière d'assiette, de taux et de règles d'application, tout en soulignant les caractéristiques qui sous-tendent leur évolution. Elle examine en particulier les évolutions survenues dans le domaine de la taxe sur la valeur ajoutée/taxe sur les biens et services (TVA/TPS) (appelée « TVA » dans cette publication). Elle présente notamment une estimation actualisée du ratio des recettes de TVA (RRT) pour les pays de l'OCDE, qui donne une indication de l'ampleur des recettes de TVA non perçues sous l'effet d'exemptions, de taux réduits, de la fraude et de la planification fiscale. Elle fait observer que les Principes directeurs internationaux de l'OCDE pour la TVA/TPS sont désormais publiés et universellement acceptés comme la nouvelle norme mondiale pour l'application de la TVA aux échanges internationaux de services et de biens incorporels.

Le chapitre 1 résume les tendances en matière d'impôts sur la consommation et leurs principales caractéristiques. Il montre l'évolution des recettes tirées des impôts sur la consommation entre 1965 et 2014 et examine plus en détail l'application de la TVA aux échanges internationaux, plus particulièrement les difficultés d'appliquer la TVA aux échanges internationaux de services et de biens incorporels, avant d'étudier les Principes directeurs internationaux de l'OCDE pour la TVA/TPS. Il s'intéresse également aux évolutions récentes en matière de fraude à la TVA. Le chapitre 2 décrit les principales caractéristiques des régimes de TVA en vigueur dans les pays de l'OCDE, à savoir les taux, exemptions, restrictions spécifiques au droit à déduction de la TVA acquittée sur les intrants, seuils d'assujettissement et de recouvrement, mécanismes d'allégement de la TVA pour les biens importés par des consommateurs finaux, et méthodes spéciales de recouvrement de la taxe. Une note technique analysant les raisons et les conséquences des taux réduits de TVA accompagne ce chapitre. Le chapitre 3 décrit comment le ratio de recettes TVA (RRT) donne une indication de l'effet des exemptions, des taux réduits et du non-respect des obligations fiscales sur les recettes publiques, et explique comment il est calculé et doit être interprété. Il est complété par des notes techniques sur des questions de mesure. Le chapitre 4 décrit les principales caractéristiques des droits d'accise et leur incidence sur les recettes, le comportement des consommateurs et les marchés. Il fait une présentation détaillée des taux des droits d'accise applicables à la bière, au vin, aux boissons alcoolisées, au tabac et aux huiles minérales dans les pays de l'OCDE. Il procède également, ce qui est une première, au chiffrage de la charge fiscale totale qui grève un paquet de cigarettes dans les pays de l'OCDE. Le chapitre 5 décrit les principales caractéristiques de la fiscalité des véhicules et l'usage qu'il en est fait pour influencer le comportement des consommateurs. Il donne des informations détaillées sur les impôts liés à la vente et à l'immatriculation des véhicules ainsi que sur les impôts périodiques.

Cet ouvrage a été préparé sous l'égide du Groupe de travail n° 9 sur les impôts sur la consommation du Comité des affaires fiscales. Stéphane Buydens, du Centre de politique et d'administration fiscales (CTPA) de l'OCDE, en est l'auteur.

Table des matières

Tableaux

Graphiques

Suivez les publications de l'OCDE sur :

http://twitter.com/OECD_Pubs

http://www.facebook.com/OECDPublications

http://www.linkedin.com/groups/OECD-Publications-4645871

http://www.youtube.com/oecdilibrary

http://www.oecd.org/oecddirect/

Ce livre contient des...

StatLinks

Accédez aux fichiers Excel® à partir des livres imprimés !

En bas des tableaux ou graphiques de cet ouvrage, vous trouverez des *StatLinks*. Pour télécharger le fichier Excel® correspondant, il vous suffit de retranscrire dans votre navigateur Internet le lien commençant par : *http://dx.doi.org*, ou de cliquer sur le lien depuis la version PDF de l'ouvrage.

Remerciements

Nous tenons à remercier : David Bradbury (Chef de la Division de la politique et des statistiques fiscales) ; Piet Battiau (Chef de l'Unité des impôts sur la consommation), Kurt Van Dender (Chef de l'Unité des impôts et de l'environnement) ; Michele Harding (Chef de l'Unité des statistiques) ; Bert Brys (Chef de l'Unité de la politique fiscale) ; Alastair Thomas (Economiste de la fiscalité), Florens Flues (Economiste de la fiscalité), Michel Lahittete (Statisticien), Michael Sharrat (Statisticien) et Martine Monza (Assistante), CTPA ; Mariano Berkenwald, Agence internationale de l'énergie ; Professeur Walter Hellerstein (Distinguished Research Professor et Francis Shackelford Distinguished Professor in Taxation Law, University of Georgia).

Résumé

Les impôts sur la consommation se composent généralement des *impôts généraux sur les biens et services* (« impôts généraux sur la consommation »), qui englobent la taxe sur la valeur ajoutée (TVA) et son équivalent dans plusieurs pays (la taxe sur les biens et services, ou TPS), les taxes sur les ventes et d'autres impôts généraux sur les biens et services ; et les *impôts sur les biens et services déterminés*, qui recouvrent essentiellement les droits d'accise, les droits de douane et à l'importation, ainsi que les taxes sur certains services (comme sur les assurances ou les opérations financières).

En 2014, les impôts sur la consommation ont représenté 30.5 % du total des recettes fiscales dans les pays de l'OCDE en moyenne. Si la part du total des impôts sur la consommation (impôts généraux sur la consommation plus impôts sur les biens et services déterminés) en pourcentage des recettes fiscales totales est restée relativement stable depuis 1975, leur composition a radicalement changé. Au fil du temps, les pays de l'OCDE ont développé l'usage des impôts généraux sur la consommation. Depuis 1965, la part de ces impôts en pourcentage du PIB dans les pays de l'OCDE a plus que doublé, passant de 3.2 % à 7.0 %. Ils génèrent désormais 20.7 % des recettes fiscales totales en moyenne, contre 11.9 % en 1965. La TVA est devenue la principale source d'impôts généraux sur la consommation, représentant en moyenne 6.8 % du PIB et 20.1 % du total des recettes fiscales dans les pays de l'OCDE en 2014. Bien que les recettes tirées des impôts généraux sur la consommation aient baissé entre 2005 et 2009, sous l'effet de la crise économique mondiale, elles ont désormais renoué avec leurs niveaux d'avant la crise, essentiellement grâce au relèvement du taux normal de la TVA dans de nombreux pays. À l'inverse, les recettes générées par les impôts sur les biens et services déterminés, majoritairement composés de droits d'accise, ont diminué en pourcentage du PIB (de 5.6 % en 1965 à 3.3 % en 2014) et en pourcentage de l'ensemble des recettes fiscales (de 24.3 % en 1965 à 9.6 % en 2014).

Principales tendances

- Les recettes provenant de la TVA atteignent un niveau record dans les pays de l'OCDE, puisqu'elles représentent 6.8 % du PIB et 20.1 % du total des recettes fiscales en moyenne (à l'exclusion des États-Unis qui n'ont pas de régime de TVA), contre respectivement 6.6 % du PIB et 19.8 % du total des recettes fiscales en 2012. Les recettes de TVA ont progressé en pourcentage du PIB dans 22 des 34 pays de l'OCDE dotés d'un système de TVA, et ont légèrement baissé dans 5 pays par rapport à 2012.
- Les taux normaux de la TVA dans la zone OCDE ont culminé à 19.2 % en moyenne en 2015 et sont restés stables depuis lors. 10 pays de l'OCDE appliquent désormais un taux normal de TVA supérieur à 22 %, contre seulement 4 en 2008. Le taux normal moyen dans les 22 pays de l'OCDE qui sont membres de l'Union européenne (21.7 %) est bien supérieur à la moyenne de l'OCDE.
- Les pays misent de plus en plus sur des mesures d'élargissement de l'assiette pour mobiliser des recettes de TVA supplémentaires, notamment en relevant les taux réduits et/ou en restreignant leur champ d'application, conformément aux recommandations de l'OCDE.

- La plupart des pays de l'OCDE ont pris ou annoncé des mesures visant à prélever une TVA sur le volume sans cesse croissant de ventes en ligne réalisées par des vendeurs à l'étranger, conformément aux Principes directeurs internationaux pour la TVA/TPS et au Rapport sur l'Action 1 du projet BEPS intitulé *Relever les défis fiscaux posés par l'économie numérique*.
- Les Principes directeurs internationaux pour la TVA/TPS constituent la première norme mondiale pour l'application de la TVA aux échanges internationaux. Achevés en 2015, ils ont été entérinés par plus de 100 pays, juridictions et organisations internationales lors du Forum mondial sur la TVA organisé par l'OCDE en novembre 2015. Ils ont été adoptés en tant que Recommandation par le Conseil de l'OCDE en septembre 2016.
- Aujourd'hui, la charge fiscale totale sur les cigarettes dépasse 50 % du prix à la consommation dans pratiquement tous les pays de l'OCDE, et atteint 80 %, voire plus, dans 10 pays. Les pays ont de plus en plus fréquemment recours aux droits d'accise pour influencer le comportement des consommateurs.

Principaux résultats

- De nombreux pays de l'OCDE continuent d'appliquer des taux réduits à une large gamme de produits, comme les biens et services de première nécessité, les produits pharmaceutiques et les services de santé, les manifestations sportives et culturelles, etc. afin d'atteindre des objectifs tenant à l'équité ou des objectifs autres que la redistribution des revenus (soutien de projets culturels, promotion d'activités locales à fort coefficient de main-d'œuvre ou correction d'externalités environnementales ou autres). Ils le font malgré des éléments qui montrent que l'utilisation de taux réduits n'est pas un moyen efficace d'atteindre des objectifs de redistribution ou les autres objectifs mentionnés ci-dessus. Ils continuent également de recourir massivement aux exemptions à des fins de redistribution (exemptions en faveur des services de santé de base, des œuvres de bienfaisance et de l'éducation, par exemple) et pour les activités considérées comme difficiles à taxer (les services financiers, par exemple).
- Le ratio des recettes de TVA (RRT) pour les pays de l'OCDE révèle qu'il existe une marge de manœuvre pour accroître l'efficacité du régime de TVA. Le RRT fournit une mesure comparative de l'effet des exemptions et des taux réduits sur les recettes fiscales et sur la capacité des pays à mobiliser l'assiette potentielle de la TVA. Ce ratio correspond au rapport entre les recettes de la TVA effectivement collectées et celles qui auraient théoriquement été obtenues si la TVA avait été appliquée au taux normal à la totalité de l'assiette dans un régime de TVA sans aucune exonération. À l'échelle de l'OCDE, le RRT moyen non pondéré est resté relativement stable à 0.56 en 2014, contre 0.55 en 2012, ce qui signifie que 44 % des recettes potentielles de TVA ne sont pas collectées. Bien qu'il faille interpréter le RRT avec prudence et que l'érosion de l'assiette puisse être causée par divers facteurs, cette estimation du RRT donne à penser qu'il existe une marge considérable d'augmentation des recettes en améliorant l'efficacité du système de TVA.
- La part des droits d'accise dans le total des recettes fiscales subit une longue érosion depuis 1965, lorsqu'ils représentaient 14.2 % en moyenne, contre 7.6 % en 2014. Les droits d'accise sont de plus en plus utilisés pour influencer le comportement des consommateurs, notamment pour lutter contre la pollution au moyen de taxes sur les carburants automobiles et pour améliorer la situation sanitaire en alourdissant la fiscalité des produits du tabac.
- La fiscalité des véhicules est elle aussi de plus en plus employée pour influencer le comportement des consommateurs et encourager l'utilisation de véhicules peu polluants. En 2016, plus des trois quarts des pays de l'OCDE appliquaient des réductions de taxe ou des exemptions au titre de l'acquisition ou de la possession/l'usage de véhicules en fonction de critères environnementaux ou de consommation de carburant.

Chapitre 1

Taxer la consommation

Ce chapitre fait état de l'importance relative des impôts sur la consommation en tant que source de recettes fiscales et décrit leurs principales caractéristiques. Il montre l'évolution des recettes issues des impôts sur la consommation entre 1965 et 2014. Il décrit le fonctionnement des taxes sur la valeur ajoutée (TVA) et des taxes sur les ventes (aux États-Unis), de même que les principales caractéristiques des impôts sur la consommation de biens et services déterminés. Il examine plus en détail l'application de la TVA au commerce international, et tout particulièrement les problèmes que soulève le recouvrement de la TVA dans le contexte des échanges transfrontières, ainsi que les Principes directeurs internationaux pour la TVA/TPS conçus par l'OCDE en tant que norme mondiale pour remédier à ces problèmes. Enfin, il s'intéresse aux récentes évolutions concernant la fraude et l'évasion fiscales en matière de TVA, et évoque plusieurs contre-mesures mises en œuvre dans certains pays ou susceptibles d'être prises à l'avenir.

Les données statistiques concernant Israël sont fournies par et sous la responsabilité des autorités israéliennes compétentes. L'utilisation de ces données par l'OCDE est sans préjudice du statut des hauteurs du Golan, de Jérusalem Est et des colonies de peuplement israéliennes.

1.1. Introduction

Les impôts sur la consommation correspondent à environ un tiers du total des impôts collectés dans les pays membres de l'OCDE. Ils se présentent sous deux formes communes : les impôts généraux sur la consommation (les taxes sur la valeur ajoutée et les taxes sur les ventes au détail) et les impôts sur des biens et services déterminés (essentiellement les droits d'accise).

Depuis le milieu des années 80, la TVA[1] (également appelée taxe sur les biens et services : TPS) est devenue le principal impôt sur la consommation en termes de recettes et de couverture géographique. Elle est conçue comme un impôt sur la consommation finale qui est globalement neutre à l'égard du processus de production et des échanges internationaux. De manière générale, elle passe pour un impôt relativement favorable à la croissance. Bon nombre de pays ont donc cherché à obtenir des recettes supplémentaires au moyen de la TVA (plutôt que d'autres impôts) dans le cadre de leurs stratégies d'assainissement budgétaire suite à la crise économique et financière mondiale. Beaucoup de pays en développement se sont dotés, au cours des deux dernières décennies, d'un régime de TVA destiné à compenser la perte de recettes issues des taxes sur les échanges du fait de la libéralisation du commerce. Quelque 166 pays disposent aujourd'hui d'un système de TVA (voir annexe A) ; parmi eux figurent 34 des 35 pays membres de l'OCDE, les États-Unis constituant l'unique exception (bien que la plupart des États qui les composent disposent d'une taxe sur les ventes au détail sous une forme ou sous une autre). La TVA génère environ un cinquième du total des recettes fiscales au sein de la zone OCDE et dans le reste du monde.

Sous l'effet conjugué de la diffusion de la TVA dans le monde, de la rapide mondialisation des activités économiques, de l'évolution de l'économie numérique, elle-même à l'origine d'une multiplication des interactions entre les divers systèmes de TVA, et des relèvements des taux de TVA, la taxe sur la valeur ajoutée est depuis le début de ce siècle une problématique de plus en plus prégnante dans le contexte des échanges internationaux. Contrairement aux impôts sur les revenus (dont traitent le Modèle de Convention fiscale et les Principes applicables en matière de prix de transfert de l'OCDE), aucun cadre international ne régissait jusqu'à tout récemment l'application de la TVA aux échanges internationaux, ce qui avait pour effet d'accroître les incertitudes et de rendre les choses plus complexes pour les administrations fiscales et les entreprises, tout en augmentant les risques de double imposition et de double exonération involontaire. Cette situation était tout particulièrement préoccupante en ce qui concerne les échanges internationaux de services et de biens incorporels qui ont considérablement augmenté au cours des dernières décennies. En réponse, le Comité des affaires fiscales de l'OCDE (CAF) a élaboré les *Principes directeurs internationaux pour la TVA/TPS*. Ces Principes contiennent une série de normes convenues à l'échelon international et d'approches recommandées en faveur d'une application cohérente de la TVA aux échanges internationaux, surtout de services et de biens incorporels. Ils visent essentiellement à réduire les incertitudes et à diminuer les risques de double imposition et de double exonération involontaire dus à certaines incohérences qui caractérisent l'application de la TVA dans le contexte du commerce international. Les *Principes directeurs internationaux pour la TVA/TPS* ont été approuvés au titre de norme mondiale par plus d'une centaine de pays, juridictions et organisations internationales lors du Forum mondial de l'OCDE sur la TVA qui s'est tenu en novembre 2015. Ils ont été adoptés en tant que Recommandation par le Conseil de l'OCDE en septembre 2016. Cette Recommandation est le premier instrument juridique dont se dote l'OCDE dans le domaine de la TVA (le reste de l'arsenal juridique dont dispose l'Organisation sur le plan fiscal, comme le Modèle de convention fiscale et les Principes applicables en matière de prix de transfert, portant essentiellement sur l'imposition des revenus).

Ce chapitre présente tout d'abord la classification statistique des impôts sur la consommation (section 1.2) et décrit l'évolution des recettes issues de ces impôts entre 1965 et 2014 (section 1.3). Il examine ensuite l'expansion géographique de la TVA (section 1.4) et expose les principales caractéristiques conceptuelles de cette taxe (section 1.5), avant de décrire en détail les principales caractéristiques conceptuelles des taxes sur les ventes (section 1.6) et celles des impôts sur la consommation de biens et services déterminés (section 1.7). Il étudie alors plus en détail les problèmes d'application de la TVA aux échanges internationaux de services et de biens incorporels, ainsi que les *Principes directeurs internationaux pour la TVA/TPS* élaborés par l'OCDE en tant que norme mondiale pour remédier à ces problèmes. Il examine également les options possibles pour prélever la TVA sur les échanges internationaux de biens de faible valeur (section 1.8). Il s'intéresse enfin aux évolutions récentes concernant la fraude et l'évasion fiscales en matière de TVA et évoque des contre-mesures mises en œuvre dans certains pays ou susceptibles d'être engagées à l'avenir (section 1.9). Pour faciliter la consultation, les tableaux mentionnés ci-après figurent en fin de chapitre.

1.2. Classification des impôts sur la consommation

Selon la classification de l'OCDE, le terme « impôts » désigne uniquement les versements obligatoires effectués sans contrepartie au profit des administrations publiques. Dans la nomenclature de l'OCDE, les impôts se divisent en cinq grandes catégories : impôts sur le revenu, les bénéfices et les gains en capital (1000) ; cotisations de sécurité sociale (2000) ; impôts sur les salaires et la main-d'œuvre (3000) ; impôts sur le patrimoine (4000) ; et impôts sur les biens et services (5000) (OCDE, 2016a).

Les impôts sur la consommation (catégorie 5100 « Impôts sur la production, la vente, le transfert, la location et la livraison des biens et la prestation de services ») se répartissent essentiellement en deux sous-catégories :

- *Les impôts généraux sur les biens et les services* (« impôts généraux sur la consommation »), parmi lesquels figurent les taxes sur la valeur ajoutée (5111), les impôts sur les ventes (5112) et d'autres impôts généraux sur les biens et services (5113).
- *Les impôts sur des biens et des services déterminés* qui recouvrent essentiellement les accises (5121), les droits de douane et droits à l'importation (5123) et les impôts sur des services spécifiques (5126, par exemple les taxes sur les primes d'assurance et les services financiers).

Les impôts sur la consommation comme la TVA, les impôts sur les ventes et les accises sont souvent appelés *impôts indirects* en ce sens qu'ils ne grèvent pas directement la personne censée supporter la charge de l'impôt. Ils sont plutôt appliqués à des transactions, des produits ou des événements déterminés (*OECD Glossary of Tax Terms*). Ils portent non pas sur le revenu ou le patrimoine, mais plutôt sur les dépenses que financent le revenu et le patrimoine. Les pouvoirs publics collectent généralement l'impôt auprès des producteurs et des distributeurs à divers points de la chaîne de valeur, mais l'impôt est en principe à la charge des consommateurs, en supposant qu'il sera répercuté sur eux dans les prix facturés par les fournisseurs.

1.3. Évolution des recettes issues des impôts sur la consommation

En moyenne, les impôts sur la consommation génèrent 30 % du total des recettes fiscales et représentent 10 % du PIB dans les pays membres de l'OCDE (moyenne non pondérée, voir tableaux 1.A1.1 et 1.A1.2). En 2014, environ deux tiers des recettes provenant de ces impôts étaient imputables aux impôts généraux sur la consommation et un tiers aux impôts sur des biens et des services déterminés (voir tableaux 1.A1.4 et 1.A1.6).

Graphique 1.1. **Recettes fiscales moyennes par catégories d'impôts en pourcentage du total des recettes fiscales en 2014**

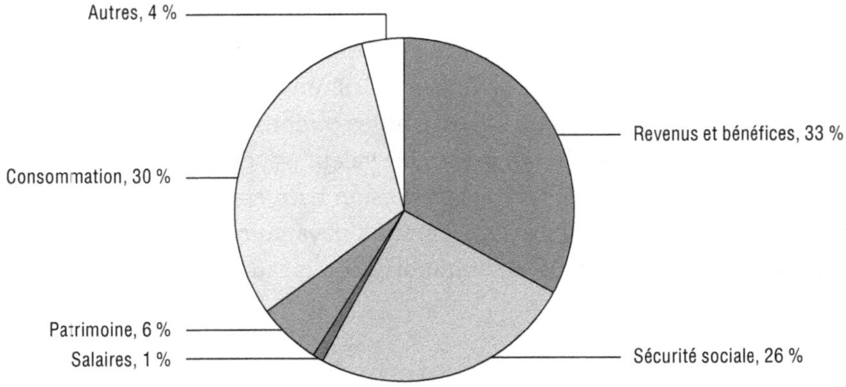

Source : Adaptation fondée sur OCDE (2016a), *Statistiques des recettes publiques 2016*, Éditions OCDE, Paris, *http://dx.doi.org/10.1787/rev_stats-2016-en-fr*.

StatLink http://dx.doi.org/10.1787/888933458494

Les tableaux 1.A1.3 et 1.A1.4 présentent les recettes issues des impôts généraux sur la consommation respectivement en pourcentage du produit intérieur brut (PIB) et en pourcentage du total des recettes fiscales en 2014. Ces impôts englobent la TVA, les impôts sur les ventes et d'autres impôts généraux sur les biens et services. Ces pourcentages, tant du PIB que du total des recettes fiscales, varient considérablement d'un pays à l'autre. En Australie, aux États-Unis, au Japon, au Mexique et en Suisse, les impôts généraux sur la consommation représentent moins de 4 % du PIB, mais plus de 9.5 % en Hongrie, en Israël et en Nouvelle-Zélande. Les recettes provenant de ces impôts sont inférieures à 15 % du total des recettes fiscales en Australie, au Canada, aux États-Unis, en Italie, au Japon et en Suisse et supérieures à 30 % au Chili, en Hongrie et en Israël. Les impôts généraux sur la consommation s'élèvent à plus de 20 % du total des recettes fiscales dans 20 des 35 pays de l'OCDE, la moyenne non pondérée pour l'OCDE étant de 20.7 %.

L'évolution dans la durée montre que les pays membres de l'OCDE recourent de plus en plus aux impôts généraux sur la consommation. Depuis 1965, la part de ces impôts en pourcentage du PIB dans les pays de l'OCDE a plus que doublé, passant de 3.2 % à 7.0 % en 2014. Alors que ces impôts ne représentaient que 11.9 % du total des recettes fiscales dans les pays de l'OCDE en 1965, leur part a atteint 20.7 % en 2014. Même si les recettes issues des impôts sur la consommation se sont contractées entre 2005 et 2009 sous l'effet de la crise économique et financière mondiale, elles ont dans l'ensemble retrouvé leurs niveaux d'avant la crise, essentiellement grâce à la hausse des taux normaux de la TVA dans de nombreux pays pendant et après la crise (21 des pays membres de l'OCDE ont relevé leurs taux normaux entre 2009 et 2014 – voir le chapitre 2).

La TVA est à présent la principale source d'impôts généraux sur la consommation dans les pays de l'OCDE en moyenne. Les recettes issues de la TVA en pourcentage du PIB ont augmenté, passant de 6.8 % en 2012 à 7.0 % en 2014 en moyenne ; et de 20.5 % en 2012 à 20.7 % en 2014 en pourcentage du total des recettes fiscales (voir tableaux 1.A1.7 et 1.A1.8). La TVA est appliquée dans 34 des 35 pays de l'OCDE, les États-Unis étant le seul pays de l'OCDE à ne pas l'avoir adoptée. En 1975, treize des pays membres actuels de l'OCDE étaient dotés d'un régime de TVA (voir tableau 2.A2.1 au chapitre 2). L'Espagne, la Grèce, l'Islande, le Japon, le Mexique, la Nouvelle-Zélande, le Portugal et la Turquie ont mis en place un système de TVA dans les années 80, et la Suisse a suivi peu après. Les économies d'Europe centrale ont introduit un système de TVA à la fin des années 80 et au début des années 90, souvent inspiré du modèle de l'Union européenne (UE) et dans la perspective de leur future adhésion à l'UE. Les recettes tirées de la TVA en pourcentage du PIB par rapport à 2012 ont augmenté dans 21 des 34 pays de l'OCDE qui appliquent une TVA, et elles ont légèrement diminué dans 4 pays (voir tableau 1.A1.7). La plus forte augmentation s'est produite au Japon (1.2 point, ce qui s'explique par le relèvement du taux de la TVA de 5 % à 8 % en avril 2014). L'Espagne et Israël (0.7), la République slovaque (0.6) et la Slovénie (0.5) sont d'autres pays qui ont connu une augmentation sensible des recettes provenant de la TVA en pourcentage du PIB entre 2012 et 2014. Ces pays sont aussi ceux qui ont relevé le plus le taux normal de TVA pendant la même période. La part de la TVA dans le total des recettes fiscales au sein des 34 pays de l'OCDE qui appliquent une TVA s'inscrit dans une très large fourchette, allant de 12-13 % (Japon, Australie, Suisse, Canada, Italie) à 25-26 % (Estonie, Lettonie, Mexique), voire même 29.9 % en Nouvelle-Zélande et 41.6 % au Chili (voir graphique 1.2 et tableau 1.A1.8). La TVA génère au moins 15 % du total des recettes fiscales dans 30 des 34 pays de l'OCDE dotés d'une TVA et représente plus de 20 % du total des recettes fiscales dans 20 de ces pays.

Les tableaux 1.A1.5 et 1.A1.6 montrent que les recettes provenant des impôts sur des biens et des services déterminés, majoritairement des droits d'accise, ont régulièrement diminué en pourcentage du PIB de 1965 à 2010 (5.6 % en 1965 et 3.3 % en 2010) et sont restées stables à 3.3 % du PIB en moyenne depuis lors. La part des impôts sur des biens et des services déterminés dans le total des recettes fiscales a continué de décroître de 2012 à 2014 (10.7 % en 1965 et 9.6 % en 2014 en moyenne). La part de ces impôts dans le total des recettes fiscales s'est contractée dans 23 pays de l'OCDE et a progressé dans 7 d'entre eux. Les droits d'accise sont examinés plus en détail dans le chapitre 4.

En conséquence, la composition des impôts sur la consommation s'est radicalement transformée au fil du temps. La montée en puissance de la TVA est venue compenser le recul de la part des impôts sur des biens et des services déterminés (voir graphique 1.3). Seule la Turquie continue de faire largement appel aux impôts sur des biens et services spécifiques, qui représentent 22 % de l'ensemble de ses recettes fiscales, contre une moyenne de 9.6 % au sein de l'OCDE.

Le tableau 1.A1.9 et le graphique 1.4 montrent l'évolution de la structure fiscale ou de la composition des recettes fiscales dans les pays de l'OCDE de 1965 à 2014. Les structures fiscales sont mesurées par la part des principaux impôts rapportée au total des recettes

Graphique 1.2. **Part de la TVA en pourcentage du total des recettes fiscales 2014**

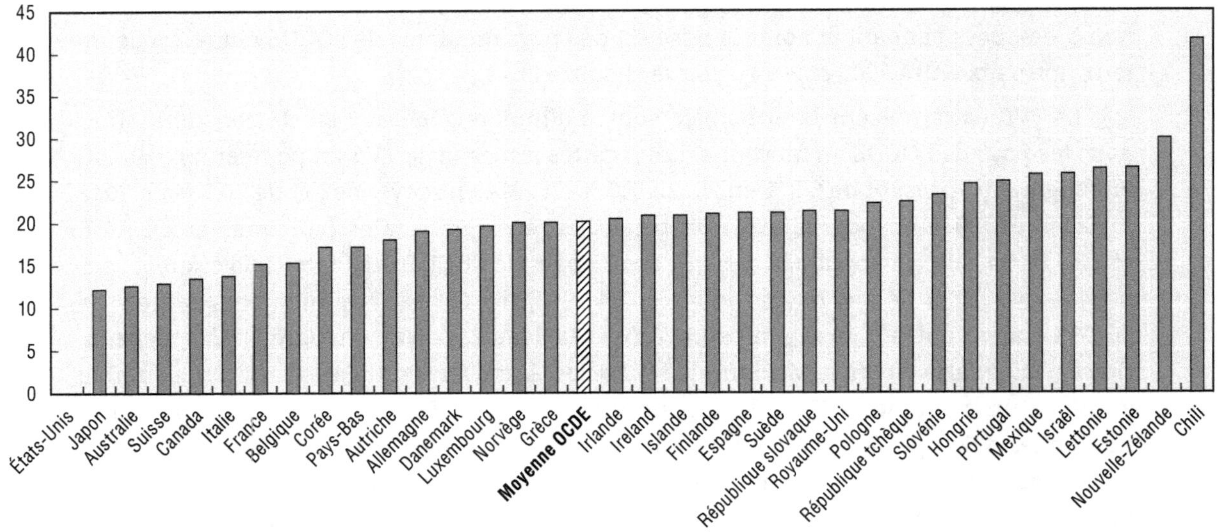

Source : Adaptation fondée sur OCDE (2016a), *Statistiques des recettes publiques 2016*, Éditions OCDE, Paris, *http://dx.doi.org/10.1787/rev_stats-2016-en-fr*.

StatLink http://dx.doi.org/10.1787/888933458502

Graphique 1.3. **Part des impôts sur la consommation en pourcentage du total des recettes fiscales 1966-2014**

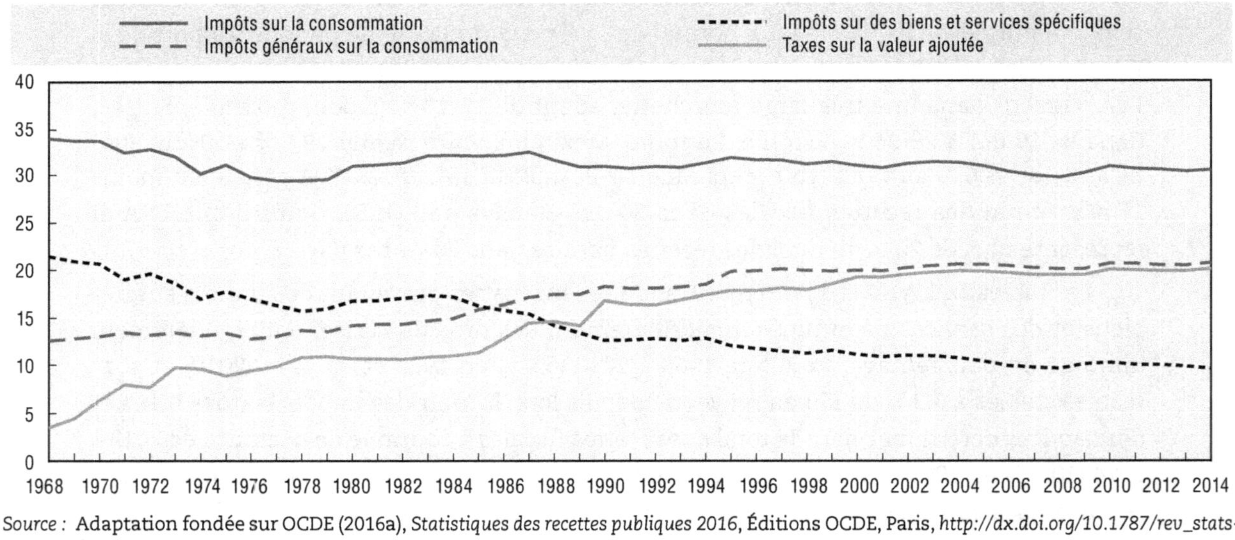

Source : Adaptation fondée sur OCDE (2016a), *Statistiques des recettes publiques 2016*, Éditions OCDE, Paris, *http://dx.doi.org/10.1787/rev_stats-2016-en-fr*.

StatLink http://dx.doi.org/10.1787/888933458517

fiscales. En moyenne, les impôts sur le revenu des personnes physiques (impôts sur le revenu des particuliers et cotisations de sécurité sociale) ont légèrement augmenté au cours de cette période, générant la moitié des recettes fiscales totales en 2014, la part des impôts sur le revenu des particuliers augmentant jusque dans les années 70 avant de se replier, et celle des cotisations de sécurité sociale continuant de progresser. Dans cette structure fiscale, la TVA est devenue la troisième source de recettes fiscales pour les pays de l'OCDE en moyenne, devant les impôts sur les bénéfices des sociétés, les impôts sur les salaires et les impôts sur le patrimoine.

Graphique 1.4. **Évolution de la structure fiscale 1965-2014**

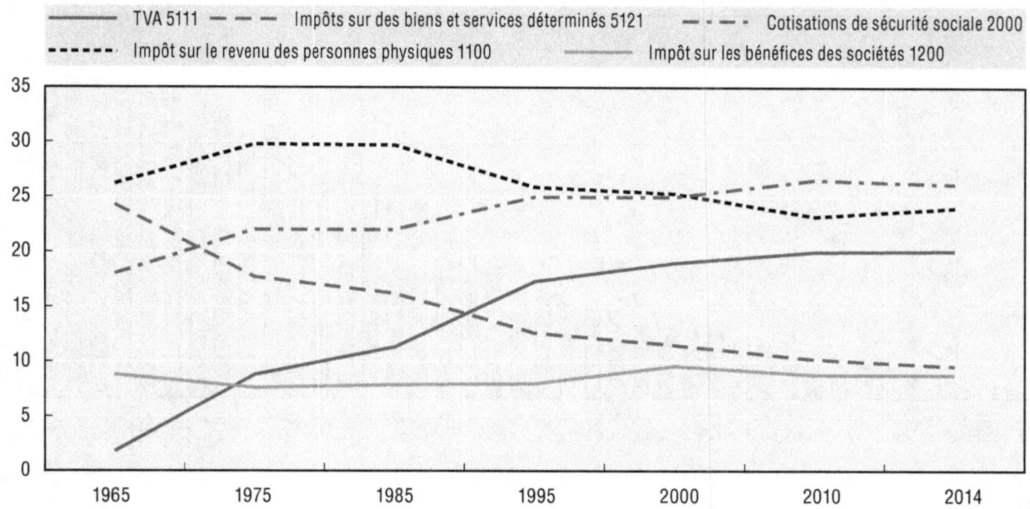

Source : Adaptation fondée sur OCDE (2016a), *Statistiques des recettes publiques 2016*, Éditions OCDE, Paris, *http://dx.doi.org/10.1787/rev_stats-2016-en-fr*.

StatLink *http://dx.doi.org/10.1787/888933458526*

1.4. Développement de la TVA

L'expansion de la TVA a constitué l'une des principales évolutions en matière fiscale intervenue au cours du siècle dernier. Circonscrite à moins de 10 pays à la fin des années 60, la TVA représente actuellement une source majeure de recettes dans plus de 166 pays (voir graphique 1.5 et annexe A).

Le caractère de neutralité de la TVA dans le contexte des échanges nationaux et internationaux a encouragé sa propagation partout dans le monde. De nombreux pays en développement ont mis en place un système de TVA au cours des vingt dernières années pour compenser la perte de recettes issues des taxes sur les échanges suite à une libéralisation du commerce. Dans l'UE, la TVA est directement associée au développement de son marché intérieur. L'adoption d'un système commun de TVA au sein de l'UE avait pour but de supprimer les distorsions commerciales associées aux impôts indirects en cascade que ce système remplaçait et de faciliter la création d'un marché commun dans lequel les États membres ne peuvent pas utiliser les impôts sur la production et la consommation pour protéger leurs industries et investissements à l'échelon national (Ebrill et al., 2001). Une TVA est appliquée dans 34 des 35 pays de l'OCDE, la seule exception étant les États-Unis.

1.5. Principales caractéristiques conceptuelles de la TVA

Bien que le mode de mise en œuvre des systèmes de TVA varie considérablement, la TVA peut se définir par son objectif et son mécanisme spécifique de recouvrement de la taxe. Les *Principes directeurs internationaux pour la TVA/TPS* (OCDE, 2016b) donnent une vue d'ensemble des caractéristiques essentielles de la TVA, qui sont résumées ci-après.

Un impôt sur la consommation finale

La TVA est un impôt à large assiette qui s'applique à la consommation des ménages car, en principe, seules les personnes physiques, à la différence des entreprises, sont des consommateurs visés par la TVA. En d'autre termes, « *les entreprises achètent et utilisent des*

Graphique 1.5. **Pays dotés d'une TVA 1960-2016**

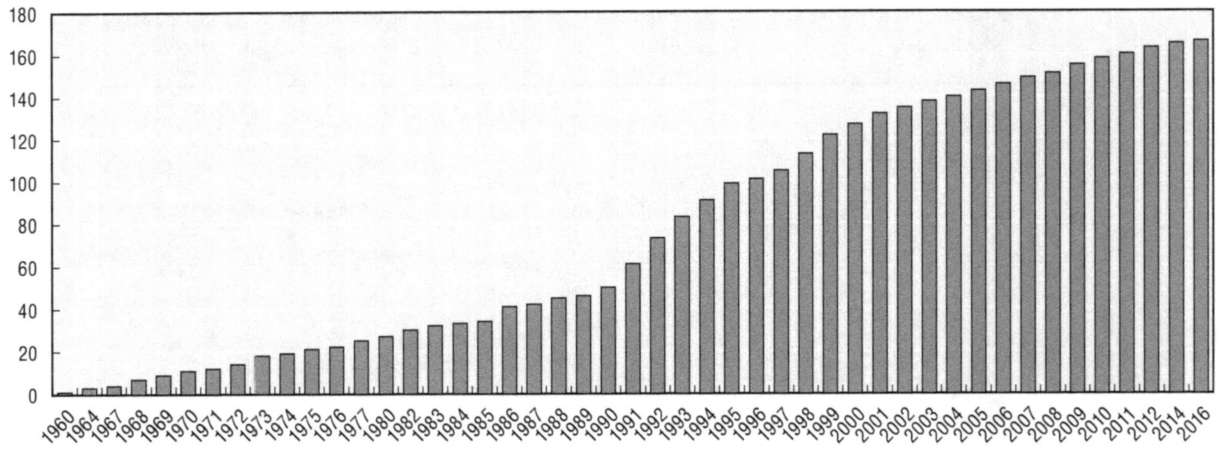

Source : F. Annacondia, « International – Overview of General Turnover Taxes and Tax Rates, 27 International VAT Monitor 2 (2016) », *Journals IBFD.*

StatLink http://dx.doi.org/10.1787/888933458535

biens d'investissement, des fournitures de bureau et autres – mais elles ne les consomment pas au sens propre du terme » (Keen et Hellerstein, 2010). Néanmoins, en pratique, nombreux sont les systèmes de TVA qui grèvent non seulement la consommation des personnes physiques, mais aussi celle de diverses entités exerçant des activités non commerciales.

D'un point de vue juridique et pratique, la TVA est essentiellement un impôt sur les transactions. Dans la « vie réelle », la consommation peut prendre plusieurs formes. Certaines choses peuvent être consommées intégralement et immédiatement (comme un trajet en taxi) ; d'autres peuvent être achetées et intégralement consommées plus tard (comme un sandwich) ; d'autres encore peuvent être consommées sur une plus longue durée (comme un bureau ou un abonnement à une base de données en ligne). Fondamentalement toutefois, la TVA ne grève pas cette consommation matérielle. Elle a pour finalité de taxer la vente au consommateur final par un processus de paiement fractionné tout au long de la chaîne de transactions.

La TVA est collectée par les entreprises selon un processus fractionné mais, s'agissant d'un impôt sur la consommation finale des ménages, la charge de la TVA ne doit pas reposer sur les entreprises, sauf lorsqu'elles acquièrent des biens, services ou biens incorporels qui sont destinés à une consommation privée par leurs propriétaires ou par leurs salariés.

On pourrait cependant faire valoir que la charge économique de la TVA peut reposer selon des proportions variables sur les entreprises et sur les particuliers. De fait, l'incidence effective de la TVA, comme celle de tout autre impôt, est déterminée non seulement par sa nature formelle mais aussi par les circonstances sur le marché, y compris l'élasticité de la demande et la nature de la concurrence entre fournisseurs (Ebrill et al., 2001).

Le mécanisme du paiement fractionné

La caractéristique centrale de la conception de la TVA, dont elle tire son nom, est le recouvrement fractionné de la taxe sur la valeur ajoutée créée à chaque stade du processus de production et de distribution. Chaque entreprise dans la chaîne de transactions participe au processus de contrôle et de recouvrement de la taxe, et paie la proportion de taxe correspondant à sa marge, c'est-à-dire la différence entre la TVA imposée sur ses intrants assujettis et la TVA imposée à ses ventes assujetties. Les entreprises collectent auprès de leurs clients la TVA sur la valeur de leurs ventes et sont autorisées à déduire la taxe payée sur leurs achats ; elles doivent alors calculer et verser la différence à l'administration fiscale (ou peuvent bénéficier d'un remboursement). À cet égard, la TVA se distingue d'une taxe sur les ventes au détail, qui impose la consommation en une seule étape, en principe au niveau du point de vente final.

Cette caractéristique centrale de la TVA, associée au principe fondamental selon lequel la charge de la taxe ne devrait pas reposer sur les entreprises mais sur les consommateurs finals, nécessitent un mécanisme qui permet aux entreprises de déduire la taxe qu'elles ont payée sur leurs propres achats de produits, de services ou de biens incorporels.

Il existe deux méthodes principales pour mettre en œuvre le mécanisme du paiement fractionné :

- Selon la ***méthode soustractive indirecte*** (qui est une « méthode fondée sur les transactions »), chaque opérateur applique la TVA au taux prescrit à chacune de ses ventes de biens ou de services et remet à l'acheteur une facture indiquant le montant de la taxe facturée. L'acheteur est alors en mesure de déduire la taxe acquittée en amont de la taxe facturée sur ses ventes. Il paiera le solde à l'administration fiscale ou percevra un remboursement le cas échéant. Cette méthode sur fonde sur des factures qui pourraient, en principe, faire l'objet d'une vérification croisée pour détecter toute surestimation du montant déductible. En établissant un lien entre la déduction de la taxe sur les intrants de l'acheteur et la taxe payée par l'acheteur, la méthode soustractive indirecte vise à décourager la fraude.
- Selon la ***méthode soustractive directe*** (qui est une « méthode fondée sur les entités »), la taxe est appliquée directement à une mesure comptable de la valeur ajoutée, déterminée pour chaque entreprise en déduisant la TVA calculée sur les achats admissibles de celle calculée sur les prestations imposables.

Presque toutes les juridictions dotées d'une TVA ont opté pour la méthode soustractive indirecte. Parmi les pays membres de l'OCDE, seul le Japon utilise la méthode soustractive directe.

La neutralité

Le mécanisme de paiement fractionné, selon lequel la taxe est en principe collectée auprès des entreprises uniquement sur la valeur ajoutée à chaque stade de la production et de distribution, confère à la TVA sa principale caractéristique dans les échanges nationaux : sa neutralité économique. Le droit à déduction intégral de la taxe d'amont tout au long de la chaîne de transactions, à l'exception du consommateur final, garantit la neutralité de la taxe quels que soient la nature du produit, la structure de la chaîne de distribution et les moyens mis en œuvre pour sa fourniture (par exemple, les magasins de détail, la livraison à domicile, les téléchargements sur Internet). En application du mécanisme du paiement fractionné, la TVA « transite par les entreprises » pour grever uniquement les ventes au consommateur final.

Lorsque, sur une période donnée, la TVA déductible sur les intrants est supérieure à la TVA collectée sur les ventes, le paiement excédentaire de TVA qui est ainsi généré devrait être en principe remboursé. C'est notamment le cas pour les exportateurs, dont les ventes sont en principe exonérées de TVA en vertu du principe de destination, et pour les entreprises dont les achats dépassent les ventes au cours de la même période (entreprise nouvelle ou en développement ou entreprise saisonnière, par exemple). Compte tenu du rôle important joué par ces entreprises dans l'expansion économique, il est essentiel que les systèmes de TVA traitent efficacement ces soldes excédentaires pour éviter que ces entreprises ne subissent des distorsions majeures et coûteuses. Parallèlement, cependant, le paiement de remboursements peut de toute évidence ouvrir d'importantes possibilités de fraude et de corruption. Aussi, tout système de remboursement efficace doit être étroitement associé à une bonne mise en œuvre d'un programme de vérification complet (Ebrill et al., 2001).

Lorsque le droit à déduction couvre tous les intrants de l'entreprise, ce n'est pas sur les entreprises, mais sur les consommateurs que repose en définitive le paiement de la taxe. Ce n'est pas toujours le cas dans la pratique, car le droit de déduire la taxe d'amont peut faire l'objet de restrictions de plusieurs manières. Certaines sont délibérées et d'autres le résultat d'une administration imparfaite (voir chapitre 2).

Les restrictions délibérées à la déduction de la TVA en amont viennent, en particulier, de l'application d'exonérations de TVA. Quand une vente est exonérée de TVA, aucune TVA n'est facturée sur cette vente et le fournisseur n'a pas le droit de déduire la TVA acquittée en amont. De nombreux systèmes de TVA prévoient des exonérations pour des raisons sociales (santé, éducation et œuvres de bienfaisance), pratiques (services financiers, assurance) ou historiques (biens immobiliers, terres).

D'autres restrictions au droit de déduire la TVA en amont concernent les achats utilisés, ou réputés utilisés, pour une consommation privée par les propriétaires d'une entreprise, par ses salariés ou ses clients (par exemple des voitures et des divertissements). De même, de telles restrictions ont souvent été appliquées en rapport avec des biens d'investissement ou d'équipement. Cela sous-entend qu'une taxe non récupérable est incluse dans l'assiette de la TVA grevant la consommation finale et entraîne une forme d'impôt en cascade. Cependant, la plupart des systèmes de TVA acceptent le principe d'une déduction intégrale et d'un remboursement intégral de la TVA en amont sur les biens d'investissement.

Le chapitre 2 des *Principes directeurs internationaux pour la TVA/TPS* de l'OCDE présente les principes fondamentaux de neutralité de la TVA et un ensemble de normes internationalement acceptées à l'appui la neutralité de la TVA dans le contexte des échanges internationaux.

1.6. Principales caractéristiques conceptuelles des taxes sur les ventes au détail

Une taxe sur les ventes au détail est un impôt général sur la consommation à la charge de l'utilisateur final et appliqué une seule fois sur les produits au point de vente ultime. En principe, seuls les consommateurs doivent la payer ; les revendeurs en sont exonérés s'ils ne sont pas les utilisateurs finaux des produits. Pour mettre en œuvre ce principe, les entreprises acheteuses sont généralement tenues de remettre au vendeur un « certificat de revente », qui précise qu'elles achètent un article pour le revendre. La taxe est facturée sur chaque article vendu aux acheteurs qui ne produisent pas un tel certificat. La taxe sur les ventes au détail concerne non seulement les détaillants, mais aussi toutes les entreprises qui traitent avec des acheteurs qui ne fournissent pas de certificat de revente ou d'exonération précisant qu'aucune taxe n'est due (par exemple, un organisme public ou une œuvre de bienfaisance, sauf si une exonération spécifique s'applique).

L'assiette d'imposition est le prix de vente. Contrairement à des taxes en cascade en plusieurs étapes et comme la TVA, ce système permet un calcul précis de la charge fiscale et ne fait en principe aucune discrimination entre différents types de circuits de production ou de distribution. Dans la pratique, cependant, du moins aux États-Unis, bon nombre de services ne peuvent être assujettis à la taxe sur les ventes au détail et l'exonération en cas de revente se limite aux produits qui sont revendus sous une forme identique à celle qu'ils avaient quand ils ont été achetés, ou qui sont matériellement intégrés aux produits qui sont revendus, ce qui entraîne une lourde imposition des intrants des entreprises.

En théorie, la TVA et la taxe sur les ventes au détail devraient aboutir aux mêmes résultats finaux : en définitive, ces deux taxes visent chacune à imposer la consommation finale d'un large éventail de produits sur le lieu de consommation. Elles s'appliquent aussi l'une comme l'autre aux dépenses de consommation, à savoir à la transaction entre le vendeur et l'acheteur plutôt qu'à la consommation à proprement parler. Dans la pratique, cependant, le résultat final est quelque peu différent, dans la mesure où le mode de recouvrement de l'impôt est fondamentalement différent. Contrairement à la TVA, qui est une taxe collectée à chaque étape de la chaîne de valeur selon un système de paiement fractionné (voir ci-avant), les taxes sur les ventes ne sont prélevées qu'au tout dernier stade, autrement dit au moment de la vente par le détaillant au consommateur final. Cette dernière méthode présente de grands inconvénients. En effet, plus le taux est élevé, plus la pression exercée sur le maillon le plus faible de la chaîne est forte : le détaillant, et notamment les nombreux petits détaillants. Toutes les recettes sont menacées si le détaillant ne paie pas la taxe et la piste qui pourrait permettre de procéder à des vérifications et de retracer les factures est moins bonne que dans le système de TVA, surtout en ce qui concerne les services. Il existe inévitablement des « exonérations applicables à l'utilisation finale » qui posent des problèmes et les recettes ne sont pas sécurisées à l'étape la plus simple, autrement dit au moment de l'importation, ce qui peut poser un problème crucial à de nombreux pays en développement. En conséquence, une telle taxe est efficace à des taux relativement bas, mais elle est de plus en plus difficile à administrer à mesure que les taux augmentent (Tait, 1988).

Les États-Unis sont le seul pays de l'OCDE ayant opté pour une taxe sur les ventes au détail comme principal impôt sur la consommation. Cela étant, cette taxe n'est pas un impôt fédéral. Elle est en fait prélevée à l'échelon des différents États et des collectivités locales. Actuellement, 45 des 50 États, ainsi que des milliers de juridictions fiscales locales, lèvent des taxes générales sur les ventes au détail. Dans la plupart des cas, la couverture des taxes locales est pratiquement identique à celles des États, elles sont administrées au niveau des États et correspondent en substance à une simple majoration du taux de la taxe de l'État, les recettes supplémentaires étant transférées aux collectivités locales. Les taxes sur les ventes au détail sont complétées dans chaque État par des taxes d'« utilisation » fonctionnellement identiques, appliquées aux biens achetés auprès de vendeurs situés à l'extérieur de l'État, car l'État n'a pas le pouvoir de taxer des « ventes » qui n'ont pas lieu sur son sol et applique donc une taxe complémentaire au titre de « l'utilisation » sur son territoire (Hellerstein, Hellerstein et Swain, 2016).

Aux États-Unis, les taux combinés des taxes sur les ventes des États et des collectivités locales varient considérablement, de 1.78 % (Alaska), 4.35 % (Hawaï) et 5.41 % (Wisconsin), à 9.46 % (Tennessee), 9.30 % (Arkansas) et 9.00 % (Louisiane). Cinq États n'ont pas de taxe sur les ventes à l'échelle de l'État entier (Alaska, Delaware, Montana, New Hampshire et Oregon), et parmi ces États, deux autorisent les collectivités locales à appliquer des taxes sur les ventes locales (Alaska et Montana) (Tax Foundation 2016). Ces taux sont nettement inférieurs aux taux de TVA applicables dans les pays de l'OCDE (sauf au Canada, au Japon et en Suisse). Cela s'explique par deux principaux facteurs : les risques d'indiscipline fiscale associés à la méthode de recouvrement de l'impôt sur les ventes (voir ci-avant) et la concurrence entre juridictions (voir ci-après).

Les taxes sur les ventes au détail et les taxes d'utilisation en vigueur aux États-Unis sont soumises à de fortes pressions concurrentielles, surtout dans le contexte des échanges entre États et internationaux. Les décisions de la Cour suprême interdisent aux États d'exiger des vendeurs qu'ils taxent les ventes réalisées à l'occasion d'échanges internationaux quand ils ne sont pas physiquement présents dans l'État de l'acheteur. Les États n'ont donc pas été en mesure de collecter efficacement les taxes d'utilisation sur les ventes transfrontières auprès de vendeurs à distance. Ce problème a pris de l'ampleur avec l'avènement de l'Internet et des ventes en ligne. Pour remédier à ce problème, ainsi qu'à d'autres dus au manque d'harmonisation des taxes sur les ventes et des taxes d'utilisation à l'échelon des États, un certain nombre d'États ont conclu un Accord de rationalisation de la taxe sur les ventes et de la taxe d'utilisation (*Streamlined Sales and Use Tax Agreement*, ou SSUTA, qui peut être consulté sur *www.streamlinedsalestax.org*). Cet accord vise à établir un ensemble uniforme de définitions d'articles potentiellement taxables, que les États peuvent choisir ou non de taxer (par exemple les produits numériques). Les États qui ont adhéré à cet accord ont également conçu un système rationnalisé d'enregistrement des impôts sur les ventes (*Streamlined Sales Tax Registration System*, ou SSTRS) qui permet aux contribuables de s'enregistrer spontanément pour participer au SSUTA. Les vendeurs qui s'enregistrent spontanément doivent collecter les taxes sur les ventes et les taxes d'utilisation dans tous les États où ils réalisent des ventes, indépendamment de leur présence physique sur place, et ils bénéficient d'une plus grande certitude juridique concernant leurs obligations fiscales. Le recouvrement par les vendeurs des taxes d'utilisation dues sur les ventes transfrontières pourrait devenir obligatoire si le Congrès des États-Unis approuve une proposition de loi qui autoriserait les États à exiger cette collecte s'ils ont adopté le SSUTA ou des mesures semblables pour permettre aux vendeurs de se conformer plus facilement à leurs obligations fiscales.

1.7. Principales caractéristiques des impôts sur la consommation de biens et de services déterminés

Dans la nomenclature de l'OCDE, les impôts sur des biens et des services déterminés (5120) englobent différents types de taxes comme les accises, les droits de douane et les taxes à l'importation, les taxes à l'exportation et les taxes sur des services déterminés. Les *Tendances des impôts sur la consommation* s'intéressent uniquement aux droits d'accise.

Un certain nombre de caractéristiques générales différencient les droits d'accise des taxes sur la valeur ajoutée :

- Ils sont perçus sur un nombre limité de produits.
- Ils ne sont normalement dus qu'au moment où les marchandises sont mises à la consommation, souvent au dernier stade dans la chaîne des transactions.
- Les accises sont généralement calculées sur la base du poids, du volume, de la teneur ou de la quantité du produit, combinés dans certains cas avec des taxes *ad valorem*.

À la différence de la TVA, le système des accises est donc caractérisé par un petit nombre d'assujettis au stade de production ou du commerce de gros (même si, dans certains cas, les accises peuvent aussi être perçues au stade de la revente).

Comme la TVA, les accises se veulent neutres pour les échanges internationaux. La taxe étant normalement collectée quand les biens sont mis à la consommation, la neutralité est souvent assurée en soumettant les exportations à des régimes de contrôle (comme les entrepôts sous douane) et au moyen d'une certification de l'exportation finale (là encore dans des conditions contrôlées) délivrée par les services douaniers. De même, pour les marchandises importées soumises à accises, le prélèvement se fait au moment de l'importation, même si les marchandises sont fréquemment couvertes par des régimes contrôlés de franchise d'impôt jusqu'à leur mise à la consommation.

Les accises peuvent couvrir une grande diversité de produits comme le sel, le sucre, les allumettes, les jus de fruit ou les chocolats. Cependant, la gamme des produits soumis à accises a diminué avec l'expansion des impôts généraux sur la consommation. Les accises sur l'alcool, le tabac et les hydrocarbures continuent de générer des recettes considérables pour les États (voir le chapitre 4).

Ces dernières décennies, une tendance a émergé qui a consisté à attribuer à ces taxes d'autres fonctions que le simple recouvrement de recettes. Certains droits d'accise ont été adaptés pour décourager des comportements jugés dangereux, notamment dans le domaine de la santé. Cela vaut en particulier pour les droits d'accise sur le tabac et l'alcool, dont les taux ont été relevés afin de freiner la consommation de ces produits. La structure de certains droits d'accise a aussi progressivement changé pour favoriser un comportement plus responsable en faveur du bien-être collectif, notamment de l'environnement. C'est le cas pour les taxes sur les huiles minérales, les voitures et d'autres produits qui génèrent des émissions préjudiciables à l'environnement.

Une telle tendance peut être considérée comme un changement de politique fiscale de la part des pouvoirs publics. Les pouvoirs publics sont conscients depuis longtemps de l'influence que peut exercer le régime fiscal sur les décisions des entreprises et des particuliers. Ils connaissent l'impact du régime fiscal sur l'emploi, la création et le développement d'entreprises et les schémas de consommation, mais n'ont généralement pas souhaité agir sur le comportement des contribuables. Dans d'autres cas, la modification des comportements, par exemple pour réduire la pollution ou décourager la consommation de produits considérés nocifs pour la santé, peut être un objectif de l'action publique, parallèlement à la collecte des recettes. Même si, souvent, les taxes liées à l'environnement ne sont pas uniquement motivées par des raisons écologiques, ce sont des instruments efficaces pour atteindre des objectifs environnementaux (OCDE 2015a). Les impôts liés à la santé passent aussi pour un moyen efficace d'obtenir des résultats et de réduire les inégalités dans le domaine de la santé (voir le chapitre 4).

1.8. TVA et échanges internationaux – le principe de destination

L'objectif essentiel de la TVA, qui grève la consommation finale, conjugué à sa caractéristique de taxe à recouvrement fractionné, qui est le pilier de la conception de cette taxe, posent les bases des principes de la TVA appliquée aux échanges internationaux. L'enjeu central de politique économique au regard de l'application de la TVA au niveau international est de déterminer si la taxe doit être perçue par la juridiction d'origine ou par celle de destination. Selon le principe de destination, l'impôt est perçu entièrement sur la consommation finale qui a lieu dans la juridiction d'imposition. Selon le principe d'origine, l'impôt est perçu dans les différentes juridictions où de la valeur ajoutée est créée. La principale différence économique entre ces deux principes est que, avec le principe de destination, toutes les entreprises d'une juridiction donnée se livrent concurrence sur un pied d'égalité, tandis qu'avec le principe d'origine, ce sont les consommateurs des différentes juridictions qui se trouvent sur un pied d'égalité.

L'application du principe de destination en matière de TVA assure la neutralité des échanges internationaux. Selon le principe de destination, les exportations sont exonérées puisque la taxe sur les intrants est déductible (elles se font donc en franchise de TVA[2]) et les importations sont taxées sur la même base et aux mêmes taux que les transactions intérieures. Dès lors, le total de la taxe payée pour une transaction est déterminé par les règles en vigueur dans la juridiction de consommation, et par conséquent toutes les recettes reviennent à la juridiction où a lieu la fourniture au consommateur final.

En revanche, avec le principe d'origine, chaque juridiction appliquerait la TVA à la valeur ajoutée créée sur son propre territoire[3]. Dans un système fondé sur le principe d'origine, les juridictions d'exportation taxeraient les exportations sur la même assiette et au même taux que les transactions intérieures, tandis que les juridictions d'importation accorderaient aux assujettis un crédit de TVA au titre de la taxe hypothétique qui aurait été payée au taux en vigueur dans la juridiction d'importation. La taxe acquittée sur une transaction refléterait les caractéristiques de ses origines et le total des recettes serait réparti en fonction de ces caractéristiques. Cela irait à l'encontre de l'une des caractéristiques fondamentales de la TVA : en tant qu'impôt sur la consommation, les recettes doivent être perçues par la juridiction où a lieu la consommation finale. Selon le principe d'origine, les recettes sont partagées entre les juridictions où la valeur ajoutée est générée. En outre, en imposant une taxe aux différents taux applicables dans les pays où la valeur ajoutée est créée, le principe d'origine peut avoir une influence sur la structure économique ou géographique de la chaîne des transactions et nuire à la neutralité des échanges internationaux.

Pour toutes ces raisons, un large consensus se dégage en faveur du principe de destination en application duquel les recettes reviennent au pays d'importation où a lieu la consommation finale. Il est jugé préférable au principe d'origine, tant d'un point de vue théorique que pratique. De fait, le principe de destination est la norme internationale sanctionnée par les règles de l'Organisation mondiale du commerce et il compte parmi les principes essentiels sur lesquels se fondent les *Principes directeurs internationaux pour la TVA/TPS* de l'OCDE.

Les systèmes de taxes sur les ventes, même s'ils fonctionnent différemment dans la pratique, ont aussi pour but d'imposer la consommation de biens et, dans une certaine mesure, de services, dans la juridiction de consommation. Les produits exportés sont généralement exonérés de la taxe sur les ventes afin d'assurer une certaine neutralité pour les échanges transfrontières. Cela étant, dans la plupart des systèmes de taxes sur les ventes, les entreprises supportent dans une certaine mesure une taxe non récupérable et, si elles exportent des marchandises par la suite, leur prix intègrera en partie cette taxe.

L'application du principe de destination présente aussi certaines difficultés. Premièrement, comme on l'a vu, la méthode habituelle de mise en œuvre de ce principe pour la TVA consiste à exonérer les exportations, ce qui signifie que les biens et les services qui font l'objet d'échanges internationaux circulent en franchise d'impôt. Les possibilités de fraude sont évidentes. Deuxièmement, bien que la plupart des règles actuellement en vigueur soient généralement destinées à imposer les ventes de biens et de services dans la juridiction où a lieu la consommation, en application du principe de destination, les moyens de concrétiser cet objectif varient d'un pays à l'autre. Cela peut, dans certains cas, entraîner une double imposition ou une non-imposition involontaire et créer des incertitudes à la fois pour les entreprises et les administrations fiscales. L'adoption des *Principes directeurs internationaux pour la TVA/TPS* de l'OCDE répond à ces difficultés (voir ci-après).

Mise en œuvre du principe de destination

Si le principe de destination est largement accepté en tant que base d'application de la TVA aux échanges commerciaux internationaux, sa mise en œuvre varie néanmoins selon les juridictions. Ce principe peut entraîner une double imposition ou une non-imposition involontaire, et être source de complexité et d'incertitudes pour les entreprises et les administrations fiscales.

L'application du principe de destination suppose que le système de TVA permette d'identifier la destination des fournitures. La TVA étant généralement appliquée transaction par transaction, les systèmes de TVA comprennent des règles relatives au « lieu d'imposition » couvrant toutes les transactions, grâce à des « indicateurs de substitution » ou « critères présomptifs » qui précisent le lieu où le bien ou service fourni est destiné à être utilisé par une entreprise dans son processus de production et de distribution (si l'acheteur est une entreprise) ou à être consommé (si l'acheteur est un consommateur final).

Les paragraphes suivants offrent un bref aperçu des mécanismes permettant d'identifier la destination d'une fourniture, d'abord dans le cas des biens, puis dans celui des services.

Application du principe de destination aux échanges transfrontières de biens

Aux fins de la TVA, le terme de « biens » désigne le plus souvent des « biens corporels ». L'application de la TVA aux fournitures de biens dépend normalement du lieu où se trouvent les biens au moment de la transaction et/ou de celui où ils se trouvent à l'issue de celle-ci. La fourniture d'un bien est en principe assujettie à la TVA dans le pays où se trouve le bien lorsque la transaction a lieu. Lorsqu'une transaction implique le déplacement de biens d'une juridiction vers une autre, les biens exportés sont généralement exonérés de la TVA dans la juridiction du vendeur (ils sont expurgés de toute TVA supportée en amont grâce aux déductions successives de la taxe d'amont effectuées par les entreprises), tandis que les importations sont assujetties à la même TVA que les biens intérieurs équivalents dans la juridiction de l'acheteur. La TVA sur les importations est généralement perçue auprès de l'importateur en même temps que les droits de douane, quand les biens sont encore sous contrôle douanier, bien que certaines juridictions reportent son recouvrement jusqu'à la déclaration de TVA de l'importateur. La déduction de la TVA acquittée sur les importations, au même titre que la déduction de la taxe d'amont dans le cas d'une transaction intérieure, garantit la neutralité et limite les distorsions des échanges internationaux.

À l'intérieur de l'Union européenne, au sein de laquelle les barrières douanières et les frontières fiscales ont été abolies en 1993, c'est le système de livraison intracommunautaire (exonération de la TVA dans l'État membre d'origine) et d'acquisition intracommunautaire (taxe appliquée dans l'État membre de destination) pour les fournitures interentreprises qui permet l'application du principe de destination même en l'absence de procédures douanières.

De nombreux systèmes de TVA prévoient une exonération des importations de biens de valeur relativement faible. Ces exonérations découlent le plus souvent du constat que les coûts administratifs supportés par les services des douanes pour percevoir la taxe sur ces biens de faible valeur dépasseraient probablement les recettes obtenues. La plupart des pays membres de l'OCDE disposent de tels mécanismes d'exonération de la TVA, dont les seuils varient considérablement d'un pays à l'autre, de 11 USD au Danemark à 671 USD en Australie (voir tableau 1.A1.10). Cependant, 20 de ces pays appartiennent à l'UE, où la législation[4] prévoit que les États membres doivent exonérer de TVA l'importation de biens dont la valeur ne dépasse pas 10 EUR, et sont autorisés à accorder une exonération pour les biens importés d'une valeur supérieure à 10 EUR mais inférieure à 22 EUR. Tous les États membres de l'UE qui sont membres de l'OCDE ont opté pour le seuil supérieur de 22 EUR, sauf le Danemark qui applique le seuil inférieur de 10 EUR. Cette exonération au sein de l'UE ne s'applique pas au tabac ou aux produits du tabac et aux produits alcooliques. Les États membres de l'UE peuvent aussi exclure de l'exonération des importations de faible valeur les biens importés dans le cadre d'une vente par correspondance (la France et la Pologne utilisent cette option). En dehors de l'UE, deux pays de l'OCDE (le Chili et la Turquie) n'appliquent pas de seuil et imposent toutes les importations de biens indépendamment de leur valeur.

Les exonérations appliquées aux importations de biens de faible valeur sont de plus en plus controversées dans le contexte de l'essor de l'économie numérique. Telle est l'une des conclusions du rapport sur l'Action 1 du Projet OCDE/G20 sur l'érosion de la base d'imposition et le transfert de bénéfices (*Base Erosion and Profit Shifting*, ou BEPS) : *Relever les défis fiscaux posés par l'économie numérique* (OCDE 2015b). Lorsque la plupart des exonérations relatives aux biens de faible valeur ont été mises en place, le commerce électronique n'existait pas, et le volume d'importations bénéficiant de cette exonération était relativement limité. Ces dernières années, cependant, de nombreux pays ont observé une croissance considérable et rapide du volume des importations de faible valeur de biens matériels vendus en ligne non soumises à la TVA. Cela se traduit des pressions concurrentielles potentiellement inéquitables sur les détaillants nationaux, tenus de facturer la TVA sur leurs ventes auprès des clients locaux, et par une baisse des recettes de TVA. Cela incite également les entreprises nationales à délocaliser à l'étranger leur activité de vente de biens de faible valeur en franchise de TVA. Le rapport intitulé *Relever les défis fiscaux posés par l'économie numérique* reconnaît que la difficulté consiste à trouver un point d'équilibre entre deux exigences : d'une part, la nécessité de protéger les recettes fiscales en évitant les distorsions de la concurrence, qui plaide pour un abaissement des seuils d'exonération, et, d'autre part, celle de maintenir les coûts de recouvrement proportionnés aux montants relativement faibles de TVA collectée, qui plaide pour un relèvement de ces mêmes seuils. Le rapport souligne que les autorités fiscales pourraient être en position d'éliminer ou de réduire les seuils d'exonération pour les importations de biens de faible valeur, si elles parviennent à améliorer l'efficacité du traitement de ces importations et de la perception de la TVA correspondante. Il explore les approches possibles du recouvrement de la TVA sur les importations de biens de faible valeur, qui pourraient permettre aux pouvoirs publics de réduire ou d'éliminer les seuils d'exonération de TVA, pour autant qu'ils le décident. Le rapport examine les modèles de prélèvement de la TVA sur les importations qui limiteraient ou supprimeraient la nécessité d'une intervention des autorités douanières dans le recouvrement de la TVA pour les importations qui ne sont pas soumises à des droits de douane (notant que la plupart des pays appliquent pour les droits de douane un seuil *de minimis*, souvent supérieur au seuil d'exonération de la TVA). Cela devrait réduire considérablement le coût de la collecte de la TVA sur les importations de faible valeur. Le rapport recense quatre grands modèles de recouvrement de la TVA sur ce type d'importations : (1) le modèle de recouvrement traditionnel ; (2) le modèle de recouvrement via l'acheteur ; (3) le modèle de recouvrement via le vendeur ; et (4) le modèle de recouvrement via l'intermédiaire. La distinction entre ces modèles de recouvrement repose essentiellement sur la personne redevable du paiement de la TVA. Le modèle de recouvrement traditionnel est le modèle généralement appliqué au recouvrement des droits et taxes à l'importation et souvent combiné à l'exonération de TVA pour les importations de biens de faible valeur. Les trois autres modèles présentent des approches alternatives possibles, qui font essentiellement appel à des acteurs spécifiques de la chaîne de transactions lors de ventes en ligne pour participer au recouvrement et au paiement de la TVA sur les importations. Le rapport conclut que les pays pourraient opter pour une combinaison de différents modèles. Par exemple, un modèle de recouvrement par le vendeur optionnel pourrait être associé à un modèle de recouvrement par des intermédiaires tels que des plateformes de commerce électronique et des transporteurs express (ce qui permettrait notamment aux petites et moyennes entreprises de respecter plus facilement leurs obligations fiscales), les vendeurs et les intermédiaires pouvant bénéficier d'un régime administratif et d'identification simplifié leur facilitant le respect de leurs obligations fiscales. Les deux modèles peuvent être accompagnés de dispositions de simplification renforcées, tel un système de traitement accéléré et/ou de regroupement des expéditions. Afin de renforcer la discipline, ces modèles peuvent être associés à une règle de recours par laquelle la TVA/TPS serait collectée sous le modèle de recouvrement traditionnel (peut-être auprès du consommateur final). Le rapport reconnaît que toute réforme dans ce domaine devrait être complétée par une évaluation du risque appropriée et une coopération administrative renforcée au niveau international entre les autorités fiscales afin d'améliorer le respect des obligations fiscales.

Un certain nombre de juridictions de l'OCDE envisagent à l'heure actuelle de supprimer ou de limiter leurs seuils d'exonération de la TVA et de mettre en œuvre les approches pour un recouvrement plus efficace de la TVA sur les importations qui sont présentées dans le rapport *Relever les défis fiscaux posés par l'économie numérique* (OCDE 2015b). Ainsi, le gouvernement australien a annoncé que, sous réserve de l'accord unanime de ses États et Territoires, la TPS (autrement dit la TVA) serait collectée à compter du 1er juillet 2017 sur les biens de faible valeur importés par les consommateurs dans le cadre d'un système par lequel les vendeurs/plateformes non résidentes réalisant en Australie un chiffre d'affaires supérieur ou égal à 75 000 AUD seraient tenues de s'enregistrer pour facturer la taxe (Australian Treasury 2016). La Commission européenne a également annoncé, lors d'une récente Communication (Commission européenne 2016a), son intention de proposer une législation visant à étendre son guichet unique d'enregistrement par les vendeurs, qui sert à prélever la TVA sur les services électroniques, les services de télécommunication, de radiodiffusion et de télévision, à la vente en ligne de biens de faible valeur à des consommateurs finals.

En général, les systèmes de TVA exonèrent aussi les importations de biens contenus dans les bagages personnels des voyageurs. Même si une telle exonération s'applique dans tous les pays de l'OCDE, les seuils et conditions applicables varient, sauf à l'intérieur de l'Union européenne où des règles communes sont en vigueur. Ces différences sont présentées dans le tableau 1.A1.13, qui indique les seuils d'importation de produits en franchise d'impôts par des particuliers en voyage. Le tableau 1.A1.13 indique aussi les seuils de remboursement de la TVA aux particuliers en voyage au moment de l'exportation.

Application du principe de destination aux échanges transfrontières de services et de biens incorporels

Dans nombre de pays, la législation relative à la TVA tend à définir la notion de « service » par la négative, comme « tout ce qui n'a pas été défini par ailleurs » ou à définir une « prestation de services » comme tout ce qui diffère d'une « livraison de biens ». Si cette approche recouvre le plus souvent les biens incorporels, certains pays placent ces derniers dans une catégorie distincte. Aux fins de cette section, et sauf mention contraire, le terme « services » inclut les « biens incorporels ».

Les systèmes de TVA s'appuient sur un large éventail de critères présomptifs pour déterminer le lieu d'imposition des services, tels que le lieu d'exécution du service, le lieu où est situé l'établissement du fournisseur ou le lieu où celui-ci se trouve réellement, le lieu de résidence du consommateur ou le lieu où celui-ci se trouve réellement et le lieu où se trouve le bien corporel (pour les services liés à un bien corporel, tels que les services de réparation). De nombreux systèmes utilisent plusieurs indicateurs avant de déterminer le lieu d'imposition et peuvent recourir à différentes règles pour les prestations entrantes, sortantes, totalement réalisées à l'étranger ou totalement réalisées sur le territoire national (Cockfield et al., 2013).

Dans l'Union européenne, la détermination du « lieu de prestation de services » (autrement dit le lieu d'imposition) dépend du statut du client recevant le service et de la nature du service fourni. Les prestations de services entre entreprises (prestations *business-to-business* ou B2B) sont en principe taxées au lieu où le client est établi (ou là où se trouve l'établissement stable du client auquel la prestation est fournie), en appliquant le principe de destination à la fois aux prestations intracommunautaires et à celles destinées à des clients de pays tiers. En revanche, les prestations de services aux consommateurs finals (prestations entre entreprises et consommateurs, *business-to-consumer* ou B2C) restent en principe taxées au lieu où le fournisseur est établi. Cette règle ne reflète pas une volonté d'appliquer le « principe d'origine » aux prestations B2C, mais plutôt une réalité historique : la plupart des services étaient consommés là où ils étaient fournis et l'offre de services à distance aux consommateurs finals soulevait des difficultés techniques. Il existe cependant de nombreuses exceptions, qui visent à aligner le lieu d'imposition sur le lieu de consommation probable. Parmi ces exceptions figurent notamment les services en rapport avec des biens immobiliers (taxés là où ils sont situés) ; les services liés à des activités culturelles, artistiques, sportives, scientifiques, éducatives, de divertissement, etc. (taxés à l'endroit où les prestations sont matériellement exécutées) et les services B2C délivrés par voie électronique, qui sont taxés au lieu de résidence du client (cela concerne, depuis 2003, les services rendus par des prestataires de pays tiers et, depuis 2015, également les prestataires intracommunautaires).

Pour aider les fournisseurs de pays tiers à respecter leurs obligations fiscales, un portail Internet (« mini guichet unique ») a été créé pour leur permettre de s'enregistrer à distance dans un seul État membre et de déclarer dans cet État membre la TVA due dans tous les États membres de l'UE où leurs clients sont situés.

Bien que le modèle de l'UE pour déterminer le lieu de livraison s'applique aux 28 États membres de l'Union et à un certain nombre d'autres pays comme la Norvège, la Suisse et la Russie, il est loin de constituer la norme internationale. Plusieurs pays (comme l'Afrique du Sud, l'Australie, le Canada, la Nouvelle-Zélande et Singapour) ont adopté des modèles différents. Le modèle de l'UE se fonde sur une approche par catégorie, dans le cadre de laquelle « un lieu de prestation » (qui est aussi le lieu d'imposition) est déterminé pour chaque catégorie de prestation, selon leur nature et le statut (entreprise ou consommateur) du client, mais d'autres modèles appliquent systématiquement à toutes sortes de services une série d'indicateurs pour déterminer le lieu de consommation ou d'utilisation. Ces systèmes procèdent par étapes : premièrement, un lien avec le pays est établi (par exemple, le fournisseur ou le client y est établi ; le service y est rendu ou peut y être acheté). Ensuite, un certain nombre d'indicateurs sont appliqués pour déterminer le lieu effectif d'imposition, par exemple un lien avec un bien corporel ; l'emplacement et/ou le lieu de résidence du client ; l'emplacement de la personne à qui les services sont fournis ou qui utilise le service.

Par exemple, en Nouvelle-Zélande (où la TPS a été adoptée en 1986), le lieu d'imposition des prestations effectuées par des non-résidents est généralement supposé se situer à l'extérieur de Nouvelle-Zélande, sauf quand le service est rendu en Nouvelle-Zélande ou fourni à un client qui est résident en Nouvelle-Zélande et que le destinataire est soit un consommateur final, soit une entreprise enregistrée qui a accepté que la transaction soit traitée comme si elle avait lieu en Nouvelle-Zélande. Par contre, le lieu d'imposition des prestations effectuées par des résidents est supposé être la Nouvelle-Zélande, sauf dans le cas d'une exportation de services soumise à un taux zéro. Ces services englobent les services de transport international et connexes ; les services rendus physiquement à l'extérieur de la Nouvelle-Zélande ; les services fournis à un non-résident qui se trouve à l'extérieur de la Nouvelle-Zélande au moment où ces services sont rendus ; les services en rapport direct avec des terres ou des biens situés à l'extérieur de la Nouvelle-Zélande et les prestations liées aux droits de propriété intellectuelle destinées à un usage à l'extérieur de la Nouvelle-Zélande. À partir du 1er octobre 2016, la Nouvelle-Zélande applique la TPS aux fournitures de services et de biens incorporels effectués par des fournisseurs non-résidents à des consommateurs finals ayant leur résidence habituelle en Nouvelle-Zélande (voir la section ci-après).

En Australie (où la TPS a été adoptée en 2000), les prestations sont imposables dans le pays (sauf si elles sont exonérées) et la TPS est collectée par le prestataire lorsqu'elles ont « *un rapport avec l'Australie* ». Les prestations de services effectuées via une entreprise basée en Australie ou qui sont effectuées en Australie pour un consommateur final sont considérées comme ayant un rapport avec l'Australie. Pour éviter que la TPS ne s'applique aux services non consommés ou non utilisés en Australie, la législation australienne sur la TPS prévoit l'application de taux zéro étendus, fondés sur des indicateurs (« exonérations de la TPS ») semblables à ceux utilisés en Nouvelle-Zélande. Les règles concernant la TPS australienne ont été revues et, à compter du 1er juillet 2017, les fournitures de services et de biens incorporels effectuées par des non-résidents à des consommateurs finals ayant leur résidence habituelle en Australie seront considérées comme ayant un rapport avec l'Australie et et seront généralement imposables à la TPS, sauf en cas d'exonération (voir la section ci-après).

Les différents moyens utilisés par les systèmes de TVA pour tenter d'englober la consommation dans le champ d'application de la taxe pendant la seconde moitié du vingtième siècle et les nouvelles interactions entre les systèmes de TVA nationaux ont soulevé de plus en plus de problèmes à mesure que les volumes des échanges transfrontières de services et de biens incorporels augmentaient. Les systèmes de TVA se heurtent à des obstacles considérables pour déterminer le lieu de consommation présumé des services, pour le contrôler et assurer le recouvrement de l'impôt, notamment lorsque les entreprises vendent des services dans des pays où elles ne sont pas physiquement présentes. En l'absence d'ajustement il existe, du point de vue des pouvoirs publics, un risque de sous-imposition et de perte de recettes, ou de distorsion des échanges du fait d'une double imposition ; et du point de vue des entreprises, des risques importants en termes de coûts administratifs et de pertes de recettes.

L'OCDE a élaboré les *Principes directeurs internationaux pour la TVA/TPS* en tant que norme internationale pour l'application de la TVA aux échanges transfrontières de services et de biens incorporels, en vue de minimiser les risques de double imposition et d'absence involontaire d'imposition résultant des disparités entre les systèmes de TVA nationaux.

Les *Principes directeurs internationaux pour la TVA/TPS*

L'OCDE a publié ses *Principes directeurs internationaux pour la TVA/TPS* en novembre 2015, à l'occasion de la troisième réunion de son Forum sur la TVA, où ces Principes directeurs ont été adoptés comme norme internationale régissant l'application de la TVA aux échanges internationaux de services et de biens incorporels par plus de 100 pays, juridictions et organisations internationales (voir le compte rendu des discussions à l'annexe B). Ces Principes directeurs ont été par la suite adoptés en tant que Recommandation par le Conseil de l'OCDE en septembre 2016 (OCDE 2016b), et sont ainsi devenus le premier instrument juridique de l'OCDE dans le domaine de la TVA (car les autres instruments juridiques de l'OCDE en matière fiscale, comme le Modèle de Convention fiscale de l'OCDE et les Principes de l'OCDE applicables en matière de prix de transfert, concernent essentiellement l'imposition des revenus).

Les *Principes directeurs internationaux pour la TVA/TPS* comprennent un ensemble de normes mondiales et d'approches recommandées pour l'application cohérente de la TVA aux transactions internationales, en mettant l'accent sur les échanges de services et de biens incorporels. Ils s'inspirent des principes internationalement reconnus de neutralité de la TVA et du principe de destination pour déterminer le lieu d'imposition.

Dans un premier temps, l'OCDE a mis au point des normes internationales relatives à l'imposition de la consommation dans le contexte du commerce électronique, sur la base des Conditions cadres d'Ottawa sur la fiscalité, approuvées par les ministres de l'OCDE en 1998 (OCDE, 1998). Ces travaux ont abouti aux principes directeurs en vue de l'application des impôts sur la consommation aux échanges transfrontières de services et de biens incorporels dans le contexte du commerce électronique (OCDE, 2001). Selon ces principes directeurs concernant le commerce électronique, le lieu de consommation pour les transactions entre entreprises doit être « la juridiction dans laquelle le destinataire a établi sa présence commerciale » ; et pour les transactions entre entreprises et consommateurs, le lieu de consommation doit être « le pays dans lequel le destinataire a sa résidence habituelle ». Ces principes directeurs ont été complétés par trois séries d'orientations sur l'imposition de la consommation (*Consumption Tax Guidance Series*, OCDE, 2003), qui examinent divers aspects de la mise en œuvre concrète des principes directeurs relatifs au commerce électronique. À ces travaux se sont désormais substitués les *Principes directeurs internationaux pour la TVA/TPS*.

Les *Principes directeurs internationaux pour la TVA/TPS* présentent tout d'abord six principes directeurs sur la neutralité de la TVA (chapitre 2 des Principes directeurs). Les trois premiers principes directeurs sur la neutralité (Principes directeurs 2.1 à 2.3) énoncent des règles fondamentales de neutralité, qui sont pertinentes tant dans un contexte national qu'international, tandis que les trois principes directeurs suivants exposent des règles supplémentaires destinées à assurer la neutralité dans un contexte international (Principes directeurs 3.4 à 3.6). Le Principe directeur 2.1 établit le principe fondamental selon lequel la charge de la TVA ne doit pas reposer sur les entreprises. La TVA, qui normalement « transite par les entreprises », est supportée par les consommateurs finals. Deux corollaires du Principe directeur 2.1 sont que « les entreprises qui se trouvent dans des situations similaires et qui effectuent des transactions similaires devraient être soumises à des niveaux d'imposition similaires » (Principe directeur 2.2) et que « les règles relatives à la TVA devraient être définies de manière à ne pas être le principal facteur qui influence les décisions des entreprises » (Principe directeur 2.3). Le Principe directeur 2.4 confirme que les principes de neutralité définis dans les Principes directeurs 2.1 à 2.3 s'appliquent aussi bien aux entreprises nationales qu'aux entreprises étrangères. Les systèmes de TVA doivent être conçus et appliqués afin d'empêcher que des entreprises nationales n'en retirent un avantage concurrentiel injuste par rapport à leurs concurrents étrangers. Cela signifie que la législation nationale ne doit pas pénaliser les entreprises étrangères au regard de leur droit à déduction ou à récupération de la TVA en amont. Selon le Principe directeur 2.5, « les juridictions peuvent choisir parmi plusieurs méthodes pour éviter que les entreprises étrangères ne supportent une TVA non récupérable ». Enfin, le Principe directeur 2.6 reconnaît que traiter avec des entreprises étrangères qui n'ont pas de présence « juridique » dans une juridiction induit inévitablement certains risques pour les administrations fiscales et que celles-ci peuvent être amenées à prendre des mesures spéciales afin de se prémunir contre la fraude et l'évasion fiscales. Toutefois, lorsque l'exercice d'activités dans une juridiction étrangère est associé à des contraintes administratives supplémentaires, cette charge ne devrait pas être disproportionnée ou injustifiée par rapport au risque supplémentaire encouru en traitant avec une entreprise étrangère.

Les principes directeurs sur la neutralité sont suivis d'un ensemble de principes directeurs pour déterminer le lieu d'imposition des échanges internationaux de services et de biens incorporels conformément au principe de destination (chapitre 3). Selon le Principe directeur 3.1, « pour l'application des impôts sur la consommation, les échanges internationaux de services et de biens incorporels devraient être imposés selon les règles en vigueur dans la juridiction de consommation ». Pour y parvenir, les exportations se font au taux zéro (autrement dit, aucune taxe n'est prélevée, mais la taxe sur les intrants associée est déductible, conformément aux règles normales) et les importations sont taxées. Selon le Principe directeur 3.2, pour les prestations entre entreprises (B2B), c'est la juridiction dans laquelle le client est situé qui est en droit de les imposer. Il s'agit de la juridiction où le client de l'entreprise possède une présence commerciale permanente (pour les entités à implantation unique) ou du lieu où se trouvent l'établissement ou les établissements qui utilisent le service ou le bien incorporel (pour les entreprises qui sont établies dans plusieurs juridictions – entités à implantations multiples). Pour les fournitures entre entreprises et consommateurs (B2C), les Principes directeurs recommandent que les droits d'imposition de fournitures de services ou de biens incorporels « consommés sur place » (services de restauration, par exemple) soient attribués à la juridiction dans laquelle ils sont physiquement livrés ; et que les droits d'imposition sur toutes les autres fournitures et tous les autres services (y compris les fournitures numériques) soient attribués à la juridiction dans laquelle le client a sa résidence habituelle. Les Principes directeurs donnent aussi des indications sur les circonstances dans lesquelles l'application d'un critère présomptif autre que la localisation du client ou le lieu d'exécution matérielle peuvent se justifier (Principe directeur 3.7). Pour les fournitures de services directement liés à des biens immobiliers spécifiques, il est recommandé d'attribuer les droits d'imposition à la juridiction où se situe le bien immobilier (Principe directeur 3.8).

Les Principes directeurs exposent également des approches recommandées pour le recouvrement de la TVA sur les livraisons et prestations faisant l'objet d'échanges transfrontières. Pour les prestations B2B, les Principes préconisent l'utilisation du mécanisme d'autoliquidation (*reverse charge*), lorsqu'il est compatible avec la structure du système national de TVA. Pour les prestations B2C, les Principes directeurs recommandent que les fournisseurs non résidents soient tenus d'enregistrer et de payer la TVA dans la juridiction d'imposition et suggèrent que les pays mettent en place un régime administratif et d'identification simplifié pour faciliter le respect de leurs obligations fiscales par les fournisseurs non résidents. Les Principes directeurs présentent les principales caractéristiques d'un tel régime. Ils ne recommandent pas aux juridictions d'établir une distinction entre les prestations B2B et les prestations B2C, mais donnent des conseils d'application quand cette distinction est faite.

Le tableau 1.A1.11 donne un large aperçu des approches adoptées par les pays de l'OCDE pour collecter auprès des fournisseurs étrangers la TVA sur les fournitures internationales de services et de biens incorporels (autrement dit, sur les biens et services « importés »). Cet aperçu montre que le cadre de l'UE détermine le lieu d'imposition des fournitures transfrontières de services et de biens incorporels (autrement dit, les transactions avec des États non membres de l'UE) en principe en se référant à la localisation du client (B2B) ou à sa résidence habituelle (B2C). La TVA sur les fournitures importées est collectée au moyen d'un mécanisme d'autoliquidation en ce qui concerne les prestations B2B, et d'un régime administratif et d'identification simplifié pour les vendeurs (« mini guichet unique ») en ce qui concerne les prestations B2C de services électroniques, de télécommunication, de radiodiffusion et de télévision. Ce régime s'applique dans les 22 pays membres de l'OCDE qui appartiennent à l'UE (Allemagne, Autriche, Belgique, Danemark, Espagne, Estonie, Finlande, France, Grèce, Hongrie, Irlande, Italie, Lettonie, Luxembourg, Pays-Bas, Pologne, Portugal, République slovaque, République tchèque, Royaume-Uni, Slovénie et Suède). Huit autres pays de l'OCDE utilisent la localisation du client (résidence habituelle, siège, etc.) comme principal critère présomptif pour déterminer le lieu d'imposition des fournitures transfrontières de services et de biens incorporels (Canada, Corée, Islande, Israël, Japon, Norvège, Nouvelle-Zélande et Suisse) et trois pays (Australie, Mexique et Turquie) appliquent d'autres critères présomptifs, comme le lieu d'exécution ou le lieu d'utilisation et de divertissement effectif. L'Australie a annoncé la mise en œuvre de nouvelles règles sur la TPS à compter du 1er juillet 2017 prévoyant que le lieu d'imposition pour des prestations de services B2C importés dépendra de la résidence habituelle du client, et un régime administratif et d'identification simplifié sera disponible pour permettre aux fournisseurs étrangers de payer la TPS sur ces prestations.

La plupart des pays de l'OCDE appliquent un mécanisme d'autoliquidation pour collecter la TVA sur les fournitures de services et de biens incorporels B2B importés. En Australie, au Canada et en Nouvelle-Zélande, ce mécanisme ne s'applique que lorsque le client dispose d'un droit à déduction limité de la taxe sur les intrants, et aucune taxe n'est due quand le client dispose d'un droit à déduction intégral. En Suisse, l'application du mécanisme d'autoliquidation se cantonne aux situations où le lieu d'imposition est déterminé en fonction du critère présomptif de la résidence du client. Quand la prestation est taxée en Suisse en fonction d'autres critères présomptifs (par exemple l'emplacement des biens immobiliers auxquelles la prestation est liée), le mécanisme d'autoliquidation ne s'applique pas et le fournisseur doit s'enregistrer et déclarer la TVA. En outre, les fournisseurs étrangers qui sont enregistrés en Suisse pour déclarer la TVA sur leurs importations B2C doivent aussi déclarer la taxe sur leurs fournitures B2B dans le cadre de leur enregistrement local, et l'autoliquidation ne s'applique pas. En Corée, les fournitures B2B importées sont considérées comme étant hors du champ d'application et ne sont pas assujetties à la TVA. En Islande, les fournitures de services importées sont exonérées de TVA si le client dispose d'un droit à déduction intégral ; dans le cas contraire, le fournisseur doit s'enregistrer pour déclarer la TVA dans ce pays.

Pour les prestations B2C, bon nombre de pays de l'OCDE (28 pays sur 35, autrement dit les 22 États membres de l'UE, la Corée, l'Islande, le Japon, la Norvège, la Nouvelle-Zélande et la Suisse) exigent du fournisseur étranger qu'il s'enregistre et déclare la TVA dans la juridiction où est situé le client. Un régime d'enregistrement et de collecte simplifié (sans droit de déduire la taxe sur les intrants dans la juridiction d'imposition – un « enregistrement pour paiement uniquement ») s'applique dans la grande majorité de ces pays (l'option d'un enregistrement standard est aussi disponible dans la plupart d'entre eux). Seuls deux pays (la Suisse et l'Islande) exigent du fournisseur qu'il s'enregistre dans le régime standard (avec le droit de déduire la taxe d'amont supportée dans le pays). Le Japon et la Suisse demandent au fournisseur de désigner dans le pays un représentant fiscal pour déclarer la TVA. Cinq pays (Canada, Chili, Israël, Mexique et Turquie) ont un régime d'autoliquidation qui requiert du client particulier qu'il paie la TVA sur les services et les biens incorporels acquis auprès de fournisseurs étrangers ; pour sa part, l'Australie ne taxe pas actuellement les prestations de services B2C importés, mais a annoncé son intention d'introduire un système d'enregistrement simplifié des fournisseurs, « pour paiement uniquement », afin d'imposer ces prestations. Israël a aussi indiqué son intention de modifier sa législation relative à la TVA pour exiger des fournisseurs non-résidents de services numériques B2C qu'ils s'enregistrent en Israël aux fins de la TVA dans le cadre d'une procédure simplifiée.

Parmi les pays qui demandent aux fournisseurs étrangers de s'enregistrer afin de déclarer la TVA sur leurs prestations B2C, cinq (Islande, Japon, Norvège, Nouvelle-Zélande et Suisse) n'imposent pas cette exigence lorsque les fournisseurs réalisent dans le pays un chiffre d'affaires inférieur à un certain seuil. Dans ces cinq pays, le même seuil s'applique aux fournisseurs nationaux et aux fournisseurs étrangers. Ces seuils varient entre 5 000 USD (Norvège) et 100 000 USD (Suisse).

1.9. Lutter contre les infractions à la législation sur la TVA

Les pertes de recettes de TVA imputables à des infractions peuvent s'expliquer par plusieurs facteurs. En plus des mécanismes « traditionnels » d'évasion fiscale (dispositifs destinés à réduire la charge fiscale qui peuvent être légaux au sens strict mais contraires à l'esprit de la loi) et de fraude (mécanismes illégaux utilisés pour se soustraire à une obligation fiscale), on a observé ces dernières années une tendance nette et préoccupante : l'augmentation des attaques criminelles dont le système de TVA est la cible. Le type le plus courant de fraude à la TVA organisée est la fraude dite des « sociétés éphémères » ou « carrousel ». Elle survient lorsqu'une société effectue un achat sans verser de TVA (habituellement une transaction soumise à autoliquidation de la taxe), puis prélève la TVA sur une vente en aval et disparaît sans payer la TVA collectée. Initialement, la fraude concernait des biens de grande valeur qui faisaient l'objet d'échanges internationaux, comme les micro-processeurs et les téléphones mobiles, mais elle s'est étendue aux services pouvant être achetés et vendus comme des marchandises. À titre d'exemple, le développement des marchés d'échanges des quotas d'émission de CO_2 a ouvert des brèches pour le crime organisé. Exploitant les faiblesses des procédures d'enregistrement sur les marchés et l'application d'un taux zéro aux fournitures transfrontières, suivie de l'application de la TVA aux transactions effectuées sur les marchés nationaux, des escrocs ont engendré des pertes fiscales qui, dans certains pays, ont atteint des milliards d'euros. Europol a estimé que, dans certains pays, jusqu'à 90 % de la totalité du volume du marché des quotas de CO_2 étaient frauduleux (Europol, 2009). La fraude s'est aussi développée sur les marchés de l'énergie. En 2014, un communiqué conjoint des régulateurs européens du secteur énergétique, d'opérateurs sur les marchés de l'énergie et de sociétés de gaz et d'électricité a mis en garde les autorités fiscales sur le très grave danger que représentait la fraude à la TVA pour le fonctionnement des marchés du gaz et de l'électricité en Europe, rendant compte de signes d'« une forte infiltration de fraudeurs à la TVA sur les marchés du gaz et de l'électricité ». Certains éléments semblent indiquer que de nouveaux types de fraude à l'acquisition se sont développés sur le marché des télécommunications (voix sur IP, ou VoIP) et de récentes recherches ont révélé qu'un grand nombre de logiciels de comptabilité contiennent des outils cachés (*zappers* ou camoufleurs de ventes) servant à manipuler les recettes de TVA (OCDE, 2013). En plus des pertes de recettes qu'elle engendre, une fraude à la TVA de nature criminelle est souvent liée à d'autres activités criminelles comme le terrorisme et le blanchiment de capitaux.

La réduction des pertes de recettes dues aux infractions à la législation sur la TVA reste un problème majeur et une priorité pour les pays partout dans le monde. Un nombre croissant d'administrations fiscales réalisent des études pour évaluer le déficit de TVA, autrement dit la perte de recettes découlant de la fraude et de l'évasion fiscales, de l'évitement fiscal, des faillites, des insolvabilités, des erreurs de calcul, etc. Selon les estimations actualisées réalisées par l'UE en 2016 (CASE 2016), l'écart de TVA s'élevait à 159.5 milliards EUR dans l'UE en 2014, soit une perte des recettes de TVA de 14.06 %. Les plus petits écarts ont été observés en Suède (1.24 %), au Luxembourg (3.80 %) et en Finlande (6.92 %), et les plus grands en Roumanie (37.89 %), en Lituanie (35.94 %) et à Malte (35.32 %). Bien que ces chiffres ne soient pas directement associés à la fraude et à l'évasion fiscales, car ils incluent également les répercussions de simples erreurs (statistiques ou de déclaration), ainsi que les insolvabilités et les problèmes de paiement, ils donnent une idée du problème que représente encore la fraude à la TVA dans l'UE (Commission européenne 2014a). Le Royaume-Uni a estimé son écart de TVA à 13.1 milliards GBP en 2013-14, soit 11.1 % du montant total net dû théoriquement au titre de la TVA (HM Revenue & Customs 2015). Cette estimation inclut la somme de 1 milliard GBP correspondant à la seule fraude intracommunautaire des sociétés éphémères (la fraude carrousel), même si l'ampleur de cette fraude a tendance à diminuer, par rapport aux 3.5 milliards GBP en 2005-06. Selon les chiffres publiés en 2015 par l'Australian Taxation Office, l'administration fiscale australienne, l'écart de TPS en Australie sur la période 2013-2014 s'est établi à 2.7 milliards AUD, soit 4.9 % des recettes (ATO 2015).

En réaction, les États s'efforcent d'élaborer des parades. La Commission européenne a récemment publié un plan d'action sur la TVA (Commission européenne 2016a) et un ensemble de 20 mesures pour remédier à cet écart, y compris en étendant l'accès automatisé aux données ; en renforçant la coopération administrative à l'intérieur de l'Union européenne ; en concevant des outils de lutte contre la fraude à la TVA dans le secteur du commerce électronique et en créant des synergies avec des pays tiers et avec l'OCDE pour « établir un système international de coopération administrative » (Commission européenne 2016b).

L'une des mesures mises en œuvre est l'adoption d'un mécanisme d'autoliquidation pour prélever la TVA sur les ventes nationales B2B de certains biens et services exposés à la fraude, notamment les téléphones mobiles, les circuits intégrés, le gaz et l'électricité, les services de télécommunication, les consoles de jeu, les tablettes et les ordinateurs portables, les céréales et les cultures industrielles, ainsi que les métaux bruts et semi-finis. Depuis 2013, les États membres de l'UE sont autorisés à appliquer l'autoliquidation à tout type d'opération en cas de fraude soudaine et massive à la TVA. Les États membres peuvent aussi adopter, sur une base facultative et temporaire, un mécanisme d'autoliquidation de portée nationale pour une liste déterminée d'opérations.

Ce mécanisme d'autoliquidation transfère du fournisseur au client la responsabilité de payer la TVA. Si le client est une entreprise normale assujettie à la taxe, il déduit la TVA acquittée en amont sur ses achats, et aucune taxe nette n'est payable sur les transactions concernées. Selon ce mécanisme, aucun contribuable ne peut prétendre à une déduction de la TVA en amont sans devoir verser la taxe, ce qui élimine la possibilité pour les fraudeurs de disparaître sans payer la TVA et/ou de réclamer un crédit au titre d'une taxe sur les intrants qui n'aurait pas été payée aux autorités fiscales à un stade antérieur dans la chaîne de distribution. Il est cependant reconnu que la mise en œuvre d'un mécanisme local d'autoliquidation doit être envisagée avec prudence. En effet, une telle initiative risquerait de transformer la TVA en une taxe sur les ventes, avec les faiblesses inhérentes à un tel système si son champ d'application est trop étendu.

Le tableau 1.A1.12 montre que le recours à un mécanisme local d'autoliquidation en tant que moyen pour lutter contre la fraude est très répandu dans les 22 pays de l'OCDE qui sont membres de l'UE. Ils l'utilisent tous dans une certaine mesure, notamment pour la délivrance de certificats d'émissions de CO_2 (tous sauf la Lettonie) ; les débris de matériaux et les déchets (tous sauf la Belgique, le Luxembourg et le Royaume-Uni) ; et les travaux de construction (tous sauf l'Estonie, le Luxembourg, la Pologne et le Royaume-Uni). L'autoliquidation locale s'applique aussi à la fourniture d'or (14 pays sur 22) ; aux appareils électroniques comme les ordinateurs portables, les microprocesseurs, les téléphones mobiles, etc. (11 pays sur 22) et à la livraison de gaz et d'électricité à des revendeurs assujettis (7 pays sur 22). Certains autres pays de l'OCDE ont recours à ce mécanisme, mais dans une bien moindre mesure, à savoir le Canada (les ventes de biens immobiliers par des non-résidents et certaines fournitures entre provinces) ; le Chili (fournitures de riz, travaux de construction, déchets, certaines plantes et certains animaux) ; Israël (débris de métaux) ; le Mexique (déchets, certaines ventes effectuées par des personnes physiques) ; la Norvège (vente de quotas d'émissions de CO_2 et d'or à des fins d'investissement) ; la Nouvelle-Zélande (vente de terres soumises à tort à un taux zéro) et la Turquie (certaines opérations effectuées par des personnes non assujetties). En revanche, ce mécanisme n'est pas utilisé en Australie, en Corée, au Japon et en Suisse.

Un autre moyen de combattre la fraude à la TVA (à l'échelon national) est de recourir au mécanisme dit du *paiement fractionné* (ou *impôt anticipé*) dans le cadre duquel le fournisseur reste tenu de facturer la TVA sur ses ventes nationales au client, mais le client paie directement (une partie de) la TVA aux autorités fiscales plutôt qu'au fournisseur. Dans la pratique, un tel système produit les mêmes effets que le mécanisme local d'autoliquidation (la charge du paiement de la TVA repose sur le client plutôt que sur le fournisseur) lorsque le client doit payer l'intégralité du montant de la TVA, même s'il existe quelques différences juridiques en termes de facturation et de responsabilité. Il ressort du tableau 1.A1.12 que ce système est utilisé en Italie pour la vente de biens et de services aux autorités publiques ; en Corée pour la vente d'or, de cuivre et de fer ; et en République tchèque pour éviter au client d'être solidairement responsable avec le fournisseur.

Il est aussi de plus en plus reconnu que les stratégies efficaces de lutte contre la fraude et l'évasion fiscales en matière de TVA exigent de renforcer sensiblement la coopération internationale entre autorités fiscales concernant l'administration et l'application de la législation dans le domaine des impôts indirects. Les attaques criminelles contre le système de TVA ne se limitent pas à l'Union européenne et un consensus commence à émerger, parmi les autorités fiscales partout dans le monde, sur la nécessité d'une coopération internationale (OCDE 2015b ; Commission européenne, 2014b et Cour des comptes de l'Union européenne, 2015). Il existe déjà un certain nombre d'instruments qui fournissent une base juridique pour une telle coopération administrative internationale, entre autres la Convention concernant l'assistance administrative mutuelle en matière fiscale, les traités bilatéraux mettant en œuvre les articles 26 et 27 actuels du Modèle de Convention fiscale de l'OCDE et des Nations Unies, les Accords d'échanges de renseignements fiscaux (*Tax Information Exchange Agreements*, ou TIEA) fondés sur le Modèle d'accord de l'OCDE et les accords régionaux comme les Directives de l'Union européenne, la Convention nordique d'assistance administrative mutuelle en matière fiscale, le Modèle d'accord du CIAT sur l'échange de renseignements fiscaux et l'Accord sur l'assistance mutuelle en matière fiscale du Forum africain sur l'administration fiscale.

Parmi ces instruments, la *Convention concernant l'assistance administrative mutuelle en matière fiscale* (la Convention) passe pour la plus prometteuse. La Convention, élaborée conjointement par le Conseil de l'Europe et l'OCDE, a été ouverte pour signature aux pays membres des deux organisations en 1988. Elle a été alignée sur la norme internationalement acceptée relative à la transparence et à l'échange de renseignements et ouverte à tous les pays en 2011. Elle prévoit toutes les formes possibles de coopération administrative entre les Parties pour la détermination et le recouvrement des impôts, en particulier en vue de lutter contre la fraude et l'évasion fiscales. De très vaste portée, la Convention couvre toutes les formes de paiements obligatoires aux administrations publiques (que ce soit l'administration centrale ou ses subdivisions politiques), y compris la TVA (même si les obligations prévues dans la Convention peuvent faire l'objet de réserves par les Parties). Le 25 août 2016, 103 juridictions étaient Parties à la Convention. Un instrument multilatéral est susceptible de représenter la solution la plus efficace pour le développement de la coopération administrative existant actuellement en matière de TVA, compte tenu de ses principaux avantages : il prévoit toutes les formes de coopération administrative dans le domaine la TVA, notamment un échange de renseignements sur demande, spontané et automatique, son champ d'application peut être universel et les ajustements et mises à jour sont plus faciles à mettre en pratique. Les cadres régionaux et les accords bilatéraux ont de toute évidence aussi un rôle à jouer, car les instruments juridiques régissant la coopération administrative ne s'excluent pas mutuellement et peuvent être utilisés en parallèle.

Notes

1. Pour plus de commodité, toutes les taxes sur la valeur ajoutée seront appelées TVA dans le présent chapitre.
2. Le terme « en franchise de TVA » peut être remplacé par d'autres, tels que : au taux zéro, exonéré avec droit à déduction, ou toute autre terminologie locale selon la juridiction. Quelle que soit la description utilisée, l'effet devrait être le même : le fournisseur ne facture pas de TVA, il a le droit de déduire les taxes sur les intrants, dans la mesure où la juridiction le permet, concernant ces fournitures.
3. Il convient d'opérer une distinction avec le terme utilisé dans l'Union européenne pour désigner un système proposé (mais jamais mis en œuvre) dans le cadre duquel la TVA aurait été perçue par

l'État membre d'origine qui l'aurait ensuite reversée à l'État membre de destination pour les transactions effectuées dans l'UE.

4. Article 143 paragraphe 1 b) de la Directive 2006/112/CE du 28 novembre 2006 en relation avec l'article 23 de la Directive 2009/132/CE du 19 octobre 2009 (ancien article 22 de la Directive 83/181/CEE du 28 mars 1983).

Références

ATO (2015), *Measuring tax gaps in Australia 2014-15*, Australian Taxation Office, novembre 2015, *www.ato.gov.au/About-ATO/Research-and-statistics/In-detail/Tax-gap/Australian-tax-gaps-2015-16/?anchor=Summaryfindings#Summaryfindings*.

Australian Treasury (2016), *Budget Paper n°2*, Budget 2016-2017, 3 mai 2016.

CASE (2016), *Study and Reports on the VAT Gap in the EU 28 Member States: 2016 Final Report*, Institute for Advances Studies, Varsovie, août 2016.

Cockfield, A. et al. (2013), *Taxing Global Digital Commerce*, Kluwer, Pays-Bas.

Ebrill, L. et al. (2001), *The Modern VAT*, Fonds monétaire international, Washington, DC.

Commission européenne (2016a), *Communication de la Commission au Parlement européen, au Conseil et au Comité économique et social européen concernant un plan d'action sur la TVA – Vers un espace TVA unique dans l'Union – L'heure des choix*, COM(2016) 148 final, Bruxelles.

Commission européenne (2016b), *20 measures to tackle the VAT gap*, *http://ec.europa.eu/taxation_customs/home_fr*.

Commission européenne (2014a), *Rapport de la Commission au Conseil et au Parlement européen sur l'application du règlement (UE) n° 904/2010 du Conseil concernant la coopération administrative et la lutte contre la fraude dans le domaine de la taxe sur la valeur ajoutée*, COM(2014)71 final, Bruxelles.

Commission européenne (2014b), *Lutte contre la fraude fiscale: la Commission propose de renforcer la coopération avec les pays tiers dans le domaine de la TVA*, Communiqué de presse IP/14/121, Bruxelles.

Cour des comptes de l'Union européenne (2015), *Tackling intra-Community VAT fraud: More action needed*, Luxembourg.

EUROPOL (2009), Communiqué de presse du 9 décembre 2009, La Haye, *www.europol.europa.eu/content/press/carbon-credit-fraud-causes-more-5-billion-euros-damage-european-taxpayer-1265*.

Hellerstein, W. (2003), « Jurisdiction to Tax Income and Consumption in the New Economy: A Theoretical and Comparative Perspective », *Georgia Law Review*, vol. 38, n° 1, Georgia.

Hellerstein, J., W. Hellerstein et J. Swain (2016), *State Taxation*, 3e éd., Thomson Reuters Tax & Accounting, Carrollton.

HM Revenue and Customs (2015), *Measuring tax gaps*, Londres.

Keen, M. et W. Hellerstein (2010), « Interjurisdictional issues in the design of a VAT », *Tax Law Review*, vol. 63, n° 2, New York University, New York.

Millar, R. (2016), "Looking Ahead: Potential Solutions and the Framework to Make Them Work", *Legal Studies Research Paper* n° 16/30, Sydney Law School, avril 2016, Sydney

Millar, R. (2007), « Cross-border services – A survey of the Issues », in *GST in Retrospect and Prospect*, Thompson, Wellington.

OCDE (2016a), *Statistiques des recettes publiques 1965-2015*, Éditions OCDE, Paris.

OCDE (2016b), *Recommandation du Conseil sur l'application de la taxe sur la valeur ajoutée/taxe sur les produits et services aux échanges internationaux de services et de biens incorporels*, C(2016)120, *http://webnet.oecd.org/oecdacts/*.

OCDE (2015a), *Taxing Energy Use 2015: OECD and Selected Partner Economies*, Éditions OCDE, Paris, *http://dx.doi.org/10.1787/9789264232334-en*.

OCDE (2015b), *Relever les défis fiscaux posés par l'économie numérique*, Rapport final 2015 sur l'Action 1, Éditions OCDE, Paris, *http://dx.doi.org/10.1787/9789264218789-en*

OCDE (2013b), *Suppression électronique des ventes : Une menace pour les recettes fiscales*, Éditions OCDE, Paris, *www.oecd.org/fr/fiscalite/Electronic_Sales_Suppression_Website_FR.pdf*.

OCDE (2011), « Guide de la fiscalité environnementale destiné aux décideurs », dans *La fiscalité, l'innovation et l'environnement*, Éditions OCDE, Paris, *http://dx.doi.org/10.1787/9789264087651-8-fr*.

OCDE (2010), *La fiscalité, l'innovation et l'environnement*, Éditions OCDE, Paris, *http://dx.doi.org/10.1787/9789264087651-fr*.

OCDE (2003), Consumption Tax Guidance Series, *www.oecd.org/fr/fiscalite/consommation/consumptiontaxguidanceseries.htm*.

OCDE (2001), Application des impôts sur la consommation aux échanges transfrontières de services et de biens incorporels dans le contexte du commerce électronique, *www.oecd.org/ctp/consumption/5594831.pdf*.

OCDE (1998), « *A Borderless World: Realising the Potential of Electronic Commerce* », Rapport du Comité des affaires fiscales présenté aux Ministres lors de la Conférence ministérielle de l'OCDE le 8 octobre 1998, *www.oecd.org/ctp/consumption/1923256.pdf*.

OECD Glossary of Tax Terms, *www.oecd.org/ctp/glossaryoftaxterms.htm*.

Tait, A. (1988), *Value added tax, international practice and problems*, Fonds monétaire international, Washington.

Tax Foundation (2016), *States and Local Tax Rates in 2016*, Washington.

ANNEXE 1.A1

Données sur la taxation de la consommation

Tableau 1.A1.1. **Impôts sur la consommation (5100) en pourcentage du PIB**

	1965	1975	1985	1995	2000	2005	2010	2011	2012	2013	2014	Écart 2010-14
Allemagne	9.8	8.7	8.9	9.8	9.8	9.5	10.0	10.0	9.9	9.8	9.8	-0.2
Australie	6.2	6.6	7.9	6.5	8.0	7.6	6.5	6.3	6.4	6.5	6.5	-0.0
Autriche	12.3	12.3	12.6	11.2	11.4	11.1	10.8	10.9	11.1	11.0	10.9	0.1
Belgique	10.4	10.1	10.3	10.0	10.1	10.1	10.1	10.0	10.4	10.3	10.1	0.0
Canada	8.7	8.2	8.3	8.3	7.9	7.6	6.9	6.8	6.8	6.7	6.7	-0.1
Chili				11.0	11.4	10.1	9.5	9.9	10.1	10.1	10.3	0.8
Corée		8.9	9.2	7.4	7.9	7.5	7.6	7.1	7.2	7.0	6.9	-0.7
Danemark	11.5	12.1	14.9	14.6	14.7	15.1	13.9	14.0	14.0	13.9	13.8	-0.1
Espagne	5.8	4.3	7.4	8.2	9.1	9.2	7.8	7.6	8.1	8.8	9.1	1.3
Estonie				12.4	11.7	12.0	13.0	12.8	13.0	12.6	13.0	0.0
États-Unis	4.7	4.2	4.0	4.2	3.9	3.8	3.6	3.7	3.7	3.8	3.8	0.2
Finlande	12.6	11.4	13.1	13.3	13.0	12.9	12.6	13.4	13.7	14.0	13.9	1.3
France	12.6	11.3	12.0	11.2	10.8	10.6	10.1	10.4	10.5	10.5	10.7	0.5
Grèce	7.5	7.9	9.8	10.9	11.0	9.9	11.2	12.0	12.1	12.7	14.3	3.1
Hongrie				16.5	15.4	14.2	15.7	15.5	16.6	16.3	16.4	0.7
Irlande	12.0	12.4	14.3	12.2	11.2	10.6	9.0	8.5	8.6	8.6	8.8	-0.2
Islande	15.7	18.2	16.4	13.9	14.3	15.0	11.1	11.3	11.8	11.5	11.5	0.4
Israël				12.3	10.7	11.0	11.2	11.1	10.7	11.0	11.5	0.3
Italie	9.1	6.9	7.7	9.6	10.1	9.3	9.9	10.1	10.4	10.1	10.4	0.6
Japon	4.4	3.1	3.2	3.6	4.5	4.7	4.6	4.7	4.8	4.8	5.8	1.2
Lettonie				11.2	10.8	11.1	10.5	10.4	10.6	10.8	11.1	0.6
Luxembourg	6.2	6.5	9.1	8.8	9.7	10.8	10.2	10.4	10.8	10.6	10.9	0.7
Mexique			9.8	4.3	5.1	4.3	4.8	4.5	4.6	4.3	5.0	0.2
Norvège	11.7	14.2	15.2	14.7	12.3	11.1	11.0	10.6	10.4	10.5	10.5	-0.5
Nouvelle-Zélande	6.1	6.3	6.5	11.1	10.5	10.8	11.2	11.3	11.5	11.2	11.7	0.5
Pays-Bas	8.4	8.6	9.3	9.7	9.7	10.1	9.9	9.6	9.5	9.7	9.8	-0.1
Pologne				13.4	11.4	12.2	11.9	12.1	11.3	11.2	11.2	-0.7
Portugal	6.9	7.6	10.2	12.3	12.2	13.2	11.8	12.4	12.4	12.0	12.4	0.6
Républiqueslovaque				13.2	11.5	11.5	9.3	9.7	9.1	9.6	9.7	0.5
Républiquetchèque				10.3	9.5	10.0	10.2	10.6	10.8	11.1	10.3	0.1
Royaume-Uni	9.1	8.1	10.4	10.0	10.0	9.5	9.6	10.4	10.4	10.3	10.3	0.7
Slovénie				14.6	13.1	12.5	13.2	13.1	13.5	13.9	13.8	0.6
Suède	9.3	8.8	11.4	12.6	11.8	11.8	12.2	11.9	11.9	11.8	11.7	-0.5
Suisse	5.3	4.6	4.8	5.0	5.5	5.4	5.3	5.3	5.3	5.3	5.3	-0.0
Turquie	5.6	4.9	4.1	6.2	9.8	11.5	12.0	12.1	11.9	13.0	12.2	0.2
Moyenne non pondérée												
Moyenne OCDE	**8.8**	**8.6**	**9.7**	**10.4**	**10.3**	**10.2**	**9.9**	**10.0**	**10.1**	**10.2**	**10.3**	**0.3**

Israël. Les données statistiques concernant Israël sont fournies par et sous la responsabilité des autorités israéliennes compétentes. L'utilisation de ces données par l'OCDE est sans préjudice du statut des hauteurs du Golan, de Jérusalem Est et des colonies de peuplement israéliennes en Cisjordanie aux termes du droit international.

Moyennes non pondérées. Tous les pays membres sont pris en compte pour le calcul des moyennes non pondérées, y compris les pays qui n'avaient pas mis en oeuvre les impôts correspondants l'année considérée. Ces pays sont comptabilisés avec comme valeurs zéro au numérateur et 1 au dénominateur. Néanmoins, les pays qui n'existaient pas à la date en question (Républiques tchèque et slovaque avant 1993 ; Slovénie avant 1991) ne sont pas inclus dans le calcul des moyennes. Sont également exclus du calcul des moyennes les pays pour lesquels on ne dispose pas de données sur la période considérée (Chili avant 1990, Estonie, Hongrie et Israël avant 1995, Corée avant 1975 ; Mexique avant 1980 ; Pologne avant 1995 ; et République slovaque avant 2000).

Source : Statistiques des recettes publiques de l'OCDE (2016) 1965-2015, Éditions OCDE DOI *http://dx.doi.org/10.1787/rev_stats-2016-en-fr.*

StatLink *http://dx.doi.org/10.1787/888933458579*

Tableau 1.A1.2. **Impôts sur la consommation (5100) en pourcentage du total des recettes fiscales**

	1965	1975	1985	1995	2000	2005	2010	2011	2012	2013	2014	Écart 2010-14
Allemagne	31.1	25.4	24.6	26.9	27.1	27.9	28.4	28.1	27.4	27.0	26.7	-1.8
Australie	30.0	25.8	28.6	23.1	26.2	25.4	25.5	24.1	23.3	23.7	23.3	-2.2
Autriche	36.6	33.9	31.0	27.3	27.1	27.0	26.5	26.7	26.5	25.8	25.4	-1.0
Belgique	34.1	26.0	23.7	23.5	23.1	23.3	23.8	23.2	23.6	22.8	22.5	-1.2
Canada	34.7	26.0	26.1	23.9	22.8	23.7	22.5	22.3	22.0	21.6	21.6	-0.9
Chili				59.8	60.6	48.7	48.2	46.4	47.1	50.7	51.9	3.7
Corée		60.0	58.5	38.6	36.7	33.3	32.6	29.2	29.2	28.8	28.1	-4.6
Danemark	39.6	32.7	34.0	31.3	31.4	31.4	30.8	31.0	30.6	29.8	27.8	-3.0
Espagne	40.6	24.0	27.6	26.1	27.2	26.0	24.8	24.2	24.9	26.4	26.8	2.0
Estonie				34.5	37.7	40.0	39.1	40.6	41.4	40.1	40.2	1.1
États-Unis	19.9	17.1	16.3	15.7	13.9	14.8	15.4	15.5	15.4	14.8	14.7	-0.7
Finlande	41.9	31.6	33.4	29.9	28.3	30.6	30.8	31.9	32.1	32.1	31.7	0.9
France	37.5	32.4	28.7	26.8	25.2	24.8	24.2	24.0	23.7	23.3	23.4	-0.7
Grèce	44.1	42.2	40.0	39.4	33.0	31.9	34.8	35.7	34.2	35.7	39.9	5.1
Hongrie				40.3	39.9	38.8	41.8	42.6	42.9	42.9	42.9	1.2
Irlande	49.1	44.4	42.6	38.4	36.5	36.2	33.3	31.4	31.4	30.6	30.7	-2.6
Islande	61.7	62.2	59.5	45.7	39.5	37.8	33.1	32.9	33.3	31.8	29.5	-3.6
Israël				34.7	30.8	32.9	36.7	36.2	36.1	35.9	36.7	0.1
Italie	37.0	28.3	23.6	25.0	25.0	23.8	23.6	24.0	23.6	23.1	23.9	0.3
Japon	25.0	15.1	12.1	13.8	17.0	17.2	16.7	16.5	16.2	15.9	18.2	1.5
Lettonie				37.6	37.0	39.7	37.4	37.3	37.4	38.0	38.4	1.0
Luxembourg	23.5	20.6	24.1	25.2	26.0	28.4	26.8	27.5	27.9	27.7	28.3	1.5
Mexique			64.5	38.1	37.2	33.8	33.7	32.3	33.2	29.6	32.8	-0.9
Norvège	39.9	36.6	36.4	36.7	29.4	26.1	26.2	25.1	25.1	26.2	27.2	1.0
Nouvelle-Zélande	26.2	22.8	22.0	31.3	32.4	30.0	37.1	37.3	35.9	35.9	36.0	-1.1
Pays-Bas	27.1	22.5	23.4	25.6	26.1	28.6	27.4	26.7	26.5	26.5	26.2	-1.2
Pologne				35.5	34.5	36.8	38.3	38.2	35.4	35.3	35.0	-3.3
Portugal	44.0	40.1	42.3	42.1	39.2	42.7	38.8	38.3	39.1	35.3	36.3	-2.5
République slovaque				33.4	34.1	36.6	33.1	33.9	32.2	31.5	31.2	-1.9
République tchèque				29.6	29.3	29.0	31.2	31.8	32.0	32.5	31.2	-0.1
Royaume-Uni	31.1	23.7	29.7	33.5	30.5	29.1	29.5	31.3	31.7	31.7	32.0	2.5
Slovénie				37.9	35.8	33.1	35.7	36.0	36.6	37.9	37.8	2.1
Suède	29.5	22.7	25.5	27.7	24.1	25.3	28.3	28.1	27.9	27.5	27.4	-0.9
Suisse	31.9	20.6	20.2	19.6	20.1	20.5	20.0	19.6	19.9	19.8	19.4	-0.6
Turquie	53.5	40.9	35.7	37.1	40.6	47.4	45.8	43.5	43.2	44.3	42.4	-3.4
Moyenne non pondérée												
Moyenne OCDE	**36.2**	**31.1**	**32.1**	**31.9**	**31.0**	**30.9**	**30.9**	**30.7**	**30.5**	**30.4**	**30.5**	**-0.4**

Israël. Les données statistiques concernant Israël sont fournies par et sous la responsabilité des autorités israéliennes compétentes. L'utilisation de ces données par l'OCDE est sans préjudice du statut des hauteurs du Golan, de Jérusalem Est et des colonies de peuplement israéliennes en Cisjordanie aux termes du droit international.

Moyennes non pondérées. Tous les pays membres sont pris en compte pour le calcul des moyennes non pondérées, y compris les pays qui n'avaient pas mis en oeuvre les impôts correspondants l'année considérée. Ces pays sont comptabilisés avec comme valeurs zéro au numérateur et 1 au dénominateur. Néanmoins, les pays qui n'existaient pas à la date en question (Républiques tchèque et slovaque avant 1993 ; Slovénie avant 1991) ne sont pas inclus dans le calcul des moyennes. Sont également exclus du calcul des moyennes les pays pour lesquels on ne dispose pas de données sur la période considérée (Chili avant 1990, Estonie, Hongrie et Israël avant 1995, Corée avant 1975 ; Mexique avant 1980 ; Pologne avant 1995 ; et République slovaque avant 2000).

Source : Statistiques des recettes publiques de l'OCDE (2016) 1965-2015, Éditions OCDE DOI *http://dx.doi.org/10.1787/rev_stats-2016-en-fr*.

StatLink *http://dx.doi.org/10.1787/888933458588*

Tableau 1.A1.3. **Impôts généraux sur la consommation (5110) en pourcentage du PIB**

	1965	1975	1985	1995	2000	2005	2010	2011	2012	2013	2014	Écart 2010-14
Allemagne	5.2	5.0	5.7	6.3	6.7	6.1	7.0	7.0	7.0	7.0	7.0	-0.0
Australie	1.5	1.7	2.2	2.5	3.7	4.0	3.5	3.4	3.4	3.6	3.6	0.1
Autriche	6.3	7.2	8.5	7.6	7.9	7.7	7.7	7.6	7.8	7.7	7.7	-0.0
Belgique	6.5	6.3	6.8	6.5	7.1	7.0	7.0	6.9	7.0	7.0	6.9	-0.1
Canada	4.5	3.9	4.2	4.9	4.9	4.8	4.3	4.3	4.3	4.3	4.3	0.0
Chili				7.5	7.9	7.8	7.6	7.9	8.1	8.1	8.2	0.7
Corée		1.9	3.3	3.4	3.7	3.9	4.1	4.1	4.3	4.1	4.2	0.1
Danemark	3.0	6.5	9.1	9.1	9.2	9.7	9.5	9.6	9.6	9.4	9.5	0.0
Espagne	3.2	2.7	4.0	5.0	5.9	6.2	5.3	5.2	5.4	5.9	6.1	0.9
Estonie				9.6	8.4	8.1	8.6	8.3	8.4	8.2	8.6	-0.0
États-Unis	1.1	1.7	1.9	2.1	2.2	2.1	2.0	2.0	2.0	2.0	2.0	0.1
Finlande	5.5	5.6	7.2	7.7	8.0	8.4	8.3	8.8	9.0	9.3	9.2	0.9
France	7.8	8.2	8.4	7.4	7.4	7.4	7.0	7.1	7.1	7.1	7.2	0.1
Grèce	1.8	3.4	4.2	6.4	7.2	6.9	7.4	7.6	7.5	7.4	7.5	0.1
Hongrie				8.0	10.1	10.3	11.1	10.9	11.7	11.4	11.6	0.5
Irlande	1.4	4.1	6.9	6.7	7.1	7.3	6.0	5.6	5.8	5.8	6.0	-0.1
Islande	4.3	8.4	9.1	9.7	10.4	10.8	7.6	7.7	8.0	8.0	8.1	0.5
Israël				10.8	9.2	9.3	9.1	9.1	8.8	9.2	9.7	0.5
Italie	3.2	3.5	4.7	5.3	6.3	5.7	6.1	6.0	6.0	5.9	6.0	-0.1
Japon	0.0	0.0	0.0	1.4	2.4	2.6	2.6	2.7	2.7	2.8	3.9	1.3
Lettonie				8.4	7.0	7.4	6.7	6.8	7.2	7.4	7.7	1.0
Luxembourg	3.3	3.8	4.8	4.3	5.0	6.1	6.5	6.7	7.2	7.2	7.5	1.1
Mexique			2.4	2.5	3.1	3.4	3.8	3.7	3.7	3.5	3.9	0.1
Norvège	6.3	8.0	7.6	8.5	8.3	7.7	7.8	7.6	7.6	7.7	7.8	-0.0
Nouvelle-Zélande	1.8	2.5	3.1	8.1	8.1	8.6	9.3	9.4	9.6	9.4	9.7	0.4
Pays-Bas	3.8	5.5	6.4	6.1	6.4	6.8	6.8	6.5	6.5	6.5	6.4	-0.3
Pologne				6.1	6.9	7.7	7.6	7.8	7.1	7.0	7.1	-0.5
Portugal	..	2.1	3.0	6.8	7.6	8.2	7.5	8.1	8.3	8.1	8.5	0.9
République slovaque				8.2	6.9	7.7	6.2	6.7	6.0	6.4	6.6	0.4
République tchèque				5.8	6.0	6.6	6.7	6.9	7.0	7.4	7.4	0.7
Royaume-Uni	1.7	3.0	5.6	5.7	5.9	6.0	6.1	6.8	6.8	6.8	6.8	0.7
Slovénie				11.3	8.7	8.4	8.1	8.1	8.0	8.5	8.5	0.4
Suède	3.3	4.7	6.3	8.8	8.4	8.6	9.3	9.2	9.0	9.1	9.1	-0.2
Suisse	1.8	2.0	2.6	3.1	3.7	3.6	3.4	3.5	3.6	3.6	3.5	0.1
Turquie	..	..	2.7	5.2	5.8	5.3	5.7	6.1	5.8	6.4	5.9	0.2
Moyenne non pondérée												
Moyenne OCDE	**3.2**	**4.1**	**5.0**	**6.5**	**6.7**	**6.8**	**6.7**	**6.7**	**6.8**	**6.8**	**7.0**	**0.3**

Israël. Les données statistiques concernant Israël sont fournies par et sous la responsabilité des autorités israéliennes compétentes. L'utilisation de ces données par l'OCDE est sans préjudice du statut des hauteurs du Golan, de Jérusalem Est et des colonies de peuplement israéliennes en Cisjordanie aux termes du droit international.

Moyennes non pondérées. Tous les pays membres sont pris en compte pour le calcul des moyennes non pondérées, y compris les pays qui n'avaient pas mis en oeuvre les impôts correspondants l'année considérée. Ces pays sont comptabilisés avec comme valeurs zéro au numérateur et 1 au dénominateur. Néanmoins, les pays qui n'existaient pas à la date en question (Républiques tchèque et slovaque avant 1993 ; Slovénie avant 1991) ne sont pas inclus dans le calcul des moyennes. Sont également exclus du calcul des moyennes les pays pour lesquels on ne dispose pas de données sur la période considérée (Chili avant 1990, Estonie, Hongrie et Israël avant 1995, Corée avant 1975 ; Mexique avant 1980 ; Pologne avant 1995 ; et République slovaque avant 2000).

Source : Statistiques des recettes publiques de l'OCDE (2016) 1965-2015, Éditions OCDE DOI *http://dx.doi.org/10.1787/rev_stats-2016-en-fr.*

StatLink http://dx.doi.org/10.1787/888933458591

Tableau 1.A1.4. **Impôts généraux sur la consommation (5110) en pourcentage du total des recettes fiscales**

	1965	1975	1985	1995	2000	2005	2010	2011	2012	2013	2014	Écart 2010-14
Allemagne	16.5	14.6	15.8	17.4	18.4	18.0	20.0	19.7	19.4	19.2	19.0	- 1.0
Australie	7.4	6.7	7.9	8.7	12.0	13.4	13.7	12.8	12.3	13.0	12.9	- 0.7
Autriche	18.7	19.8	21.0	18.6	18.8	18.8	18.9	18.6	18.6	18.2	18.0	- 0.9
Belgique	21.1	16.2	15.7	15.3	16.2	16.2	16.4	16.1	15.8	15.5	15.4	- 1.0
Canada	17.8	12.5	13.2	14.0	14.2	14.8	14.0	14.0	13.9	13.7	13.8	- 0.2
Chili				40.6	41.8	37.8	38.5	37.0	37.7	40.8	41.6	3.2
Corée		12.7	21.1	17.8	17.0	17.4	17.5	17.0	17.2	17.0	17.2	- 0.3
Danemark	10.3	17.5	20.7	19.5	19.5	20.2	21.1	21.2	21.0	20.2	19.2	- 1.9
Espagne	22.2	15.3	14.7	15.9	17.6	17.7	16.7	16.4	16.6	17.8	18.1	1.4
Estonie				26.6	27.1	26.9	25.8	26.3	26.6	26.0	26.4	0.6
États-Unis	4.8	7.0	7.9	8.1	7.6	8.1	8.4	8.3	8.2	7.9	7.9	- 0.5
Finlande	18.5	15.6	18.3	17.4	17.4	19.9	20.4	20.9	21.1	21.3	21.0	0.7
France	23.3	23.4	20.0	17.7	17.1	17.3	16.7	16.4	16.0	15.7	15.8	- 1.0
Grèce	10.3	18.3	17.2	23.0	21.5	22.2	23.0	22.7	21.2	20.7	21.0	- 2.0
Hongrie				19.4	26.1	28.0	29.7	30.0	30.4	29.8	30.5	0.8
Irlande	5.7	14.7	20.6	21.1	22.9	24.7	22.2	20.8	21.2	20.4	20.8	- 1.5
Islande	16.7	28.6	33.0	31.7	28.5	27.3	22.7	22.4	22.8	22.2	20.8	- 1.9
Israël				30.3	26.5	27.6	29.9	29.7	29.7	30.1	30.9	1.0
Italie	12.9	14.3	14.5	13.8	15.4	14.6	14.5	14.4	13.6	13.3	13.8	- 0.8
Japon	0.0	0.0	0.0	5.4	9.1	9.5	9.6	9.4	9.2	9.2	12.2	2.6
Lettonie				28.4	23.9	26.5	23.9	24.4	25.3	26.0	26.7	2.8
Luxembourg	12.4	12.1	12.8	12.4	13.4	16.1	17.0	17.7	18.4	19.0	19.6	2.6
Mexique			15.9	22.2	22.8	26.7	26.9	26.4	26.7	23.7	25.6	- 1.4
Norvège	21.5	20.5	18.2	21.2	19.8	18.2	18.6	18.0	18.2	19.2	20.1	1.5
Nouvelle-Zélande	7.7	9.0	10.4	22.8	24.9	23.8	30.7	31.0	30.0	30.0	29.9	- 0.8
Pays-Bas	12.4	14.4	16.2	16.2	17.3	19.2	18.7	18.1	18.0	17.8	17.2	- 1.5
Pologne				16.2	21.0	23.2	24.4	24.8	22.4	22.1	22.2	- 2.1
Portugal	..	11.2	12.6	23.3	24.4	26.6	24.7	25.0	26.2	23.6	24.8	0.0
République slovaque				20.8	20.4	24.7	22.1	23.4	21.1	21.0	21.3	- 0.8
République tchèque				16.6	18.3	19.1	20.5	20.6	20.9	21.8	22.4	1.9
Royaume-Uni	5.9	8.9	15.9	19.0	18.1	18.6	18.8	20.5	20.8	20.9	21.3	2.5
Slovénie				29.5	23.7	22.2	21.9	22.3	21.8	23.1	23.2	1.3
Suède	10.4	12.0	14.0	19.4	17.1	18.5	21.5	21.5	21.3	21.1	21.3	- 0.2
Suisse	10.6	8.7	10.7	12.1	13.4	13.7	13.0	13.1	13.3	13.3	13.1	0.1
Turquie	..	..	23.3	31.1	24.2	21.8	21.7	21.8	20.8	22.0	20.4	- 1.3
Moyenne non pondérée												
Moyenne OCDE	**11.9**	**13.4**	**15.8**	**19.8**	**19.9**	**20.6**	**20.7**	**20.6**	**20.5**	**20.5**	**20.7**	**0.0**

Israël. Les données statistiques concernant Israël sont fournies par et sous la responsabilité des autorités israéliennes compétentes. L'utilisation de ces données par l'OCDE est sans préjudice du statut des hauteurs du Golan, de Jérusalem Est et des colonies de peuplement israéliennes en Cisjordanie aux termes du droit international.

Moyennes non pondérées. Tous les pays membres sont pris en compte pour le calcul des moyennes non pondérées, y compris les pays qui n'avaient pas mis en oeuvre les impôts correspondants l'année considérée. Ces pays sont comptabilisés avec comme valeurs zéro au numérateur et 1 au dénominateur. Néanmoins, les pays qui n'existaient pas à la date en question (Républiques tchèque et slovaque avant 1993 ; Slovénie avant 1991) ne sont pas inclus dans le calcul des moyennes. Sont également exclus du calcul des moyennes les pays pour lesquels on ne dispose pas de données sur la période considérée (Chili avant 1990, Estonie, Hongrie et Israël avant 1995, Corée avant 1975 ; Mexique avant 1980 ; Pologne avant 1995 ; et République slovaque avant 2000).

Source : Statistiques des recettes publiques de l'OCDE (2016) 1965-2015, Éditions OCDE. DOI *http://dx.doi.org/10.1787/rev_stats-2016-en-fr*.

StatLink *http://dx.doi.org/10.1787/888933458600*

Tableau 1.A1.5. **Impôts sur des biens et services déterminés (5120) en pourcentage du PIB**

	1965	1975	1985	1995	2000	2005	2010	2011	2012	2013	2014	Écart 2010-14
Allemagne	4.6	3.7	3.2	3.4	3.2	3.4	2.9	3.0	2.9	2.8	2.8	- 0.2
Australie	4.7	4.9	5.7	4.1	4.3	3.6	3.0	3.0	3.0	3.0	2.9	- 0.1
Autriche	6.0	5.1	4.0	3.5	3.5	3.3	3.1	3.3	3.3	3.2	3.2	0.1
Belgique	4.0	3.8	3.5	3.5	3.0	3.1	3.1	3.1	3.4	3.3	3.2	0.1
Canada	4.2	4.3	4.1	3.4	3.0	2.9	2.6	2.5	2.5	2.4	2.4	- 0.2
Chili				3.5	3.5	2.3	1.9	2.0	2.0	2.0	2.0	0.1
Corée		7.0	5.9	4.0	4.2	3.6	3.5	2.9	3.0	2.9	2.7	- 0.9
Danemark	8.5	5.6	5.8	5.5	5.5	5.4	4.4	4.4	4.4	4.5	4.3	- 0.1
Espagne	2.6	1.6	3.4	3.2	3.2	2.9	2.5	2.5	2.7	2.9	2.9	0.4
Estonie				2.8	3.3	3.9	4.4	4.5	4.6	4.4	4.5	0.0
États-Unis	3.6	2.5	2.1	2.0	1.8	1.7	1.7	1.7	1.7	1.8	1.8	0.1
Finlande	7.0	5.8	5.9	5.6	5.0	4.5	4.3	4.6	4.7	4.7	4.7	0.4
France	4.8	3.1	3.7	3.8	3.5	3.2	3.1	3.3	3.4	3.5	3.5	0.4
Grèce	5.8	4.5	5.1	4.6	3.8	3.0	3.7	4.2	4.1	4.4	4.5	0.7
Hongrie				8.5	5.3	3.9	4.5	4.6	4.8	5.0	4.8	0.2
Irlande	10.6	8.3	7.4	5.5	4.2	3.4	3.0	2.9	2.8	2.9	2.9	- 0.2
Islande	11.5	9.8	7.3	4.3	4.0	4.2	3.5	3.6	3.7	3.5	3.4	- 0.1
Israël				1.5	1.5	1.8	2.1	2.0	1.9	1.8	1.8	- 0.3
Italie	5.9	3.4	3.0	4.3	3.9	3.6	3.8	4.0	4.4	4.3	4.4	0.6
Japon	4.4	3.1	3.2	2.2	2.1	2.1	2.0	2.0	2.0	2.0	1.9	- 0.0
Lettonie				2.7	3.8	3.7	3.8	3.6	3.4	3.4	3.4	- 0.4
Luxembourg	2.9	2.7	4.3	4.5	4.7	4.7	3.7	3.7	3.7	3.3	3.3	- 0.4
Mexique			7.4	1.8	2.0	0.9	0.9	0.8	0.9	0.9	1.1	0.1
Norvège	5.4	6.3	7.6	6.2	4.0	3.4	3.2	3.0	2.8	2.8	2.8	- 0.5
Nouvelle-Zélande	4.3	3.8	3.4	3.0	2.5	2.2	1.9	1.9	1.9	1.8	2.0	0.0
Pays-Bas	4.5	3.1	2.9	3.6	3.3	3.4	3.1	3.1	3.1	3.2	3.4	0.2
Pologne				7.3	4.5	4.5	4.3	4.2	4.2	4.2	4.1	- 0.2
Portugal	6.9	5.5	7.2	5.5	4.6	5.0	4.3	4.3	4.1	4.0	3.9	- 0.3
République slovaque				5.0	4.6	3.7	3.1	3.0	3.2	3.2	3.1	0.0
République tchèque				4.5	3.6	3.4	3.5	3.7	3.7	3.7	2.9	- 0.6
Royaume-Uni	7.4	5.1	4.9	4.3	4.1	3.4	3.5	3.6	3.6	3.5	3.4	- 0.1
Slovénie				3.2	4.4	4.1	5.1	5.0	5.5	5.4	5.3	0.2
Suède	6.0	4.2	5.2	3.8	3.4	3.2	2.9	2.8	2.8	2.7	2.6	- 0.3
Suisse	3.5	2.7	2.3	1.9	1.8	1.8	1.8	1.8	1.8	1.7	1.7	- 0.1
Turquie	5.6	4.9	1.4	1.0	4.0	6.2	6.3	6.0	6.2	6.5	6.3	0.0
Moyenne non pondérée												
Moyenne OCDE	**5.6**	**4.6**	**4.6**	**3.9**	**3.6**	**3.4**	**3.3**	**3.3**	**3.3**	**3.3**	**3.3**	**- 0.0**

Israël. Les données statistiques concernant Israël sont fournies par et sous la responsabilité des autorités israéliennes compétentes. L'utilisation de ces données par l'OCDE est sans préjudice du statut des hauteurs du Golan, de Jérusalem Est et des colonies de peuplement israéliennes en Cisjordanie aux termes du droit international.

Moyennes non pondérées. Tous les pays membres sont pris en compte pour le calcul des moyennes non pondérées, y compris les pays qui n'avaient pas mis en oeuvre les impôts correspondants l'année considérée. Ces pays sont comptabilisés avec comme valeurs zéro au numérateur et 1 au dénominateur. Néanmoins, les pays qui n'existaient pas à la date en question (Républiques tchèque et slovaque avant 1993 ; Slovénie avant 1991) ne sont pas inclus dans le calcul des moyennes. Sont également exclus du calcul des moyennes les pays pour lesquels on ne dispose pas de données sur la période considérée (Chili avant 1990, Estonie, Hongrie et Israël avant 1995, Corée avant 1975 ; Mexique avant 1980 ; Pologne avant 1995 ; et République slovaque avant 2000).

Source : Statistiques des recettes publiques de l'OCDE (2016), Éditions OCDE, Paris DOI : *http://dx.doi.org/10.1787/rev_stats-2016-en-fr*.

StatLink *http://dx.doi.org/10.1787/888933458610*

Tableau 1.A1.6. **Impôts sur des biens et services déterminés (5120) en pourcentage du total des recettes fiscales**

	1965	1975	1985	1995	2000	2005	2010	2011	2012	2013	2014	Écart 2010-14
Allemagne	14.6	10.8	8.7	9.5	8.8	9.9	8.4	8.4	7.9	7.8	7.6	-0.8
Australie	22.7	19.1	20.7	14.5	14.1	12.0	11.8	11.3	10.9	10.7	10.4	-1.5
Autriche	18.0	14.0	9.9	8.6	8.2	8.2	7.5	8.1	7.9	7.6	7.4	-0.1
Belgique	13.0	9.8	8.0	8.3	6.9	7.2	7.4	7.2	7.8	7.2	7.1	-0.2
Canada	16.8	13.6	13.0	9.9	8.6	8.9	8.5	8.3	8.0	7.9	7.8	-0.7
Chili				19.2	18.8	10.9	9.8	9.4	9.4	9.9	10.3	0.5
Corée		47.3	37.4	20.7	19.7	15.9	15.1	12.2	12.0	11.8	10.8	-4.3
Danemark	29.3	15.2	13.3	11.8	11.8	11.2	9.8	9.7	9.6	9.6	8.7	-1.1
Espagne	18.4	8.7	12.8	10.3	9.6	8.3	8.0	7.8	8.3	8.7	8.7	0.6
Estonie				7.9	10.6	13.1	13.3	14.3	14.7	14.1	13.8	0.5
États-Unis	15.1	10.0	8.4	7.6	6.3	6.7	7.0	7.2	7.1	6.9	6.8	-0.2
Finlande	23.4	16.0	15.2	12.5	10.9	10.7	10.4	11.0	11.0	10.8	10.6	0.2
France	14.3	9.0	8.7	9.1	8.0	7.5	7.4	7.6	7.7	7.7	7.7	0.2
Grèce	33.8	23.9	20.9	16.4	11.5	9.6	11.5	12.4	11.6	12.4	12.5	0.9
Hongrie				20.9	13.8	10.8	12.1	12.6	12.6	13.1	12.5	0.4
Irlande	43.4	29.7	22.0	17.4	13.6	11.5	11.1	10.6	10.3	10.2	9.9	-1.2
Islande	45.0	33.6	26.5	14.0	11.0	10.6	10.5	10.5	10.5	9.7	8.8	-1.7
Israël				4.3	4.3	5.3	6.8	6.5	6.4	5.9	5.8	-1.0
Italie	24.1	14.0	9.1	11.1	9.6	9.2	9.1	9.7	10.0	9.8	10.1	1.0
Japon	25.0	15.1	12.1	8.3	8.0	7.7	7.2	7.1	6.9	6.7	6.0	-1.1
Lettonie				9.1	13.1	13.2	13.5	12.9	12.1	12.0	11.7	-1.8
Luxembourg	11.1	8.4	11.3	12.9	12.6	12.3	9.8	9.8	9.5	8.8	8.7	-1.1
Mexique			48.6	15.9	14.5	7.1	6.7	6.0	6.5	5.9	7.2	0.5
Norvège	18.4	16.1	18.2	15.5	9.6	7.9	7.7	7.1	6.9	7.0	7.1	-0.5
Nouvelle-Zélande	18.5	13.8	11.7	8.6	7.5	6.2	6.4	6.3	6.0	5.8	6.0	-0.3
Pays-Bas	14.7	8.1	7.2	9.4	8.8	9.5	8.7	8.7	8.5	8.7	9.0	0.3
Pologne				19.3	13.5	13.6	13.9	13.4	13.1	13.2	12.7	-1.2
Portugal	44.0	28.9	29.7	18.8	14.8	16.1	14.1	13.3	12.9	11.7	11.6	-2.6
République slovaque				12.6	13.7	11.9	11.0	10.5	11.1	10.5	9.9	-1.0
République tchèque				13.0	11.0	9.8	10.8	11.2	11.1	10.7	8.8	-2.0
Royaume-Uni	25.2	14.8	13.8	14.5	12.4	10.5	10.8	10.8	10.9	10.8	10.7	-0.0
Slovénie				8.4	12.1	10.8	13.8	13.8	14.8	14.8	14.6	0.8
Suède	19.2	10.7	11.6	8.3	7.0	6.8	6.8	6.6	6.7	6.4	6.1	-0.7
Suisse	21.3	11.9	9.5	7.4	6.6	6.8	7.0	6.5	6.6	6.4	6.3	-0.7
Turquie	53.5	40.9	12.4	6.0	16.4	25.5	24.1	21.7	22.4	22.4	22.0	-2.1
Moyenne non pondérée												
Moyenne OCDE	**24.3**	**17.7**	**16.2**	**12.6**	**11.5**	**11.1**	**10.8**	**10.7**	**10.7**	**9.8**	**9.6**	**-1.2**

Israël. Les données statistiques concernant Israël sont fournies par et sous la responsabilité des autorités israéliennes compétentes. L'utilisation de ces données par l'OCDE est sans préjudice du statut des hauteurs du Golan, de Jérusalem Est et des colonies de peuplement israéliennes en Cisjordanie aux termes du droit international.

Moyennes non pondérées. Tous les pays membres sont pris en compte pour le calcul des moyennes non pondérées, y compris les pays qui n'avaient pas mis en oeuvre les impôts correspondants l'année considérée. Ces pays sont comptabilisés avec comme valeurs zéro au numérateur et 1 au dénominateur. Néanmoins, les pays qui n'existaient pas à la date en question (Républiques tchèque et slovaque avant 1993 ; Slovénie avant 1991) ne sont pas inclus dans le calcul des moyennes. Sont également exclus du calcul des moyennes les pays pour lesquels on ne dispose pas de données sur la période considérée (Chili avant 1990, Estonie, Hongrie et Israël avant 1995, Corée avant 1975 ; Mexique avant 1980 ; Pologne avant 1995 ; et République slovaque avant 2000).

Source : Statistiques des recettes publiques de l'OCDE (2016), Éditions OCDE, Paris DOI : *http://dx.doi.org/10.1787/rev_stats-2016-en-fr.*

StatLink *http://dx.doi.org/10.1787/888933458623*

Tableau 1.A1.7. **Taxes sur la valeur ajoutée (5111) en pourcentage du PIB**

	1965	1975	1985	1995	2000	2005	2010	2011	2012	2013	2014	Écart 2010-14
Allemagne	0.0	5.0	5.7	6.3	6.7	6.1	7.0	7.0	7.0	7.0	7.0	0.0
Australie	0.0	0.0	0.0	0.0	3.4	3.9	3.4	3.3	3.3	3.5	3.5	0.1
Autriche	0.0	7.2	8.5	7.6	7.9	7.7	7.7	7.6	7.8	7.7	7.7	0.0
Belgique	0.0	6.3	6.8	6.5	7.0	6.9	6.9	6.9	6.9	6.9	6.9	0.0
Canada	0.0	0.0	0.0	2.9	3.2	3.2	4.2	4.2	4.2	4.1	4.2	0.0
Chili				7.5	7.9	7.8	7.6	7.9	8.1	8.1	8.2	0.7
Corée		0.0	3.3	3.4	3.7	3.9	4.1	4.1	4.3	4.1	4.2	0.1
Danemark	3.0	6.5	9.1	9.1	9.2	9.7	9.5	9.6	9.6	9.4	9.5	0.0
Espagne	0.0	0.0	0.0	5.0	5.9	6.2	5.3	5.2	5.4	5.9	6.1	0.9
Estonie				9.6	8.4	8.1	8.5	8.2	8.4	8.2	8.6	0.0
États-Unis	0.0	0.0	0.0	0.0	0.0	0.0	0.0	0.0	0.0	0.0	0.0	0.0
Finlande	5.5	5.6	7.2	7.7	8.0	8.4	8.3	8.8	9.0	9.3	9.2	0.9
France	6.8	8.1	8.2	7.3	7.2	7.2	6.8	6.8	6.8	6.8	6.9	0.1
Grèce	0.0	0.0	0.0	6.1	6.9	6.7	7.1	7.3	7.2	7.0	7.1	0.1
Hongrie				7.3	8.7	8.3	8.6	8.5	9.2	9.0	9.4	0.8
Irlande	0.0	4.1	6.9	6.7	7.1	7.3	6.0	5.6	5.8	5.8	6.0	-0.1
Islande	0.0	0.0	0.0	9.1	10.4	10.8	7.6	7.7	8.0	8.0	8.1	0.5
Israël				8.3	7.4	7.5	7.5	7.5	7.3	7.7	8.0	0.6
Italie	0.0	3.4	4.7	5.3	6.3	5.7	6.1	6.0	6.0	5.9	6.0	-0.1
Japon				1.4	2.4	2.6	2.6	2.7	2.7	2.8	3.9	1.3
Lettonie				8.4	7.0	7.4	6.7	6.8	7.2	7.4	7.6	0.9
Luxembourg	0.0	3.8	4.8	4.3	5.0	6.1	6.5	6.7	7.2	7.2	7.5	1.1
Mexique			2.4	2.5	3.1	3.4	3.8	3.7	3.7	3.5	3.9	0.1
Norvège	0.0	8.0	7.6	8.5	8.2	7.7	7.8	7.6	7.5	7.7	7.7	0.0
Nouvelle-Zélande	0.0	0.0	0.0	8.1	8.1	8.6	9.3	9.4	9.6	9.4	9.7	0.4
Pays-Bas	0.0	5.5	6.4	6.1	6.4	6.8	6.8	6.5	6.5	6.5	6.4	-0.3
Pologne				6.1	6.9	7.7	7.6	7.8	7.1	7.0	7.1	-0.5
Portugal	0.0	0.0	0.0	6.8	7.6	8.2	7.5	8.1	8.3	8.1	8.5	0.9
République slovaque				8.2	6.9	7.7	6.2	6.7	6.0	6.4	6.6	0.4
République tchèque				5.8	6.0	6.6	6.7	6.9	7.0	7.4	7.4	0.7
Royaume-Uni	0.0	3.0	5.6	5.7	5.9	6.0	6.1	6.8	6.8	6.8	6.8	0.7
Slovénie				0.0	8.5	8.4	8.1	8.1	8.0	8.5	8.5	0.4
Suède	0.0	4.7	6.3	8.8	8.3	8.5	9.2	9.0	8.9	9.0	9.0	-0.1
Suisse	0.0	0.0	0.0	3.1	3.6	3.6	3.4	3.5	3.5	3.5	3.5	0.1
Turquie			2.6	4.1	5.8	5.3	5.7	6.1	5.8	6.4	5.9	0.2
Moyenne non pondérée												
Moyenne OCDE	**0.6**	**3.1**	**3.9**	**5.8**	**6.4**	**6.6**	**6.5**	**6.5**	**6.6**	**6.6**	**6.8**	**0.3**

Israël. Les données statistiques concernant Israël sont fournies par et sous la responsabilité des autorités israéliennes compétentes. L'utilisation de ces données par l'OCDE est sans préjudice du statut des hauteurs du Golan, de Jérusalem Est et des colonies de peuplement israéliennes en Cisjordanie aux termes du droit international.

Moyennes non pondérées. Tous les pays membres sont pris en compte pour le calcul des moyennes non pondérées, y compris les pays qui n'avaient pas mis en oeuvre les impôts correspondants l'année considérée. Ces pays sont comptabilisés avec comme valeurs zéro au numérateur et 1 au dénominateur. Néanmoins, les pays qui n'existaient pas à la date en question (Républiques tchèque et slovaque avant 1993 ; Slovénie avant 1991) ne sont pas inclus dans le calcul des moyennes. Sont également exclus du calcul des moyennes les pays pour lesquels on ne dispose pas de données sur la période considérée (Chili avant 1990, Estonie, Hongrie et Israël avant 1995, Corée avant 1975 ; Mexique avant 1980 ; Pologne avant 1995 ; et République slovaque avant 2000).

Source : Statistiques des recettes publiques de l'OCDE (2016), Éditions OCDE, Paris DOI : *http://dx.doi.org/10.1787/rev_stats-2016-en-fr*.

StatLink *http://dx.doi.org/10.1787/888933458636*

Tableau 1.A1.8. **Taxes sur la valeur ajoutée (5111) en pourcentage du total des recettes fiscales**

	1965	1975	1985	1995	2000	2005	2010	2011	2012	2013	2014	Écart 2010-14
Allemagne	0.0	14.6	15.8	17.4	18.4	18.0	20.0	19.7	19.4	19.2	19.0	-1.0
Australie	0.0	0.0	0.0	0.0	11.1	13.1	13.3	12.5	12.1	12.7	12.6	-0.7
Autriche	0.0	19.8	21.0	18.6	18.8	18.8	18.9	18.6	18.6	18.2	18.0	-0.9
Belgique	0.0	16.2	15.7	15.2	16.1	15.9	16.2	15.9	15.7	15.4	15.3	-1.0
Canada	0.0	0.0	0.0	8.4	9.2	9.9	13.7	13.7	13.7	13.4	13.5	-0.2
Chili				40.6	41.8	37.8	38.5	37.0	37.7	40.8	41.6	3.2
Corée		0.0	21.1	17.8	17.0	17.4	17.5	17.0	17.2	17.0	17.2	-0.3
Danemark	10.3	17.5	20.7	19.5	19.5	20.2	21.1	21.2	21.0	20.2	19.2	-1.9
Espagne	0.0	0.0	0.0	15.9	17.6	17.7	16.7	16.4	16.6	17.8	18.1	1.4
Estonie				26.6	27.1	26.9	25.7	26.0	26.6	26.0	26.4	0.7
États-Unis	0.0	0.0	0.0	0.0	0.0	0.0	0.0	0.0	0.0	0.0	0.0	0.0
Finlande	18.5	15.6	18.3	17.4	17.4	19.9	20.4	20.9	21.1	21.3	21.0	0.7
France	20.1	23.1	19.7	17.4	16.7	16.7	16.1	15.8	15.4	15.1	15.2	-0.9
Grèce	0.0	0.0	0.0	22.0	20.8	21.5	21.9	21.5	20.2	19.6	20.0	-1.9
Hongrie				17.8	22.4	22.5	22.9	23.2	23.8	23.5	24.5	1.6
Irlande	0.0	14.7	20.6	21.1	22.9	24.7	22.2	20.8	21.2	20.4	20.8	-1.5
Islande	0.0	0.0	0.0	29.9	28.5	27.3	22.7	22.4	22.8	22.2	20.8	-1.9
Israël				23.2	21.2	22.4	24.5	24.4	24.5	25.2	25.7	1.2
Italie	0.0	13.7	14.5	13.8	15.4	14.6	14.5	14.4	13.6	13.3	13.8	-0.8
Japon				5.4	9.1	9.5	9.6	9.4	9.2	9.2	12.2	2.6
Lettonie				28.4	23.9	26.5	23.9	24.4	25.3	26.0	26.3	2.4
Luxembourg	0.0	12.1	12.8	12.4	13.4	16.1	17.0	17.7	18.4	19.0	19.6	2.6
Mexique			15.9	22.2	22.8	26.7	26.9	26.4	26.7	23.7	25.6	-1.4
Norvège	0.0	20.5	18.2	21.2	19.7	18.1	18.5	18.0	18.2	19.2	20.0	1.5
Nouvelle-Zélande	0.0	0.0	0.0	22.8	24.9	23.8	30.7	31.0	30.0	30.0	29.9	-0.8
Pays-Bas	0.0	14.4	16.2	16.2	17.3	19.2	18.7	18.1	17.9	17.8	17.2	-1.5
Pologne				16.1	21.0	23.2	24.4	24.8	22.4	22.1	22.2	-2.1
Portugal	0.0	0.0	0.0	23.3	24.4	26.6	24.7	25.0	26.2	23.6	24.8	0.0
République slovaque				20.8	20.4	24.7	22.1	23.4	21.1	21.0	21.3	-0.8
République tchèque				16.6	18.3	19.1	20.5	20.6	20.9	21.8	22.4	1.9
Royaume-Uni	0.0	8.9	15.9	19.0	18.1	18.6	18.8	20.5	20.8	20.9	21.3	2.5
Slovénie				0.0	23.3	22.2	21.9	22.3	21.8	23.1	23.2	1.3
Suède	0.0	12.0	14.0	19.4	16.9	18.3	21.2	21.3	21.0	20.9	21.1	-0.1
Suisse	0.0	0.0	0.0	12.1	13.2	13.5	12.8	12.8	13.1	13.1	12.9	0.1
Turquie			22.3	24.3	24.2	21.8	21.7	21.8	20.8	22.0	20.4	-1.3
Moyenne non pondérée												
Moyenne OCDE	**2.2**	**8.8**	**11.3**	**17.8**	**19.2**	**19.8**	**20.0**	**20.0**	**19.8**	**19.8**	**20.1**	**0.1**

Israël. Les données statistiques concernant Israël sont fournies par et sous la responsabilité des autorités israéliennes compétentes. L'utilisation de ces données par l'OCDE est sans préjudice du statut des hauteurs du Golan, de Jérusalem Est et des colonies de peuplement israéliennes en Cisjordanie aux termes du droit international.

Moyennes non pondérées. Tous les pays membres sont pris en compte pour le calcul des moyennes non pondérées, y compris les pays qui n'avaient pas mis en oeuvre les impôts correspondants l'année considérée. Ces pays sont comptabilisés avec comme valeurs zéro au numérateur et 1 au dénominateur. Néanmoins, les pays qui n'existaient pas à la date en question (Républiques tchèque et slovaque avant 1993 ; Slovénie avant 1991) ne sont pas inclus dans le calcul des moyennes. Sont également exclus du calcul des moyennes les pays pour lesquels on ne dispose pas de données sur la période considérée (Chili avant 1990, Estonie, Hongrie et Israël avant 1995, Corée avant 1975 ; Mexique avant 1980 ; Pologne avant 1995 ; et République slovaque avant 2000).

Source : Statistiques des recettes publiques de l'OCDE (2016), Éditions OCDE, Paris DOI : *http://dx.doi.org/10.1787/rev_stats-2016-en-fr.*

StatLink http://dx.doi.org/10.1787/888933458644

Tableau 1.A1.9. **Structure de la fiscalité dans la zone OCDE**[1]

	1965	1975	1985	1995	2005	2010	2014
Impôt sur le revenu des personnes physiques	26	30	30	26	23	23	24
Impôt sur les bénéfices des sociétés	9	8	8	8	10	9	9
Cotisations de sécurité sociale[2]	18	22	22	25	25	27	25
(salariés)	*(6)*	*(7)*	*(7)*	*(8)*	*(9)*	*(9)*	*(10)*
(employeurs)	*(10)*	*(14)*	*(13)*	*(15)*	*(15)*	*(15)*	*(15)*
Impôts sur les salaires	1	1	1	1	1	1	1
Impôt sur le patrimoine	8	6	5	5	6	5	6
Impôts généraux sur la consommation	12	13	16	20	21	21	21
(dont TVA)	*(2)*	*(9)*	*(11)*	*(18)*	*(20)*	*(20)*	*(20)*
Impôts spécifiques sur la consommation	24	18	16	12	10	10	10
Tous les autres impôts	2	2	2	3	4	4	4
Total	100	100	100	100	100	100	100

1. Part des principales catégories d'impôts dans les recettes fiscales totales (en pourcentage).
2. Y compris les cotisations de sécurité sociale versées par les travailleurs indépendants (rubrique 2300) qui n'apparaissent pas dans la ventilation entre salariés et employeurs.

Source : Statistiques des recettes publiques de l'OCDE (2016), Éditions OCDE, Paris DOI : *http://dx.doi.org/10.1787/rev_stats-2016-en-fr*.

StatLink http://dx.doi.org/10.1787/888933458654

Tableau 1.A1.10. **Exonération de la TVA pour les importations de biens de faible valeur**[1]

Pays	Monnaie	Seuil en monnaie locale[2]	Seuil en USD[3]
Australie*	AUD	1 000	671
Allemagne	EUR	22	28
Autriche	EUR	22	27
Belgique	EUR	22	27
Canada	CAD	20	16
Chili	CLP		0
Corée*	USD	150	150
Danemark	EUR	10	11
Espagne	EUR	22	33
Estonie	EUR	22	39
Finlande	EUR	22	24
France*	EUR	22	27
Grèce	EUR	22	36
Hongrie	EUR	22	51
Irlande	EUR	22	26
Islande*	ISK	2 000	14
Israël*	USD	75	75
Italie	EUR	22	29
Japon	JPY	10 000	95
Lettonie	EUR	22	43
Luxembourg	EUR	22	24
Mexique*	USD	300/50	300/50
Norvège*	NOK	350	36
Nouvelle-Zélande*	NZD	400	282
Pays-Bas	EUR	22	27
Pologne*	EUR	22	51
Portugal	EUR	22	37
République slovaque	EUR	22	44
République tchèque	EUR	22	46
Royaume-Uni*	GBP	15	22
Slovénie	EUR	22	37
Suède	EUR	22	23
Suisse*	CHF	62	48
Turquie	TRY		0

* Voir les notes par pays dans l'encadré 1.A1.10.

1. Ce tableau indique les seuils d'assujettissement à la TVA pour les importations de biens de faible valeur livrés par un fournisseur étranger à un acheteur dans le pays donné. Il ne couvre pas d'autres scénarios d'importation tels que l'importation de biens échangés entre particuliers ou l'importation de biens dans les bagages personnels de voyageurs (voir le tableau 2.A2.7). Les importations de biens soumis à des droits d'accise ne bénéficient généralement pas des exonérations de la taxe.
2. Montants en monnaie locale : pour les États membres de l'Union européenne, le seuil est indiqué en euros (EUR) même pour ceux dont la monnaie nationale n'est pas l'euro (Danemark, Hongrie, Pologne, République tchèque et Suède), à l'exception du Royaume-Uni. Le seuil appliqué dans les pays de l'UE est déterminé par la législation communautaire (la Directive 2009/132/CE indique que les États membres doivent exempter l'importation de biens dont la valeur n'excède pas 10 EUR. Ils peuvent accorder une exemption aux biens dont la valeur n'excède pas 22 EUR). Le montant en EUR est converti en USD comme suit : il est d'abord converti dans la monnaie locale au taux de change du marché (moyenne Eurostat 2015), puis en USD au taux de change à PPA. Pour le Mexique, la législation nationale n'indique pas le seuil en monnaie locale, mais uniquement en USD. Sauf mention contraire dans les notes par pays, le montant reflète la valeur intrinsèque des marchandises (hors fret, assurance et autres coûts et taxes).
3. Les montants sont convertis en USD à parité de pouvoir d'achat (PPA). Les PPA sont les taux de conversion qui égalisent le pouvoir d'achat de différents pays en supprimant les écarts de niveaux de prix entre eux ; ils indiquent le nombre d'unités monétaires requis dans chaque pays pour acheter le même panier représentatif de biens et de services de consommation qui coûte 1 USD aux États-Unis. Les taux de conversion des monnaies utilisés dans la publication Tendances des impôts sur la consommation sont les taux PPA pour le PIB (voir l'annexe A).

Source : Délégations nationales, position au 1er janvier 2016.

StatLink http://dx.doi.org/10.1787/888933458666

Encadré 1.A1.10. **Notes pays**

Australie : à compter du 1er juillet 2017, l'application de la TPS sera étendue aux biens de faible valeur importés par des consommateurs. Les fournisseurs étrangers qui réalisent un chiffre d'affaires en Australie supérieur ou égal à 75 000 AUD seront tenus de s'enregistrer aux fins du prélèvement et du paiement de la TPS sur les biens de faible valeur fournis aux consommateurs en Australie via un système d'enregistrement pour les vendeurs.

France : le seuil ne s'applique pas aux biens importés à la suite d'une commande par correspondance.

Islande : le seuil ne s'applique qu'à l'importation de biens par livraison express. Un seuil d'exonération de 1 500 ISK s'applique aux importations de biens par des importateurs enregistrés aux fins de la TVA en Islande.

Israël : le seuil est indiqué en USD dans la législation nationale. Les données statistiques concernant Israël sont fournies par et sous la responsabilité des autorités israéliennes compétentes. L'utilisation de ces données par l'OCDE est sans préjudice du statut des hauteurs du Golan, de Jérusalem Est et des colonies de peuplement israéliennes en Cisjordanie aux termes du droit international.

Corée : le seuil est indiqué en USD dans la législation nationale. Les colis postaux et envois express sont exonérés si leur valeur ne dépasse pas 150 USD et si la quantité est telle que les autorités douanières reconnaissent que les biens sont destinés à un usage personnel.

Mexique : le seuil est indiqué en USD dans la législation nationale. Le seuil est fixé à 300 USD si l'importation est assurée par les services postaux et à 50 USD si elle est assurée par des services de messagerie.

Nouvelle-Zélande : le seuil ne dépend pas de la valeur des biens mais du montant de la taxe. Les droits de douane et la TVA ne sont pas prélevés si le montant de la taxe due est inférieur ou égal à 60 NZD. Pour faciliter la comparaison, le seuil équivalent, avec le taux de TPS standard sans les droits de douane en vigueur, est indiqué dans le tableau ci-dessus et s'élève à 400 NZD x GST 15 % = 60 NZD.

Norvège : les coûts de fret et d'assurance sont inclus dans le montant du seuil.

Pologne : le seuil ne s'applique pas aux biens importés dans le cadre d'une commande par correspondance.

Suisse : le seuil ne dépend pas de la valeur des biens mais du montant de la taxe. La TVA n'est pas prélevée si le montant de la taxe due est inférieur ou égal à 5 CHF par déclaration. Pour faciliter la comparaison, le seuil équivalent avec le taux de TVA standard est indiqué dans le tableau ci-dessus et s'élève à 62 CHF × TVA 8 % = 5 CHF. En ce qui concerne les biens assujettis à un taux réduit de 2.5 % (par ex., les livres), le montant du seuil serait de 200 CHF au maximum jusqu'à ce que le montant de la taxe de 5 CHF soit atteint.

Royaume-Uni : il n'y a pas d'allègement sur biens de faible valeur importés au Royaume-Uni en provenance des îles Anglo-Normandes, qui ont été achetés dans le cadre d'une transaction par correspondance/à distance.

Tableau 1.A1.11. **Mécanismes de collecte de la TVA sur les fournitures transfrontalières de services et de biens incorporels provenant de fournisseurs non-résidents (« fournitures importées »)**

Pays	Mécanisme de collecte de la TVA	Indicateurs de détermination du lieu d'imposition	Seuil
Allemagne	Régime de l'Union européenne (voir ci-dessous)		
Australie*	**B2C :** Les services et les biens incorporels importés ne sont pas imposés (sauf si les fournitures sont effectuées par un établissement non résident en Australie). Les règles changeront le 1er juillet 2017 (voir note pays). **B2B :** les services et biens incorporels importés ne sont assujettis que si le client a un droit limité de déduction de la TPS d'amont. L'entreprise cliente est responsable de la collecte et du paiement d'une éventuelle TPS due au titre du mécanisme d'autoliquidation.	Lieu du fournisseur ou lieu d'exécution en Australie, à l'exception des indicateurs qui permettent de conclure que l'utilisation effective ou la jouissance sont en dehors de l'Australie. Les règles changeront le 1er juillet 2017 (voir la note pays).	Sans objet
Autriche	Régime de l'Union européenne (voir ci-dessous)		
Belgique	Régime de l'Union européenne (voir ci-dessous)		
Canada	**B2C :** les fournitures de services et de biens incorporels importés sont imposées. Le consommateur est redevable du paiement et du versement de la TPS due au titre du mécanisme d'autoliquidation. **B2B :** les fournitures de services et de biens incorporels importés ne sont imposées que si le client a un droit limité de déduction de la TPS d'amont. L'entreprise cliente est redevable du paiement et du versement de l'éventuelle TPS due au titre du mécanisme d'autoliquidation.	B2C et B2B : résidence habituelle ou emplacement du bénéficiaire	Sans objet
Chili	Aucune distinction entre les échanges B2B et B2C : le client est tenu de s'acquitter de la TVA	Le service ou le bien incorporel est utilisé ou fourni au Chili.	Absence de seuil
Corée	**B2C : l**es fournitures de « services électroniques » importés, telles qu'elles sont définies par la loi, sont assujetties. Le fournisseur est tenu de s'enregistrer et de s'acquitter de la TVA dans le cadre d'une procédure simplifiée, par l'intermédiaire d'un représentant fiscal (enregistrement « pour paiement uniquement »). **B2B : h**ors du champ d'application.	**B2C** : emplacement du client **B2B :** Sans objet	Absence de seuil
Danemark	Régime de l'Union européenne (voir ci-dessous)		
Espagne	Régime de l'Union européenne (voir ci-dessous)		
Estonie	Régime de l'Union européenne (voir ci-dessous)		
Finlande	Régime de l'Union européenne (voir ci-dessous)		
France	Régime de l'Union européenne (voir ci-dessous)		
Grèce	Régime de l'Union européenne (voir ci-dessous)		
Hongrie	Régime de l'Union européenne (voir ci-dessous)		
Irlande	Régime de l'Union européenne (voir ci-dessous)		
Islande	**B2C :** les fournitures de services et de biens incorporels importés sont soumises à la TVA. Le fournisseur doit s'enregistrer selon la procédure standard (absence d'un régime administratif et d'enregistrement simplifiés) pour les fournitures de « services électroniques » aux clients ayant leur résidence ou leur établissement permanent (non enregistré aux fins de la TVA) en Islande. Aucun agent/représentant fiscal n'est requis. **B2B :** les fournitures de services et de biens incorporels importés ne sont exonérées de TVA que si le client a un droit à déduction intégral. Dans le cas contraire, la procédure appliquée est celle des fournitures B2C.	**B2C :** résidence habituelle du client **B2B :** établissement permanent du client	1 million ISK (7 800 USD) Identique à celui des fournisseurs nationaux
Israël*	**B2C et B2B :** le client est tenu de déclarer et de payer la TVA sur les fournitures de services et de biens incorporels importés.	**B2C et B2B :** la résidence du client est en Israël ou la fourniture est liée à un actif en Israël.	
Italie	Régime de l'Union européenne (voir ci-dessous)		

Tableau 1.A1.11. **Mécanismes de collecte de la TVA sur les fournitures transfrontalières de services et de biens incorporels provenant de fournisseurs non-résidents (« fournitures importées »)** *(suite)*

Pays	Mécanisme de collecte de la TVA	Indicateurs de détermination du lieu d'imposition	Seuil
Japon	**B2C :** les fournisseurs de « services électroniques » importés à des résidents japonais sont redevables de la taxe sur la consommation japonaise (TVA). Les services électroniques sont des services fournis via les réseaux de communication électroniques, comme Internet, tels que les livres électroniques, la musique et les publicités. **B2B :** le mécanisme d'autoliquidation s'applique aux « services électroniques » B2B importés. Une entreprise étrangère doit informer ses clients japonais qu'ils (les clients) sont redevables de la TVA en vertu du mécanisme d'autoliquidation.	**B2C et B2B :** le lieu du client est le Japon (c'est-à-dire l'adresse ou le domicile s'il s'agit de clients particuliers et le siège social ou l'établissement principal s'il s'agit d'entreprises).	10 millions JPY (95 000 USD) Même règle que pour les fournisseurs nationaux.
Lettonie	Régime de l'Union européenne (voir ci-dessous)		
Luxembourg	Régime de l'Union européenne (voir ci-dessous)		
Mexique	**B2C et B2B :** les fournitures de services et de biens incorporels importés sont imposables. Le client (B ou C) doit autoliquider la TVA. Les consommateurs finaux ne sont cependant pas susceptibles d'effectuer la déclaration puisqu'il n'y a pas de conséquences financières ni de sanctions en cas d'absence de déclaration.	**Services :** consommation ou présence physique du client dans le pays **Biens incorporels :** résidence de l'acquéreur ou lieu d'utilisation	Absence de seuil
Norvège	**B2C**: les fournitures de services et de biens incorporels importés sont soumises à la TVA. Le fournisseur doit s'enregistrer aux fins de la TVA. Une enregistrement simplifié « pour paiement uniquement » (sans représentant fiscal) est possible dans le cadre d'une procédure entièrement électronique. La procédure d'enregistrement standard (avec droit à déduction de la taxe d'amont) est également disponible. **B2B**: les fournitures de services et de biens incorporels sont assujetties selon le mécanisme de l'autoliquidation.	**B2C :** résidence habituelle du client **B2B :** localisation du client	50 000 NOK (5 000 USD) Identique à celui des fournisseurs nationaux.
Nouvelle-Zélande	**B2C :** à compter du 1er octobre 2016, les fournisseurs non-résidents qui effectuent des livraisons transfrontalières de services et de biens incorporels à destination de consommateurs en Nouvelle-Zélande, dont le montant est supérieur à 60 000 NZD sur 12 mois, sont tenus de s'enregistrer aux fins de la TPS et de l'acquitter. **B2B :** les fournisseurs non-résidents ne sont pas tenus de déclarer la TPS sur les livraisons transfrontalières de services et de biens incorporels à des entreprises enregistrées aux fins de la TPS. L'autoliquidation peut s'appliquer si les bénéficiaires enregistrés aux fins de la TPS utilisent ces services transfrontaliers à des fins non imposables.	**B2C :** résidence habituelle du client **B2B : localisation** du client	60 000 NZD (41 000 USD) Identique à celui des fournisseurs nationaux.
Pays-Bas	Régime de l'Union européenne (voir ci-dessous)		
Pologne	Régime de l'Union européenne (voir ci-dessous)		
Portugal	Régime de l'Union européenne (voir ci-dessous)		
République slovaque	Régime de l'Union européenne (voir ci-dessous)		
République tchèque	Régime de l'Union européenne (voir ci-dessous)		
Royaume-Uni	Régime de l'Union européenne (voir ci-dessous)		
Slovénie	Régime de l'Union européenne (voir ci-dessous)		
Suède	Programme de l'Union européenne (voir ci-dessous)		
Suisse*	**B2C :** les fournitures de services et de biens incorporels importés sont soumises à la TVA. Le fournisseur étranger doit s'enregistrer aux fins de la TVA selon la procédure standard (absence d'enregistrement simplifié ; la désignation d'un agent fiscal est nécessaire). Le client est redevable du paiement de la TVA si le fournisseur ne s'est pas enregistré et si ses achats en ligne dépassent 10 000 CHF par an. **B2B :** la plupart des fournitures de services et de biens incorporels importés sont assujetties selon le mécanisme de l'autoliquidation sauf si le fournisseur étranger est enregistré aux fins de la TVA pour la déclaration des fournitures B2C.	**B2C :** résidence habituelle du client **B2B :** localisation du client	100 000 CHF (100 000 USD)

Tableau 1.A1.11. **Mécanismes de collecte de la TVA sur les fournitures transfrontalières de services et de biens incorporels provenant de fournisseurs non-résidents (« fournitures importées »)** *(suite)*

Pays	Mécanisme de collecte de la TVA	Indicateurs de détermination du lieu d'imposition	Seuil
Turquie	**B2C :** les fournitures de services et de biens incorporels importés sont assujetties. Le consommateur est responsable de la collecte et du paiement de l'éventuelle TVA due au titre de la procédure d'autoévaluation. **B2B :** les fournitures de services et de biens incorporels importés sont assujetties au titre du mécanisme de l'autoliquidation.	Utilisation et consommation effectives	Absence de seuil
Union européenne	**B2C :** les fournitures de services électroniques, de télécommunication, de radiodiffusion et de télévision importés sont soumises à la TVA. Un fournisseur étranger à l'UE peut choisir de s'enregistrer aux fins de la TVA selon le mécanisme du « mini guichet unique ». Par ce mécanisme, un enregistrement simplifié « pour paiement uniquement » (sans représentant fiscal) est possible dans le cadre d'une procédure entièrement électronique. **B2B :** les fournitures de services et de biens incorporels sont généralement taxées selon le mécanisme de l'autoliquidation.	**B2C :** résidence habituelle du client **B2B :** localisation du client	Absence de seuil

* Voir les notes pays dans l'encadré 1.A1.11.

Notes : Dans ce tableau :

- L'expression « services et biens incorporels » désigne toute fourniture de services ou de biens incorporels par un fournisseur non-résident (sans établissement d'aucune sorte dans le pays du client).
- L'expression « pour paiement uniquement » fait référence à un régime d'enregistrement aux fins de la TVA destiné aux fournisseurs non-résidents, qui ne vise que la collecte de la TVA sur les fournitures de services et biens incorporels importés par ces fournisseurs, sans accorder à ces fournisseurs le droit de déduire la TVA supportée dans la juridiction de taxation (bien qu'un remboursement ou une autre procédure de dégrèvement puisse être prévue).

Encadré 1.A1.11. **Notes pays**

Australie : à compter du 1er juillet 2017, les fournisseurs de services et de biens incorporels B2C seront tenus de s'enregistrer aux fins de la TPS et de la facturer sur leurs ventes à des consommateurs australiens, si leur chiffre d'affaires en Australie dépasse 75 000 AUD. Un enregistrement complet et un enregistrement simplifié (pour paiement uniquement) seront disponibles. Le critère présomptif du lieu d'imposition des fournitures B2C sera le lieu de résidence habituel du client. Les règles applicables aux fournitures B2B resteront inchangées.

Israël : un avant-projet d'amendement de la loi sur la TVA a été publié le 13 mars 2016. S'il est adopté, il exigera que les fournisseurs non-résidents de services numériques B2C s'enregistrent aux fins de la TVA en Israël (procédure d'enregistrement simplifiée). Les données statistiques concernant Israël sont fournies par et sous la responsabilité des autorités israéliennes compétentes. L'utilisation de ces données par l'OCDE est sans préjudice du statut des hauteurs du Golan, de Jérusalem Est et des colonies de peuplement israéliennes en Cisjordanie aux termes du droit international.

Suisse : en ce qui concerne les fournitures B2B, le mécanisme de l'autoliquidation ne s'applique qu'aux fournitures imposées en Suisse en raison de la localisation du client. Le mécanisme de l'autoliquidation ne s'applique pas et le fournisseur doit s'enregistrer aux fins de la TVA pour les services imposés en Suisse selon d'autres critères présomptifs (par ex., l'emplacement du bien immobilier auquel la fourniture est liée). La loi est en cours de révision afin de déterminer le seuil d'enregistrement obligatoire d'un fournisseur non-résident en tenant compte de son chiffre d'affaires mondial et non de son chiffre d'affaires effectué en Suisse.

Tableau 1.A1.12. Application des mécanismes nationaux d'autoliquidation et de paiement fractionné

	Mécanisme national d'autoliquidation[1]	Mécanisme national de paiement fractionné[2]
Allemagne	Fourniture d'actifs gagés par le garant au bénéficiaire de la garantie en dehors du cadre d'une liquidation judiciaire ; Livraisons concernées par la loi relative à l'impôt sur les mutations foncières (en particulier, les transferts de biens immobiliers) ; Si le client est un entrepreneur : fourniture de travaux ou d'autres services relatifs à la construction, la réparation, l'entretien, la modification ou la démolition de structures (sauf à des fins de planification, d'ingénierie et de supervision) et au nettoyage des bâtiments lorsque le client fournit lui-même ces services. Fourniture d'or (à l'état brut ou semi-fini d'une pureté au moins égale à 325 millièmes) ; Fourniture de quotas d'émissions de CO2 ; Livraison de déchets industriels, de métaux ferreux et non ferreux et d'autres déchets ; Livraison d'appareils mobiles, circuits intégrés, consoles de jeu et tablettes si la montant de la transaction est supérieur à 5 000 EUR ; Fourniture d'électricité (applicable, de manière générale, uniquement si le fournisseur et le destinataire sont tous deux considérés comme des revendeurs) et fourniture de gaz (applicable, de manière générale, si le destinataire doit être considéré comme un revendeur) ; Livraisons de métaux précieux et de certains métaux non nobles (par ex., cuivre, nickel, aluminium, plomb, zinc), à l'état brut ou semi-finis, si le montant de la transaction est égal ou supérieur à 5 000 EUR.	
Australie	-	-
Autriche	Livraison d'ordinateurs portables, tablettes, PC, consoles de jeu, téléphones mobiles et circuits intégrés si la facture s'élève au moins à 5 000 EUR ; Fourniture de gaz et d'électricité à des revendeurs assujettis ; Fourniture de certificats d'énergie électrique et de gaz ; Fourniture de quotas d'émission de CO2 ; Livraison de certains métaux et d'or d'investissement imposable ; Livraison de débris, de déchets industriels et non industriels et de déchets de récupération ; Services de construction si le destinataire agit en tant qu'entrepreneur général ou s'il fournit habituellement des services de construction ; Mise à disposition de personnel affecté au secteur de la construction ; Livraison de biens donnés en garantie par une personne redevable de la TVA au profit d'une autre personne en exécution de cette garantie ; Livraison de biens effectuée après la cession d'un droit de réserve de propriété à un cessionnaire qui exerce ce droit ; Livraison de biens immobiliers vendus par un débiteur judiciaire dans une vente forcée à une autre personne.	
Belgique	Certaines livraisons d'or d'investissement et de produits en or d'une pureté au moins égale à 325 millièmes ; Fourniture de travaux en relation avec des biens immobiliers sous certaines conditions ; Mise à disposition de personnel affecté au secteur de la construction ; Livraison de quotas d'émission de CO2.	
Canada	Certains acheteurs de biens immobiliers sont tenus de procéder à une autoliquidation (par ex., lorsque le fournisseur est non-résident, lorsque l'acheteur est enregistré aux fins de la TPS/TVH et, dans le cas d'un particulier, lorsque le bien n'est pas un immeuble d'habitation) ; Dans certaines circonstances, des personnes peuvent être tenues de procéder à une autoliquidation de la composante provinciale de la TVH lorsque certains biens ou services sont déplacés d'une province vers une autre.	
Chili	Fourniture de riz, de travaux de construction, de déchets, d'espèces marines ou animales, de légumineuses, de bois, de produits sauvages, de blé et de baies. Le client (qui doit être un assujetti à la TVA) agit en tant qu'agent chargé de la retenue.	

Tableau 1.A1.12. **Application des mécanismes nationaux d'autoliquidation et de paiement fractionné** *(suite)*

	Mécanisme national d'autoliquidation[1]	Mécanisme national de paiement fractionné[2]
Corée	-	En ce qui concerne les livraisons de lingots d'or (pureté égale ou supérieure à 99,5 %) et de produits en or d'occasion (pureté égale ou supérieure à 58,5 %), de cuivre, d'or et de ferraille, le fournisseur doit ouvrir un compte bancaire destiné aux transactions d'or et de débris et le prix d'achat (hors taxe) doit être versé sur le compte bancaire désigné du fournisseur. Parallèlement, le bénéficiaire doit également déposer le montant de TVA correspondant sur un compte désigné par le Directeur de l'administration fiscale nationale.
Danemark	Fourniture de quotas d'émission de CO2 ; Fourniture de travaux de construction, y compris les travaux de réparation, nettoyage, entretien et démolition effectués en relation avec des biens immeubles ; Livraison de ferrailles ; Livraison d'or d'investissement ; Livraison de téléphones mobiles, circuits intégrés, consoles de jeux, tablettes et ordinateurs portables.	
Espagne	Travaux de construction, y compris la mise à disposition du personnel pour les réaliser, dans le cadre du développement, de la construction ou de la rénovation de biens immeubles ; Fourniture de quotas d'émission de CO_2 ; Livraison de débris et déchets de métaux ; Livraison d'or d'investissement et d'or sous forme de matière première ou de produits semi-finis en or d'une pureté au moins égale à 325 millièmes ; Livraison d'immeubles dans certaines situations ; Livraison de biens immeubles suite à une procédure de faillite ; Livraison de biens immeubles dans le cadre de la réalisation d'une sûreté ou de l'obligation d'un acquéreur de régler la créance garantie ; Livraison de téléphones mobiles, consoles de jeux vidéo, ordinateurs portables et tablettes, uniquement si le client est le revendeur des biens (négociant pratiquant la revente de ces biens de manière habituelle) ou, à défaut, si le montant total des livraisons à un négociant dépasse 10 000 EUR. Livraison d'argent, de platine et de palladium.	
Estonie	Livraison de biens immeubles et d'or d'investissement lorsque le fournisseur a opté pour la taxation de l'opération ; Livraison d'or sous forme de matière première, y compris de produits semi-finis en or (pureté au moins égale à 325 millièmes) ; Livraison de ferraille et de métaux précieux.	
Finlande	Livraison d'or d'investissement imposable, d'or sous forme de matière première et de produits en or semi-ouvrés d'une pureté égale ou supérieure à 325 millièmes ; Fourniture de quotas d'émission de CO_2 ; Livraison de ferraille et de déchets ; Fourniture de services de construction, y compris la mise à disposition de personnel affecté au secteur de la construction.	
France	Fourniture de quotas d'émission de CO_2 ; Livraison de matériaux usagés, débris et déchets ; Livraison d'or d'investissement et de produits en or d'une pureté au moins égale à 325 millièmes ; Fourniture de services de construction (limités à certains services fournis sur un bâtiment lorsqu'ils sont effectués par un sous-traitant pour le compte d'une personne assujettie) ; Fourniture de gaz et d'électricité à des revendeurs assujettis ; Fourniture de certains services de télécommunications.	

Tableau 1.A1.12. Application des mécanismes nationaux d'autoliquidation et de paiement fractionné *(suite)*

	Mécanisme national d'autoliquidation[1]	Mécanisme national de paiement fractionné[2]
Grèce	Travaux de construction attribués à des entreprises de travaux publics par les autorités publiques, sous réserve que les autorités publiques soient les propriétaires des travaux et des personnes assujetties avec le droit de déduire la taxe d'amont. Les grands projets selon les critères des règlements de l'UE sont exemptés du régime d'autoliquidation. Sous réserve que la livraison soit destinée au recyclage, les livraisons suivantes de déchets de récupération : • Livraison de métaux ferreux et non ferreux, ferraille (chutes) et autres matériaux usagés • Livraison de produits semi-finis fabriqués à partir de métaux ferreux et non ferreux • Livraison de résidus et autres matériaux de récupération constitués de métaux ferreux et non ferreux, d'alliages, laitiers, cendres, écailles et résidus industriels contenant des métaux ou des alliages de métaux • Livraison de rognures et débris (chutes), déchets et autres matériaux usagés et de récupération en calcin, verre, papier, carton, chiffons, os, cuir (naturel ou artificiel), parchemin, cuirs et peaux bruts, tendons et nerfs, ficelles, cordes et cordages, câbles, caoutchouc et plastiques • Livraison de débris (chutes) et déchets provenant de la transformation de matériaux de base • Livraison des matériaux susvisés après nettoyage, polissage, sélection, coupe, fragmentation, compression Fourniture de quotas d'émission de gaz à effet de serre conformément à la directive 2003/87/CE de l'Union européenne.	
Hongrie	Fourniture de travaux de construction considérés comme des livraisons de biens ; Construction ou autre activité de transformation ou de réparation qualifiée de service, visant la construction, l'agrandissement, le réaménagement ou toute autre transformation (y compris la démolition) de biens immeubles, sous réserve de l'acquiescement ou de l'autorisation de l'autorité compétente en matière de construction ; Recrutement d'employés et mise à disposition de personnel ; Livraison de débris et déchets ; Livraison d'un bâtiment et du terrain sur lequel il se trouve ou d'une parcelle de terrain incluse (à quelques exceptions près) si le fournisseur a opté pour la taxation de l'opération ; En lien avec des créanciers et des débiteurs, livraison de biens qui ont été donnés en garantie pour couvrir une créance en souffrance en exécution de cette garantie ; Fourniture de biens dont la valeur sur le marché libre est supérieure à 100 000 HUF (334 EUR), qui sont utilisés par la personne assujettie aux fins de son activité si le fournisseur fait l'objet d'une procédure de liquidation ou d'une procédure d'insolvabilité similaire ; Fourniture de quotas d'émission de CO_2 ; Livraison de certains produits agricoles spécifiques tels que le blé, le méteil, le seigle, l'orge, le maïs, le triticale, les fèves de soja, même concassées, les graines de navette ou de colza, même concassées, les graines de tournesol, même concassées ; Livraison de certains produits en fer ou en aciers non alliés, tels que les produits laminés plats en fer ou en acier non alliés, les barres en fer ou en aciers non alliés, les angles, formes et sections (profilés) en fer ou en acier non alliés, le fil en fer ou en aciers non alliés, les tubes, tuyaux et profilés creux en fer ou en aciers non alliés.	

Tableau 1.A1.12. **Application des mécanismes nationaux d'autoliquidation et de paiement fractionné** *(suite)*

	Mécanisme national d'autoliquidation[1]	Mécanisme national de paiement fractionné[2]
Irlande	Fourniture de services de construction fournis par des sous-traitants à des contractants principaux ; Livraison de biens immeubles en exerçant l'option de taxation (notamment la vente par l'administrateur, le liquidateur ou le créancier hypothécaire qui les détient) ; Livraison de matériaux usagés et de ferraille ; Fourniture de quotas d'émission de CO_2 ; Fourniture de gaz et d'électricité par une entreprise située en Irlande à un revendeur assujetti exerçant son activité en Irlande ; Fourniture de certificats de gaz ou d'électricité par une entreprise située en Irlande à une autre entreprise en Irlande.	
Islande	-	
Israël[3]	Une personne qui n'est pas redevable du paiement de la taxe peut, avec l'accord du Directeur des services fiscaux et en respectant ses exigences, en assumer le paiement ; après la date de l'accord, elle sera alors considérée comme la personne redevable du paiement. Taxe prélevée à un acheteur, si l'acheteur est un revendeur, un organisme sans but lucratif ou une institution financière et s'il a procédé à une vente immobilière qui est une transaction occasionnelle ; Vente de débris de métaux ; Un revendeur, un organisme sans but lucratif ou une institution financière qui reçoivent les types de services indiqués ci-après de la part d'une personne dont la source de revenu principale est constituée de salaires, prestations ou pensions, doit s'acquitter de la taxe afférente au service concerné sauf si la personne qui fournit le service a reçu une facture faisant ressortir le montant de la taxe ; il s'agit des services suivants : *a)* Performances artistiques, construction ou préparation de décors, préparation, contrôle, organisation et supervision d'examens, conférences, etc. *b)* Services des professions suivantes : agronome, architecte, ingénieur d'exécution, détective privé, avocat au tribunal rabbinique, technicien, prothésiste dentaire, conseiller dans le domaine organisationnel, scientifique, fiscal et de la gestion, économiste, ingénieur, etc.	
Italie	Livraisons assurées par des sous-traitants dans le secteur du bâtiment ; Mise à disposition de personnel affecté au secteur de la construction ; Livraison de biens immobiliers avec exercice de l'option de taxation ; Livraison de matériaux usagés, débris, déchets et services spécifiques ; Livraison d'or d'investissement, y compris sous la forme de produits semi-finis et d'or d'une pureté au moins égale à 325 millièmes (or dit « industriel ») ; Livraison de ferraille ; Livraison de téléphones mobiles, tablettes, ordinateurs personnels et circuits intégrés sous certaines conditions ; Fourniture de quotas d'émission de CO_2 ; Fourniture de gaz et d'électricité à des revendeurs assujettis ; Fourniture de certificats d'énergie électrique et de gaz.	Livraisons de biens et de services aux autorités publiques
Japon	-	
Lettonie	Livraison de bois et de services liés à la fourniture de bois ; Livraison de services de construction ; Livraison de débris de métaux et de services liés à la fourniture de débris de métaux Livraison de téléphones mobiles, circuits intégrés, tablettes et ordinateurs portables (à partir du 1er avril 2016).	
Luxembourg	Fourniture de quotas d'émission de CO_2 ;	

Tableau 1.A1.12. **Application des mécanismes nationaux d'autoliquidation et de paiement fractionné** *(suite)*

	Mécanisme national d'autoliquidation[1]	Mécanisme national de paiement fractionné[2]
Mexique	Le mécanisme national d'autoliquidation s'applique aux : • entreprises qui reçoivent des services personnels indépendants d'individus ou louent des biens auprès d'eux, acquièrent des déchets à utiliser pour leurs activités commerciales ou industrielles, reçoivent des services de la part d'agents travaillant à la commission qui sont des personnes et utilisent des services de transport terrestre motorisé de biens prêtés à des personnes et à des entreprises, • institutions de crédit qui acquièrent des actifs sous forme de paiements en nature ou de procédure judiciaire ou fiduciaire, et • individus ou entités qui acquièrent ou ont l'usage ou la jouissance temporaires d'actifs corporels transférés ou concédés par des résidents étrangers n'ayant pas d'établissement permanent au Mexique.	
Norvège	Fourniture de quotas d'émission de CO_2 ; Livraison d'or d'investissement assujetti (d'une pureté égale ou supérieure à 325 millièmes) ;	
Nouvelle-Zélande	Si la livraison de terres a été soumise à tort à un taux zéro et si l'erreur de traitement a été constatée après le règlement, le bénéficiaire de la livraison est redevable de la TPS.	
Pays-Bas	Travaux de construction (y compris de construction navale), notamment les travaux de réparation, nettoyage, entretien, transformation et démolition effectués en relation avec des biens immeubles, ainsi que la délivrance de travaux immobiliers ; Mise à disposition de personnel affecté au secteur de la construction ; Livraison de biens immobiliers avec exercice de l'option de taxation ; Livraison de matériaux usagés, débris, déchets et services spécifiques ; Livraison de biens donnés en garantie par une personne assujettie au profit d'une autre personne en exécution de cette garantie ; Livraison de biens immobiliers par le débiteur judiciaire dans une vente forcée à une autre personne ; Fourniture de quotas d'émission de CO_2 ; Livraison d'appareils mobiles, circuits intégrés, ordinateurs portables, consoles de jeu et tablettes sous réserve que le montant de la transaction soit supérieur à 10 000 EUR.	
Pologne	Livraison de débris et déchets de métaux, et de matériaux métalliques ; Fourniture de quotas d'émission de CO_2 ; Livraison de téléphones mobiles (y compris les smartphones), consoles de jeux vidéo, tablettes, notebooks et ordinateurs portables ; Fourniture de métaux non ferreux à l'état brut (aluminium, plomb, zinc, étain, nickel) ; Fourniture de métaux bruts et semi-finis, notamment l'or sous forme de matière première et les produits intermédiaires contenant de l'or et certains produits en acier.	
Portugal	Livraison de matériaux usagés, débris de métaux, déchets et services spécifiques ; Livraison de biens immobiliers avec exercice de l'option de taxation ; Travaux relatifs à des biens immobiliers (tels que les travaux de réparation, nettoyage, entretien, transformation et démolition, y compris la délivrance de travaux immobiliers) ; Livraison d'or d'investissement assujetti et d'or sous forme de matière première d'une pureté égale ou supérieure à 325 millièmes ; Fourniture de quotas d'émissions de CO_2.	

Tableau 1.A1.12. **Application des mécanismes nationaux d'autoliquidation et de paiement fractionné** *(suite)*

	Mécanisme national d'autoliquidation[1]	Mécanisme national de paiement fractionné[2]
République slovaque	Fourniture de certains travaux de construction comprenant la livraison de bâtiments (construction) et la livraison de certains biens nécessitant une installation ou un assemblage ; Livraison de biens immobiliers avec exercice de l'option de taxation ; Livraison de biens qui sont donnés en garantie d'une somme d'argent par un créancier dans le cadre de l'exécution de cette garantie ; Livraison, en République slovaque, d'un bâtiment ou d'une partie de bâtiment que le fournisseur, en tant que débiteur reconnu par le tribunal ou une autre autorité compétente de l'État, a vendu dans le cadre d'une procédure d'exécution légale ; Livraison de biens effectuée après la cession d'un droit de réserve de propriété à un cessionnaire qui exerce ce droit ; Livraison d'or d'investissement, d'or sous forme de matière première ou de produits semi-finis en or d'une pureté au moins égale à 325 millièmes entre des personnes assujetties ; Livraison de débris et déchets de métaux ; Fourniture de quotas d'émission de CO_2 ; Livraison de céréales et de graines oléagineuses, graines, pailles et fourrages qui ne sont généralement pas destinés, en l'état, à la consommation finale, si la base d'imposition de la facture sur la fourniture de ces biens est égale ou supérieure à 5 000 EUR ; Livraisons de fer et d'acier si la base d'imposition sur ces livraisons est égale ou supérieure à 5 000 EUR ; Livraison de téléphones mobiles, à savoir des dispositifs conçus ou adaptés pour être utilisés en connexion avec un réseau sous licence fonctionnant à des fréquences spécifiques, qu'ils aient ou non une autre utilisation, si la base d'imposition de la facture en échange de la livraison de ces téléphones mobiles est égale ou supérieure à 5 000 EUR ; Livraison de circuits intégrés comme les microprocesseurs et les unités de traitement centrales, avant leur incorporation dans des produits destinés à l'utilisateur final, si la base d'imposition de la facture est égale ou supérieure à 5 000 EUR ; Fourniture de travaux de construction, y compris les travaux de réparation, nettoyage, entretien, transformation et démolition effectués en relation avec des biens immeubles, ainsi que délivrance de travaux immobiliers considérée comme étant une livraison de biens.	
République tchèque	Livraison d'or d'investissement imposable et d'or sous forme de matière première d'une pureté égale ou supérieure à 333 millièmes ; Livraison de catégories désignées de débris et déchets ; Fourniture de quotas d'émissions de CO_2 ; Fourniture de services de construction et d'assemblage fournis par des personnes assujetties enregistrées aux fins de la TVA tchèque ; Livraison de téléphones mobiles, circuits intégrés, notebooks, tablettes et consoles de jeux vidéo ; Livraison de certains métaux et de produits de base provenant de métaux ; Livraison de céréales et de cultures industrielles, y compris les graines oléagineuses et la betterave sucrière ; Livraison de biens immobiliers avec exercice de l'option de taxation ; Fourniture de gaz et d'énergie électrique à des revendeurs assujettis (à compter du 1er février 2016) ; Fourniture de certificats d'énergie électrique et de gaz (à compter du 1er février 2016).	Il existe une méthode spéciale pour garantir le paiement de la TVA, qui peut être utilisée lorsque le bénéficiaire d'une livraison assujettie ne veut pas être déclaré comme conjointement et solidairement responsable des taxes impayées par le fournisseur. De même que dans le mécanisme de paiement fractionné, dans ce cas, le bénéficiaire peut verser la TVA due directement sur le compte du fournisseur au centre des impôts.
Royaume-Uni	Livraisons d'or d'investissement et de produits en or d'une pureté au moins égale à 325 millièmes. Fourniture de quotas d'émission de CO_2 ; Livraison de téléphones mobiles et de circuits intégrés si le montant des biens fournis dépasse 5 000 GBP (TVA incluse). La limite de montant ne s'applique pas aux services ; Fourniture de gaz via un système de gaz naturel situé au Royaume-Uni ou via un réseau connecté à un tel système ou à l'électricité.	

Tableau 1.A1.12. Application des mécanismes nationaux d'autoliquidation et de paiement fractionné *(suite)*

	Mécanisme national d'autoliquidation[1]	Mécanisme national de paiement fractionné[2]
Slovénie	Fourniture de travaux de construction (y compris les travaux de réparation, nettoyage, entretien et démolition effectués en relation avec des biens immeubles) ; Mise à disposition de personnel participant aux activités visées ; Livraison de certains biens immeubles lorsque le fournisseur a opté pour la taxation de l'opération ; Livraison de certains déchets, débris, matériaux usagés et services ; Fourniture de quotas d'émission de gaz à effet de serre.	
Suède	Fourniture de travaux de construction, y compris les travaux de réparation, nettoyage, entretien, transformation et démolition effectués en relation avec des biens immeubles, ainsi que la délivrance de travaux immobiliers ; Mise à disposition de personnel affecté au secteur de la construction ; Fourniture de quotas d'émission de CO_2 ; Livraison de matériaux usagés, débris, déchets et services spécifiques ; Livraisons d'or d'investissement et de produits en or d'une pureté au moins égale à 325 millièmes.	
Suisse	-	-
Turquie	Locations de biens meubles par des personnes non assujetties à des personnes assujetties ; Fourniture d'œuvres scientifiques, artistiques et littéraires fournies par des personnes assujetties. Fourniture de prestations de services publicitaires par des personnes non assujetties à des personnes assujetties ;	Certains bénéficiaires de services spécifiques en nombre limité sont tenus de retenir à la source un pourcentage de la TVA qui leur a été facturée par le prestataire de service et de le reverser directement à l'administration fiscale (*retenue à la source partielle*). Il s'agit, entre autres, des services suivants : (a) services de supervision de la construction de bâtiments, (b) débris de métaux, verre, plastique et papier (dans les cas où le fournisseur renonce à l'exonération de TVA), (c) maintien des services de conseil, de surveillance et d'audit et (d) services de réparation des machines, équipements et autres actifs fixes.

1. Dans ce tableau, sont considérées comme un « mécanisme national d'autoliquidation » les situations dans lesquelles le client, et non le fournisseur des biens, services ou biens incorporels, est redevable du paiement de la TVA à l'administration fiscale sur une livraison nationale (c'est-à-dire sur une livraison dans laquelle le fournisseur et le client sont établis dans la même juridiction que celle de la livraison). Le fournisseur ne facture pas la TVA au client.
2. Dans ce tableau, un « mécanisme national de paiement fractionné » est un mécanisme dans le cadre duquel, le fournisseur reste tenu de facturer la TVA au client sur la fourniture nationale de biens, services ou biens incorporels, mais le client paie directement (une partie de) la TVA aux autorités fiscales plutôt qu'au fournisseur.
3. **Israël :** les données statistiques concernant Israël sont fournies par et sous la responsabilité des autorités israéliennes compétentes. L'utilisation de ces données par l'OCDE est sans préjudice du statut des hauteurs du Golan, de Jérusalem Est et des colonies de peuplement israéliennes en Cisjordanie aux termes du droit international.

Source : Délégués nationaux et IBFD – Situation au 1er janvier 2016.

Tableau 1.A1.13. **Importations/exportations de biens par des voyageurs**

	Seuils applicables aux importations de biens en franchise d'impôt par des voyageurs			Remboursement aux particuliers au moment de l'exportation		
	Dispositif	Seuil maximum		Dispositif	Valeur minimum	
		Mon. nat.	USD[3]		Mon. nat	USD[3]
Allemagne	Système de l'Union européenne[1] Trafic aérien et maritime Trafic terrestre	 430 300	 546 382	Remboursement à des particuliers qui exportent des biens dans leurs bagages personnels vers une destination située en dehors de l'Union européenne. La résidence habituelle du voyageur doit se trouver en dehors de l'Union européenne. Les biens doivent être exportés dans les trois mois suivant le mois de l'acquisition. Il n'existe pas de seuil. L'exonération de TVA n'est applicable qu'aux exportations réalisées à des fins non commerciales (sauf pour les équipements et la vente de moyens de transport à usage privé, par exemple automobiles, bateaux à moteur, aéronefs, etc.).	-	-
Australie	Marchandises diverses d'une valeur totale allant jusqu'à 900 AUD (ou 450 AUD pour les personnes âgées de moins de 18 ans et les membres d'équipages aériens et navals), 2,25 litres d'alcool et 50 cigarettes ou 50g de cigares ou de produits du tabac peuvent être importés sans que les personnes concernées soient assujetties à la TPS et aux droits de douane. Si ces montants sont dépassés, les marchandises doivent être déclarées et elles sont imposables.	900 AUD	605	Système de remboursement des touristes (« Tourist Refund Scheme ») : les particuliers peuvent demander un remboursement de TPS sur leurs achats supérieurs à 300 AUD réalisés auprès d'une seule entreprise dans les 60 jours qui suivent leur départ, lorsque les biens concernés sont portés ou emportés en tant que bagage à main. Il est possible de bénéficier d'un remboursement de TPS en produisant les pièces justificatives nécessaires concernant les marchandises en question au moment du départ d'Australie. La TPS s'applique à la fois aux résidents et aux non-résidents (à l'exception des membres d'équipages aériens et navals).	300 AUD	202
Autriche	Système de l'Union européenne[1] Trafic aérien et maritime Trafic terrestre	 430 EUR 300 EUR	 525 366	Remboursement des particuliers qui exportent des biens transportés dans leurs bagages personnels vers une destination située en dehors de l'Union européenne. Montant minimum de la facture : 75 EUR	75 EUR	92
Belgique	Système de l'Union européenne[1] Trafic aérien et maritime Trafic terrestre Des restrictions sont appliquées à ces seuils en fonction de l'âge du passager et de la nature des biens (produits soumis à accises). Des restrictions sont également appliquées aux membres d'équipage.	 430 EUR 300 EUR	 521 364	Remboursement des particuliers qui exportent des biens transportés dans leurs bagages personnels vers une destination située en dehors de l'Union européenne. Montant minimum de la facture : 125 EUR.	125 EUR	152
Canada	I. Biens acquis à l'étranger et destinés à l'usage personnel ou à celui de la famille par des résidents canadiens, des résidents temporaires ou d'anciens résidents revenant vivre au Canada : – lorsqu'ils reviennent après une absence de plus de 24 heures, biens (à l'exception des boissons alcoolisées et produits du tabac) d'une valeur totale allant jusqu'à 200 CAD et contenus dans les bagages que la personne transporte avec elle ; – lorsqu'ils reviennent après une absence de plus de 48 heures, biens (pouvant comprendre soit du vin dans la limite de 1.5 litre, de la bière dans la limite de 8.5 litres ou des spiritueux dans la limite de 1.14 litre et du tabac dans la limite de cinquante cigares, deux cents cigarettes, deux cents bâtonnets de tabac et deux cents grammes de tabac manufacturé) d'une valeur maximale de 800 CAD et contenus dans les bagages que le résident transporte avec lui ;	800 CAD Pas de max. pour les articles II, III, V-XI	521 idem		200 CAD	160

Tableau 1.A1.13. **Importations/exportations de biens par des voyageurs** *(suite)*

	Seuils applicables aux importations de biens en franchise d'impôt par des voyageurs			Remboursement aux particuliers au moment de l'exportation		
	Dispositif	Seuil maximum		Dispositif	Valeur minimum	
		Mon. nat.	USD[3]		Mon. nat	USD[3]
	– lorsqu'ils reviennent après une absence de plus de sept jours, biens (pouvant comprendre soit du vin dans la limite de 1.5 litre, de la bière dans la limite de 8.5 litres ou des spiritueux dans la limite de 1.14 litre et du tabac dans la limite de cinquante cigares, deux cents cigarettes, deux cents bâtonnets de tabac et deux cents grammes de tabac manufacturé) d'une valeur maximale de 800 CAD, qu'ils soient ou non contenus (à l'exception des boissons alcoolisées et des produits du tabac) dans les bagages que la personne transporte avec elle II. Biens qui sont imposés au taux zéro lorsqu'ils sont fournis sur le territoire national (par exemple les produits d'épicerie de base) III. Véhicules et bagages importés temporairement par des non-résidents en vue d'être utilisés au Canada IV. Cadeaux d'une valeur maximum de 60 CAD envoyés par des personnes étrangères à des amis au Canada ou importés personnellement par des non-résidents pour être offerts en cadeaux à des amis résidant au Canada (à l'exception des articles publicitaires, du tabac ou des boissons alcoolisées) V. Effets personnels de résidents saisonniers VI. Effets personnels d'anciens résidents qui reviennent au Canada (après avoir résidé dans un autre pays pendant plus d'un an) ou de résidents qui sont restés à l'étranger pendant plus d'un an (les biens doivent avoir été effectivement détenus, possédés et utilisés à l'étranger par le particulier pendant au moins six mois avant son retour au Canada et il doit les transporter avec lui lors de ce retour)					
Chili	Biens acquis à l'étranger et importés par : – des passagers s'agissant de « bagages personnels » exonérés de droits de douane dans la limite des biens neufs et d'occasion destinés à un usage personnel ou à faire l'objet d'un don ; de biens d'occasion exclusivement destinés à l'exercice d'un métier ou d'un emploi ; d'une quantité ne devant pas dépasser quatre cents cigarettes, cinq cents grammes de tabac, cinquante cigares et 2.5 litres de boissons alcoolisées ; et de certains produits technologiques. L'exonération ne s'applique pas aux biens importés à des fins commerciales. – des hauts responsables ou des fonctionnaires de l'État chilien en poste à l'étranger et des immigrants, sous réserve que les biens soient des effets personnels, des appareils ménagers, des outils et du matériel de travail, à condition toutefois que l'inscription de ces articles sur un registre des importations ne soit pas obligatoire.			Les particuliers non-résidents qui quittent le pays en passant la frontière à Chacalluta (dans le Première Région) peuvent obtenir un remboursement de la TVA payée sur les marchandises acquises à Arica et à Parinacota (sous réserve de plafonds journaliers), à concurrence de 319 USD.	3 268 CLP	8

Tableau 1.A1.13. **Importations/exportations de biens par des voyageurs** *(suite)*

	Seuils applicables aux importations de biens en franchise d'impôt par des voyageurs			Remboursement aux particuliers au moment de l'exportation		
	Dispositif	Seuil maximum		Dispositif	Valeur minimum	
		Mon. nat.	USD[3]		Mon. nat	USD[3]
	– des membres d'équipage d'un navire, d'un avion ou de tout autre véhicule s'agissant des bagages personnels exonérés de droits de douane ; – des voyageurs et des résidents chiliens en provenance de la Première Région (Chili) dans certaines circonstances. – des voyageurs s'agissant de biens figurant dans des classifications douanières (biens appartenant à des voyageurs venant de la zone franche chilienne) d'une valeur allant jusqu'à 1 218 USD ; de biens acquis par un passager venant de l'étranger, dans des boutiques hors taxe chiliennes uniquement, d'une valeur maximale de 500 USD ; de biens importés par des résidents chiliens de zones frontalières, d'une valeur allant jusqu'à 150 USD ; d'appareils ménagers de Chiliens qui reviennent après une absence de six mois à un an (jusqu'à 500 USD) ; appareils ménagers et matériel pour une activité professionnelle de Chiliens qui reviennent après une absence de un an à cinq ans (jusqu'à 3 000 USD) ; d'appareils ménagers et de matériels de travail de Chiliens qui reviennent après une absence d'au moins cinq ans (d'une valeur allant jusqu'à 5 000 USD) ; de biens de ressortissants étrangers résidents temporaires au Chili ou titulaires d'un contrat de travail d'au moins un an : d'appareils ménagers (jusqu'à 5 000 USD) et matériel pour une activité professionnelle (d'une valeur allant jusqu'à 1 500 USD). – des artistes nationaux s'agissant de leurs œuvres d'art réalisées à l'étranger relevant d'une classification douanière (dessins, peintures, sculptures). Voyageurs et visiteurs temporaires en ce qui concerne les biens à usage personnel pendant leur visite au Chili, et les véhicules servant à leur transport privé. Les biens considérés comme : – des prix et des trophées culturels ou sportifs remportés à l'étranger et sans caractère commercial, et les dons à titre non commercial accordés occasionnellement à des particuliers relevant d'une classification douanière (les dons ne peuvent pas excéder l'équivalent de 50 USD). – les prix et dons figurant dans la classification douanière, accordés à des particuliers chiliens, qui obtiennent la plus haute distinction et dans des conditions spécifiques					

Tableau 1.A1.13. **Importations/exportations de biens par des voyageurs** *(suite)*

	Seuils applicables aux importations de biens en franchise d'impôt par des voyageurs			Remboursement aux particuliers au moment de l'exportation		
	Dispositif	Seuil maximum		Dispositif	Valeur minimum	
		Mon. nat.	USD[3]		Mon. nat	USD[3]
Corée	Sont exonérés de droits de douane les biens personnels (de voyageurs (ou biens arrivant séparément par courrier postal) suivants. (1) Biens à concurrence d'une valeur totale combinée de 600 USD (2) 1= bouteille de boisson alcoolisée (n'excédant pas 1 litre et 400 USD) (3) 200 cigarettes et 50 cigares (4) Parfum dans la limite de 60 ml	710 000 KRW	797	Les voyageurs étrangers sont exonérés de TVA sur les biens exportés lorsque ceux-ci sont achetés dans des boutiques de produits détaxés uniquement. Montant minimum de la facture : 30 000 KRW.	30 000 KRW	34
Danemark	Système de l'Union européenne[1] Trafic aérien et maritime Trafic terrestre	 430 EUR (3199 DKK) 300 EUR (2232 DKK)	 428 298	Remboursement à des particuliers qui exportent des biens dans leurs bagages personnels vers une destination située en dehors de l'Union européenne. Valeur minimum : 300 DKK. Remboursement à des voyageurs en provenance de Norvège et des îles Åland qui exportent des biens dans leurs bagages personnels. Valeur minimum : 1 200 DKK.	1 200 DKK	160
Espagne	Système de l'Union européenne[1] Trafic aérien et maritime Trafic terrestre	 430 EUR 300 EUR	 637 445	Remboursement des particuliers qui exportent des biens dans leurs bagages personnels vers une destination située en dehors de l'Union européenne. Montant minimum de la facture : 90 EUR.	90 EUR	133
Estonie	Système de l'Union européenne[1] Trafic aérien et maritime Trafic terrestre	 430 EUR 300 EUR	 775 540	Remboursement à des particuliers qui exportent des biens dans leurs bagages personnels vers une destination située en dehors de l'Union européenne. La résidence habituelle du voyageur doit se trouver en dehors de l'Union européenne.	38 EUR	68
États-Unis	La franchise est de 800 USD par personne pour les absences de plus de 48 heures, tous les 30 jours, et s'applique à concurrence d'1 litre de boisson alcoolisée, de 200 cigarettes et de 100 cigares. Les produits doivent être réservés à une utilisation personnelle ou familiale, ou constituer de véritables cadeaux, qui ne soient pas effectués pour le compte d'une autre personne et ne peuvent pas non plus être revendus. Les montants peuvent être cumulés par les membres d'une même famille. Un voyageur qui a déjà utilisé la franchise de 800 USD mensuels peut encore disposer d'une exonération de 200 USD par voyage. Ce montant ne peut être cumulé entre les membres d'une même famille et si la valeur des produits excède 200 USD, l'exonération ne s'applique pas et les droits sont prélevés sur la valeur totale des produits importés.	800 USD	800	Pas de dispositif de remboursement	-	-
Finlande	Système de l'Union européenne[1] Trafic aérien et maritime Trafic terrestre	 430 EUR 300 EUR	 462 322	Remboursement à des particuliers qui exportent des biens dans leurs bagages personnels vers une destination située en dehors de l'Union européenne. Montant minimum de la facture : 40 EUR. Les voyageurs en provenance de Norvège et des îles Åland ne peuvent obtenir de remboursement que si la valeur des produits hors TVA est d'au moins 170 EUR.	40 EUR	43

Tableau 1.A1.13. **Importations/exportations de biens par des voyageurs** *(suite)*

	Seuils applicables aux importations de biens en franchise d'impôt par des voyageurs			Remboursement aux particuliers au moment de l'exportation		
	Dispositif	Seuil maximum		Dispositif	Valeur minimum	
		Mon. nat.	USD[3]		Mon. nat	USD[3]
France	Système de l'Union européenne[1] Trafic aérien et maritime Trafic terrestre	 430 EUR 300 EUR	 522 364	Remboursement à des particuliers qui exportent des biens dans leurs bagages personnels vers une destination située en dehors de l'Union européenne. La résidence habituelle du voyageur doit se trouver en dehors de l'Union européenne. La valeur totale des achats (TVA comprise) effectués dans une seule boutique le même jour doit être supérieure à 175 EUR.	175 EUR	212
Grèce	Système de l'Union européenne[1] Trafic aérien et maritime Trafic terrestre	 430 EUR 300 EUR	 705 492	Remboursement à des particuliers qui exportent des biens dans leurs bagages personnels vers une destination située en dehors de l'Union européenne. Montant minimum de la facture : 120 EUR Restrictions : denrées alimentaires; boissons alcoolisées ; produits du tabac ; biens servant à l'approvisionnement et à l'équipement de moyens de transport à usage privé (véhicules à moteur, aéronefs ou navires de mer) ; biens à caractère commercial.	120 EUR	197
Hongrie	Système de l'Union européenne[1] Trafic aérien et maritime Trafic terrestre: limite : tabac, spiritueux/boissons alcoolisées, carburant (franchise de TVA dans la limite de certaines quantités)	 430 EUR 300 EUR	 996 695	Remboursement à des particuliers qui exportent des biens dans leurs bagages personnels vers une destination située en dehors de l'Union européenne. Montant minimum de la facture : 175 EUR	175 EUR	411
Irlande	Système de l'Union européenne[1] Trafic aérien et maritime Trafic terrestre	 430 EUR 300 EUR	 508 355	Remboursement à des particuliers qui exportent des biens dans leurs bagages personnels vers une destination située en dehors de l'Union européenne. - Il n'existe pas de seuil.	-	-
Islande	Denrées alimentaires : les voyageurs peuvent importer des produits détaxés dans les limites de 3 kg de denrées alimentaires, y compris des confiseries, dont la valeur n'excède pas 25 000 ISK. Boissons alcooliques et tabacs : en plus des biens mentionnés précédemment, les voyageurs peuvent importer des boissons alcooliques et des produits du tabac détaxés dans les conditions suivantes : – 1 litre de spiritueux et 1 litre de vin et 6 litres de bière ou – 3 litres de vin et 6 litres de bière ou – 1 litre de spiritueux et 9 litres de bière ou – 1.5 litre de vin et 9 litres de bière ou – 12 litres de bière Les spiritueux englobent les boissons alcoolisées à teneur en alcool de plus de 21 % ; le vin recouvre les boissons alcoolisées autres que la bière à teneur en alcool jusqu'à 21 %. 200 cigarettes ou 250 g d'autres produits du tabac Les résidents islandais peuvent rapporter en franchise de taxes les produits transportés dans les bagages qu'ils ont emportés avec eux à l'étranger ; ils peuvent en outre rapporter un ou plusieurs articles détaxés dont la valeur totale peut aller jusqu'à 88 000 ISK	25 000 ISK 88 000 ISK	176 - 615	Remboursement à des particuliers lors de leur départ du pays lorsque la valeur des biens est supérieure à 6 000 ISK.	6 000 ISK	42

Tableau 1.A1.13. **Importations/exportations de biens par des voyageurs** *(suite)*

	Seuils applicables aux importations de biens en franchise d'impôt par des voyageurs			Remboursement aux particuliers au moment de l'exportation		
	Dispositif	Seuil maximum		Dispositif	Valeur minimum	
		Mon. nat.	USD[3]		Mon. nat	USD[3]
Israël[2]	Exonération de taxe à l'importation : produits personnels, boissons et vins : spiritueux à concurrence d'1 litre et vin à concurrence de 2 litres – par personne de 18 ans au moins entrant sur le territoire. Parfum contenant de l'alcool : à concurrence d'¼ litre par personne entrant sur le territoire. Tabac : à concurrence de 250 g. Autres produits que ceux mentionnées ci-dessus : à concurrence de 200 USD.		200	Un remboursement est accordé au visiteur détenteur d'un passeport étranger. Ce dispositif ne s'applique pas aux achats de produits du tabac, de denrées alimentaires et de boissons (à l'exception des vins). Le montant minimum de l'achat pour avoir droit à un remboursement de TVA est de 400 NIS, TVA comprise, l'achat devant avoir été réalisé en une seule fois dans le cadre d'une même transaction commerciale. L'octroi du remboursement est subordonné au fait que l'achat ait été réalisé auprès d'une entreprise dûment enregistrée.	400 ILS	103
Italie	Système de l'Union européenne[1] Trafic aérien et maritime Trafic terrestre	 430 EUR 300 EUR	 574 400	Remboursement des particuliers qui exportent des biens dans leurs bagages personnels vers une destination située en dehors de l'Union européenne. Le seuil minimal est fixé à 154.94 EUR.	155 EUR	207
Japon	(1) Biens d'une valeur imposable totale maximum de 10 000 JPY. Biens autres que ceux visés en (1) dont la valeur imposable totale n'excède pas 200 000 JPY Importation en franchise de taxes de spiritueux, de tabac et de parfum dans la limite de certaines quantités	10 000 JPY 200 000 JPY -	95 1900 -	Au moment de l'achat dans des magasins enregistrés, les visiteurs étrangers qui ont séjourné au Japon pendant moins de 6 mois sont exonérés de TVA (à l'exception de l'or, du platine et d'autres articles qui ne sont pas utilisés dans la vie quotidienne). Un plafond de 500 000 JPY par magasin et par jour est en outre appliqué aux « articles consommables » (comme les denrées alimentaires, les boissons, les produits cosmétiques, etc.)	5 000 JPY	47
Lettonie	Système de l'Union européenne[1] Trafic aérien et maritime Trafic terrestre	 430 EUR 300 EUR	 847 591	Remboursement des particuliers qui exportent des biens dans leurs bagages personnels vers une destination située en dehors de l'Union européenne. Montant minimum de la facture : 35.57 EUR	35.57 EUR	70
Luxembourg	Système de l'Union européenne[1] Trafic aérien et maritime Trafic terrestre	 430 EUR 300 EUR	 479 334	Remboursement des particuliers qui exportent des biens dans leurs bagages personnels vers une destination située en dehors de l'Union européenne. Montant minimum de la facture : 74 EUR.	74 EUR	82
Mexique	1) Le règlement administratif n° 3.2.3 inclut une liste d'articles qui peuvent être introduits au Mexique dans les bagages des voyageurs internationaux résidant à l'étranger ou au Mexique. 2) En arrivant au Mexique par bateau ou par avion, il est possible d'introduire des biens en franchise de taxes si leur valeur n'excède pas 500 USD ou un montant équivalent en monnaie nationale ou étrangère. (3) A l'arrivée au Mexique par des moyens de transport terrestre, ce montant ne doit pas dépasser 300 USD pendant la saison normale et 500 USD pendant la haute saison.		500	Les touristes étrangers quittant le pays par avion ou par bateau peuvent demander un remboursement de la TVA versée lors de l'acquisition de biens aux Mexique quand, entre autres conditions, le montant acquitté pour ces biens dans un seul magasin s'élève au minimum à 1 200 MXN	1 200 MXN	145
Norvège	Le seuil est de 6 000 NOK pour les voyages à l'étranger de plus de 24 heures. Pour les voyages à l'étranger de moins de 24 heures, le seuil est de 3 000 NOK. Pour l'alcool et le tabac, des limitations quantitatives spéciales s'appliquent.	6 000 NOK	612	Les touristes peuvent bénéficier de remboursements de TVA. Une valeur plus élevée s'applique aux pays nordiques.	250 NOK	26

Tableau 1.A1.13. Importations/exportations de biens par des voyageurs (*suite*)

	Seuils applicables aux importations de biens en franchise d'impôt par des voyageurs			Remboursement aux particuliers au moment de l'exportation		
	Dispositif	Seuil maximum		Dispositif	Valeur minimum	
		Mon. nat.	USD[3]		Mon. nat	USD[3]
Nouvelle-Zélande	À l'arrivée en Nouvelle-Zélande, les particuliers ont droit à un régime de faveur pour leurs biens personnels les autorisant à introduire dans le pays des biens d'une valeur cumulée totale de 700 NZD, en franchise de droits et de TPS. Ce régime s'applique aux biens que la personne apporte avec elle quand elle passe la douane et qui sont destinés à son usage personnel ou à être offerts en cadeau, qui ne sont pas destinées à être vendus ou échangés, qui ne sont pas destinés à être utilisés dans le cadre d'une activité commerciale ou professionnelle et qui ne sont pas importés pour d'autres personnes à leur demande. À l'arrivée en Nouvelle-Zélande, une personne est autorisée à apporter, en franchise de droits et de TPS, les quantités suivantes : Tabac : 200 cigarettes, ou 250 grammes de tabac, ou 50 cigares, ou une combinaison des trois produits pour un poids maximum de 250 g. Boissons alcoolisées : 4.5 litres de vin ou 4.5 litres de bière – 3 bouteilles contenant au maximum 1,125 ml d'eau-de-vie, de liqueur, ou d'un autre spiritueux. Autres régimes de faveur : effets personnels : vêtements et chaussures achetés en dehors de Nouvelle-Zélande dans l'intention d'être utilisés et portés par le voyageur. Celui-ci doit les transporter avec lui lorsqu'il arrive en Nouvelle-Zélande. Cadeaux : si leur valeur est inférieure à 110 NZD, entrée en franchise ; si cette valeur excède 110 NZD, la TPS et les droits de douane s'appliquent à la valeur excédant 110 NZD. De nombreux abattements sont accordés au titre des cadeaux sous réserve que l'identité distincte de chaque bénéficiaire puisse être établie. Héritage : les biens légués à une personne résidente de Nouvelle-Zélande peuvent être importés en franchise de tout droit de douane.	700 NZD	477	Pas de mécanisme de remboursement	-	-
Pays-Bas	Système de l'Union européenne[1] Trafic aérien et maritime Trafic terrestre	 430 EUR 300 EUR	 520 363	Remboursement des particuliers qui exportent des biens dans leurs bagages personnels vers une destination située en dehors de l'Union européenne. Montant minimum de la facture : 50 EUR.	50 EUR	60
Pologne	Système de l'Union européenne[1] Trafic aérien et maritime Trafic terrestre	 430 EUR (1894 PLN) 300 EUR (1322 PLN)	 1053 734	Remboursement des particuliers qui exportent dans leurs bagages personnels des biens (à l'exception des carburants) vers une destination située en dehors de l'Union européenne. Montant minimum de la facture : 200 PLN (à compter du 1er juin 2016 : 300 PLN)	200 PLN	489
Portugal	Système de l'Union européenne[1] Trafic aérien et maritime	 430 EUR	 725	Remboursement des particuliers qui exportent dans leurs bagages personnels des biens (à l'exception des biens d'équipement, des carburants et de la fourniture de moyens de transport à usage privé) vers une destination située en dehors de l'Union européenne. Montant minimum de la facture : 50 EUR	50 EUR	84

Tableau 1.A1.13. **Importations/exportations de biens par des voyageurs** *(suite)*

	Seuils applicables aux importations de biens en franchise d'impôt par des voyageurs			Remboursement aux particuliers au moment de l'exportation		
	Dispositif	Seuil maximum		Dispositif	Valeur minimum	
		Mon. nat.	USD[3]		Mon. nat	USD[3]
	Trafic terrestre Voyageurs de moins de 15 ans	300 EUR 150 EUR	506 253			
République slovaque	Système de l'Union européenne[1] Trafic aérien et maritime Trafic terrestre Voyageurs de moins de 15 ans, indépendamment du moyen de transport	 430 EUR 300 EUR 150 EUR	 863 602 301	Pour les voyageurs qui n'ont pas d'adresse permanente ou temporaire au sein de l'UE. La valeur totale, TVA comprise, des biens exportés à destination d'un contribuable en une journée doit dépasser 175 EUR et les biens doivent être exportés dans les trois mois à compter du dernier jour du mois de l'acquisition des biens.	175 EUR	351
République tchèque	Système de l'Union européenne[1] Trafic aérien et maritime Trafic terrestre	 430 EUR (11 622 CZK) 300 EUR (8 108 CZK)	 890 621	Remboursement à des particuliers qui exportent des biens dans leurs bagages personnels vers une destination située en dehors de l'Union européenne. Montant minimum de la facture : 2 000 CZK pour un seul vendeur un jour donné.	2 000 CZK	152
Royaume-Uni	Système de l'Union européenne[1] Pour les importations provenant de pays situés en dehors de l'UE - jusqu'à 390 GBP sauf si les passagers arrivent par avion ou bateau privé, auquel cas le montant maximum est de 270 GBP	 390 GBP	 563	Remboursement des particuliers qui exportent des biens dans leurs bagages personnels vers une destination située en dehors de l'Union européenne. Le seuil applicable aux remboursements est fixé par le détaillant.	-	-
Slovénie	Système de l'Union européenne (a) Trafic aérien et maritime Trafic terrestre Voyageurs de moins de 15 ans, indépendamment de leur moyen de transport	 430 EUR 300 EUR 150 EUR	 717 500 250	Remboursement des particuliers qui exportent dans leurs bagages personnels des biens (à l'exception des huiles minérales, de l'alcool et des boissons alcoolisées et des produits du tabac) vers une destination située en dehors de l'Union européenne. Montant minimum de la facture : 50 EUR.	50 EUR	83
Suède	Système de l'Union européenne (a) Trafic aérien et maritime Trafic terrestre	 430 EUR (3 841 SEK) 300 EUR (2 680 SEK)	 440 307	Remboursement des particuliers qui exportent des biens dans leurs bagages personnels vers une destination située en dehors de l'Union européenne. Montant minimum de la facture : 200 SEK. Ce montant est plus élevé dans le cas de la Norvège et des îles Åland.	200 SEK	22
Suisse	Objets personnels ; denrées alimentaires et boissons sans alcool pour le jour du voyage ; viande et préparations à base de viande : 1 kg ; beurre et crème : 1 l ou 1 kg ; huile, graisse, margarine à usage alimentaire : 5 l ou 5 kg ; boissons alcoolisées : 5 litres pour les boissons à teneur en alcool de 18 % maximum, plus 1 litre pour les boissons à teneur en alcool supérieure à 18 % ; tabac : 250 cigarettes ou cigares ou 250 g d'autres tabacs manufacturés ; carburant importé dans un jerrycan de réserve d'une contenance de 25 litres maximum. Le terme « objets personnels » signifie ce que les résidents emportent avec eux lorsqu'ils quittent le pays et ce que les non-résidents utiliseront pendant leur séjour et réexporteront lorsqu'ils rentreront chez eux (vêtements, articles de toilette, articles de sport, ordinateurs portables, équipements audio et vidéo, instruments de musique, etc.).	300 CHF	235	L'administration fiscale ne prévoit aucun remboursement de TVA aux particuliers. Les biens destinés à un usage personnel ou à être offerts en cadeau sont exonérés de taxe s'ils sont exportés par l'acheteur non résident dans les 30 jours qui suivent leur remise à ce dernier et si l'exportation est confirmée. Montant minimum de la facture : 300 CHF. Les ventes de biens par les magasins autorisés à des membres de groupes touristiques escortés sont directement exonérées de TVA sur le territoire de la Suisse.	300 CHF	235

Tableau 1.A1.13. **Importations/exportations de biens par des voyageurs** *(suite)*

	Seuils applicables aux importations de biens en franchise d'impôt par des voyageurs			Remboursement aux particuliers au moment de l'exportation		
	Dispositif	Seuil maximum		Dispositif	Valeur minimum	
		Mon. nat.	USD[3]		Mon. nat	USD[3]
Turquie	--	-	-	Remboursement de la TVA aux voyageurs qui ne résident pas en Turquie lorsqu'ils achètent des produits pour les emporter à l'étranger. Montant minimum de la facture : 100 TRY.	100 TRY	79

1. **Union européenne :** la réglementation de l'UE autorise l'importation en franchise d'impôt de produits provenant de pays tiers par des particuliers à des fins non commerciales dans leurs bagages personnels dans la mesure où la valeur globale des produits importés n'excède pas 430 EUR pour les voyageurs qui se déplacent par voie aérienne et maritime et 300 EUR pour les voyageurs qui se déplacent par voie terrestre et fluviale. Des limites quantitatives spéciales par voyageur peuvent cependant s'appliquer aux produits suivants, soumis à des taxes élevées : le tabac, les cigarettes, les cigares et les boissons alcoolisées. L'exportation de biens dans les bagages personnels de voyageurs qui ne sont pas ressortissants de l'UE vers des pays situés en dehors de l'UE est exonérée de TVA si ces biens ont une valeur totale supérieure à 175 EUR, TVA comprise. Les États membres peuvent exonérer une fourniture d'une valeur totale inférieure à 175 EUR.
2. **Israël :** Les données statistiques concernant Israël sont fournies par et sous la responsabilité des autorités israéliennes compétentes. L'utilisation de ces données par l'OCDE est sans préjudice du statut des hauteurs du Golan, de Jérusalem Est et des colonies de peuplement israéliennes en Cisjordanie aux termes du droit international.
3. Les montants sont convertis en USD à parité de pouvoir d'achat (PPA). Les PPA sont les taux de change qui éliminent les différences de pouvoir d'achat entre les pays en supprimant les différences de prix entre les pays. Ils indiquent le nombre spécifié d'unités monétaires nécessaire dans chaque pays pour acheter le même panier représentatif de produits de consommation et de services, qui coûte 1 USD aux États-Unis. Les taux de conversion de devises utilisés dans *Tendances des impôts sur la consommation* sont les taux PPA pour le PIB. Les PPA sont communiquées dans l'unité monétaire nationale par USD (voir annexe A). Pour les États membres de l'Union européenne, le seuil est mentionné en euros (EUR) même pour ceux qui n'ont pas l'euro comme monnaie nationale (à savoir, le Danemark, la Hongrie, la Pologne, la République tchèque et la Suède), à l'exception du Royaume-Uni car le seuil est déterminé en euros en vertu d'une législation commune de l'UE (Directive 2007/74/CE). Le montant en euro (EUR) est converti en dollar des États-Unis (USD) comme suit : il est d'abord converti dans la monnaie locale au taux de change du marché (moyenne Eurostat 2015) puis en USD au taux de change PPA.

Source : Délégations nationales ; situation au 1er janvier 2016.

Chapitre 2

Taxes sur la valeur ajoutée : taux et structure

Ce chapitre décrit certaines caractéristiques essentielles des régimes de TVA dans les pays de l'OCDE, à savoir les taux d'imposition, les exonérations, les restrictions spécifiques au droit à déduction, les seuils d'enregistrement et de recouvrement et l'application de régimes de la marge. Il procède ensuite à un examen technique des fondements et des conséquences des taux réduits de TVA.

Les données statistiques concernant Israël sont fournies par et sous la responsabilité des autorités israéliennes compétentes. L'utilisation de ces données par l'OCDE est sans préjudice du statut des hauteurs du Golan, de Jérusalem Est et des colonies de peuplement israéliennes en Cisjordanie aux termes du droit international.

2.1. Introduction

Bien que la plupart des systèmes de TVA reposent sur des principes fondamentaux communs (voir chapitre 1), leurs structures présentent une grande variété dans les pays de l'OCDE, ce dont témoigne notamment la diversité des taux réduits, des exonérations et autres régimes préférentiels ou spéciaux très répandus dans les pays de l'OCDE, souvent à des fins sociales ou d'équité, pour des raisons pratiques ou historiques.

Ce chapitre s'ouvre sur une présentation générale de la structure des taux de TVA dans les pays de l'OCDE et de leur évolution entre 1975 et 2016 (section 2.2), avant d'examiner plus en détail les exonérations de TVA qui existent dans ces pays (section 2.3). Il décrit et analyse ensuite la grande variété des régimes spéciaux en vigueur dans l'OCDE : restrictions spécifiques du droit à déduction de la TVA sur certains achats (section 2.4), seuils d'enregistrement et de recouvrement (section 2.5) et application de régimes de la marge (section 2.6). Enfin, il se termine sur une discussion technique des fondements et des conséquences des taux réduits de TVA, étayée par des études menées par l'OCDE (section 2.7).

2.2. Évolution des taux normaux et des taux réduits de TVA

L'évolution des taux de TVA peut être divisée en quatre périodes. Durant la première période entre 1975 et 2000, durant laquelle de nombreux pays ont instauré un système de TVA, nombre d'entre eux ont progressivement augmenté leur taux normal. Parmi les 31 pays de l'OCDE dotés d'un système de TVA en 1995, 20 ont relevé leur taux normal depuis son introduction. Entre 1975 et 2000, le taux normal moyen dans les pays de l'OCDE est passé de 15.6 % à 18 %.

Durant la deuxième période, entre 2000 et 2009, le taux normal de la TVA est resté stable dans la plupart des pays : 23 des 34 pays ont ainsi conservé un taux compris entre 15 % et 22 %. Au 1er janvier 2009, seuls cinq pays affichaient un taux normal supérieur à 22 % (Danemark, Finlande, Islande, Norvège et Suède). Entre 2000 et 2009, le taux normal moyen dans l'OCDE a légèrement diminué, passant de 18% à 17.7% (voir tableau 2.A2.1).

La troisième période, de 2009 à 2014, a été marquée par une hausse considérable du taux normal de TVA dans de nombreux pays, souvent en réponse aux obligations d'assainissement budgétaire imposées par la crise économique et financière. Le relèvement du taux normal de TVA a joué un rôle déterminant dans les stratégies d'assainissement de nombreux pays, car l'augmentation de la TVA est souvent considérée comme plus efficace pour générer de nouvelles recettes (son effet est immédiat) et moins préjudiciable à la croissance économique et à la compétitivité que la hausse d'autres impôts sur le revenu (OCDE, 2010). Entre 2009 et 2014, 22 pays ont augmenté leur taux normal de TVA au moins une fois. Il s'agissait en majorité de pays de l'Union européenne (Espagne, Estonie, Finlande, France, Grèce, Hongrie, Irlande, Italie, Lettonie, Pays-Bas, Pologne, Portugal, République slovaque, République tchèque, Royaume-Uni et Slovénie) et de quelques pays n'appartenant pas à l'UE (Islande, Israël, Japon, Mexique, Nouvelle-Zélande et Suisse). Deux pays de l'OCDE ont temporairement baissé leur taux normal de TVA avant de le relever (Irlande et Royaume-Uni).

Cette évolution a entraîné la hausse du taux normal de TVA moyen non pondéré dans les pays de l'OCDE : il est passé de 17.7 % en janvier 2009 à un niveau record de 19.2 % au 1er janvier 2015. Dix pays de l'OCDE appliquent désormais un taux normal supérieur à 22 % contre quatre seulement en 2009.

Les augmentations des taux normaux de TVA observées jusqu'à fin 2014 ne se sont pas poursuivies en 2015 et il semblerait que les pays de l'OCDE soient entrés dans une nouvelle période caractérisée par une relative stabilité du taux normal de TVA. Seuls deux pays de l'OCDE ont relevé leur taux normal de TVA entre 2014 et 2016 : le Japon (de 5 % à 8 % au 1er avril 2014) et le Luxembourg (de 15 % à 17 % au 1er janvier 2015). Deux pays de l'OCDE ont baissé leur taux normal de TVA : l'Islande (de 25.5 % à 24 % au 1er janvier 2015) et Israël (de 18 % à 17 % au 1er octobre 2015). Le taux normal de TVA moyen non pondéré dans les pays de l'OCDE est resté stable à 19.2 % depuis le 1er janvier 2015.

Graphique 2.1. **Évolution des taux normaux de TVA – Moyenne OCDE, 1976-2016**

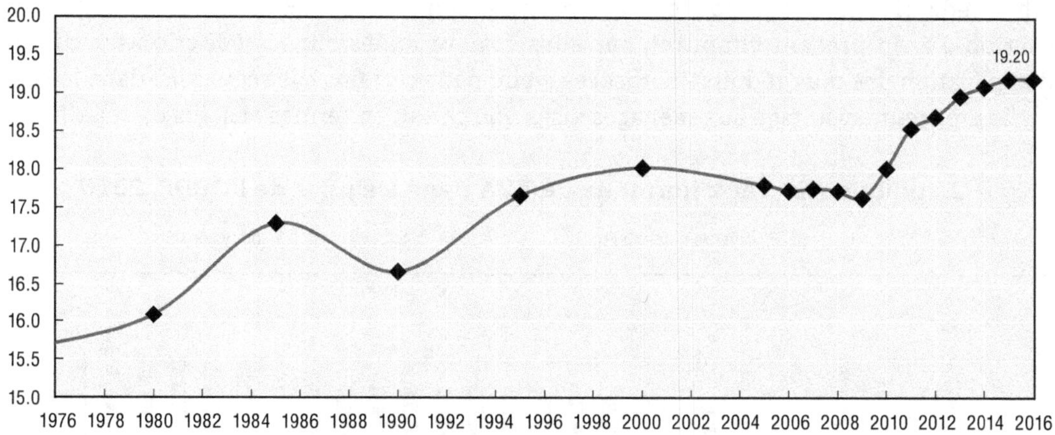

Source : Travaux de l'auteur sur la base des informations fournies par les pays.

StatLink http://dx.doi.org/10.1787/888933458543

Il existe d'importantes différences entre les pays de l'OCDE en matière de taux normal de TVA. Les taux les plus faibles s'établissent à 5 % au Canada (bien que la plupart des provinces canadiennes lèvent des taxes sur les ventes ou des taxes harmonisées sur les ventes parallèlement à la taxe de 5 % prélevée par l'État fédéral) et à 8 % en Suisse et au Japon, tandis que les plus élevés atteignent 25 % au Danemark, en Norvège et en Suède et 27 % en Hongrie (voir graphique 2.2).

Le taux normal moyen des 22 pays de l'OCDE membres de l'UE (qui s'établit à 21.7 %) est nettement supérieur au taux moyen de la zone OCDE (19.2 %). Les États membres de l'UE sont liés par des règles communes en matière de TVA (Directive 2006/112/CE relative au système commun de taxe sur la valeur ajoutée) qui fixe le niveau minimum du taux normal à 15 %. D'après cette directive, les États peuvent également appliquer deux taux réduits supérieurs ou égaux à 5 % à une liste restreinte de biens et de services et à certains services à forte intensité de main-d'œuvre, mais aucun taux de TVA ne peut être supérieur au taux normal. De nombreuses dérogations ont néanmoins été accordées à différents pays de l'UE, avec pour conséquence l'existence de plus de 40 taux normaux et réduits dans l'ensemble de l'UE.

Les pays de l'OCDE ont largement privilégié la hausse du taux normal pour augmenter leurs recettes de TVA à des réformes qui auraient élargi l'assiette de l'impôt par la suppression des taux réduits ou la limitation de leur champ d'application ou par des exonérations de TVA. La plupart des pays de l'OCDE continuent d'appliquer de multiples taux réduits et exonérations de TVA (voir tableaux 2.A2.2 et 2.A2.4). Une étude récente de l'OCDE (Brys et al. 2016a) indique toutefois que les pays pourraient opter davantage pour un élargissement de l'assiette de l'impôt afin d'accroître leurs recettes de TVA, notamment en relevant les taux réduits de TVA ou en restreignant leur champ d'application, en taxant les importations de services et de produits numériques (conformément aux recommandations formulées dans les Principes directeurs de l'OCDE pour la TVA/TPS) et en supprimant ou en limitant l'exonération de TVA accordée à l'importation de biens de faible valeur. Par ailleurs, de nombreux pays de l'OCDE continuent de réfléchir à de nouvelles stratégies pour lutter contre la fraude à la TVA.

Depuis 2014, un nombre important de pays de l'OCDE ont augmenté leur taux réduit de TVA ou limité leur champ d'application, comme expliqué ci-après. Ces réformes étaient souvent conformes aux conclusions et aux recommandations de l'étude de l'OCDE sur les effets redistributifs des impôts sur la consommation (OCDE/KIPF, 2014, voir également la section 2.7 du présent chapitre), car elles étaient axées sur la réduction du champ d'application des taux réduits, inefficaces, voire dans certains cas régressifs, dans le sens où ils profitent davantage aux ménages aisés que ce soit en termes absolus ou relatifs.

Graphique 2.2. **Taux normaux de TVA dans les pays de l'OCDE, 2016**

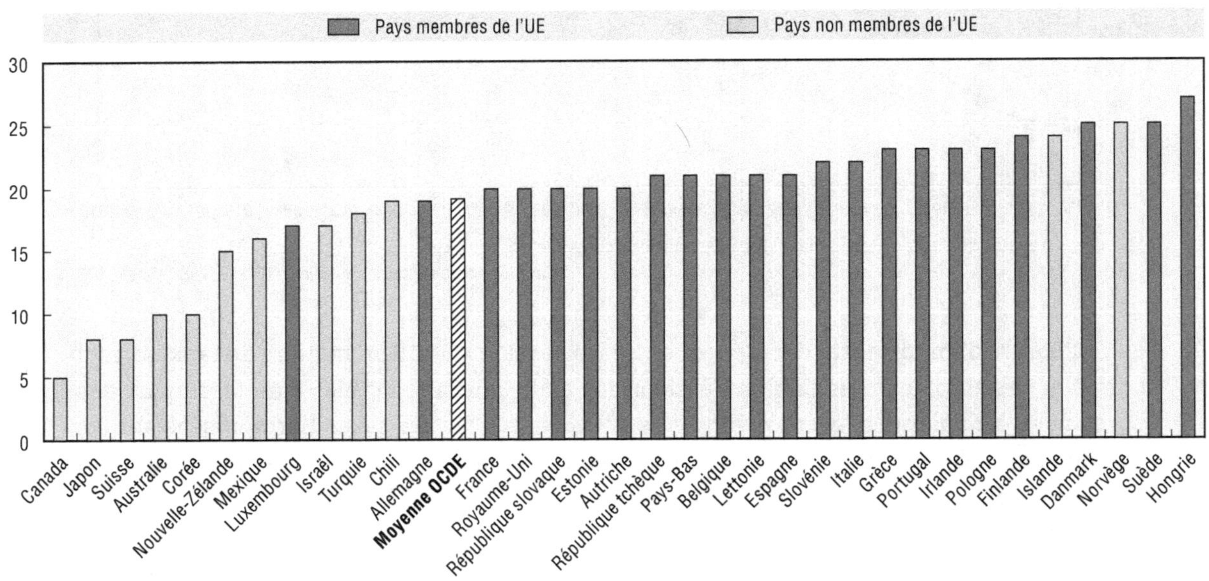

Source : Graphique de l'auteur à partir de données fournies par les pays.

StatLink http://dx.doi.org/10.1787/888933458559

L'Autriche a augmenté son taux réduit de TVA notamment sur l'hébergement en hôtel, sur les droits d'entrée aux manifestations culturelles et sportives et au cinéma et sur la nourriture pour animaux, le faisant passer de 10 % à 13 %. La Belgique a restreint le champ d'application de son taux réduit de 6 % sur la rénovation de logements privés (en relevant l'âge du logement requis de 5 ans à 10 ans), elle a fait passer l'approvisionnement en électricité destinée à l'usage domestique au taux normal de 21 % (au lieu du taux réduit de 6 %) et elle a supprimé l'exonération de TVA sur la chirurgie plastique. L'Estonie augmentera son taux réduit sur les services d'hébergement de 9 % à 14 % au 1er janvier 2017.

Quant à l'Islande, elle a relevé son taux réduit de 7 % à 11 % et restreint le champ d'application de l'exonération de TVA sur le transport de voyageurs aux seuls services de transport public. La France a instauré une TVA sur les droits d'entrée aux manifestations sportives, qui sont désormais assujettis au taux réduit de 5.5 %, et elle a exclu certains produits agricoles du taux réduit de 10 %. Parallèlement à l'augmentation de son taux normal (à 17 % contre 15 % antérieurement, voir plus haut), le Luxembourg a fait passer son taux réduit de 12 % à 14 % et son taux super réduit de 6 % à 8 % et il a exclu les livres électroniques du champ d'application du taux super réduit. Les Pays-Bas ont supprimé le taux réduit de TVA de 6 % sur les travaux de reconstruction, rénovation et réparation de logements de plus de 2 ans. La Norvège a augmenté de 8 % à 10 % le taux réduit de TVA sur les services de transport et les loisirs. En Grèce, le champ d'application du taux réduit de TVA de 13 % a été considérablement restreint : de nombreux types de biens, dont le sucre, le café, les épices, l'huile de cuisson (à l'exception de l'huile d'olive) et le sel ont été assujettis au taux normal de 23 % (24% au 1er juin 2016). Le taux normal de TVA a également été rendu applicable à la plupart des types de services, à l'exception des entrées au théâtre (6%) à l'hébergement hôtelier et aux services similaires (passés du taux super-réduit au taux réduit) et aux services d'entretien de la maison (13%). L'augmentation du taux de TVA comprend également la suppression progressive du régime accordant un taux réduit aux îles de la mer Égée.

À l'inverse, un certain nombre de pays de l'OCDE ont baissé leur taux réduit de TVA ou élargi son champ d'application, principalement à des fins redistributives. Ces mesures visent avant tout à aider les plus pauvres (taux plus faible sur certaines denrées alimentaires en République slovaque et en Hongrie, notamment) et les familles (taux plus faible sur les maisons neuves en Hongrie, par exemple). Quant à la France, elle applique désormais un taux réduit de 5.5 % sur les produits d'hygiène au lieu du taux normal de 20 %, soit le régime fiscal des produits de première nécessité. Le Canada a appliqué un taux de 0% aux produits d'hygiène féminine. L'abaissement de la TVA sur les produits d'hygiène a également été débattu dans d'autres pays de l'OCDE, comme l'Australie et le Royaume-Uni. Dans d'autres cas, l'extension des taux réduits de TVA répondait à des objectifs non redistributifs. Ainsi, la République tchèque a annoncé une baisse du taux de TVA applicable aux services de restauration, qui passera de 21 % à 15 % au 1er décembre 2016, dans le but d'apporter un soutien indirect à ce secteur.

Les taux réduits de TVA sont certes souvent mis en place pour répondre à des objectifs sociaux ou d'équité (biens et services de première nécessité, santé, éducation, etc.), mais ils ne semblent pas être un moyen efficace de parvenir à ces objectifs (OCDE/KIPF, 2014). En termes absolus, les taux réduits de TVA tendent à davantage profiter aux ménages aisés, car ils consomment plus de biens et de services bénéficiant d'un régime fiscal favorable que les ménages modestes. En outre, les taux réduits (et les exonérations, voir section suivante) engendrent des distorsions économiques, créent des coûts administratifs et de conformité et donnent lieu à des effets de cascade. Pour atteindre des objectifs redistributifs, il est plus efficace de supprimer les taux réduits de TVA et d'adopter des mesures ciblées visant à accroître le revenu réel des ménages modestes. Toutefois, les obstacles à ce type de réformes (en particulier leurs conséquences redistributives supposées) peuvent être importants et de nombreux pays semblent avoir estimé qu'il était plus facile sur le plan politique d'augmenter le taux normal de TVA que d'élargir son assiette. La section 2.7 analyse plus en détail les raisons qui motivent l'application de taux réduits de TVA et leur efficacité.

2.3. Les exonérations

En dehors des taux réduits, les pays ont largement recours aux exonérations (voir tableau 2.A2.4). Lorsqu'un bien est exonéré de TVA, son fournisseur ne peut facturer cette taxe et il lui est impossible de récupérer la taxe sur les achats qu'il a réalisés. Dans certaines juridictions, une exonération est appelée « imposition d'amont », ce qui permet d'expliciter le fait qu'en réalité le bien n'est pas exonéré de TVA, mais que son prix contient une « TVA cachée ». Une exonération ne doit donc pas être confondue avec une absence d'imposition.

Bien qu'elles constituent une entorse au principe général de la TVA, tous les pays de l'OCDE (sauf la Turquie) appliquent un certain nombre d'exonérations. Elles se justifient souvent sur le plan pratique – lorsque le produit est difficile à définir et donc à taxer (services financiers et services d'assurance par exemple) – ou sur le plan redistributif (produits agricoles, carburant, services de santé de base ou d'éducation). Un certain nombre d'entre elles trouvent leur origine dans la tradition (location d'immeubles, vente de terrains et de bâtiments) ou concernent des activités relevant des services publics (éducation, services postaux). Certains secteurs exonérés de TVA peuvent également être assujettis à d'autres taxes spécifiques (biens immobiliers, services d'assurance et financiers).

Outre ces catégories traditionnelles, les exonérations sont nombreuses et couvrent un large éventail de secteurs comme la culture, l'assistance judiciaire, le transport de voyageurs, les services publics d'inhumation, les déchets et matériaux recyclables, la production et distribution d'eau, les métaux précieux et l'agriculture (voir tableau 2.A2.4).

Il est préférable que le système de TVA prévoie une liste restreinte d'exonérations, limitée aux services de santé de base, à l'éducation et éventuellement aux services financiers (OCDE, 2013). En empêchant de déduire la taxe sur les achats, les exonérations de TVA créent une exception importante à la neutralité de cette taxe (chapitre 1). Les paragraphes suivants donnent un aperçu des principales conséquences des exonérations, qui sont complexes et souvent négatives.

Les exonérations de TVA créent des effets de cascade lorsqu'elles s'appliquent aux transactions entre entreprises. On peut s'attendre à ce que l'entreprise qui vend un bien exonéré répercute la taxe d'amont non déductible, dans le prix de ce bien, tandis que l'entreprise destinataire ne pourra pas non plus déduire cette « taxe cachée ». Si la production de l'entreprise destinataire n'est pas exonérée de TVA, cette taxe cachée sera sans doute intégrée dans le prix des biens sur lesquels elle va facturer la TVA sur ses ventes. Cette situation aboutit à une taxe cachée d'un poids variable selon le nombre de stades de production soumis à l'impôt, ce qui fausse les décisions de production et les choix d'organisation de l'entreprise. L'ampleur des effets de cascade dépend du moment où l'exonération intervient dans la chaîne d'approvisionnement. Si l'exonération s'applique au stade précédant la vente finale, il n'y a pas d'effet de cascade et cette exonération entraîne simplement une perte de recettes fiscales puisque la valeur ajoutée au stade final n'est pas imposée. Si l'exonération s'applique à un stade intermédiaire, l'effet de cascade consécutif peut conduire à une augmentation des recettes nettes qui n'est pas transparente.

Les exonérations incitent les entreprises à réduire le montant de leur impôt par le biais d'une intégration verticale (« auto-approvisionnement ») et à ne pas externaliser, car elles ont intérêt à produire leurs biens en interne plutôt qu'à les acheter et à supporter une TVA irrécupérable. Cet effet de cascade peut entraîner des inefficiences économiques en provoquant une distorsion de la structure de la chaîne d'approvisionnement. Il peut également créer une dynamique de l'exonération autoentretenue : lorsqu'un secteur bénéficie d'une exonération, il est incité à faire pression pour que des exonérations soient accordées aux autres secteurs auprès de qui il s'approvisionne afin d'éviter de payer une TVA cachée sur ses intrants.

Les exonérations aboutissent généralement à une sous-imposition des ventes aux consommateurs, dont la charge fiscale est égale à la taxe sur les intrants consommés par les entreprises sans la valeur ajoutée correspondante, et à une surimposition des entreprises qui ne peuvent pas déduire la « taxe cachée » incorporée dans le prix de leurs achats. Elles conduisent également à taxer les investissements plutôt que la consommation, ce qui va à l'encontre du principal objectif de la TVA.

Dans le contexte international, les exonérations portent atteinte au principe de destination sur lequel repose l'imposition des biens et services faisant l'objet d'échanges internationaux. Lorsqu'un exportateur utilise des intrants exonérés, il est impossible de supprimer la TVA non récupérable résultant de l'exonération appliquée à un stade antérieur dans la chaîne de production. Par ailleurs, les entreprises qui utilisent des intrants exonérés sont incitées à importer des biens de pays où ces biens exportés sont soumis au taux zéro au lieu de les acheter à des fournisseurs non assujettis sur le marché intérieur. En outre, la gestion des exonérations accroîtrait les coûts administratifs et de conformité. Comme dans le cas de structures de taux différenciés, il peut souvent s'avérer difficile pour les entreprises et les administrations fiscales de faire la distinction entre biens assujettis et biens exonérés, en particulier dans des domaines complexes comme les services financiers. Les entreprises qui réalisent à la fois des ventes exonérées et assujetties sont souvent confrontées à des règles d'affectation complexes lorsqu'elles cherchent à déterminer la fraction des ventes de produits taxés qui ouvrent droit à déduction de la taxe en amont. Il existe toutefois peu de données sur l'ampleur de l'accroissement des coûts administratifs et de conformité (Bird et Gendron, 2007).

Des travaux ont récemment été consacrés aux raisons théoriques et pratiques qui justifient les exonérations (de la Feria, 2013) et à l'élargissement de l'assiette de la taxe par la réduction du champ des exonérations comme alternative valable à l'augmentation des taux de TVA (Commission européenne, 2010).

2.4. Restrictions du droit à déduction de la TVA sur certains intrants

Certes, la charge de la TVA ne devrait pas être supportée par les entreprises, mais le droit de déduire la TVA sur les intrants est limité au cas où les entreprises utilisent ces intrants à des fins imposables. Le droit à déduction de la TVA sur les intrants est légitimement refusé lorsque ces intrants sont utilisés pour réaliser des ventes non imposables, c'est-à-dire exonérées sans remboursement (santé et services financiers, par exemple) ou situées hors du champ d'application de la TVA (fournitures sans contrepartie, par exemple). Ce droit ne s'applique pas non plus lorsque les intrants ne sont pas (intégralement) employés pour exercer une activité économique imposable, par exemple lorsqu'ils sont utilisés à des fins privées par le propriétaire de l'entreprise ou ses salariés (consommation finale). Ces restrictions du droit à déduction sont justifiées par l'utilisation que les entreprises font des intrants en question et elles sont parfaitement conformes au principe de la TVA.

Outre les règles indiquées plus haut, la législation en vigueur dans la plupart des pays de l'OCDE restreint également la déduction de la taxe d'amont sur un certain nombre de produits et de services en raison de la nature de ces biens et services et non de leur utilisation par les entreprises, généralement afin de permettre une imposition (en amont) de leur consommation réputée finale (tableau 2.A2.5). C'est notamment le cas des loisirs, des repas au restaurant et des cadeaux offerts à des clients dans le cadre de l'activité de l'entreprise. Seuls quatre pays de l'OCDE (Israël, Japon, Suède et Suisse) ne prévoient pas ce type de restrictions.

Parmi les 30 autres pays, les restrictions du droit à déduction de la taxe d'amont les plus répandues sont celles qui portent sur les loisirs, bien que le contenu de cette catégorie soit très variable. Les restrictions peuvent porter sur la TVA acquittée sur les repas au restaurant, les boissons (alcoolisées), les frais de réception, l'hébergement en hôtel, les droits d'entrée à des évènements sportifs ou culturels, les cadeaux et les services de transport. Par ailleurs, la TVA liée à l'utilisation de véhicules est souvent non déductible.

Dans un certain nombre de pays, la restriction à la déduction de la taxe d'amont est limitée à une fraction de la TVA acquittée. Par exemple, la déduction de la TVA sur l'utilisation de véhicules par les salariés d'une entreprise est limitée à un pourcentage fixe. Ainsi, dans certains pays, seuls 50 % de la TVA acquittée est déductible, même si le véhicule est strictement utilisé à des fins professionnelles.

Trois raisons principales justifient ces restrictions : premièrement, elles permettent d'éviter la charge administrative que suppose le contrôle de l'utilisation effective de ces biens et services, qui, par nature, peut être double, à la fois privée et professionnelle ; deuxièmement, elles constituent un moyen de réduire la fraude et troisièmement, les biens et services visés relèvent en partie de la « consommation ». C'est notamment le cas des repas pris au restaurant. La troisième raison indiquée ici peut toutefois être jugée contradictoire avec les principales caractéristiques du système de TVA. De fait, les entreprises (ou leurs salariés) ne « consomment » jamais les biens et services au sens de la TVA lorsqu'ils les utilisent dans le cadre de l'accomplissement d'une activité économique imposable.

2.5. Seuils d'enregistrement et de recouvrement

Tous les impôts entraînent des coûts de conformité pour les entreprises et des coûts administratifs pour les autorités fiscales, mais les obligations relatives à la TVA sont souvent considérées comme particulièrement lourdes pour les petites et moyennes entreprises (PME) (Commission européenne, 2012). Par conséquent, de nombreux pays ont mis en place des régimes simplifiés destinés aux PME afin de favoriser le respect de la législation. Ces régimes peuvent être regroupés en trois grandes catégories : non-assujettissement au régime de TVA (seuils d'exonération), calcul simplifié du montant de la TVA due, simplification des obligations en matière de comptabilité, de déclaration ou de paiement (OCDE, 2015).

La plupart des pays de l'OCDE (à l'exception du Chili, de l'Espagne, du Mexique, de la Suède et de la Turquie) appliquent des seuils d'exonération en dessous desquels les petites entreprises ne sont pas tenues de facturer et de recouvrer la taxe. Les petites entreprises ne sont alors pas redevables de la TVA sur leurs ventes et par conséquent, elles ne peuvent pas prétendre à une déduction de la taxe d'amont acquittée sur leurs achats de biens et de services. Cette dispense d'assujettissement revient à traiter les petites entreprises comme des entreprises non assujetties à la TVA. Il existe deux types de seuils de dispense d'assujettissement : les seuils d'enregistrement qui dispensent les fournisseurs à la fois de s'enregistrer et de collecter la TVA et les seuils de recouvrement en dessous desquels les contribuables sont certes tenus de s'immatriculer à la TVA, mais pas de collecter la taxe. Différents types d'activités (production de services ou production de biens, par exemple) et de secteurs (secteur à but non lucratif notamment) peuvent être soumis à des seuils différents, voire même échapper à leur application (secteur de la construction). Dans la plupart des cas, les seuils d'enregistrement ne s'appliquent pas aux entreprises étrangères et dans certains cas, les seuils de recouvrement ne s'appliquent qu'aux personnes physiques ou aux entreprises qui ne sont pas soumises à l'obligation de tenir une comptabilité commerciale.

Le tableau 2.A2.3 offre une vue d'ensemble des seuils d'enregistrement et de recouvrement en vigueur dans les pays de l'OCDE. En principe, les seuils sont calculés à partir du chiffre d'affaires annuel. Mais, aux Pays-Bas, le calcul repose sur le montant net annuel de la TVA due. Au Japon, les entreprises (individuelles ou non) ne sont pas tenues de s'enregistrer et de prélever la TVA durant les deux années qui suivent leur création, durant lesquelles un seuil défini en fonction de leur capital (etc.) s'applique. Un seuil reposant sur le chiffre d'affaires imposable annuel ne s'applique qu'après cette période (si le chiffre d'affaires excède un certain montant au cours du premier semestre de l'année précédente, le seuil s'applique après la première année). Il convient néanmoins de souligner que même dans les pays où le seuil est fonction du chiffre d'affaires annuel, son application peut dépendre d'autres critères. Le niveau de ces seuils d'enregistrement est très variable et, à cet égard, on peut classer les pays de l'OCDE en trois grands groupes :

- Seize pays appliquent un seuil relativement élevé (supérieur à 30 000 USD) : Australie, Autriche, Belgique, France, Hongrie, Irlande, Italie, Japon, Lettonie, Nouvelle-Zélande, Pologne, République slovaque, République tchèque, Royaume-Uni, Slovénie et Suisse. Parmi ces pays, la France, le Japon et le Royaume-Uni ont un seuil particulièrement élevé (supérieur à 90 000 USD).
- Treize pays appliquent un seuil relativement bas (entre 1 500 USD et 30 000 USD) : Allemagne, Canada, Corée, Danemark, Estonie, Finlande, Grèce, Islande, Israël, Luxembourg, Norvège, Pays-Bas et Portugal.
- Cinq pays ne prévoient aucun seuil général de dispense d'assujettissement : Chili, Espagne, Mexique, Suède et Turquie.

Depuis 2014, quatre pays ont relevé leur seuil : la Belgique, la Finlande, la Grèce, l'Italie et le Royaume-Uni, mais aucun n'a abaissé le seuil en vigueur. Seule la Suède a supprimé il y a plusieurs années son seuil fixé à 30 000 SEK (3 400 USD).

Aucun argument définitif ne justifie la nécessité ou le niveau des seuils. La principale raison qui justifie l'exclusion des « petites » entreprises (notion très différente selon les pays) est le caractère disproportionné tant des coûts pour l'administration fiscale par rapport aux recettes de TVA générées que des coûts de conformité pour les entreprises comparés à leur chiffre d'affaires. En outre, les petites entreprises sont souvent suspectées de moins respecter leurs obligations fiscales. Un seuil d'enregistrement relativement élevé peut avantager les petites entreprises, en faussant la concurrence avec les grandes entreprises, tandis qu'un seuil relativement bas peut être perçu par une entreprise comme un frein à son développement ou comme une incitation à échapper à la TVA en séparant artificiellement ses activités. Ces seuils peuvent également entraver les efforts des pouvoirs publics pour faire en sorte que toutes les entreprises opèrent au sein de l'économie formelle. Ce dernier inconvénient peut être atténué en soumettant les entreprises qui n'atteignent pas le seuil à une autre taxe, plus simple, qui les inclurait dans l'économie formelle. Le niveau du seuil est souvent le résultat d'un compromis entre d'une part, l'objectif de limiter les coûts administratifs et de conformité et d'autre part, la nécessité d'éviter toute perte de recettes et toute distorsion de la concurrence.

La plupart des pays de l'OCDE qui appliquent un seuil d'enregistrement ou de recouvrement donnent la possibilité aux entreprises qui n'atteignent pas ce seuil de s'immatriculer et d'appliquer volontairement la TVA, sauf la Corée, Israël et les Pays-Bas. L'immatriculation volontaire vise souvent à pallier les inconvénients de la non-immatriculation pour les petites entreprises, mais elle accroît les coûts supportés par l'administration fiscale et impose des contraintes de conformité aux entités qui choisissent de rejoindre le système. En outre, la prudence est de rigueur afin d'éviter que des fraudes à la TVA ne soient commises par des entreprises « douteuses » qui pourraient s'enregistrer et demander des remboursements au cas par cas. C'est pour cette raison que plusieurs pays imposent une durée minimale d'enregistrement aux contribuables qui ont opté pour une immatriculation volontaire. Cette période varie d'un an (Australie, Canada, Hongrie, République slovaque, République tchèque, Suisse) à deux ans (Danemark, France, Grèce, Japon, Norvège) et peut dans certains cas atteindre cinq ans (Allemagne, Australie, Slovénie).

Une autre difficulté posée par la mise en place d'un seuil est d'encourager les entreprises situées près du seuil à augmenter leur chiffre d'affaires ou du moins à les dissuader de sous-déclarer leur chiffre d'affaires dans le but de rester en dessous du seuil de dispense d'assujettissement. L'une des solutions consiste à adopter un seuil flexible. Dans ce cas, les petites entreprises qui atteignent le seuil ordinaire ne sont pas tenues de s'enregistrer immédiatement et peuvent continuer à bénéficier de la dispense tant que le dépassement n'excède pas un certain pourcentage du seuil. Par exemple en France, lorsqu'une entreprise réalise un chiffre d'affaires supérieur au seuil ordinaire de 82 200 EUR (pour les biens) ou de 32 900 EUR (pour l'essentiel des services), elle peut continuer à bénéficier du régime de dispense si son chiffre d'affaires sur l'année n'excède pas respectivement 90 300 EUR et 34 900 EUR. Les Pays-Bas appliquent également un seuil de recouvrement flexible, qui dépend du montant annuel de la TVA due. Si ce montant est inférieur à 1 345 EUR, la TVA n'est pas versée aux autorités fiscales. Si le montant est compris entre 1 345 EUR et 1 883 EUR, le contribuable bénéficie d'un allègement progressif qui permet une entrée en douceur dans le système d'assujettissement.

Il existe d'autres moyens de réduire les coûts de conformité supportés par les PME tout en évitant les inconvénients d'une dispense d'assujettissement. De nombreux pays ont ainsi mis en place des régimes forfaitaires simplifiés pour faciliter le calcul de la TVA due. Par exemple, certaines PME peuvent être autorisées à appliquer un taux forfaitaire unique à leur chiffre d'affaires afin de déterminer le montant de la TVA due au lieu de procéder à un calcul détaillé de la TVA sur leurs achats et sur leurs ventes. Il est également possible de mettre en place un régime reposant sur un calcul simplifié de la taxe déductible en amont. Ce régime est présenté plus en détail dans une récente étude de l'OCDE sur la fiscalité des PME (OCDE, 2015).

2.6. Application de régimes de la marge

La plupart des pays autorisent ou utilisent des méthodes spécifiques de collecte de la TVA dans des cas particuliers. L'objectif de ces méthodes est généralement de simplifier le processus de collecte afin de réduire les coûts administratifs et de conformité ou de tenir compte de situations particulières. Ainsi, les régimes de la marge sont souvent employés lorsqu'il serait difficile ou impossible de déduire la taxe d'amont, comme dans le cas de la revente de biens d'occasion achetés à des particuliers ou pour les agences de voyages. L'assiette de la taxe correspond alors à la différence entre le prix d'acquisition d'un bien par le contribuable et son prix de revente, et non au prix de revente intégral. L'application du régime de la marge interdit au revendeur toute déduction de la TVA acquittée à l'achat du bien (TVA d'amont). Le tableau 2.A2.6 montre que tous les pays de l'UE appliquent un régime de la marge pour les agences de voyages, les biens d'occasion, objets d'art, de collection ou d'antiquité puisqu'ils ont la même base légale. Hors de l'UE, cinq autres pays de l'OCDE emploient des régimes de la marge : l'Australie (sur les immeubles résidentiels neufs, les jeux de hasard et les biens d'occasion), Israël (sur les pièces de monnaie, les timbres postaux, les meubles, les logements, les véhicules d'occasion et les opérations de change), la Norvège (sur les biens d'occasion et les objets d'art, de collection et d'antiquité) et la Turquie (sur les agences de voyages).

2.7. Note technique – fondements et conséquences des taux réduits de TVA

À l'exception du Chili et du Japon, tous les pays de l'OCDE appliquent un ou plusieurs taux réduits (dont un taux zéro sur le marché intérieur, aussi appelé « franchise de TPS » ou « exonération assortie de droit à déduction de la taxe d'amont », à ne pas confondre avec le taux nul pour les exportations). Les dérogations à l'application du taux normal peuvent être classées en quatre grandes catégories (voir tableau 2.A2.2) :

- biens de première nécessité (soins médicaux et hospitaliers, alimentation, produits énergétiques, production et distribution d'eau par exemple) ;
- activités traditionnellement considérées comme des services publics (transports publics, services postaux, télévision publique) ;
- activités considérées comme socialement souhaitables (activités à caractère philanthropique, culturelles et sportives) ou activités de soutien à l'emploi (services à forte intensité de main-d'œuvre fournis localement, par exemple) ;
- zones géographiques considérées comme devant bénéficier d'un régime préférentiel (îles, territoires éloignés de la métropole, zones frontalières).

Ces taux réduits peuvent trouver leur origine dans l'histoire socio-économique d'un pays et remédier à des problèmes jugés prioritaires dans une société donnée à un certain moment. L'une des justifications de l'introduction d'une structure de taux différenciée est la promotion de l'équité (assurer une distribution plus juste des revenus). Les pays ont souvent jugé souhaitable d'alléger la pression fiscale sur les biens et services qui entrent pour une part importante dans les dépenses des ménages les plus pauvres (aliments de base, eau). Ils se sont également efforcés de ne pas taxer lourdement les médicaments, les services de santé et le logement.

Les taux réduits de TVA visent également à encourager la consommation de « biens d'intérêt social » (culture et éducation) et de produits associés à des externalités positives (appareils à faible consommation énergétique). Dans d'autres cas, l'objectif des taux réduits semble moins évident, comme ceux appliqués aux droits d'entrée à des événements culturels, au cirque ou au cinéma, à l'hébergement en hôtel ou aux fleurs coupées.

Avant de décider d'instaurer ou de maintenir un taux réduit de TVA, il conviendrait de comparer d'une part, son coût en termes de manque à gagner (dépense fiscale) et de conformité et d'autre part, sa capacité à produire le résultat attendu au moindre coût. À cet égard, d'autres mesures, comme la subvention directe de certaines activités ou de certaines catégories de la population, devraient être envisagées dans la mesure du possible. Les raisons justifiant l'existence de certains taux réduits sont décrites plus en détail ci-après.

Objectifs d'équité

La plupart des pays appliquent des taux réduits de TVA sur les produits de première nécessité, comme la nourriture et l'eau, afin d'alléger la pression fiscale sur les ménages à faible revenu. La question est de savoir si ces taux réduits sont un moyen efficace d'atteindre des objectifs redistributifs. Une étude de l'OCDE (OCDE/KIPF, 2014, ci-après « l'étude » ou « cette étude ») analyse cette question en détail. Elle montre que la plupart des taux réduits instaurés dans le but précis d'aider les pauvres, comme ceux sur la nourriture, l'eau et les produits énergétiques, ont bel et bien un effet progressif (en pourcentage du revenu ou des dépenses). Néanmoins, elle met également en évidence le fait que les taux réduits constituent un outil inadapté pour apporter une aide ciblée aux ménages à faible revenu. Dans le meilleur des cas, les ménages aisés tirent à peu près les mêmes avantages, en termes absolus, que les ménages modestes. Dans le pire des cas, les ménages aisés profitent bien plus des taux réduits que les modestes. Ce résultat n'est pas surprenant puisque l'on peut s'attendre à ce que les ménages aisés consomment plus de produits, et souvent des produits plus chers, que les ménages modestes. Dès lors, si les taux réduits de TVA sur les « biens de première nécessité » bénéficient aux ménages à faible revenu, ils profitent davantage aux ménages aisés. Ainsi, une part disproportionnée des dépenses fiscales (c'est-à-dire la différence entre les recettes effectives de l'impôt et celles qui auraient être perçues si le taux normal s'appliquait à la totalité de l'assiette de l'impôt) profite à ceux qui ne sont pas visés par la mesure.

La situation dépend évidemment du type de biens ou de services considéré. Ainsi, dans les pays étudiés qui appliquent un taux réduit sur la nourriture, les avantages ainsi procurés aux ménages modestes et aux ménages aisés étaient bien plus similaires que ceux apportés par n'importe quel autre type de taux réduit. Cela tient au fait que les dépenses alimentaires des ménages à faible revenu représentent une part bien plus importante de leurs dépenses totales que pour les ménages aisés. L'essentiel de l'aide apportée aux pauvres par le biais des taux réduits de TVA provient du taux réduit sur la nourriture. Toutefois, étant donné que les dépenses alimentaires des ménages aisés sont généralement supérieures en termes absolus à celles des ménages modestes, ce taux réduit sur la nourriture peut encore être considéré comme un moyen inadapté d'aider les pauvres.

Si l'objectif est de cibler les pauvres, les taux réduits de TVA sur les produits pharmaceutiques s'avèrent encore plus inadaptés. Dans les 15 pays qui appliquaient un taux réduit sur les produits pharmaceutiques, les ménages aisés tendent à être nettement plus avantagés en termes absolus que les ménages modestes, même si, en proportion des dépenses, les taux réduits sur les produits pharmaceutiques bénéficient toujours moins aux ménages aisés qu'aux ménages modestes. En valeur absolue, 20 % des ménages les plus aisés obtiennent 1.6 fois l'allégement fiscal dont bénéficient 20 % des ménages les plus pauvres.

Se pose donc la question de savoir si la suppression des taux réduits de TVA et le recours à des transferts directs aux ménages modestes seraient plus efficaces pour atteindre des objectifs redistributifs. En règle générale, la littérature économique estime que le versement de sommes forfaitaires aux ménages en fonction de critères socio-économiques est préférable tant en termes d'équité que d'efficacité. Les transferts qui ciblent directement les ménages modestes (comme l'augmentation des abattements d'impôt sur le revenu ou les prestations sociales) peuvent également s'avérer plus efficaces pour accroître l'équité que des mesures générales en matière de TVA (OCDE, 2010).

En outre, il peut s'avérer difficile dans la pratique de définir un « bien de première nécessité ». Par exemple, un taux réduit peut s'appliquer à l'ensemble des denrées alimentaires, dont des produits « de luxe ». Distinguer différentes catégories tend à faire augmenter les coûts administratifs (définition et suivi) et les coûts de conformité (identification et compréhension) et favorisent les actions en justice visant à obtenir l'application d'un taux réduit à une large gamme de produits. Par exemple, comment faire la distinction entre les différents types de produits à base de pommes de terre ou entre les biscuits et les gâteaux ?

Enfin, un ménage peut faire partie des ménages à faible revenu à un certain moment, mais l'appartenance à cette catégorie peut être temporaire et ne reflète pas nécessairement le niveau de vie de ce ménage tout au long de la vie. S'il est vrai que certaines personnes restent durablement pauvres, nombre d'entre elles ont des revenus (et des dépenses) variables au cours de leur existence. S'intéresser aux effets des impôts sur les inégalités de revenu tout au long de la vie plutôt que sur le niveau actuel de revenu peut aboutir à des conclusions différentes.

Les arguments liés à la redistribution du revenu en faveur de la différenciation des taux de TVA peuvent être plus convaincants lorsque les pays ne possèdent pas les capacités administratives pour augmenter les transferts directs aux ménages modestes (Heady et Smith, 1995). Dans les pays à faible revenu, l'existence de différences significatives et stables entre les modes de consommation des ménages aisés et des ménages modestes permet de réduire plus facilement et plus efficacement la pauvreté au moyen d'exonérations d'impôts sur la consommation et de taux d'imposition faibles. Dans ces pays, les familles à faible revenu réalisent l'essentiel de leurs achats auprès de petits producteurs locaux dont les ventes sont exonérées ou ne sont pas taxées, tandis que les familles aisées achètent généralement davantage de biens fabriqués en usine ou de biens importés qui peuvent être taxés plus efficacement (Copenhagen Economics, 2007).

Autres objectifs

Objectifs culturels

Un certain nombre de taux réduits de TVA n'ont pas pour visée spécifique d'aider les ménages modestes, mais plutôt de soutenir des activités culturelles et des biens publics. Toutefois, ces allégements peuvent tout de même avoir des effets considérables sur la distribution des revenus s'ils favorisent certains groupes de la population par rapport à d'autres. Afin d'élaborer une politique économique cohérente, il est important de pouvoir chiffrer les effets redistributifs de ce type de mesures de manière à les comparer à leur intérêt en termes de soutien à la culture et de promotion de la consommation de biens sociaux.

L'étude mentionnée plus haut livre des résultats pour les quatre catégories de dépenses les plus souvent soutenues pour des raisons sociales et culturelles (livres, journaux et magazines, cinéma, théâtre et concerts et enfin musées et zoos). Il est possible que les taux réduits aient comme effet pervers de subventionner la consommation de ces biens et services par les ménages aisés, qui ont tendance à consommer davantage ce type de biens que le reste de la population, au lieu d'en favoriser l'achat par les ménages modestes. Ainsi, l'étude montre que les taux réduits de TVA sur le cinéma, le théâtre et les concerts bénéficient beaucoup plus aux ménages aisés qu'aux ménages modestes. En valeur absolue, pour une dépense fiscale annuelle totale de 67 EUR par ménage en moyenne, seuls 6 EUR vont aux 20 % les plus pauvres et 25 EUR aux 20 % les plus aisés. Comme indiqué plus haut, ces taux réduits ne poursuivent pas d'objectifs redistributifs, mais il convient d'avoir à l'esprit les conséquences, en matière de répartition des revenus, du recours à la TVA pour soutenir la production de biens d'intérêt social.

Encourager les activités à forte intensité de main d'œuvre fournies localement

La question de l'efficacité des mesures adoptées peut également justifier l'application de taux de TVA réduits à certaines activités à forte intensité de main d'œuvre. La faible imposition de produits de base qui sont des substituts proches de biens produits dans le cadre de l'auto-approvisionnement ou de l'économie souterraine (comme l'amélioration du logement et les services de réparation, le jardinage et la coiffure) peut limiter les contre-incitations créées par le système fiscal à se tourner vers l'économie formelle pour travailler et s'approvisionner. De fait, des coins fiscaux élevés (impôts sur le revenu, contributions de sécurité sociale et taux de TVA élevés) renchérissent le coût de ces services sur le marché, de sorte qu'il est plus rentable de s'en charger soi-même ou de les acquérir dans le secteur informel (économie parallèle). Cela peut conduire à des inefficiences économiques, par exemple si des professionnels très qualifiés consacrent du temps chez eux à des tâches peu qualifiées.

Toutefois, cette situation peut changer (et s'accompagner d'une réduction des coûts administratifs) si un taux unique de TVA à large assiette (et fixé à un niveau raisonnable) est associé à un seuil d'assujettissement approprié et à un programme d'audit bien ciblé. En outre, si sur le plan théorique ces taux réduits se justifient parce qu'ils accroissent la demande de travailleurs peu qualifiés en augmentant la demande de ce type de services ou la marge bénéficiaire du secteur dans le but de promouvoir des réformes sociales, d'autres outils comme la réforme du marché du travail (flexibilité, simplification administrative, etc.) pourraient s'avérer plus efficaces pour atteindre cet objectif (Copenhagen Economics, 2007).

Corriger des externalités

Enfin, certains avancent parfois que la correction des externalités pourrait justifier l'existence de différents taux de TVA, avec par exemple l'application de taux plus élevés aux biens polluants ou de taux réduits aux appareils à faible consommation énergétique. Dans ces cas, la différenciation des taux peut améliorer l'efficience si elle entraîne une convergence entre le coût marginal privé d'une activité et le coût marginal pour la société. Toutefois, la TVA est un instrument rudimentaire pour corriger les externalités environnementales, car il peut être difficile de cibler la source réelle de pollution. En effet, les taux réduits sur les appareils à faible consommation énergétique peuvent, en diminuant le coût marginal privé de ces biens, augmenter la demande de ce type d'appareil et donc stimuler leur consommation. Le taux réduit de TVA peut inciter les consommateurs à délaisser les biens à forte consommation énergétique au profit de biens à faible consommation (par exemple en remplaçant leur vieux réfrigérateur par un neuf). Mais il peut aussi faire augmenter les ventes de biens très énergivores (les consommateurs décident de remplacer leur vieux réfrigérateur par un nouveau réfrigérateur et un congélateur) (Copenhagen Economics, 2007).

L'application de taux réduits dans le cadre d'une politique fiscale plus large

L'étude de l'OCDE corrobore et étaie l'idée selon laquelle la plupart des taux réduits instaurés dans le but d'aider les pauvres (sur la nourriture ou les produits énergétiques par exemple), voire tous, ont l'effet progressif désiré. Elle montre toutefois clairement que, malgré cet effet progressif, les taux réduits constituent un outil inadapté pour apporter une aide ciblée aux ménages à faible revenu. Dans le meilleur des cas, les ménages aisés tirent les mêmes avantages, en termes absolus, que les ménages modestes. Dans le pire des cas, les ménages aisés profitent bien plus des taux réduits que les ménages modestes. Parfois, les avantages tirés par les ménages aisés sont si importants que les taux réduits de TVA ont un effet régressif (ils bénéficient plus aux ménages aisés à la fois en termes absolus et en proportion des dépenses). C'est généralement le cas de la plupart des taux réduits qui visent à atteindre des objectifs sociaux, culturels ou non redistributifs (OCDE/KIPF, 2014).

L'étude conclut que contrairement à son apparente régressivité, la TVA est généralement soit proportionnelle soit légèrement progressive si l'on s'intéresse au pourcentage des dépenses. Cela ne signifie évidemment pas que la TVA, prise isolément, soit un impôt juste. Une TVA proportionnelle aura toujours un effet négatif plus marqué sur le bien-être des ménages modestes que sur celui des ménages aisés. Elle aura également un coût en matière de bien-être plus élevé pour les ménages confrontés à des contraintes de crédit que pour ceux bénéficiant d'un accès intégral aux financements. Ces raisons ne permettent toutefois pas de considérer que la TVA a un effet régressif. Au contraire, elles incitent à étudier les possibilités d'améliorer la progressivité du système de prélèvements et de prestations dans son ensemble. Une politique de redistribution efficace ne s'applique pas à l'échelle de chaque impôt, mais de l'ensemble du système de prélèvements et de prestations. Les problèmes d'équité devraient être traités par un assortiment judicieux de mesures. Afin de contrebalancer l'effet régressif qu'un élargissement de l'assiette de la TVA aurait sur l'équité, une partie des recettes provenant de cet élargissement pourrait être utilisée pour compenser l'incidence de cette mesure sur les ménages à faible revenu par le biais de crédits d'impôt sous conditions de ressources ou de prestations (Brys et al., 2016b).

D'autres arguments justifient l'application de taux réduits dans certains cas. Premièrement, il n'est parfois pas possible de mettre rapidement en place d'autres solutions pour remédier à des problèmes d'équité, notamment dans les pays où le système social ou fiscal n'est pas suffisamment développé pour apporter une aide appropriée aux ménages à faible revenu. Deuxièmement, il est parfois impossible sur le plan social et politique de supprimer un taux réduit de TVA, en particulier s'il existe depuis longtemps. Troisièmement, une augmentation soudaine de la TVA qui passerait d'un taux nul ou faible au taux normal (surtout s'il est élevé) se traduirait par un accroissement des prix qui aurait des conséquences immédiates et plus fortes sur les ménages à faible revenu, tandis que les mesures de compensation adéquates ne produiraient leurs effets qu'avec un certain retard et ne couvriraient pas nécessairement tous ces ménages. Il est également vrai que dans les secteurs où l'élasticité de la demande est forte, les producteurs ne pourraient pas répercuter une hausse brutale et significative du taux de TVA dans leurs prix, ce qui mettrait alors en péril la viabilité de leur activité. Néanmoins, cette étude laisse à penser qu'il faut réévaluer attentivement et au cas par cas les avantages et les inconvénients de différents taux réduits de TVA dans de nombreux pays.

Références

Benedek, D., R. D Mooji, M. Keen et P. Wingender (2015), « Estimating VAT Pass Through », *IMF Working Papers*, n° 15/214.

Bird, R.M. et P.P. Gendron (2007), *The VAT in Developing and Transitional Countries*, Cambridge University Press, New York.

Bodin, J.-P., L. Ebrill, M. Keen et V. Summers (2001), *The Modern VAT*, Fonds monétaire international, Washington, DC.

Brys, B., S. Perret, A. Thomas et P. O'Reilly (2016a), « Tax Policy Reforms in the OECD 2016 », *OECD Taxation Working Papers*, Éditions OCDE, Paris, http://dx.doi.org/10.1787/9789264260399-en.

Brys, B., S. Perret, A. Thomas et P. O'Reilly (2016b), « Tax Design for Inclusive Economic Growth », *OECD Taxation Working Papers*, n° 26, Éditions OCDE, Paris, *http://dx.doi.org/10.1787/5jlv74ggk0g7-en*.

Charlet, A. et J. Owens (2010), « An International Perspective on VAT » *Tax Notes International*, vol. 59, n° 12, 20 septembre, 2010, p. 943.

Copenhagen Economics (2007), *Study on reduced VAT applied to goods and services in Member States in the European Union*, Copenhague, 2007.

de la Feria, R. (2013), *VAT exemptions, consequences and design alternatives*, Wolter Kluwers, Alphen-sur-le-Rhin.

Commission européenne (2006), Directive 2006/112/CE du Conseil du 28 novembre 2006 relative au système commun de taxes sur la valeur ajoutée, *Journal officiel de l'Union européenne*, décembre 2006, Bruxelles, p.1.

Commission européenne (2010), « Livre vert sur l'avenir de la TVA – vers un système de TVA plus simple, plus robuste et plus efficace », COM(2010)695/4, Bruxelles.

Commission européenne (2012), *Top 10 most burdensome legislative acts for SMEs*, *http://ec.europa.eu/DocsRoom/documents/10036/attachments/1/translations/en/renditions/native*.

Commission européenne (2016), « Tax Reforms in EU Member States 2015 », *Institutional Papers*, n° 008, septembre 2015.

Heady, C. et S. Smith (1995), « Tax and Benefit Reform in the Czech and Slovak Republics », in D. Newbery (dir. pub.), *Tax and Benefit Reform in Central and Eastern Europe*, Londres, Centre for Economic Policy Research.

OCDE (2015), *Taxation of SMEs in OECD and G20 countries*, Études de politique fiscale de l'OCDE, n° 19, Éditions OCDE, Paris.

OCDE/KIPF (2014), *The Distributional Effects of Consumption Taxes in OECD Countries*, Études de politique fiscale de l'OCDE, n° 22, Éditions OCDE, Paris.

OCDE (2013), *Key issues and debates in VAT, SME taxation and the tax treatment of the financial sector*, Dialogue fiscal international, OCDE, Paris, *www.oecd.org/tax/tax-global/ITD-publication-decade-sharing-experiences.pdf*.

OCDE (2010), *Tax Policy Reform and Economic Growth*, Études de politique fiscale de l'OCDE, n° 20, Éditions OCDE, Paris.

ANNEXE 2.A2

Données sur la structure et les taux de TVA

Tableau 2.A2.1. **Taux de TVA**[1]

	Date de mise en œuvre	Taux normal																	Taux réduits[2]	Taux régionaux spécifiques
		1975	1980	1985	1990	1995	2000	2005	2007	2008	2009	2010	2011	2012	2013	2014	2015	2016		
Allemagne	1968	11.0	13.0	14.0	14.0	15.0	16.0	16.0	19.0	19.0	19.0	19.0	19.0	19.0	19.0	19.0	19.0	19.0	7.0	-
Australie	2000	-	-	-	-	-	-	-	10.0	10.0	10.0	10.0	10.0	10.0	10.0	10.0	10.0	10.0	0	-
Autriche*	1973	16.0	18.0	20.0	20.0	20.0	20.0	20.0	20.0	20.0	20.0	20.0	20.0	20.0	20.0	20.0	20.0	20.0	10.0/13.0	19.0
Belgique	1971	18.0	16.0	19.0	19.0	20.5	21.0	21.0	21.0	21.0	21.0	21.0	21.0	21.0	21.0	21.0	21.0	21.0	0.0/6.0/12.0	-
Canada*	1991	-	-	-	-	7.0	7.0	7.0	6.0	5.0	5.0	5.0	5.0	5.0	5.0	5.0	5.0	5.0	0.0	13.0/14.0/15.0
Chili	1975	20.0	20.0	20.0	16.0	18.0	18.0	19.0	19.0	19.0	19.0	19.0	19.0	19.0	19.0	19.0	19.0	19.0	-	-
Corée	1977	-	10.0	10.0	10.0	10.0	10.0	10.0	10.0	10.0	10.0	10.0	10.0	10.0	10.0	10.0	10.0	10.0	0.0	-
Danemark	1967	15.0	20.3	22.0	22.0	25.0	25.0	25.0	25.0	25.0	25.0	25.0	25.0	25.0	25.0	25.0	25.0	25.0	0	-
Espagne*	1986	-	-	-	12.0	16.0	16.0	16.0	16.0	16.0	16.0	16.0	18.0	18.0	21.0	21.0	21.0	21.0	4.0/10.0	0.0/2.75/3.0/7.0/9.5/13.5/20.0 & 0.5/10.0
Estonie	1991	-	-	-	-	18.0	18.0	18.0	18.0	18.0	18.0	20.0	20.0	20.0	20.0	20.0	20.0	20.0	0.0/9.0	-
Finlande	1994	-	-	-	-	22.0	22.0	22.0	22.0	22.0	22.0	22.0	23.0	23.0	24.0	24.0	24.0	24.0	0.0/10.0/14.0	-
France*	1968	20.0	17.6	18.6	18.6	20.6	20.6	19.6	19.6	19.6	19.6	19.6	19.6	19.6	19.6	20.0	20.0	20.0	2.1/5.5/10.0	0.9/2.1/10.0/13.0 & 1.05/1.75/2.1/8.5
Grèce*	1987	-	-	-	18.0	18.0	18.0	18.0	19.0	19.0	19.0	19.0	23.0	23.0	23.0	23.0	23.0	23.0	6.0/13.0	4.0/ 9.0/16.0
Hongrie	1988	-	-	-	25.0	25.0	25.0	25.0	20.0	20.0	20.0	25.0	25.0	27.0	27.0	27.0	27.0	27.0	5.0/18.0	-
Irlande	1972	19.5	20.0	23.0	23.0	21.0	21.0	21.0	21.0	21.0	21.5	21.0	21.0	23.0	23.0	23.0	23.0	23.0	0.0/4.8/9.0/13.5	-
Islande	1990	-	-	-	22.0	24.5	24.5	24.5	24.5	24.5	24.5	25.5	25.5	25.5	25.5	25.5	24.0	24.0	0.0/11.0	-
Israël*	1976	-	12.0	15.0	15.0	17.0	17.0	17.0	15.5	15.5	15.5	16.0	16.0	16.0	17.0	18.0	18.0	17.0	0.0	0.0
Italie	1973	12	14.0	18.0	19.0	19.0	20.0	20.0	20.0	20.0	20.0	20.0	20.0	21.0	21.0	22.0	22.0	22.0	4.0/5.0/10.0	-
Japon	1989	-	-	-	3.0	3.0	5.0	5.0	5.0	5.0	5.0	5.0	5.0	5.0	5.0	5.0	8.0	8.0	-	-
Lettonie	1995	-	-	-	-	-	18.0	18.0	18.0	18.0	21.0	21.0	22.0	22.0	21.0	21.0	21.0	21.0	0.0/12.0	-
Luxembourg	1970	10.0	10.0	12.0	12.0	15.0	15.0	15.0	15.0	15.0	15.0	15.0	15.0	15.0	15.0	15.0	17.0	17.0	3.0/8.0/14.0	-
Mexique	1980	-	10.0	15.0	15.0	10.0	15.0	15.0	15.0	15.0	15.0	16.0	16.0	16.0	16.0	16.0	16.0	16.0	0.0	-
Norvège	1970	20.0	20.0	20.0	20.0	23.0	23.0	25.0	25.0	25.0	25.0	25.0	25.0	25.0	25.0	25.0	25.0	25.0	0.0/10.0/15.0	-
Nouvelle-Zélande	1986	-	-	-	12.5	12.5	12.5	12.5	12.5	12.5	12.5	12.5	15.0	15.0	15.0	15.0	15.0	15.0	0.0	-
Pays-Bas	1969	16.0	18.0	19.0	18.5	17.5	17.5	19.0	19.0	19.0	19.0	19.0	19.0	19.0	21.0	21.0	21.0	21.0	6.0	-
Pologne	1993	-	-	-	-	22.0	22.0	22.0	22.0	22.0	22.0	22.0	23.0	23.0	23.0	23.0	23.0	23.0	5.0/8.0	-
Portugal*	1986	-	-	-	17.0	17.0	17.0	19.0	21.0	21.0	20.0	20.0	23.0	23.0	23.0	23.0	23.0	23.0	6.0/13.0	4.0/9.0/18.0 & 5.0/12.0/22.0
République slovaque	1993	-	-	-	-	25.0	23.0	19.0	19.0	19.0	19.0	19.0	20.0	20.0	20.0	20.0	20.0	20.0	10.0	-
République tchèque	1993	-	-	-	-	22.0	22.0	19.0	19.0	19.0	19.0	20.0	20.0	20.0	21.0	21.0	21.0	21.0	10.0/15.0	-
Royaume-Uni	1973	8.0	15	15	15	17.5	17.5	17.5	17.5	17.5	15.0	17.5	20.0	20.0	20.0	20.0	20.0	20.0	0.0/5.0	-
Slovénie	1999	-	-	-	-	-	19.0	20.0	20.0	20.0	20.0	20.0	20.0	20.0	20.0	22.0	22.0	22.0	9.5	-
Suède	1969	17.7	23.5	23.5	23.5	25.0	25.0	25.0	25.0	25.0	25.0	25.0	25.0	25.0	25.0	25.0	25.0	25.0	0.0/6.0/12.0	-
Suisse	1995	-	-	-	-	6.5	7.5	7.6	7.6	7.6	7.6	7.6	8.0	8.0	8.0	8.0	8.0	8.0	0.0/2.5/3.8	-
Turquie	1985	-	-	10	10	15.0	17.0	18.0	18.0	18.0	18.0	18.0	18.0	18.0	18.0	18.0	18.0	18.0	1.0/8.0	-
Moyenne non pondérée	16.0	16.3	17.5	16.8	17.8	18.1	17.9	17.7	17.7	17.7	18.1	18.6	18.8	19.0	19.1	19.2	19.2			

* Voir les notes pays dans l'encadré 2.A2.1

1. **Données annuelles :** les taux indiqués dans le tableau sont ceux applicables au 1er janvier de chaque année. Les taux réduits et les taux spécifiques applicables dans des régions spécifiques sont ceux en vigueur au 1er janvier 2016
2. **Taux réduits :** les taux réduits incluent les taux zéro applicables aux ventes nationales (exemption avec droit de déduire la taxe d'amont), mais excluent les exportations à taux zéro.

Source : Délégués nationaux – position au 1er janvier 2016.

StatLink http://dx.doi.org/10.1787/888933458673

Encadré 2.A2.1. **Notes par pays**

Autriche. Un taux normal de 19 % s'applique au Jungholz et Mittelberg.

Canada. Les provinces suivantes ont harmonisé leurs taxes provinciales sur les ventes avec la taxe fédérale sur les produits et services et appliquent un taux de : Nouveau-Brunswick, Terre-Neuve et Labrador, Ontario : 13 % ; Île-du-Prince-Édouard : 14 % ; Nouvelle-Écosse : 15 %. En 2016, les provinces du Nouveau-Brunswick, de Terre-Neuve et du Labrador et l'Île-du-Prince-Édouard augmenteront les taux de leurs taxes provinciales, aboutissant à un taux combiné TPS/TVH de 15 %. Le Québec applique une TPS au taux de 5 % et une taxe sur les ventes de 9.975 % (à la même assiette que la TPS). D'autres provinces canadiennes, à l'exception de l'Alberta, appliquent une taxe provinciale sur les ventes à certains produits et services.

Espagne. Les taux de 0.0 %, 2.75 %, 3.0 %, 7.0 %, 9.50 %, 13.50 % et 20 % s'appliquent aux Îles Canaries. Les taux de 0.5 % et 10 % s'appliquent à Ceuta et Melilla.

France. Des taux de 0.9 %, 2.1 %, 10.0 %, 13.0 % et 20.0 % s'appliquent en Corse ; des taux de 1.05 %, 1.75 %, 2.1 % et 8.5 % s'appliquent aux Départements d'Outre-Mer (DOM) à l'exception de la Guyane et de Mayotte.

Grèce. Des taux régionaux spécifiques de 4.0 %, 9.0 % et 16.0 % s'appliquent dans les îles de Lesbos, Chios, Samos, du Dodécanèse (à l'exception de Rhodes depuis le 1er octobre 2015), des Cyclades (à l'exception de Mykonos, Naxos, Paros et Santorin depuis le 1er octobre 2015), de Thassos, des Sporades du Nord (à l'exception de Skiathos depuis octobre 2015), de Samothrace et de Skyros. Selon les prévisions actuelles, les taux réduits dans le reste des îles de la Mer Égée s'appliqueront seulement jusqu'au 31 décembre 2016. Depuis juillet 2015, le taux de TVA super-réduit de 6.5% a été réduit à 6%. Le taux normal de TVA a été augmenté de 23% à 24% au 1er juin 2016.

Israël. Le taux de 0 % s'applique lorsqu'un commerçant résident de Eilat achète des produits alimentaires à des non-résidents de Eilat. Les produits vendus par un fournisseur résident de Eilat (destinés à être consommés à Eilat) sont exonérés de TVA. Les données statistiques concernant Israël sont fournies par et sous la responsabilité des autorités israéliennes compétentes. L'utilisation de ces données par l'OCDE est sans préjudice du statut des hauteurs du Golan, de Jérusalem Est et des colonies de peuplement israéliennes en Cisjordanie aux termes du droit international.

Portugal. Aux Açores, le taux normal de TVA est de 18 % et les taux réduits sont de 4 % et 9 %. À Madère, le taux normal est de 22 % et les taux réduits sont de 5 % et 12 %.

Tableau 2.A2.2. **Application de taux réduits de TVA**

Pays	Taux réduits de TVA, y compris les taux zéro sur le marché intérieur – 0 %[1]
Allemagne	7 % : produits alimentaires ; distribution d'eau ; équipements pour personnes handicapées ; services médicaux (hors services exonérés) ; livres et journaux ; plantes ; fleurs ; certaines manifestations culturelles ; musées ; zoos ; cirques ; œuvres caritatives non exonérées ; droits d'auteur ; transport de voyageurs si la distance parcourue n'excède pas 50 km ; hébergement hôtelier ; fleurs coupées et plantes; œuvres d'art livrées par leur auteur ou leurs ayants droit et importation d'objets de collection.
Australie	0 % : la plupart des produits alimentaires et boissons destinés à la consommation humaine (à l'exclusion des produits préparés) ; la plupart des produits et services sanitaires et médicaux ; certains services de formation et logements d'étudiant ; certains services de garde d'enfant ; certains services religieux ; certaines activités exercées par des organisations caritatives ; eau (sauf lorsque la capacité de la cuve de livraison ou de destination de l'eau est inférieure à 100L) ; assainissement et évacuation des eaux usées ; ventes d'entreprises en vue de la poursuite de leurs activités ; métaux précieux (première vente après affinage) ; cessions de droits sur les propriétés foncières et autres droits similaires par les pouvoirs publics ; terrains agricoles ; automobiles destinées aux personnes handicapées dans la limite (générale) de 57 466 AUD ; services d'hébergement et de repas fournis par certaines sociétés d'exploitation aux personnes logées en résidence de retraite ; certains services publics ; certaines prestations de télécommunications fournies en vertu de contrats d'itinérance internationale en Australie ; services postaux internationaux.
Autriche	10 % : produits alimentaires ; distribution d'eau ; produits pharmaceutiques ; transport de voyageurs (à l'exception des vols intérieurs) ; livres ; journaux et périodiques ; télévision payante ; certaines livraisons d'artistes, auteurs et compositeurs ; sylviculture ; restaurants (à l'exception des boissons) ; ramassage des ordures ménagères et nettoyage de la voirie ; assainissement. 13 % : hébergement hôtelier, vente de vin par le producteur ; produits et services agricoles ; droits d'entrée aux manifestations culturelles et sportives et aux projections cinématographiques ; vols intérieurs.
Belgique	0 % : automobiles destinées aux personnes handicapées ; certains journaux et périodiques, certains sous-produits et matériaux de récupération. 6 % : produits alimentaires ; certaines boissons ; distribution d'eau ; produits pharmaceutiques ; équipements pour personnes handicapées ; transport de voyageurs ; livres ; journaux et périodiques ; culture ; sport ; œuvres d'art, objets de collection et antiquités ; œuvres d'art livrées par leur auteur ou créateur ; agriculture ; hébergement hôtelier et camping ; rénovation d'habitations de plus de 5 ans (plus de 10 ans à compter du 12 février 2016) ; logements privés et établissements pour personnes handicapées ; logements sociaux ; certains services à forte intensité de main d'œuvre (menus travaux de réparation) ; travaux de démolition et de reconstruction subséquente de nouveaux logements privés (dans certaines conditions strictes et moyennant l'application de certains plafonds de dépense) ; services funéraires ; fleurs coupées et plantes. 12 % : restaurants (à l'exception des boissons) ; certains combustibles (charbon, coke, lignite) ; certains logements sociaux.
Canada	0 % : médicaments sur ordonnance, produits d'épicerie de base ; certains services financiers fournis par des établissements financiers (généralement à des non-résidents) ; certains produits agricoles et de pêche ; certains appareils médicaux ; péages de ponts ou tunnels internationaux (dans certains cas seulement) ; métaux précieux ; ventes d'un montant inférieur ou égal à 25 cents réalisées à l'aide de machines à pièces.
Chili	-
Corée	0 % : vente de certains équipements et produits destinés à l'agriculture ; pêche ; bétail et sylviculture ; vente d'huile minérale destinée à certains usages dans l'agriculture, la pêche et la sylviculture ; certains équipements destinés aux personnes handicapées.
Danemark	0 % : journaux et périodiques. 5 % : première vente d'œuvres d'art estimées à plus de 300 000 DKK (le taux normal de 25 % s'applique à 20 % de la base d'imposition, soit un taux effectif de 5 %).
Espagne	4 % : produits alimentaires (destinés à la consommation humaine et animale) ; logements sociaux ; médicaments et autres articles médicaux (lentilles, etc.) ; livres, journaux et périodiques ; vente de nouveaux bâtiments résidentiels ou de logements sociaux. 10 % : distribution d'eau ; produits et services destinés aux personnes handicapées ; transport de voyageurs ; menus travaux sur des logements ; ménage ; services de restauration et de débit de boissons ; certains services culturels et de loisirs ; hôtels ; équipements publics ; produits alimentaires issus de l'agriculture et de la sylviculture ; produits utilisés en agriculture et sylviculture, y compris les fleurs et plantes ; élimination des déchets ; nettoyage des égouts publics ; services d'obsèques ; services de nettoyage et d'entretien.
Estonie	0 % : certains aéronefs commerciaux et navires de haute mer ainsi que certains produits et services y afférents ; transport international de voyageurs. 9 % : produits pharmaceutiques ; équipements et appareils médicaux à destination des personnes handicapées ; livres ; journaux et périodiques ; hébergement hôtelier.
Finlande	0 % : services d'imprimerie pour certaines publications vendues par abonnement ; certains bateaux et navires. 10 % : produits pharmaceutiques ; transport de voyageurs ; livres, abonnements à des journaux et périodiques ; hébergement hôtelier ; droits d'entrée aux manifestations culturelles, spectacles de divertissement, manifestations sportives et projections cinématographiques ; utilisation d'installations sportives ; œuvres d'art livrées par leur auteur ou importées ; droits d'auteur relatifs à des œuvres littéraires et artistiques ; abonnements télévisuels. 14 % : produits alimentaires ; boissons non alcoolisées ; alimentation pour animaux ; restaurants (à l'exception des boissons alcoolisées).

Tableau 2.A2.2. **Application de taux réduits de TVA** *(suite)*

Pays	Taux réduits de TVA, y compris les taux zéro sur le marché intérieur – 0 %[1]
France	2.1 % : journaux et périodiques ; produits pharmaceutiques. 5.5 % : la plupart des produits alimentaires et boissons (à l'exception des boissons alcoolisées) ; distribution d'eau ; équipements pour personnes handicapées ; livres ; droits d'entrée aux manifestations culturelles ; travaux réalisés sur des logements de plus de 2 ans, sous certaines conditions ; logements sociaux ; services de soins à domicile ; abonnements au gaz naturel et à l'électricité ; chauffage urbain ; livraisons d'œuvres d'art par leur créateur ; produits d'hygiène féminine. 10 % : transport de voyageurs ; droits d'entrée aux parcs d'attraction ; abonnements à la télévision payante ; services à la personne ; services de restauration et ventes de produits alimentaires préparés à consommer immédiatement (à l'exception des boissons alcoolisées) ; hébergement hôtelier ; produits d'origine agricole ; jardins, plantes et fleurs ; traitement des déchets ; assainissement ; droits d'auteur.
Grèce	6 % : produits pharmaceutiques et vaccins destinés à la médecine humaine ; livres ; quotidiens, journaux et périodiques ; droits d'entrée au théâtre (représentations théâtrales). 13 % : eau, produits alimentaires de base (viande et sous-produits des abattoirs; préparations à base de viande; poissons, calamars, poulpes, et seiches à l'exception du foie, des œufs et du sperme; lait et produits laitiers, œufs d'oiseaux; miel naturel; légumes, plantes, certains types de racines, fruits et noix; céréales; farine et produits dérivés; huile d'olive; préparations pour usage instantané au commerce de détail; pâtes non cuites ou non préparées; pain; à l'exception des produits ci-après soumis au taux normal: la plupart des produits transformés, boissons, produits alcoolisés, jus de fruits et de légumes, eaux gazéifiées) ; plantes vivantes et tubercules ; produits pharmaceutiques non soumis au taux de 6%; équipements et autres appareils médicaux destinés aux personnes handicapées ; contraceptifs intra-utérins, cathéters, seringues, sphygmomanomètres, aiguilles à insuline, et pour la dialyse; distribution d'eau, d'électricité et de gaz naturel ; chauffage urbain ; hébergement hôtelier et assimilé ; services de soins à domicile.
Hongrie	5 % : produits pharmaceutiques destinés aux êtres humains ; certains équipements destinés aux personnes malvoyantes ; livres, journaux et partitions de musique ; porcs sur pied et carcasses de porc ; certains types de bétail sur pied, moutons, agneaux, chèvres et leur viande en vrac ; chauffage urbain ; services fournis par des artistes-interprètes. 18 % : lait et produits laitiers ; produits contenant des céréales, de la farine, des féculents ou du lait ; hébergement ; certains concerts en plein air ;
Irlande	0 % : livres ; habits et chaussures pour enfants ; médicaments à prise orale ; certains équipements médicaux ; produits alimentaires ; semences ; engrais ; certains aéronefs et navires de haute mer. 4.8 % : bétail et chevaux destinés à l'alimentation ou à la production agricole. 9 % : journaux et certains périodiques ; droits d'entrée aux projections cinématographiques, à certains spectacles musicaux et à des installations sportives ; services de loisirs et sportifs ; certains produits de pépinière et de jardinerie ; hébergements de vacances ; repas dans des restaurants ou hôtels ; services agricoles. 13.5 % : enlèvement des ordures ; énergie destinée au chauffage et à l'éclairage ; combustible destiné à certains usages ; gaz ; électricité ; services liés aux bâtiments ; biens immobiliers ; services de réparation ; services de guides touristiques ; impressions photographiques ; œuvres d'art ; location à court terme de voitures et bateaux ; auto-écoles ; services vétérinaires ; plantes et fleurs ; services médicaux (hors services exonérés).
Islande	0 % : construction navale et entretien de navires et aéronefs ; services aux navires de pêche étrangers relatifs au débarquement et à la vente de poissons en Islande; paiements directs aux agriculteurs. 11 % : produits alimentaires et boissons ; transports de passagers (non exemptés); services des agences de voyage, des tour-opérateurs, guides touristiques, hébergement hôtelier et en chambre d'hôtes; livres, y compris de musique ; audio-livres. CD et supports similaires comportant la reproduction de textes et versions électroniques de ces livres ; magazines, journaux et journaux locaux ou régionaux ; périodiques ; abonnements à la radio et à la télévision ; hôtels ; eau chaude, électricité et fioul domestique destiné au chauffage des maisons et piscines ; péages aux infrastructures de transport terrestre ; CD, disques, cassettes et autres supports similaires reproduisant des enregistrements musicaux sans vidéo. Versions électroniques d'enregistrements musicaux sans vidéo ; préservatifs ; couches pour bébés; admission aux établissements de bains, saunas et spas (non exemptés).
Israël[2]	0 % : hébergement hôtelier pour touristes étrangers et autres services hôteliers (repas et boissons, blanchisserie, piscine, remise en forme, etc.) ; vente à un touriste étranger de billets pour une conférence internationale à laquelle assistent plus de 50 touristes étrangers ; location à un touriste d'un véhicule à moteur privé qu'il conduit lui-même ; transport de touristes dans un véhicule à moteur privé, un autocar ou un avion ; hospitalisation d'un touriste étranger ; vente de fruits et légumes ; vente d'actifs d'un ou de plusieurs négociants à une société en échange de titres de participation de ladite société seulement, sous réserve que le ou les négociants détiennent au moins 90 % des droits de vote immédiatement après le transfert d'actifs ; vente de l'ensemble des actifs d'une société à ses actionnaires dans le cadre d'une procédure de liquidation dans laquelle les actifs sont répartis entre lesdits actionnaires au prorata des actions qu'ils détiennent respectivement ; fourniture de biens à toute personne qui serait exonérée de TVA au motif qu'elle vient d'arriver en Israël (fourniture de certains biens à de nouveaux immigrants et à des étudiants de retour de leurs études à l'étranger) ; vente d'un bien immobilier par une organisation sans but lucratif ou par une institution financière à une organisation sans but lucratif ou une institution financière dans le cadre d'une restructuration ; location d'un espace d'exposition par un non-résident ; services fournis par une société de production israélienne à un non-résident à des fins de production cinématographique en Israël ; services fournis à un non-résident dans le cadre d'essais cliniques sur des êtres humains ; achats effectués par un négociant résidant à Eilat à un non-résident d'Eilat.

Tableau 2.A2.2. **Application de taux réduits de TVA** *(suite)*

Pays	Taux réduits de TVA, y compris les taux zéro sur le marché intérieur – 0 %[1]
Italie	4 % : certains produits alimentaires ; médicaments et produits et services de santé destinés aux personnes handicapées ; construction de logements ; livres ; journaux ; magazines hebdomadaires. 5 % : services de santé et sociaux à destination des personnes âgées, toxicomanes, migrants, prisonniers, personnes handicapées et personnes atteintes du sida. 10 % : distribution d'eau ; produits pharmaceutiques ; services médicaux (hors services exonérés) ; transport de voyageurs ; gaz destiné à la cuisine ; électricité ; gaz ; ordures ménagères ; stations d'épuration ; viande bovine et ovine et poisson ; énergie issue de sources renouvelables ; œuvres d'art ; droits d'entrée aux spectacles et manifestations culturelles ; location de biens immobiliers par des entreprises de construction ; travaux de rénovation et d'entretien de logements ; restaurants.
Japon	–
Lettonie	12 % : médicaments ; appareils médicaux ; produits alimentaires pour nourrissons ; produits pharmaceutiques ; transport intérieur de voyageurs ; livres, journaux et périodiques ; hébergement hôtelier ; chauffage urbain. 0 % - transport de voyageurs.
Luxembourg	3 % : produits alimentaires destinés à la consommation humaine et animale ; distribution d'eau ; produits pharmaceutiques ; certains équipements médicaux ; certaines aides et autres appareillages généralement destinés à soulager ou traiter un handicap ; transport de voyageurs ; hébergement ; livres, journaux et périodiques, à l'exception des publications au contenu essentiellement réservé aux adultes ; droits d'entrée aux manifestations culturelles et sportives ; utilisation d'installations sportives ; services de restauration, à l'exclusion des boissons alcoolisées ; droits d'auteur ; produits et services qui sont, par nature, généralement destinés à la production agricole ; services fournis en rapport avec le ramassage et l'élimination des ordures ; habits et chaussures pour enfants ; logements utilisés en tant que résidence principale par leur propriétaire pour leur usage personnel ; travaux importants réalisés dans des résidences principales i) construites plus de 20 ans avant le début des travaux ii) nouvellement acquises, sous réserve que les travaux soient achevés dans les cinq années suivant l'achat ; services funéraires ; réception de services de radiodiffusion et de télévision, à la seule exception de ceux dont les contenus sont réservés aux adultes. 8 % : certains services à forte intensité de main d'œuvre ; œuvres d'art livrées par leur auteur, créateur ou ayants droit, ou importées ; gaz ; électricité ; bois de chauffage ; chauffage urbain ; fleurs et plantes ornementales. 14 % : certains vins ; certains combustibles ; produits de lavage et de nettoyage ; publicité sur support papier ; chauffage et climatisation ; certains services financiers.
Mexique	0 % : vente de végétaux (à l'exception du caoutchouc) et d'animaux non transformés (à l'exception des chiens, chats et petits animaux de compagnie) ; médicaments brevetés ; lait ; eau en bouteille ; jus, nectars et jus de fruits et de légumes concentrés ; glace ; produits alimentaires (à l'exception des produits transformés vendus dans les restaurants et enseignes de restauration, des chewing-gums, du caviar, du saumon fumé, du foie gras, des produits alimentaires pour animaux de compagnie et des boissons sans alcool) ; équipements agricoles ; machines et bateaux de pêche ; vente en gros d'or ; lingots d'or (contenant au moins 80 % d'or) et bijoux ; certains services agricoles et de pêche ; magazines, livres et journaux imprimés par le contribuable lui-même ; distribution d'eau pour les besoins de la consommation ; services hôteliers fournis à des touristes étrangers participant à des congrès, conventions et salons professionnels ; utilisation de centres de congrès par des organisateurs de manifestations qui sont résidents étrangers ; services de centres d'appels pour des appels téléphoniques émis depuis l'étranger, sous réserve que ces services aient été sous-traités et payés par un résident étranger sans établissement permanent au Mexique.
Norvège	0 % : livres ; journaux ; certains périodiques et publications ; électricité et énergie produites à partir de sources renouvelables pour un usage domestique dans les comtés de Finnmark, Troms et Nordland ; achat et location de batteries et véhicules électriques ; véhicules d'occasion soumis à la taxe de renouvellement du certificat d'immatriculation ; vente et location de certains navires, aéronefs et plateformes de forage ; services directement liés à la construction d'ambassades (à destination du client final) ; biens et services destinés à certaines unités de commandement et forces armées internationales ; cession, en tant qu'entreprise en activité, d'une activité commerciale imposable ; fourniture d'organes humains, de sang ; fourniture par les entrepreneurs de pompes funèbres de services liés au transport du défunt. 10 % : hébergement, transport de voyageurs et transport de véhicules par transbordeur ou autre bateau relié au réseau routier intérieur ; radiotélévision publique ; droits d'entrée aux manifestations sportives, musées, cinémas et parcs d'attraction. 15 % : produits alimentaires et boissons non alcoolisées.
Nouvelle-Zélande	0 % : cession, en tant qu'entreprise en activité, d'une activité commerciale imposable ; vente de métaux précieux (or, argent ou platine) par un affineur à un négociant en métaux précieux ; versement par une collectivité locale de la taxe locale sur les produits pétroliers ; prestation de services financiers à des entreprises enregistrées à la TPS. cession d'un terrain par et à une personne enregistrée à la TPS dès lors que le cessionnaire entend utiliser ce terrain pour fournir des biens ou services imposables sans y établir sa résidence principale (l'application de ce taux zéro entre personnes enregistrées à la TPS équivaut au mécanisme local d'autoliquidation). Occupation à long terme d'un local commercial ; certains services dont la fourniture fait partie du droit d'occupation (imposables au taux normal sur une assiette réduite représentant 60 % de leur valeur).

Tableau 2.A2.2. **Application de taux réduits de TVA** *(suite)*

Pays	Taux réduits de TVA, y compris les taux zéro sur le marché intérieur – 0 %[1]
Pays-Bas	6 % : produits alimentaires ; services de restauration et débits de boisson ; biens et services destinés aux personnes handicapées ; médicaments ; hébergement ; intrants agricoles ; livres ; prêts de livres ; journaux ; magazines ; transport de voyageurs (à l'exception du transport aérien de voyageurs) ; distribution d'eau ; droits d'entrée à des manifestations sportives ; parcs d'attraction ; musées ; cinémas ; zoos et cirques ; fleurs coupées et plantes ; repas servis par les restaurants ou hôtels ; aides aux personnes malvoyantes ; utilisation d'installations sportives ; objets d'art et antiquités ; hôtels et hébergements de vacances ; certains services à forte intensité de main d'œuvre tels que certains services d'entretien et d'isolation de logements ; services de ménage à domicile et coiffure.
Pologne	5 % : certains produits alimentaires ; certaines boissons ; certains livres et périodiques ; 8 % : distribution d'eau ; produits pharmaceutiques ; certains biens destinés aux personnes handicapées ; services médicaux (hors services exonérés) ; transport de voyageurs ; journaux ; services de radiotélévision ; droits d'entrée aux manifestations culturelles et sportives ; droits d'auteur ; certains services de construction ; logement ; hébergement hôtelier ; services de restauration ; services d'inhumation ; ramassage et élimination des déchets ; certains services à forte intensité de main d'œuvre ; chaussures pour enfants ; animaux ; fourrage ; moyens de production agricole de base ; certains services agricoles.
Portugal	6 % : produits alimentaires de première nécessité ; distribution d'eau ; produits pharmaceutiques ; appareillages pour personnes handicapées ; services médicaux (hors services exonérés) ; livres, journaux et périodiques ; transport de voyageurs ; services hôteliers et similaires ; logements sociaux ; certains biens employés dans l'agriculture ; certains produits et services agricoles. 13 % : certains autres produits alimentaires ; vin non pétillant ; gasoil destiné aux véhicules agricoles ; machines essentiellement utilisées dans la production agricole ; droits d'entrée aux manifestations culturelles.
République slovaque	10 % : certains produits alimentaires ; substances radioactives et radioéléments à usage médical ; produits pharmaceutiques ; réactifs à usage diagnostique ou de laboratoire ; certains produits sanitaires et médicaux ; livres, brochures et imprimés similaires en feuillets isolés ; musique ; appareillages orthopédiques ; lentilles de contact et verres correcteurs ; certains produits destinés aux personnes malvoyantes, malentendantes ou handicapées physiques.
République tchèque	10 % : produits alimentaires de première nécessité destinés aux enfants ; produits sans gluten ; certains produits pharmaceutiques ; certains livres imprimés ; 15 % : produits alimentaires ; produits pharmaceutiques et livres imprimés (lorsqu'ils ne sont pas soumis au taux réduit de 10 %) ; certaines boissons ; distribution d'eau ; services médicaux (hors services exonérés) ; équipements et réparations destinés aux personnes handicapées ; transport de voyageurs ; art ; services culturels ; journaux et périodiques ; construction de logements privés et sociaux ; rénovation et réparation de logements privés ; collecte et traitement des déchets et des eaux usées ; hébergement hôtelier ; services de santé et de soins à domicile ; services ménagers aux particuliers ; services funéraires ; activités sportives ; produits agricoles ; fleurs coupées et plantes; chauffage.
Royaume-Uni	0 % : produits alimentaires ; certains biens et services fournis à des organisations caritatives ; vêtements pour enfants ; transport de voyageurs ; livres ; journaux ; distribution d'eau et assainissement ; médicaments sur ordonnance ; médicaments ; certaines aides et certains services destinés aux personnes handicapées ; logements neufs, y compris la construction de maisons neuves ; immeubles résidentiels et certains immeubles destinés à des œuvres caritatives. 5 % : combustible et énergie électrique à usage domestique et caritatif ; certains matériaux permettant des économies d'énergie livrés avec les services d'installation aux bénéficiaires des avantages ; certaines installations d'équipements de chauffage financées par des subventions ; sièges auto pour enfants ; certains produits pharmaceutiques.
Slovénie	9.5 % : produits alimentaires (destinés à la consommation humaine et animale) ; produits alimentaires transformés ; distribution d'eau ; médicaments et appareillages pour personnes handicapées ; transport de voyageurs ; livres sur tous supports physiques, journaux et périodiques ; droits d'entrée aux manifestations culturelles et sportives ; droits d'auteur ; importation et livraison de certaines œuvres d'art, certains objets de collection ou antiquités ; logements sociaux ; travaux de rénovation et d'entretien de logements non fournis dans le cadre d'une mesure relevant de la politique sociale ; bétail et certains produits en rapport avec la production agricole ; hébergement hôtelier ; restauration (à l'exception des boissons) ; utilisation d'installations sportives ; services d'inhumation et de crémation ; services sanitaires publics ; nettoyage de vitres et services de ménage à domicile ; menues réparations de vélos, chaussures et articles en cuir ; services de soins à domicile ; coiffure ; fleurs coupées et plantes.
Suède	0 % : aéronefs et navires commerciaux, ainsi que certains services y afférents ; kérosène ; médicaments sur ordonnance ; impression de certaines publications vendues par abonnement ; 6 % : transport de voyageurs ; livres, journaux et magazines ; culture (théâtre, cinéma, etc.) ; droits d'auteur ; zoos ; manifestations sportives commerciales ; musées à caractère commercial. 12 % : produits alimentaires et services de restauration ; hébergement ; œuvres d'art appartenant à l'auteur ; importation d'antiquités, d'objets de collection et d'œuvres d'art.

Tableau 2.A2.2. **Application de taux réduits de TVA** *(suite)*

Pays	Taux réduits de TVA, y compris les taux zéro sur le marché intérieur – 0 %[1]
Suisse	0 % : services fournis par des agences de voyage et organisateurs de manifestations, dans la mesure où ils recourent à des livraisons de biens et à des prestations de services de tiers fournies à l'étranger par ces derniers ; certaines ventes de biens et services à des compagnies aériennes internationales ; pièces en or frappées par l'État, or fin destiné à l'investissement et or destiné à l'affinage ou à la récupération. 2.5 % : distribution d'eau, produits alimentaires, bétail, volailles, poissons, céréales, semences, tubercules et oignons à planter, plantes vivantes, boutures, greffons, fleurs coupées et rameaux, fourrages, acides destinés à l'ensilage, litières pour animaux, engrais, pesticides, matériaux de couverture végétaux, médicaments, livres, journaux, magazines, prestations de services fournies par les sociétés de radio et de télévision, à l'exception de celles qui ont un caractère commercial, certaines prestations dans le domaine de la production agricole. Le taux de 2.5 % s'applique également à certains services culturels, pour autant qu'ils soient fournis directement au public, les frais demandés pour les manifestations sportives, les services culturels et la livraison par leur créateur d'œuvres d'artistes, lorsque l'assujetti a opté pour son imposition (faute de quoi ces prestations sont exclues du champ de l'impôt sans ouvrir droit à la déduction). 3.8 % : services d'hébergement.
Turquie	0 % : vente de navires, aéronefs et véhicules de transport ferroviaire ; services liés à la fabrication, à la réparation et à l'entretien de ces véhicules ; services à destination des navires et aéronefs dans les ports ou aéroports ; biens et services destinés à l'exploration, à la gestion et à l'affinage de l'or, de l'argent, du platine et du pétrole ; achats de machines et équipements par des personnes relevant d'un régime d'incitation à l'investissement ; produits et travaux de construction destinés à la construction, à la rénovation et à l'agrandissement des ports maritimes et aéroports ; certains produits et services ayant trait à la sécurité nationale ; services d'itinérance internationale fournis en Turquie en vertu du principe de réciprocité ; produits vendus au cabinet central du Premier ministre et recensés dans la seconde liste de la loi sur les taxes et accises ; première vente, par l'intermédiaire du marché d'échange de marchandises, d'un certificat représentatif de produits agricoles établi en vertu de la Loi sur l'entreposage agréé de produits agricoles ; vente d'appareillages destinés aux personnes handicapées. 1 % : certains produits agricoles ; voitures d'occasion ; journaux et périodiques ; sang et autres produits sanguins ; services funéraires ; vente de logements d'une superficie inférieure à 150 m^2 situés hors des grandes agglomérations ou dans une telle agglomération pour autant que le prix au m^2 du terrain y soit inférieur à 500 TRY ; location de machines et équipements particuliers ; semences. 8 % : produits alimentaires de base ; livres ; livres et journaux électroniques ; cinéma ; théâtre ; droits d'entrée aux opéras et ballets ; services d'enseignement privé ; vaccins ; certains produits et services médicaux ; services de transport de malades ; médicaments ; équipements médicaux ; produits textiles et de confection, y compris leur fabrication personnalisée ; services d'hébergement ; repas servis dans des restaurants (hors établissements de luxe et boissons alcoolisées) ; services fournis par les orphelinats et les établissements d'accueil médicalisés ; certaines machines agricoles et de construction ; habillement ; articles de papeterie ; services d'évacuation des eaux usées ; vente de logements d'une superficie inférieure à 150 m^2 situés dans des grandes agglomérations où le prix au m^2 du terrain est compris entre 500 TRY et 900 TRY ;

1. Dans ce contexte, « taux zéro sur le marché intérieur » se rapporte aux cas dans lesquels la TVA/TPS n'est pas facturée par le vendeur sur les transactions intérieures mais il est permis de déduire la taxe sur les intrants. Dans certains pays, ont dit que ces transactions bénéficient d'une « franchise de TPS » et, dans certains autres, d'une « exonération assortie de droit à déduction de la taxe d'amont ». Pour les besoins du présent tableau, les éléments suivants n'entrent pas dans les transactions à « taux zéro sur le marché intérieur » : l'application d'un taux zéro aux exportations de biens, services ou biens incorporels ; les biens et prestations étroitement liés aux exportations telles que le transport international, les régimes douaniers, les boutiques hors taxe, etc. ; et les biens et prestations fournis à des missions diplomatiques et organisations internationales.
2. **Israël :** Les données statistiques concernant Israël sont fournies par et sous la responsabilité des autorités israéliennes compétentes. L'utilisation de ces données par l'OCDE est sans préjudice du statut des hauteurs du Golan, de Jérusalem Est et des colonies de peuplement israéliennes en Cisjordanie aux termes du droit international.

Source : Délégations nationales ; situation au 1er janvier 2016.

Tableau 2.A2.3. **Seuils de chiffres d'affaires annuels pour l'enregistrement et le recouvrement de la TVA (entreprises nationales)**

	Monnaie nationale	Seuils d'enregistrement/de recouvrement[1]					Enregistrement ou recouvrement volontaire[2]	Durée minimale d'enregistrement[3]	Restrictions ou règles spécifiques pour l'application des seuils[5]
		Seuil d'enregistrement ou de recouvrement[1]	Seuil général		Autres seuils				
			Monnaie nat.	USD[4]	Monnaie nat.	USD[4]			
Allemagne[6]*	EUR	C	17 500	22 152	50 000	63 291	Oui	5 ans	Voir note
Australie*	AUD	R	75 000	50 336	150 000	100 671	Oui	1 an	Voir note
Autriche[6]	EUR	R	30 000	36 585			Oui	5 ans	
Belgique[6]	EUR	C	25 000	30 488			Oui	Néant	Voir note
Canada*	CAD	R	30 000	24 000	50 000	40 000	Oui	1 an	Voir note
Chili*	CLP	Néant	Néant						Voir note
Corée	KRW	C	24 000 000	26 298			Non	Néant	
Danemark[6]*	DKK	R	50 000	6 667	170 000	22 667	Oui	2 ans	Voir note
					300 000	40 000			
Espagne[6]	EUR	Néant	Néant						
Estonie[6]	EUR	R	16 000	28 571			Oui	Néant	
Finlande[6]*	EUR	R	10 000	10 753	30 000	32 258	Oui	Néant	Voir note
France[6]*	EUR	R	82 200	100 244	32 900	#REF!	Oui	2 ans	Voir note
					42 600	51 951			
Grèce[6]*	EUR	R	10 000	16 393			Oui	2 ans	Voir note
Hongrie[6]*	HUF	C	6 000 000	44 823			Oui	1 an	
Irlande[6]*	EUR	R	75 000	88 339	37 500	44 170	Oui	Néant	
Islande	ISK	R	1 000 000	7 032			Oui	Néant	
Israël*	ILS	C	99 006	25 517			Non	Néant	Voir note
Italie[6]*	EUR	R	30 000	40 000	50 000	66 667	Oui	Néant	Voir note
Japon*	JPY	R	10 000 000	94 940			Oui	1 an	Voir note
Lettonie[6]	EUR	R	50 000	98 619			Oui	Néant	
Luxembourg[6]*	EUR	C	25 000	27 778			Oui	Néant	Voir note
Mexique	MXN	Néant	Néant						
Norvège*	NOK	R	50 000	5 102	3000 000	306 122	Oui	2 ans	Voir note
					140 000	14 286			
Nouvelle-Zélande	NZD	R	60 000	40 816			Oui	Néant	
Pays-Bas[6]*	EUR	C	1 345	1 620	1 883	2 269	Non	Néant	Voir note
Pologne[6]*	PLN	R	150 000	83 333			Oui	Néant	
Portugal[6]*	EUR	C	10 000	16 949	12 500	21 186	Oui	Néant	Voir note
République slovaque[6]	EUR	R	49 790	99 580			Oui	1 an	
République tchèque[6]	CZK	R	1 000 000	75 873			Oui	1 an	

Tableau 2.A2.3. **Seuils de chiffres d'affaires annuels pour l'enregistrement et le recouvrement de la TVA (entreprises nationales)** *(suite)*

	Monnaie nationale	Seuils d'enregistrement/de recouvrement[1]					Enregistrement ou recouvrement volontaire[2]	Durée minimale d'enregistrement[3]	Restrictions ou règles spécifiques pour l'application des seuils[5]
		Seuil d'enregistrement ou de recouvrement[1]	Seuil général		Autres seuils				
			Monnaie nat.	USD[4]	Monnaie nat.	USD[4]			
Royaume-Uni[6]	GBP	R	82 000	118 841			Oui	Néant	
Slovénie[6]	EUR	R	50 000	83 333			Oui	5 ans	
Suède[6]	SEK	Néant	Néant						
Suisse*	CHF	R	100 000	78 125	150 000	117 188	Oui	1 an	Voir note
Turquie	TRY	Néant	Néant						

* Voir la note pays dans l'encadré 2.A2.3

1. Les seuils d'enregistrement/de recouvrement recensés dans ce tableau correspondent aux avantages fiscaux généraux qui dispensent les fournisseurs nationaux de s'enregistrer au titre de la TVA et/ou de recouvrer cette taxe tant que leur chiffre d'affaires n'excède pas un certain seuil. Sauf lorsqu'ils sont expressément indiqués, ces seuils dispensent par ailleurs les fournisseurs de l'obligation de facturer et de recouvrer la TVA sur les produits fournis à l'intérieur d'une juridiction particulière. La dispense des obligations d'enregistrement et/ou de recouvrement peut être accordée à certains secteurs ou à certains types d'entreprises (par exemple aux fournisseurs non résidents) en vertu de dispositions plus détaillées, ou bien un secteur ou un type d'entreprise spécifique peut être soumis à des obligations plus strictes en matière d'enregistrement et de perception de l'impôt. La lette "R" signale les pays dans lesquels le seuil d'enregistrement s'applique, c'est-à-dire où les fournisseurs dont le chiffre d'affaires est inférieur à ce seuil n'ont pas à s'enregistrer à la TVA et échappent à toute obligation au titre de la TVA. La lettre "C" indique les pays dans lesquels un seuil de recouvrement s'applique, c'est-à-dire où tous les fournisseurs sont tenus de s'enregistrer au titre de la TVA, mais ne sont pas tenus de facturer et de recouvrer la TVA tant que celle-ci n'excède pas le seuil de recouvrement. Les seuils indiqués dans ce tableau s'appliquent aux entreprises établies dans le pays. Dans la plupart des pays, le seuil de recouvrement ne s'applique pas aux entreprises étrangères, c'est-à-dire à celles qui n'ont pas leur siège, un établissement stable, leur domicile ou leur résidence habituelle dans le pays.
2. "Oui" signifie qu'un fournisseur est autorisé à s'enregistrer volontairement au titre de la TVA et à la percevoir lorsque son chiffre d'affaires annuel total est inférieur au seuil d'enregistrement.
3. Les durées minimales d'enregistrement/de recouvrement s'appliquent aux avantages fiscaux généraux. Il s'agit de la période minimale durant laquelle l'avantage est accordé aux contribuables qui ont opté pour cet avantage.
4. Les taux de change utilisés pour la conversion en USD sont les taux à parité de pouvoir d'achat (PPA) pour le PIB (voir l'annexe A).
5. Restrictions ou règles spécifiques pour l'application de l'allègement aux entreprises qui se situent au-dessous du seuil.
6. Restrictions pour les États membres de l'Union européenne. La Directive 2006/112/CE exclut l'application du seuil aux livraisons de bâtiments et du sol y attenant, à certaines livraisons de moyens de transport neufs et aux cessions des biens de l'entreprise. Le seuil ne s'applique pas aux entreprises non résidentes et aux fournitures assujetties au mini-guichet unique de l'UE.

Source : Délégués nationaux ; position au 1er janvier 2016

StatLink http://dx.doi.org/10.1787/888933458680

Encadré 2.A2.3. **Notes pays**

Allemagne : les contribuables sont exonérés de leurs obligations de TVA si leur chiffre d'affaires annuel ne dépasse pas 17 500 EUR et s'ils prévoient que leur chiffre d'affaires pour l'année civile en cours sera inférieur à 50 000 EUR.

Australie : pour les chauffeurs de taxi, y compris les limousines avec chauffeur et véhicules de location, aucun seuil d'enregistrement ne s'applique. Le seuil d'enregistrement applicable aux organisations à but non lucratif est de 150 000 AUD.

Belgique : le seuil d'enregistrement ne s'applique pas aux secteurs suivants : immobilier ; hôtellerie et restauration ; vente de matériaux usagés et de déchets. Un certain nombre d'opérations spécifiques sont également exclues du régime de franchise de la taxe : cessions à titre onéreux de bâtiments neufs, livraisons de certains produits assujettis à des droits d'accise et opérations non déclarées ou illicites.

Canada : le seuil d'enregistrement ne s'applique pas à un certain nombre d'institutions financières désignées, aux non-résidents qui entrent au Canada pour y réaliser des ventes imposables de droits d'entrée à un lieu de divertissement, un colloque, une activité ou un événement, et aux personnes qui exploitent des services de taxi ou de limousine. Ces personnes sont tenues de s'enregistrer et de collecter la TPS/TVH. Un seuil différent s'applique aux organismes de bienfaisance et aux institutions publiques. Un organisme de bienfaisance ou une institution publique ne sont pas tenus de s'enregistrer si le montant total de toutes les recettes provenant de leurs fournitures imposables mondiales ne dépasse pas 50 000 CAD au cours d'un seul trimestre et au cours des quatre derniers trimestres civils consécutifs, ou si leurs recettes brutes au cours de l'un ou l'autre des deux exercices précédents est inférieur ou égal à 250 000 CAD.

Chili : tous les contribuables sont tenus de s'enregistrer et d'obtenir un numéro d'identification qui sert non seulement pour la TVA, mais aussi pour tous les autres types d'impôts. Néanmoins, les petites entreprises, les artisans et les petits prestataires de services peuvent prétendre à un régime spécial qui leur permet de déclarer la TVA sur la base d'un forfait mensuel calculé en fonction du niveau moyen de leurs recettes au cours des 12 derniers mois, à condition de ne pas dépasser 20 unités fiscales mensuelles (899 100 CLP - 2 178 USD). Ce régime fiscal simplifié s'applique uniquement aux personnes physiques, à l'exclusion des personnes morales. Ce système doit être conservé pendant au moins 12 mois avant que le contribuable puisse revenir au régime ordinaire.

Danemark : un seuil majoré de 170 000 DKK (22 840 EUR) s'applique aux aveugles, et un seuil de 300 000 DKK (40 300 EUR) s'applique à la première vente d'œuvres d'art par leur créateur ou leurs ayants droit. Dans le cadre de cette dernière exemption, le seuil de 300 000 DKK ne doit pas avoir été dépassé au cours de l'année en cours ou précédente.

Finlande : lorsqu'une entreprise dépasse le seuil d'enregistrement de 10 000 EUR, elle doit s'enregistrer et devient assujettie à la TVA, mais un allégement progressif s'applique jusqu'à ce qu'elle atteigne un second seuil de 30 000 EUR.

France : la franchise de TVA s'applique aux entreprises dont le chiffre d'affaires annuel est inférieur à 82 200 EUR ou dont le chiffre d'affaires ne dépassait pas 90 300 EUR l'année civile précédente (lorsque le chiffre d'affaires n'avait pas excédé 82 200 EUR la pénultième année). Pour les prestations de services (à l'exception des prestations d'hébergement et des ventes de produits alimentaires et de boissons à consommer sur place), le chiffre d'affaires annuel ne doit pas dépasser 32 900 EUR ou 34 900 EUR l'année civile précédente (à condition qu'il n'excède pas 32 900 EUR la pénultième année). Pour les activités réglementées d'avocats, les écrivains et les artistes, le chiffre d'affaires doit être inférieur à 42 600 EUR (le seuil est de 17 500 EUR pour les opérations des avocats réalisées en dehors du cadre de leurs activités réglementées).

Grèce : Les entreprises dont le chiffre d'affaires annuel est inférieur à 10 000 EUR peuvent bénéficier du Régime spécial pour les petites entreprises dans lequel elles ne sont pas tenues de collecter la TVA. Chaque nouvelle entreprise est tenue de s'immatriculer à la TVA et de collecter la taxe durant la première période administrative quels que soient son statut ou son capital. Si la première période administrative est inférieure

Encadré 2.A2.3. **Notes pays** *(suite)*

à un an, le chiffre d'affaires est calculé sur une base proportionnelle pour déterminer le droit de bénéficier du Régime spécial pour l'année suivante. Chaque petite entreprise qui accède au régime spécial doit y rester pour une période minimale de deux ans. Le seuil de collecte de la TVA ne s'applique pas aux exploitants agricoles soumis au régime spécial.

Irlande : le seuil général de chiffre d'affaires pour la fourniture de biens est de 75 000 EUR, mais les personnes qui fournissent des biens soumis aux taux réduits ou au taux normal qu'elles ont fabriqués ou produits à partir de matériaux soumis au taux zéro doivent s'enregistrer si leur chiffre d'affaires dépasse 37 500 EUR. Bien que le seuil général de chiffre d'affaires pour la fourniture de services soit de 37 500 EUR, les personnes qui fournissent à la fois des biens et des services et dont plus de 90 % du chiffre d'affaires provient de fournitures de biens (d'un type autre que celui indiqué à la phrase précédente) sont soumises au seuil applicable aux biens.

Israël : les travailleurs indépendants qui réalisent des recettes annuelles inférieures à 99 006 NIS sont considérés comme des « opérateurs exemptés ». Certaines professions ne peuvent pas prétendre au statut d'opérateur exempté : agronome, architecte, technicien, détective privé, avocat rabbinique, technicien dentaire, consultant en organisation, consultant en management, consultant scientifique, économiste, ingénieur, enquêteur, libraire, traducteur, agent d'assurance, avocat, comptable ou expert, propriétaire d'un laboratoire de chimie ou d'analyses médicales, artistes, diverses professions du show business, médecin, psychologue, physiothérapeute, chirurgien vétérinaire, dentiste, propriétaire d'autoécole, directeur d'école, agent ou courtier immobilier. Les données statistiques concernant Israël sont fournies par et sous la responsabilité des autorités israéliennes compétentes. L'utilisation de ces données par l'OCDE est sans préjudice du statut des hauteurs du Golan, de Jérusalem Est et des colonies de peuplement israéliennes en Cisjordanie aux termes du droit international.

Italie : le régime des micro-contribuables (« Regime forfetario ») s'applique à certaines petites entreprises (en fonction de leur activité) dont le revenu est inférieur à 30 000 ou à 50 000 EUR selon le type d'activité. Il prévoit notamment une exonération de TVA (à l'exclusion des assujettis soumis à l'autoliquidation). Le seuil ne s'applique pas aux personnes qui sont membres de sociétés de personnes, d'associations professionnelles ou de SARL (sociétés à responsabilité limitée) et qui sont soumises aux « régime de la transparence » pour l'impôt sur le revenu; aux personnes dont l'activité consiste à vendre des immeubles ou des terrains ou des voitures ou des camions dans le cadre d'opérations intracommunautaires. Sont également exclues les entreprises qui ne sont pas établies en Italie, à l'exception de celles établies dans un autre état membre de l'UE ou dans un pays partenaire de l'Espace économique européen et produisent en Italie pour au moins 75% de leurs recettes.

Japon : les entreprises nationales et étrangères (sociétés et particuliers) dont les ventes imposables au Japon ne dépassent pas 10 000 000 JPY, de même que celles créées depuis moins de deux ans (à l'exception des filiales de certaines grandes entreprises) ne sont pas soumises à l'obligation de déposer une déclaration à l'impôt sur la consommation (JCT). Les entreprises exonérées peuvent opter pour être soumises au JCT auquel cas, elles doivent rester dans ce régime pendant au moins deux ans.

Luxembourg : les assujettis établis au Luxembourg peuvent bénéficier du régime spécial. L'exonération ne s'applique qu'aux biens et services fournis au Luxembourg. Les assujettis peuvent quitter le régime spécial, mais pour une durée minimale de cinq ans.

Norvège : le seuil supérieur de 3 000 000 NOK s'applique à l'admission à des événements sportifs.

Pays-Bas : le seuil d'exonération de la TVA s'applique aux personnes physiques ou aux associations de personnes physiques (sociétés de personnes par exemple), mais pas aux entreprises. Le seuil n'est pas déterminé en fonction du chiffre d'affaires, mais du montant net annuel de la TVA due: lorsque le montant total de la TVA (taxe sur les ventes moins taxe sur les achats) due une année civile donnée au titre de la

Encadré 2.A2.3. **Notes pays** *(suite)*

vente de biens et de services ne dépasse pas 1 345 EUR, le contribuable est exonéré de TVA (mais doit néanmoins s'enregistrer en tant qu'assujetti à la TVA). Si le montant de la TVA due est compris entre 1 345 et 1 883 EUR, le contribuable bénéficie d'une remise partielle de TVA.

Portugal : le seuil de recouvrement ne s'applique pas aux entreprises commerciales. Le seuil est de 12 500 EUR pour les petits détaillants qui remplissent certaines conditions.

République Tchèque : un assujetti qui n'est pas établi en République tchèque doit s'immatriculer à la TVA dès le début de son activité imposable dans le pays, à l'exception des fournitures soumises au régime de l'autoliquidation.

Royaume-Uni : le seuil d'enregistrement à la TVA est relevé de 82 000 GBP à 83 000 GBP au 1er avril 2016.

Suisse : le seuil de 100 000 CHF s'applique également aux entreprises non-résidentes. Le seuil supérieur de 150 000 CHF s'applique aux associations sportives et culturelles à but non lucratif ainsi qu'aux institutions d'intérêt public.

Tableau 2.A2.4. Exonérations de TVA[1]

Pays	Exonérations	Imposition des « exonérations courantes » dans le pays[2]
Allemagne	Exonérations courantes[2]	
Australie	Services financiers ; baux résidentiels et bâtiments à usage d'habitation (autres que les bâtiments neufs à usage d'habitation) ; certaines fournitures de métaux précieux ; cantines scolaires gérées par des organismes agissant sans but lucratif (taxation optionnelle) ; certaines collectes de fonds organisées par des organismes caritatifs.	Services postaux intérieurs ; services sportifs ; services culturels à l'exclusion des services religieux (taux zéro) ; assurance et réassurance à l'exclusion de l'assurance maladie (taux zéro) ; jeux (y compris billets de loterie et paris) ; ventes de terrains et de bâtiments (sauf certains terrains agricoles et cessions de fonds de commerce, – taux zéro et bâtiments existants à usage d'habitation – exonérés).
Autriche	Exonérations courantes[2]	Location (habitation privée).
Belgique	Exonérations courantes[2]	-
Canada	Exonérations courantes[2] ; aide juridique ; transports publics ; péage (transbordeurs, routes et ponts) ; garde d'enfants et services à la personne ; certains services fournis par une administration publique ou une municipalité.	La plupart des paris, jeux et loteries ; vente et location de terrains et bâtiments à usage commercial ; ventes de logements neufs ou réhabilités ; services postaux intérieurs ; la plupart des services culturels et services sportifs, par exemple les cours de sport destinés aux adultes ; services fournis par des organismes n'appartenant pas au secteur public ; la plupart des droits d'entrée dans des lieux de divertissement (musées, cinémas, spectacles vivants professionnels, manifestations sportives, etc.) ; sang humain et certains produits biologiques (taux zéro).
Chili	Véhicules à moteur d'occasion ; biens fournis par l'employeur aux salariés dépendants ; matières premières extraites dans le pays utilisées dans la production, la transformation et la fabrication de biens destinés à l'exportation ; certaines importations du ministère de la Défense, de l'Armée et d'autres organismes liés ; certaines importations du *Cuerpos de Bomberos* et de la *Junta Nacional de Cuerpos de Bomberos ;* certaines importations de la *Casa de Moneda de Chile S.A.* et d'autres personnes à condition d'être réalisées dans le cadre d'opérations effectuées avec la Banque centrale du Chili ; biens d'équipement importés et destinés à des projets représentant un investissement d'au moins 5 000 000 USD ; revenu de la vente de billets pour des spectacles et des manifestations ; fret international ; transport de voyageurs ; primes et paiements de contrats de réassurance ; commissions encaissées par les Services régionaux et métropolitains de logement et d'urbanisation et les organismes de sécurité sociale sur les prêts hypothécaires ; revenus non imposables ; revenus assujettis à un impôt supplémentaire sur le revenu ; revenus comme les rémunérations, les salaires, les pensions ; revenus perçus par les travailleurs indépendants et jetons de présence si ceux-ci sont assujettis à l'impôt sur le revenu ; mentions et avis devant faire l'objet d'une publication et d'une diffusion en vertu du droit de réponse ; certaines primes d'assurance ; intérêts financiers ; commissions découlant de garanties émises par les établissement financiers ; location et crédit-bail de biens immeubles ; rémunérations liées à des exportations ; revenus de services fournis à des personnes domiciliées ou résidant à l'étranger et considérés comme des services exportables par l'administration des douanes ; revenus hôteliers liés à des services fournis à des touristes étrangers ; commissions de gestion de l'épargne-retraite perçues par des établissements spécifiquement agréés à cette fin ; revenus des travailleurs indépendants lorsque l'effort physique à fournir est plus important que le capital ou les matériaux utilisés ; vente, contrats généraux de construction et financement-location d'un logement financé à l'aide d'une subvention au logement accordée par le ministère du Logement et du Développement urbain ; entreprises de radiodiffusion et de télévision à l'exception des recettes publicitaires ; agences de presse ; services éducatifs ; services de santé ; cotisations d'assurance-maladie versées à des entreprises privées d'assurance-santé ; fabrication de monnaie par la *Casa de Moneda de Chile* ; services postaux fournis par le *Servicio de Correos y Telégrafos de Chile* ; intérêts, primes, commissions ou autres formes de rémunérations versées par la *Polla Chilena de Beneficencia* et la *Lotería de Concepción* à des personnes physiques ou morales en contrepartie de services commerciaux ; autres exonérations mineures.	Revenu de manifestations ou de spectacles artistiques non subventionnés par le ministère de l'Éducation ; revenu de certains cirques et manifestations sportives lorsque certaines conditions ne sont pas remplies.

Tableau 2.A2.4. **Exonérations de TVA**[1] *(suite)*

Pays	Exonérations	Imposition des « exonérations courantes » dans le pays[2]
Corée	Exonérations courantes[2] ; certains services de transport public ; approvisionnement en eau et en certains charbons ; huiles minérales destinées à certains usages agricoles et à la pêche ; pompes funèbres ; certains services à la personne assimilable à un travail ; livres, journaux et magazines ; services de radiotélévision ; vente de produits agricoles, marins et forestiers.	Location et vente d'immeubles à usage commercial ; services culturels commerciaux ; jeux dans des clubs agréés.
Danemark	Soins hospitaliers et médicaux ; soins dentaires ; services sociaux ; enseignement ; activités non commerciales de certains organismes agissant sans but lucratif ; activités sportives sans but lucratif etc.; services culturels (quelques exceptions) ; activités littéraires et de composition ; activités créatives et artistiques ; location de biens immeubles ; vente de biens immeubles ; assurance et réassurance ; services financiers ; loteries et jeux ; services postaux ; timbres ; transport de voyageurs ; pompes funèbres ; certaines collectes de fonds ; œuvres de bienfaisance	Services culturels tels que radiotélévision, cinéma, théâtre, concerts etc. ; location à court terme de biens immeuble assujettie sur option ; location de biens commerciaux ; ventes de bâtiments neufs et de terrains constructibles ; certains services postaux commerciaux
Espagne	Exonérations courantes[2] ; droits d'auteur pour les œuvres littéraires et les œuvres d'art ; services fournis par les associations, les entités, les groupes (y compris les « groupements d'intérêt économique ») et d'autres personnes morales à leurs membres lorsque ces associations, entités ou groupes sont intégralement inclus dans des activités économiques qui sont exonérées ou ne sont pas assujetties à la TVA ; certains services d'assistance sociale fournis par des organismes publics ou par des organismes agissant sans but lucratif.	Services culturels ou sportifs fournis à des personnes imposables autres que des organismes publics ou des organismes agissant sans but lucratif ; location de bâtiments à usage commercial ; terrains constructibles ; vente de bâtiments neufs.
Estonie	Exonérations courantes[2]	Biens immeubles, à l'exception des logements (taxation optionnelle) ; services financiers (taxation optionnelle) ; services culturels
Finlande	Exonérations courantes[2] ; prestations des artistes ; droits de reproduction des œuvres littéraires et artistiques (à l'exception des paiements effectués au profit d'un organisme représentant les titulaires de droits d'auteur ou par un tel organisme) ; certaines transactions effectuées par des aveugles ; services publics d'inhumation ; cueillette de baies.	Services culturels, location de bâtiments à usage commercial, dans certains cas (taxation optionnelle).
France	Exonérations courantes[2] ; travaux de construction, d'aménagement, de réparation et d'entretien des monuments, cimetières, sépultures, commémoratifs des combattants, héros, victimes ou morts des guerres, lorsque ces travaux sont effectués pour des collectivités publiques ou des organismes légalement constitués agissant sans but lucratif ; opérations à terme sur marchandises réalisées sur un marché réglementé ; services rendus à leurs adhérents par les groupements constitués par des personnes physiques ou morales exerçant une activité exonérée de la TVA ou pour laquelle elles n'ont pas la qualité d'assujetti.	Location de biens immeubles (location de biens immobiliers et de terrains aménagés à usage professionnel intégralement taxée ; location de biens immobiliers non aménagés à usage professionnel dans certains cas et location de terrains et bâtiments à usage agricole assujetties sur option) ; services de transport de personnes malades ou blessées à l'aide de véhicules qui ne sont pas spécialement aménagés à cet effet et/ou rendus par des personnes qui ne sont pas agréées ; services de divertissement et services sportifs ; cinémas, concerts et théâtres.
Grèce	Exonérations courantes[2] ; services de la Poste hellène (EL.TA.) services et fourniture de biens qui s'y rapportent ; activités nationales de radiotélévision autres que celles à vocation commerciale ; cotisations imposées à leurs membres par les Organisations de développement territorial pour l'alimentation en eau d'irrigation et approvisionnements connexes s'y rapportant directement ; soins hospitaliers et médicaux fournis par des organismes de droit public ou agissant sans but lucratif (sauf en cas de distorsion de concurrence) ; soins médicaux fournis dans le cadre des professions médicales et paramédicales ; transport ambulancier de patients ; services fournis par les prothésistes dentaires et fourniture de prothèses dentaires ; distribution d'organes et de sang humains et de lait maternel ; activités des services sociaux et de la sécurité sociale ainsi que pour la protection de l'enfance et de la jeunesse ; services fournis par des entités à leurs membres (personnes non imposables ou personnes se livrant à des activités exonérées) ; services éducatifs ; services sportifs, services culturels ainsi ,que la livraison de biens qui s'y rapportent; services et biens qui y sont étroitement liés fournis par des organismes sans but lucratif en vertu d'un abonnement souscrit par leurs membres lorsqu'ils poursuivent des intérêts collectifs dans le domaine de la politique, du	Services postaux non fournis par la Poste hellène (EL.TA) ; services culturels fournis par des organismes à but lucratif ou dans des conditions de concurrence ; services hospitaliers et médicaux fournis par des organismes à but lucratif ou dans des conditions de concurrence ; opérations des organismes sans but lucratif non reconnus par l'État ; services sportifs fournis par des organismes à but lucratif ou dans des conditions de concurrence ; services culturels ; services religieux ou philosophiques fournis dans des conditions de concurrence ; vente de bâtiments neufs ; location de biens immeubles à usage professionnel (taxation optionnelle).

Tableau 2.A2.4. **Exonérations de TVA**[1] *(suite)*

Pays	Exonérations	Imposition des « exonérations courantes » dans le pays[2]
	leurs membres lorsqu'ils poursuivent des intérêts collectifs dans le domaine de la politique, du syndicalisme, de la religion, de la philosophie, de la charité ou des intérêts nationaux; services d'assurance et de réassurance ; services financiers ; location de biens immeubles ; vente de biens immeubles à l'exclusion de bâtiments neufs ; jeux autorisés par la loi ; timbres (hors timbres de collection) ; fourniture de biens utilisés exclusivement pour une activité exonérée de la TVA et considérée comme non déductible.	
Hongrie	Exonérations courantes[2] ; radiotélévision publique (à l'exception des activités commerciales).	Terrains constructibles ; vente de bâtiments neufs (la taxation de nouvelles livraisons et de la location de biens immeubles est optionnelle) ; certains services culturels (par exemple, billets d'entrée pour les théâtres, cinémas, concerts) ; certains services sportifs (par exemple les piscines, les billets d'entrée pour des manifestations sportives).
Irlande	Exonérations courantes[2] ; transport de voyageurs ; radiotélévision publique nationale ; services publics de distribution d'eau ; billets d'entrée pour les manifestations sportives ; pompes funèbres.	Location de biens immobiliers à usage commerciaux (assujettie sur option par le propriétaire) ; vente de terrains non aménagés et de bâtiments anciens ; services de divertissement et services sportifs.
Islande	Exonérations courantes[2] ; sports ; billets d'entrée pour les manifestations sportives et les établissements de soins et de bien-être ; transports publics ; transports de personnes handicapées, de personnes âgées, transports scolaires ; services de taxi ; auteurs, compositeurs ; pompes funèbres et services paroissiaux ; services médico-sociaux ; services culturels ; fonctionnement des écoles et des établissements scolaires ; location de biens immobiliers et d'espaces de stationnement ; loteries et paris ; œuvres de bienfaisance.	
Israël[3]	Location de bâtiments à usage d'habitation pour une période n'excédant pas 25 ans ; vente d'une partie d'un immeuble ayant été habilité en tant qu'immeuble à usage locatif ; transactions effectuées par une négociant bénéficiant d'une exonération, hors cession de biens immobiliers ; cession d'un actif pour lequel la taxe en amont versée au titre de son acquisition ou de son importation n'est pas légalement déductible au moment de l'acquisition ou de l'importation ; dépôts effectués dans un établissement financier ou souscription d'un prêt auprès d'un établissement financier ; biens dont l'importation est exonérée d'impôt dans certains cas ; biens fournis par un résident d'Eilat (et qui doivent être consommés à Eilat) ;	
Italie	Exonérations courantes[2] ; taxis ; pompes funèbres.	Vente et location de terrains ; vente de bâtiments assujettis à l'imposition s'ils sont vendus par des entreprises de construction dans les cinq ans suivant leur construction ou après cinq ans si l'entreprise a opté pour la non-exonération. Ce dispositif s'applique aux bâtiments à usage commercial alors que s'agissant des bâtiments à usage d'habitation, l'imposition ne s'applique que s'ils sont loués par des entreprises de construction ayant opté pour la non-exonération. Les taux applicables sont de 4 % pour un logement ordinaire occupé par son propriétaire, de 10 % pour les autres types de logements ordinaires et de 22 % pour les logements de luxe. Les soins médicaux ne sont exonérés que s'ils sont destinés aux personnes âgées, aux populations pauvres ou aux personnes malades du SIDA.
Japon	Exonérations courantes[2] ; services sociaux ; vente de certaines catégories d'équipements pour les personnes handicapées ; services administratifs ; cession de valeurs mobilières ; manuels scolaires ; frais de scolarité.	Services postaux ; vente de bâtiments ; services culturels et sportifs fournis par les organismes autres que les organismes agissant sans but lucratif ; location de biens immeubles par les entreprises
Lettonie	Exonérations courantes[2] ; droits d'auteur.	Vente de biens immeubles anciens (seul un contribuable enregistré a le droit d'appliquer la taxe sur la vente de ces biens).
Luxembourg	Exonérations courantes[2].	-

Tableau 2.A2.4. **Exonérations de TVA**[1] *(suite)*

Pays	Exonérations	Imposition des « exonérations courantes » dans le pays[2]
Mexique	Exonérations courantes[2] ; pièces d'argent et d'or ; actions ; devises étrangères ; vente au détail de lingots d'or d'une teneur en or d'au moins 99 % ; droits d'auteur ; transports publics urbains, suburbains et métropolitains de voyageurs par voie terrestre (y compris ferroviaire) ; vente de biens meubles d'occasion (à l'exception de ceux vendus par les entreprises) ; services médicaux professionnels.	Services postaux ; services d'assurance (à l'exception de l'assurance vie et de l'assurance agricole) ; transport de personnes malades ou blessées ; soins hospitaliers et médicaux privés ; services sportifs ; services financiers aux consommateurs et prêts aux particuliers ; certaines catégories de spectacles publics comme le cinéma ; vente de terrains et de bâtiments (hors bâtiments à usage d'habitation) et certaines collectes de fond.
Norvège	Exonérations courantes[2] ; certains traitements alternatifs/médecines douces ; enterrements ; timbres et pièces de collection ; services de gestion fournis par une association de logement à un coopérative de logement qui y est affiliée ; services d'administrateur d'un conseil d'administration, de membre d'un conseil de surveillance, d'un comité, d'un conseil ou d'un organe similaire si les émoluments sont comptabilisés dans les cotisations de l'employeur à l'organisme national d'assurance ; services sous forme de compensation carbone	Services postaux ; services d'infrastructure au sein du secteur du transport de passagers ; billets d'entrée pour les manifestations sportives, les musées, les cinémas et les parcs d'attraction ; location de bâtiment à usage commercial (assujettie sur option).
Nouvelle-Zélande	Services financiers ; vente de bâtiments à usage d'habitation ; métaux précieux ; vente par un organisme agissant sans but lucratif de biens obtenus par donation et de services.	Services postaux ; sang, tissus et organes humains ; soins hospitaliers et médicaux ; transport de personnes malades ou blessées ; soins dentaires ; œuvres de bienfaisance ; certaines collectes de fonds ; enseignement ; activités non commerciales des organismes agissant sans but lucratif (autres que dons sans condition) ; services culturels ; services sportifs ; assurance et réassurance (sauf assurance et réassurance sur la vie) ; location de biens immobiliers (sauf à usage d'habitation) ; paris, jeux et loteries ; vente de terrains et de bâtiments (sauf ceux qui ont été affectés à un usage d'habitation pendant au moins cinq ans).
Pays-Bas	Exonérations courantes[2] ; enterrements ; incinérations ; radiotélévision publique ; clubs sportifs ; services des compositeurs, auteurs et journalistes.	Services culturels (taux réduit dans la plupart des cas) ; location de biens immobiliers autres que des maisons (seulement à la demande conjointe du propriétaire et du locataire) ; vente de biens immobiliers (seulement à la demande conjointe du vendeur et de l'acheteur) ; utilisation d'installations sportives ; services de divertissement et services sportifs ; billets d'entrée pour les cinémas, concerts et théâtres ; manifestations sportives ; musées et jardins zoologiques.
Pologne	Exonérations courantes[2] ; radiotélévision publique.	Location ou bail de bâtiments à usage d'habitation utilisés à des fins commerciales ; vente de terrains constructibles ou à construire et de bâtiments.
Portugal	Exonérations courantes[2] ; enterrements, incinérations ; droits d'auteur pour les œuvres littéraires et les œuvres d'art.	-
République slovaque	Exonérations courantes[2] ; radiotélévision publique ; services fournis à des membres ; vente de timbres postaux et fiscaux.	Vente d'une construction, y compris vente d'un terrain constructible sur lequel le bâtiment est construit, à condition que la vente soit effectuée dans les cinq années suivant la délivrance du premier permis de construire le bâtiment en question ou une partie de celui-ci à compter du jour ou dans les cinq années à compter du jour où le bâtiment ou une partie de celui-ci a été mis en service pour la première fois ; vente et la location de biens immeubles assujetties sur option ; services de formation, services éducatifs sportifs et culturels fournis par des organismes autres que les organismes agissant sans but non lucratif.
République tchèque	Exonérations courantes[2] ; radiotélévision publique.	Certains services culturels (par exemple, billets d'entrée dans les théâtres, cinémas, concerts, etc. soumis à des taux réduits) ; services sportifs fournis par des organismes autres que les organismes agissant sans but lucratif ; vente de terrains à construire ; vente de bâtiments neuf et de terrains constructibles (assujettie sur option).
Royaume-Uni	Exonérations courantes[2] ; enterrements et incinérations ; compétitions sportives ; certains soins dans des cliniques de luxe ; œuvres d'art.	Taux normal : ventes de bâtiments neufs à usage commercial (imposées au taux normal pendant trois ans suivant la date de leur achèvement) et possibilité d'opter pour l'imposition des autres ventes de bâtiments à usage commercial normalement exonérés de la TVA ; machines à sous et jeux dans des clubs agréés Taux zéro : logements neufs, y compris construction de logements neufs ; immeubles à usage d'habitation ou caritatif.

Tableau 2.A2.4. **Exonérations de TVA**[1] *(suite)*

Pays	Exonérations	Imposition des « exonérations courantes » dans le pays[2]
Slovénie	Exonérations courantes[2] ; radiotélévision publique.	Vente de bâtiments neufs ; billets d'entrée pour les manifestations culturelles ou sportives ; services éducatifs, sportifs et culturels fournis par des organismes à but lucratif ; taxation optionnelle de la location de biens immeubles.
Suède	Exonérations courantes[2] ; radiotélévision publique ; services d'inhumation publics ; services sociaux ; activités créatives et artistiques.	La plupart des services culturels ; location de bâtiments à usage commercial dans certains cas (taxation optionnelle).
Suisse	Exonérations courantes (b) ; prestations de services culturelles et livraison, par leur créateur, d'œuvres d'artistes tels que les écrivains, les compositeurs, les cinéastes, les artistes-peintres ou les sculpteurs, ainsi que prestations de services fournies par les éditeurs et les sociétés de perception en vue de la diffusion de ces œuvres ; livraison de biens mobiliers d'occasion qui ont été utilisés uniquement dans le cadre d'une des activités exclues du champ de l'impôt ; vente par les agriculteurs, les sylviculteurs et les horticulteurs des produits agricoles, sylvicoles et horticoles cultivés dans leur propre exploitation ; vente de bétail par les marchands de bétail et vente de lait aux transformateurs de lait par les centres de collecte s ; prestations d'organisations d'utilité publique visant à promouvoir l'image de tiers et prestations de tiers visant à promouvoir l'image d'organisations d'utilité publique ; exercice de fonctions d'arbitrage.	Livraison de prothèses ou d'appareils orthopédiques ; location de surfaces de stands de foires ou d'exposition et celle de locaux destinés à des foires ou des congrès.
Turquie	Importation de biens à des fins culturelles, éducatives ou sociales ; projets de rénovation à objet culturel ; fourniture de biens et services aux usines d'armements, aux chantiers navals et aux usines ; contribuables exonérés en application de la Loi sur l'impôt sur le revenu ; fusions et transferts exonérés en application de la Loi relative à l'impôt sur les sociétés ; transactions relatives à la location de biens immobiliers qui ne font pas partie d'entreprises économiques ; opérations bancaires et d'assurance ; transactions de la Direction générale de la Monnaie et de l'Imprimerie nationale ; vente de minerais et de déchets précieux ; distribution d'eau pour l'agriculture ; services fournis dans les zones franches ; transport de pétrole et de gaz étrangers par pipelines ; vente de terrains et de bureaux pour les zones industrielles organisées ; vente de biens dans le cadre d'une restructuration financière ; opérations réalisées par le Fonds d'assurance des dépôts d'épargne ; services de presse fournis par la Direction générale de la presse et de l'information ; location d'espaces de travail dans les zones sous douanes ; livraison et location de biens immeubles par le Trésor ; transferts et livraisons résultant de la cession d'actions et de biens immobiliers qui font partie depuis au moins deux ans des actifs d'institutions ; transfert d'actifs meubles ou immeubles et d'actifs incorporels à une société de crédit-bail et crédit-bail d'actifs par une société de crédit-bail ; services fourni par la Commission d'arbitrage du secteur de l'assurance dans le cadre du règlement de différends.	Enseignement privé ; services culturels ou sportifs privés ; soins hospitaliers et médicaux et soins dentaires privés ; sang humain ; transport de personnes malades ou blessées (taux réduits) ; services postaux ; vente de bâtiments à usage commercial ; location ; radiotélévision ; paris, loteries et jeux de hasard ; services financiers fournis par les entreprises financières ; vente de terrains et de bâtiments faisant partie d'entreprises économiques (taux normal) ; soins hospitaliers et médicaux et soins dentaires publics ; enseignement public ; services culturels ou sportifs publics ; tissus et organes ; certaines œuvres de bienfaisance d'organismes publics ou d'instituions agréées ; assurance et réassurance ; location de biens immeubles ne faisant pas partie d'entreprises économiques (exonération) ; activités non commerciales des organismes agissant sans but lucratif ; certaines collectes de fonds (non-imposables).

1. **Exonérations :** pour les besoins de ce tableau, le terme « *exonération* » désigne les biens et services pour lesquels la TVA n'est pas prélevée sur le montant facturé par le fournisseur alors que celui-ci n'est pas autorisé à déduire la taxe en amont qui s'y rapporte. Dans certains pays, ces biens et services sont appelés « biens et services supportant une taxe en amont ».
2. **Exonérations courantes :** dans ce tableau, le terme « *exonérations courantes* » désigne les exonérations généralement appliquées dans la plupart des pays de l'OCDE : services postaux ; transport de personnes malades ou blessée ; soins médicaux et hospitaliers ; sang, tissus et organes humains ; soins dentaires ; œuvres de bienfaisance ; enseignement ; activités non commerciales des organismes agissant sans but lucratif ; services sportifs ; services culturels (à l'exception des services de radiotélévision) ; assurance et réassurance ; location d'immeubles ; services financiers ; paris, jeux et loteries ; vente de terrains et de bâtiments ; certaines collectes de fonds.
3. **Israël :** les données statistiques concernant Israël sont fournies par et sous la responsabilité des autorités israéliennes compétentes. L'utilisation de ces données par l'OCDE est sans préjudice du statut des hauteurs du Golan, de Jérusalem Est et des colonies de peuplement israéliennes en Cisjordanie aux termes du droit international.

Source : Délégations nationales ; situation au 1er janvier 2016.

Tableau 2.A2.5. Restrictions applicables au droit à déduction de la TVA sur certains intrants[1]

Pays	Intrants pour lesquels le droit à déduction de la TVA est exclu ou limité
Allemagne	**Loisirs et divertissements :** frais de représentation au sens de la Loi sur l'impôt sur le revenu lorsque ladite Loi ne prévoit aucune déduction fiscale pour ces frais (par exemple : cadeaux, à l'exception des cadeaux de faible valeur, restaurants et débits de boisson, dépenses de divertissement exclues, frais liés aux activités de chasse et de pêche, aux voiliers ou yachts à moteur et dépenses de nature similaire).
Australie	**Loisirs et divertissements :** bases de loisirs, divertissements, repas offerts, charges de famille, frais de déplacement d'un parent **Véhicules :** le montant de la TPS récupérable sur l'achat d'une voiture est limité au montant maximum de dépréciation des voitures au cours de l'année fiscale considérée, à savoir 57 466 AUD actuellement. **Autres :** amendes, uniformes non obligatoires. Il est impossible de récupérer la TVA sur les dépenses ci-dessus dans la mesure où elles ne peuvent faire l'objet d'une déduction en vertu de la Loi sur l'impôt sur le revenu.
Autriche	**Loisirs et divertissements :** toutes les dépenses de loisirs et de divertissement. **Véhicules :** tout véhicule, sauf ceux utilisés pour le transport commercial de voyageurs ou la location en crédit-bail, ou encore ceux utilisés au moins à 80 % par les auto-écoles.
Belgique	**Loisirs et divertissements :** exclusion totale des frais de restaurant et d'hôtel (à quelques exceptions près strictement encadrées), de certaines boissons alcoolisées (à quelques exceptions près strictement encadrées) et des frais de réception. **Véhicules :** dépenses relatives aux véhicules destinés au transport routier de voyageurs ou de marchandises. La déduction de la taxe d'amont ne peut en principe pas dépasser 50 % (à quelques exceptions près strictement encadrées). **Autres :** produits et services liés à un régime de TVA particulier (régime de la marge, régime spécial pour le tabac, etc.).
Canada	**Loisirs et divertissements :** des restrictions s'appliquent au droit à déduction sur les adhésions à des clubs sportifs, de loisirs ou de gourmets ; les déductions pour frais alimentaires, de boisson et de loisirs sont généralement limitées à 50 % de la TPS/TVH payable. La limite est portée à 80 % pour les frais de bouche des chauffeurs routiers. **Véhicules :** la déduction applicable aux véhicules de transport de personnes achetés comme biens d'équipement est limitée à la TPS/TVH due sur le coût en capital (30 000 CAD) ; la déduction applicable aux locations en crédit-bail de véhicules de transport de personnes est limitée à la TPS/TVH payable sur des loyers mensuels de 800 CAD. **Autres :** frais de bureau à domicile ; des restrictions s'appliquent dès lors que la consommation ou l'utilisation d'un bien ou d'un service de cette qualité, nature ou valeur est déraisonnable au vu de l'activité commerciale de la personne. **Limites provinciales :** les grandes entreprises (généralement celles dont les fournitures imposables s'élèvent à plus de 10 millions CAD par an) qui achètent certains biens ou services (énergie, télécommunications, véhicules routiers, etc.) destinés à être utilisés dans les provinces de l'Ontario et de l'Île-du-Prince-Édouard sont soumises à des restrictions au crédit d'impôts sur les intrants sur la part provinciale de la TVH. Ces restrictions sont en cours de suppression dans la province de l'Ontario et seront également supprimées progressivement dans la province de l'Île-du-Prince-Édouard à partir de 2018.
Chili	**Véhicules :** automobiles, breaks et véhicules similaires ainsi que les lubrifiants, pièces détachées, réparations et services d'entretien y afférents, sauf si l'activité commerciale normale de l'assujetti consiste à vendre ou louer simplement ou en crédit-bail des automobiles ou sauf si l'administration fiscale chilienne juge les dépenses concernées déductibles des impôts sur le revenu. **Combustibles :** produits ou composants assortis de toute forme de subvention au bénéfice du consommateur final. **Supermarchés :** dépenses effectuées dans les supermarchés et lieux de vente similaires lorsqu'elles s'élèvent à plus de 5 unités fiscales mensuelles (224 455 CLP - 343 USD) et que l'information prévue par la loi n'est pas donnée aux autorités fiscales.
Corée	**Loisirs et divertissements :** dépenses de loisirs et de divertissement et frais similaires. **Véhicules :** achat et entretien de petites automobiles à des fins privatives.
Danemark	**Loisirs et divertissements :** frais de loisirs et de divertissement, de restaurant et frais d'achat de cadeaux. **Véhicules :** fourgonnettes de 3 000 kg ou moins utilisées afin de réaliser des activités imposables ou non ; voitures de moins de 10 passagers ; voitures louées en crédit-bail. **Autres :** téléphones professionnels des salariés payés par l'employeur, le comité d'entreprise et le propriétaire de l'entreprise ; autres objets bénéficiant aux salariés.
Espagne	**Loisirs et divertissements :** droits d'entrée aux spectacles et services de divertissement ; voyages, services d'hébergement et de restauration, sauf lorsque ces dépenses sont déductibles de l'impôt sur le revenu. **Autres :** joaillerie, objets en or et en platine, perles, pierres précieuses ; produits alimentaires, boissons et tabac ; biens et services utilisés comme cadeaux pour les clients, salariés ou des tiers ;
Estonie	**Loisirs et divertissements :** biens et services de réception ou liés à la fourniture de repas ou de services d'hébergement à destination des salariés. Cette restriction ne s'applique pas aux services d'hébergement fournis dans le cadre d'un déplacement professionnel. **Véhicules :** le droit à déduction est limité à 50 % sur l'achat, l'importation ou la location simple ou en crédit-bail de voitures personnelles dont l'utilisation n'est pas strictement professionnelle et sur les dépenses y afférentes, à l'exception des voitures achetées dans le but d'être revendues ou louées simplement ou en crédit-bail, des voitures destinées au transport de personnes (taxis, par exemple) et des véhicules d'auto-école.
Finlande	**Loisirs et divertissements :** frais de représentation et de divertissement. **Véhicules, bateaux et aéronefs :** destinés à un usage sportif ou de loisir, voitures, motocyclettes et caravanes. Toutefois, tout moyen de transport destiné à être revendu, loué ou utilisé pour le transport professionnel de personnes ou pour l'apprentissage de la conduite est déductible, tout comme les véhicules de transport de personnes employés exclusivement afin de réaliser des activités imposables. **Autres :** frais de déplacement du personnel entre le domicile et le lieu de travail ; biens et services liés à des logements ou immeubles destinés à des activités récréatives pour le personnel.

Tableau 2.A2.5. **Restrictions applicables au droit à déduction de la TVA sur certains intrants**[1] *(suite)*

Pays	Intrants pour lesquels le droit à déduction de la TVA est exclu ou limité
France	**Véhicules :** véhicules ou engins, quelle que soit leur nature, conçus pour transporter des personnes ou à usage mixte, sauf ceux destinés à être revendus à l'état neuf ; les véhicules et engins loués simplement ou en crédit-bail, ceux comportant, outre le siège du conducteur, plus de huit places assises et qui sont utilisés par les entreprises pour amener le personnel sur les lieux du travail, ceux affectés de façon exclusive à l'apprentissage de la conduite, tous les moyens de transport routier utilisés exclusivement pour les remontées mécaniques et dans les stations de sports d'hiver, les véhicules acquis par les entreprises de transports publics de voyageurs et affectés de façon exclusive à la réalisation desdits transports. Les éléments constitutifs, les pièces détachées et accessoires des véhicules et engins précités. **Autres :** les biens et services utilisés par les assujettis à plus de 90 % à des fins privatives ; les cadeaux d'une valeur supérieure à un certain montant ; les biens et services liés à l'attribution d'un logement à titre gratuit à des dirigeants ou du personnel de l'entreprise, sauf pour le personnel de sécurité présent sur les chantiers ou dans les locaux de l'entreprise ; les biens ou services destinés à faire la publicité de boissons alcoolisées ; les transports de personnes et opérations accessoires auxdits transports, sauf transports réalisés soit pour le compte d'une entreprise de transports publics de voyageurs, soit en vertu d'un contrat permanent de transport conclu par les entreprises pour amener leur personnel sur les lieux de travail ; la plupart des produits pétroliers qui ne sont pas ultérieurement livrés ou vendus en l'état ou sous forme d'autres produits pétroliers. **Restrictions partielles :** Le droit à déduction est limité à 50 % pour les gaz de pétrole et autres hydrocarbures présentés à l'état gazeux et le pétrole lampant lorsque ces produits sont utilisés comme carburants pour les véhicules et engins visés ci-dessus. Le droit à déduction est limité à 50 % pour les gaz de pétrole et autres hydrocarbures présentés à l'état gazeux et le pétrole lampant lorsque ces produits sont utilisés comme carburants pour les véhicules et engins visés ci-dessus. Le droit à déduction est limité à 80 % pour les gazoles et le bioéthanol E85 utilisés comme carburants pour les véhicules et engins ci-dessus, à l'exception de ceux utilisés pour les essais effectués pour les besoins de la fabrication de moteurs ou d'engins à moteur et pour autant qu'ils ne soient pas ultérieurement livrés ou vendus en l'état ou sous forme d'autres produits pétroliers.
Grèce	**Loisirs et divertissements :** réceptions, activités de loisirs et frais de réception en général ; logement, produits alimentaires, boissons, transports et loisirs à destination du personnel ou des représentants de l'entreprise. **Moyens de transport :** véhicules à moteur privés comportant jusqu'à neuf places assises ; motocyclettes, mobylettes, bateaux et aéronefs destinés à un usage privé ou à un usage sportif ainsi que les fournitures de carburant, réparation, entretien, location simple et en crédit-bail y afférentes. La restriction ne s'applique pas aux moyens de transport destinés à la vente, à la location simple ou en crédit-bail ou au transport de voyageurs à titre onéreux. **Autres :** tabac manufacturé, spiritueux ou boissons alcoolisées destinées à être employées dans le cadre d'activités non imposables.
Hongrie	**Loisirs et divertissements :** services de restauration et autres services de restauration publique ; services de loisirs et de divertissement ; produits alimentaires et boissons. **Véhicules :** véhicules de transport de personnes (à l'exception des corbillards), motocyclettes de plus de 125 cm^3 ; yachts et bateaux. **Autres :** carburants, autres combustibles, autres biens utilisés pour le fonctionnement ou l'entretien de voitures particulières ; logements, biens et services utilisés pour la construction ou la rénovation de logements ; services de taxi et de parking, péages autoroutiers ; 30 % de la taxe d'amont pour les services de téléphonie fixe, de téléphonie mobile et de voix sur IP ; 50 % de la taxe d'amont pour les services utilisés pour le fonctionnement ou l'entretien de voitures particulières.
Irlande	**Loisirs et divertissements :** produits alimentaires, boissons, logement (sauf pour assister à des conférences ouvrant droit à déduction), services à la personne, loisirs et divertissements. **Véhicules :** achat ou location de véhicules de transport de personnes (20 % du coût est admis lorsque la voiture respecte certaines conditions en matière d'utilisation professionnelle et de taux d'émission). **Autres :** essence.
Islande	**Loisirs et divertissements :** tous les frais de bouche de l'assujetti. **Véhicules :** fourniture, exploitation et location de voitures particulières ; camions de livraison, poids lourds et engins non routiers de 5 000 kg ou moins, sauf ceux destinés à des usages réglementés imposables. **Autres :** toutes les dépenses liées au logement du propriétaire et du personnel de l'assujetti. Toute dépense se substituant au salaire du propriétaire et du personnel de l'assujetti. Toute dépense liée aux résidences secondaires et avantages similaires destinés au propriétaire et au personnel de l'assujetti ; cadeaux.
Israël[2]	Néant
Italie	**Loisirs et divertissements :** dépenses de loisirs et de divertissement, produits alimentaires et boissons. **Véhicules :** moyens de transport et services connexes (véhicules à moteur, aéronefs et yachts) ; transport de voyageurs. **Autres :** produits de luxe et services connexes, immobilier.
Japon	Néant
Lettonie	**Loisirs et divertissements :** 60 % de la taxe d'amont n'est pas déductible du montant de l'impôt payable au Trésor pour les biens acquis et services reçus à des fins de représentation. **Véhicules :** 50 % de la taxe d'amont n'est pas déductible du montant de l'impôt payable au Trésor pour une voiture particulière achetée, louée en crédit-bail ou importée comportant, outre le siège du conducteur, huit places assises au maximum, ainsi que pour les frais liés à l'entretien de ce véhicule, y compris les frais de réparation et d'achat de carburant. La déduction de la taxe d'amont due au Trésor est exclue en cas d'achat, de location ou d'importation de voitures particulières comportant, outre le siège du conducteur, huit places assistes au maximum et dont la valeur est supérieure à 50 000 EUR (hors TVA), ainsi que pour les frais liés à l'entretien de ce véhicule, y compris les frais de réparation et d'achat de carburant.
Luxembourg	**Loisirs et divertissements :** dépenses dont le caractère n'est pas strictement professionnel, comme les dépenses somptuaires, de divertissement ou de représentation.

Tableau 2.A2.5. **Restrictions applicables au droit à déduction de la TVA sur certains intrants**[1] *(suite)*

Pays	Intrants pour lesquels le droit à déduction de la TVA est exclu ou limité
Mexique	Il n'existe aucune liste de restrictions. La législation prévoit une déductibilité de la taxe grevant les biens et services « strictement indispensables » à l'activité principale. Pour que la TVA soit déductible sur des dépenses, ces dernières doivent elles-mêmes être déductibles au sens de la Loi sur l'impôt sur le revenu. La Loi sur l'impôt sur le revenu présente une liste de « déductions autorisées » pour chaque régime.
Norvège	**Loisirs et divertissements :** services de restauration et location de locaux de réception ; frais de loisirs et de divertissement ; construction, entretien, location ou exploitation de biens immobiliers à des fins d'hébergement ou d'assistance sociale. **Véhicules :** achat, exploitation ou entretien de voitures particulières. **Autres :** œuvres d'art ou antiquités ; logement et prestations en nature à destination du propriétaire, des dirigeants, des salariés ou des retraités d'une entreprise ; cadeaux professionnels, biens et services destinés à des fins publicitaires. paiements en espèces de plus de 10 000 NOK (1 040 USD).
Nouvelle-Zélande	**Loisirs et divertissements :** déduction de 50 % seulement au titre des frais de loisirs et de divertissement. Les entreprises peuvent demander une déduction intégrale au moment de l'achat des biens et services et doivent calculer et rembourser chaque année la part de 50 % réputée relever d'un usage privatif.
Pays-Bas	**Loisirs et divertissements :** services de restauration. Certains cadeaux et frais de représentation.
Pologne	**Loisirs et divertissements :** services de restauration et d'hébergement. **Véhicules :** déduction de TVA limitée à 50 % en cas d'acquisition, d'achat intracommunautaire, d'importation ou de location simple ou en crédit-bail de véhicules à moteur et sur les frais liés à ces véhicules dès lors que leur usage n'est pas strictement professionnel. **Autres :** déduction de TVA limitée à 50 % sur l'achat de carburant, fioul et gaz naturel utilisés par les véhicules visés ci-dessus.
Portugal	**Loisirs et divertissements :** transports, hébergement ou repas (sauf dans le cadre de conférences, séminaires, salons ou expositions qui ouvrent droit, dans certaines conditions, à une déduction de 25 % ou 50 %). Dépenses somptuaires et de représentation et de divertissement. **Véhicules :** achat ou location de véhicules légers à des fins réputées privatives ainsi que de bateaux de plaisance, hélicoptères, aéronefs et motocyclettes (sauf ceux destinés à la revente ou lorsqu'ils constituent le cœur d'activité de l'entreprise). **Autres :** carburants utilisés dans des véhicules à moteur (à l'exception du gazole, gaz de pétrole liquéfié, gaz naturel et biocarburants, pour lesquels une déduction de 50 % est autorisée, voire une déduction totale s'ils sont utilisés dans certains véhicules lourds ou tracteurs).
République slovaque	**Loisirs et divertissements :** biens et services à des fins de réception. **Autres :** éléments d'un compte de passage (autrement dit les dépenses payées au nom et pour le compte de l'acheteur ou du client et que le fournisseur refacture à l'acheteur ou au client).
République tchèque	**Loisirs et divertissements :** frais de représentation au sens de la Loi sur l'impôt sur le revenu lorsque ladite Loi ne prévoit aucune déduction fiscale pour ces frais (à l'exception des cadeaux de faible valeur).
Royaume-Uni	**Loisirs et divertissements :** réceptions et divertissements à des fins professionnelles ; de manière générale, la taxe grevant tout service de réception offert à des relations professionnelles est irrécouvrable, sauf si les clients ne sont pas britanniques. Toutefois, s'il était possible de la recouvrer, elle serait probablement compensée par une charge d'usage privé qui viendrait dans les faits annuler tout crédit obtenu. **Véhicules :** voitures en général, à l'exception de celles constituant un stock (concessionnaires, etc.), faisant partie de l'outil de production (auto-écoles, etc.) ou utilisées exclusivement à des fins professionnelles sans être disponibles pour une utilisation privée (sociétés de crédit-bail, etc.) ; location d'une voiture en crédit-bail (droit à déduction limité à 50 %).
Slovénie	**Loisirs et divertissements :** frais de loisirs et de divertissement (ces frais ne comprenant que ceux de cette nature engagés dans le cadre de relations professionnelles ou sociales) ; repas (boissons comprises) et frais d'hébergement, à l'exception des dépenses de cette nature engagées par l'assujetti dans le cadre normal de son activité. **Véhicules :** yachts et bateaux à des fins sportives et de loisir ; aéronefs utilisés à d'autres fins que pour le transport de voyageurs et de biens, la location simple ou en crédit-bail et la revente. Motocyclettes et voitures particulières autres que : les véhicules utilisés pour le transport de voyageurs et de biens, la location simple ou en crédit-bail et la revente, pour l'apprentissage de la conduite dans des auto-écoles conformément à la réglementation en vigueur, les véhicules mixtes destinés à une activité de transports publics et de transports spéciaux, ainsi que les véhicules aménagés exclusivement pour le transport des défunts. **Autres :** carburants, lubrifiants, pièces détachées et services étroitement liés aux véhicules visés ci-dessus.
Suède	Néant
Suisse	Néant
Turquie	**Voitures :** achats de voitures, à l'exception de celles utilisées par les loueurs de voitures. **Autres :** stocks perdus ou volés (à l'exception des stocks détruits par un incendie dans des lieux conformes aux déclarations du ministère des Finances)

1. **Restrictions au droit à déduction de la TVA sur certains intrants :** le tableau énonce les limites au droit à déduction de la TVA sur les intrants pour certains biens, services et éléments incorporels **en raison de leur nature**, l'esprit étant généralement de veiller à imposer (en amont) leur consommation finale **réputée**. Il ne rend **pas** compte de la rémanence de la TVA liée à l'exonération des ventes (par exemple, les limites au droit à déduction sur les intrants utilisés pour fournir des services financiers et d'assurance, des soins de santé, des services d'éducation, etc., reprises dans le tableau 3.11. sur les exonérations de TVA/TPS) ou aux intrants sans lien avec l'activité imposable de l'entreprise.
2. **Israël :** Les données statistiques concernant Israël sont fournies par et sous la responsabilité des autorités israéliennes compétentes. L'utilisation de ces données par l'OCDE est sans préjudice du statut des hauteurs du Golan, de Jérusalem Est et des colonies de peuplement israéliennes en Cisjordanie aux termes du droit international.

Source : Délégations nationales ; situation au 1er janvier 2016.

Tableau 2.A2.6. **Usage du régime de la marge**

	Application du régime de la marge[1]
Allemagne	Biens d'occasion, objets d'art, de collection ou d'antiquité ; prestations d'agences de voyages (directive européenne)
Australie	Le régime de la marge bénéficiaire peut être utilisé pour les livraisons de biens immeubles résidentiels ou commerciaux neufs lorsqu'il s'agit de leur première cession. La marge bénéficiaire s'entend comme la différence entre le prix de vente du bien toutes taxes comprises et son prix d'achat d'origine. Des règles spéciales s'appliquent dans certains cas tels que les transactions entre sociétés affiliées ou membres d'un groupe au titre de la TPS. Jeux d'argent et de hasard : la TPS s'applique à la marge définie comme le montant total engagé diminué de la valeur monétaire totale des gains ou prix. Livraisons de biens d'occasion lorsqu'elles sont réalisées par un assujetti-revendeur ayant opté pour une méthode comptable « globale » : ce régime s'applique lorsque 1) les biens sont acquis auprès d'une personne non assujettie et sont détaillés en vue de la revente et 2) le revendeur exerce l'option d'appliquer la méthode globale pour une catégorie précise de biens d'occasion.
Autriche	Biens d'occasion, objets d'art, d'antiquité et de collection ; prestations d'agences de voyages (directive européenne)
Belgique	Biens d'occasion, objets d'art, de collection ou d'antiquité ; prestations d'agences de voyages (directive européenne)
Canada	-
Chili	-
Corée	-
Danemark	Biens d'occasion, objets d'art, de collection ou d'antiquité ; prestations d'agences de voyages (directive européenne)
Espagne	Biens d'occasion, objets d'art, de collection ou d'antiquité ; prestations d'agences de voyages (directive européenne)
Estonie	Biens d'occasion, objets d'art, de collection ou d'antiquité ; prestations d'agences de voyages (directive européenne)
Finlande	Biens d'occasion, objets d'art, de collection ou d'antiquité ; prestations d'agences de voyages (directive européenne)
France	Biens d'occasion, objets d'art, de collection ou d'antiquité ; prestations d'agences de voyages (directive européenne) ; prestations d'agents immobiliers
Grèce	Biens d'occasion, objets d'art, de collection ou d'antiquité ; prestations d'agences de voyages (directive européenne) ; ventes aux enchères publiques
Hongrie	Biens d'occasion, objets d'art, de collection ou d'antiquité ; prestations d'agences de voyages (directive européenne)
Irlande	Application facultative du régime de la marge pour les biens d'occasion, objets d'art, de collection ou d'antiquité ; prestations d'agences de voyages (directive européenne). Application obligatoire du régime de la marge pour les organisateurs de ventes aux enchères publiques et les agences de voyages.
Islande	-
Israël[2]	Livraisons de meubles d'occasion par un assujetti-revendeur agissant en tant que tel Livraisons de véhicules à moteur, motocyclettes ou véhicules tout-terrain par un assujetti-revendeur agissant en tant que tel Livraisons par un agent immobilier de biens immobiliers acquis auprès d'une personne autre qu'une organisation à but non lucratif, une institution financière ou un commerçant Livraisons par un assujetti-revendeur de pièces et médailles acquises auprès d'une personne non assujettie (c'est-à-dire, n'exerçant pas une activité soumise à la TVA) Vente de timbres-poste et timbres fiscaux par un assujetti-revendeur agissant en tant que tel (activité considérée comme un service) Vente de monnaies, de titres ou d'autres instruments négociables, y compris lorsque les titres ou les instruments ont été acquis dans le but de collecter leur valeur de remboursement ou de liquidation, par un assujetti-revendeur agissant en tant que tel : l'activité est considérée comme un service de courtage rendu par le revendeur et intervenant entre le fournisseur du revendeur et le client du revendeur.
Italie	Biens d'occasion, objets d'art, de collection ou d'antiquité ; prestations d'agences de voyages (directive européenne)
Japon	-
Lettonie	Biens d'occasion, objets d'art, de collection ou d'antiquité ; prestations d'agences de voyages (directive européenne)
Luxembourg	Biens d'occasion, objets d'art, de collection ou d'antiquité ; prestations d'agences de voyages (directive européenne)
Mexique	Livraisons par une personne morale (entreprise) de voitures d'occasion acquises aux fins de la revente à des particuliers
Norvège	Application facultative du régime de la marge pour les biens d'occasion, objets d'art, de collection ou d'antiquité ; prestations d'agences de voyages
Nouvelle-Zélande	-
Pays-Bas	Biens d'occasion, objets d'art, de collection ou d'antiquité ; prestations d'agences de voyages (directive européenne)
Pologne	Biens d'occasion, objets d'art, de collection ou d'antiquité ; prestations d'agences de voyages (directive européenne)
Portugal	Biens d'occasion, objets d'art, de collection ou d'antiquité ; prestations d'agences de voyages (directive européenne) et livraisons de carburants par un détaillant
République slovaque	Biens d'occasion, objets d'art, de collection ou d'antiquité ; prestations d'agences de voyages (directive européenne)
République tchèque	Biens d'occasion, objets d'art, de collection ou d'antiquité ; prestations d'agences de voyages (directive européenne)
Royaume-Uni	Biens d'occasion, objets d'art, de collection ou d'antiquité ; prestations d'agences de voyages (directive européenne)

Tableau 2.A2.6. **Usage du régime de la marge** *(suite)*

	Application du régime de la marge[1]
Slovénie	Biens d'occasion, objets d'art, de collection ou d'antiquité ; prestations d'agences de voyages (directive européenne)
Suède	Biens d'occasion, objets d'art, de collection ou d'antiquité ; prestations d'agences de voyages (directive européenne)
Suisse	Pas d'application de régime de la marge, mais exemption de la taxe pour les livraisons de biens meubles d'occasion à usage particulier au sein d'une même juridiction
Turquie	Voyages organisés et circuits : les prestations des agences de voyage et des organisateurs de circuits touristiques sont exonérées de la TVA pour les circuits se déroulant hors du territoire du pays et soumises à la TVA pour les voyages/circuit sur le territoire turc.

1. **Régime de la marge :** régime de taxation dont la base d'imposition est constituée par la différence constatée entre le prix d'acquisition d'un bien par un redevable et le prix de revente de ce bien, et non le prix de revente intégral. L'application du régime de la marge interdit au revendeur toute déduction de la TVA acquittée à l'achat du bien (TVA d'amont).
2. **Israël :** les données statistiques concernant Israël sont fournies par et sous la responsabilité des autorités israéliennes compétentes. L'utilisation de ces données par l'OCDE est sans préjudice du statut des hauteurs du Golan, de Jérusalem Est et des colonies de peuplement israéliennes en Cisjordanie aux termes du droit international.

Source : Délégations nationales ; situation au 1er janvier 2016.

Chapitre 3

Mesurer la performance de la TVA

Ce chapitre explique en quoi le ratio de recettes de TVA (RRT) constitue un indicateur pertinent pour décrire les effets des exonérations, des taux réduits et de la fraude fiscale sur les recettes publiques. Il présente des estimations à jour sur le RRT des pays membres de l'OCDE et explique comment il est calculé et doit être interprété. Il est complété par des notes techniques sur la mesure des dépenses de consommation finale, le traitement des activités du secteur public au regard de la TVA et l'exonération de TVA attachée aux services financiers.

Les données statistiques concernant Israël sont fournies par et sous la responsabilité des autorités israéliennes compétentes. L'utilisation de ces données par l'OCDE est sans préjudice du statut des hauteurs du Golan, de Jérusalem Est et des colonies de peuplement israéliennes en Cisjordanie aux termes du droit international.

3.1. Introduction

Mesurer les performances dans le domaine de la TVA n'est pas chose aisée. Elles sont traditionnellement mesurées par le « ratio d'efficience », c'est-à-dire le ratio (exprimé en pourcentage) des recettes de la TVA au PIB, divisé par le taux normal. Quoique le ratio d'efficience soit un outil diagnostique largement employé pour évaluer la TVA, il est entaché d'imperfections non négligeables. Il souffre en particulier d'un vice fondamental : un ratio d'efficience « parfait » de 100 % pourrait être obtenu avec une TVA sur la production appliquée à un taux unique. Mais conclure à une efficience parfaite dans ce cas de figure serait se tromper lourdement car la norme veut que la TVA soit un impôt sur la consommation. Pour remédier à cette faiblesse, on retient comme base d'imposition potentielle la consommation finale et non la production (Ebril et al., 2001). Si on calcule le rapport entre la recette nette de la TVA et les recettes qui seraient obtenues en appliquant la TVA au taux normal à la consommation finale totale, on obtient un ratio d'efficience de la TVA sur la consommation ou « C-efficiency ratio » qui serait de 100 % si l'administration fiscale recouvrait la totalité des impôts dus.

Partant des fondements théoriques de la mesure du « ratio d'efficience par rapport à la consommation » des régimes de TVA tel qu'il est employé par le Fonds monétaire international (FMI), le présent chapitre présente des estimations du ratio de recettes de TVA (RRT) dans les pays de l'OCDE. Il donne un indicateur prenant en compte les pertes de recettes dues aux exonérations et aux taux réduits ainsi qu'à la fraude, l'évasion et la planification fiscales. Même si le RRT doit être interprété avec toutes les réserves qui s'imposent et si l'érosion de la base d'imposition peut être imputable à divers facteurs, cet outil peut aider les décideurs à appréhender l'efficacité du recouvrement de la TVA et à identifier des moyens de procurer à l'État des recettes supplémentaires en rendant le système de TVA plus performant.

Ce chapitre commence par expliquer ce que le RRT cherche à mesurer et comment il est calculé (Section 3.2). Il présente ensuite des estimations du RRT des pays membres de l'OCDE pour 2014 et une analyse approfondie de celles-ci (Section 3.3). Suivent quelques conseils pour interpréter le RRT et des explications sur les restrictions d'emploi de cet indicateur (Section 3.4). Ensuite, trois notes techniques fournissent un éclairage supplémentaire sur deux aspects spécifiques de la conception de la TVA qui ont souvent des effets notables sur le RRT d'un pays et qui peuvent donc aider le lecteur à interpréter correctement les RRT estimés (Section 3.5). La première de ces notes techniques porte sur les écarts entre l'indicateur utilisé pour mesurer les dépenses de consommation finale qui sert au calcul du RRT et la base d'imposition potentielle d'un régime de TVA « pur » ; la deuxième s'intéresse à l'exonération de TVA des services financiers et la troisième examine le traitement des organismes publics.

3.2. Que mesure le RRT et comment est-il calculé ?

Que mesure le RRT ?

Le RRT est un indicateur destiné à rendre possibles les comparaisons entre pays quant à leur capacité d'obtenir des recettes de TVA proportionnelles à la base d'imposition potentielle. Il mesure l'écart entre les recettes de TVA effectivement collectées et celles qui auraient théoriquement pu être obtenues dans l'hypothèse où l'on aurait appliqué le taux normal à la totalité de la base d'imposition potentielle dans le cadre d'un régime de TVA « pur » et où la totalité de ces recettes aurait été perçue.

$$RRT = \frac{RT}{B \cdot t}$$

Sachant que : RT = recettes de TVA réelles ; B = base d'imposition potentielle et t = taux de TVA normal

Le taux « normal » désigne le taux applicable par défaut à la base d'imposition en l'absence de dispositions contraires de la législation. La législation (et la pratique de nombreux pays) prévoit l'application de taux différents, soit plus bas, soit plus élevés, à une liste déterminée de produits. Les taux de TVA réduits sont encore très répandus dans la zone OCDE, essentiellement par souci d'équité ou en raison de considérations sociales (dépenses de première nécessité, santé, éducation, etc.). Aucun pays membre de l'OCDE n'applique de taux de TVA majorés (voir le Chapitre 2).

Évaluation de la base d'imposition

Le premier obstacle méthodologique sur lequel bute le calcul du RRT réside dans l'évaluation de la base d'imposition potentielle, puisqu'il n'existe aucune évaluation standard de ladite base d'imposition pour tous les pays membres de l'OCDE. La base d'imposition potentielle est constituée de tous les produits, services et biens incorporels vendus (ou réputés être vendus) à titre onéreux aux consommateurs finaux par les entreprises ou par toute autre entité agissant comme une entreprise (comme, par exemple, les personnes physiques, les organismes publics dispensant des services contre un paiement direct, etc.). En dernière analyse, la base d'imposition est en principe égale aux dépenses réalisées par les consommateurs finaux pour se procurer des produits, des services et des biens incorporels. Cependant, en pratique, les règles de nombreux pays font peser la TVA non seulement sur la consommation finale des ménages, mais aussi sur diverses entités se livrant à des activités non commerciales ou à des activités exonérées de TVA (voir les Chapitres 1 et 2). Dans de telles configurations, on peut appliquer la TVA soit en traitant ces entités comme des consommateurs finaux, soit en les taxant sur leurs intrants car on part du principe que, dans leurs activités non commerciales, elles répercuteront la TVA payée sur les prix de leur production. Au bout du compte, le montant de la TVA qui sera recouvrée par l'État dans ces cas de figure est celui de la taxe sur ces intrants.

Faute d'évaluation uniforme de la base d'imposition potentielle pour tous les pays membres, ce sont les dépenses de consommation finale mesurées par les comptes nationaux qui s'en rapprochent le plus parce que, en définitive, la TVA est un impôt sur la consommation finale. Les dépenses de consommation finale sont calculées selon une norme internationale, le poste P3 du Système de comptabilité nationale (SNA 2008) (sauf en Turquie, au Chili et au Japon, qui utilisent encore le SNA 1993).

Les dépenses de consommation finale (demande intérieure) se composent des éléments ci-après :

- P31-S14 : Les dépenses privées de consommation finale des ménages.
- P31-S15 : Les dépenses de consommation finale des institutions sans but lucratif au service des ménages (ISBLSM).

- P3-S13 : Les dépenses de consommation finale des administrations publiques, qui comprennent :
  - P31-S13 : Les dépenses de consommation individuelle des administrations publiques, qui comprennent :
  - P32-S13 : Les dépenses de consommation collective des administrations publiques.

La section 3.5 examine plus en détail les écarts entre les dépenses de consommation finale mesurées par les comptes nationaux et la base d'imposition potentielle de la TVA dans les pays de l'OCDE et leurs répercussions possibles sur l'estimation du RRT d'un pays donné. Cette explication peut faciliter l'interprétation des estimations de RRT et contribuer à une meilleure compréhension des différents paramètres susceptibles d'influer sur le résultat pour un pays donné.

Formule utilisée pour estimer le RRT des différents pays de l'OCDE

Dans la formule de calcul du RRT présentée ci-dessus, la base d'imposition potentielle (B) est mesurée par les dépenses de consommation finale consignées dans le poste P3 des comptes nationaux. Cependant, comme ces derniers mesurent les dépenses de consommation aux prix du marché (c'est-à-dire qu'elles incluent la TVA), il convient de déduire les recettes de TVA du montant figurant dans P3. En effet, il ne faut pas que la base d'imposition théorique inclue le montant de l'impôt.

C'est pourquoi les estimations des RRT présentées dans le tableau 3.A3.1 ont été calculées comme suit :

$$\text{RRT} = \frac{\text{RT}}{(\text{DCF} - \text{RT}).\text{t}}$$

Sachant que : RT = recettes de TVA réelles ; DCF = dépenses de consommation finale (poste P3 des Comptes nationaux) ; et t = taux de TVA standard.

3.3. Estimation du RRT des différents pays membres

Le RRT moyen non pondéré est demeuré à peu près stable dans l'ensemble de la zone OCDE, à 0.56, contre 0.55 en 2012, ce qui revient à dire que 44 % des recettes potentielles de TVA ne sont pas collectées. Le tableau 3.A3.1 montre que cette moyenne masque des variations considérables entre les estimations de RRT des différents pays. En 2014, ces estimations s'échelonnaient entre 0.32 (Mexique) et 1.23 (Luxembourg). Deux pays affichent un RRT nettement supérieur aux autres : le Luxembourg (1.23) et la Nouvelle-Zélande (0.97), tandis que deux autres sont très en deçà de la moyenne de l'OCDE : le Mexique (0.31) et la Grèce (0.37). La plupart des pays (28 sur 34) ont un RRT inférieur à 0.65 et près de la moitié (16 sur 34) se situent en dessous de 0.50. Cette constatation porte à croire qu'une grande partie des recettes de TVA potentielles n'est pas collectée dans un grand nombre de pays.

En particulier, ce RRT rend compte du fait que les pays membres recourent encore à grande échelle aux régimes préférentiels sous la forme de taux réduits et d'exonérations (voir les tableaux 2.A2.2 et 2.A2.4). Ce fait est confirmé par les données disponibles sur les dépenses fiscales, qui mesurent le coût des avantages fiscaux (OCDE, 2010).

Il apparaît qu'il n'existe pas de corrélation directe entre le RRT et le niveau du taux de TVA normal. Des pays aux taux de TVA très différents peuvent avoir un RRT comparable. Ainsi, l'Australie et l'Irlande ont toutes deux un RRT de 0.49 alors que leurs taux de TVA normaux sont respectivement de 10 % et 23 %. Si près des deux tiers des pays membres (21 sur 34) ont un RRT compris entre 0.45 et 0.65, leurs taux de TVA normaux sont très disparates, puisqu'ils sont compris entre 5 % (Canada) et 25 % (Danemark, Norvège et Suède). Ces trois derniers pays allient un taux de TVA normal élevé (25 %) à un RRT supérieur à la moyenne de l'OCDE (respectivement 0.59, 0.56 et 0.56), tandis que le Mexique et la Turquie ont à la fois un taux normal (respectivement 16 % et 18 %) et un RRT estimé (respectivement 0.32 et 0.42) nettement inférieurs à la moyenne de l'OCDE. Le Japon se distingue par un taux de TVA faible (5 % en 2014), l'absence de taux zéro et un RRT élevé (0.70).

Graphique 3.1. **Ratio des recettes de TVA 2014**

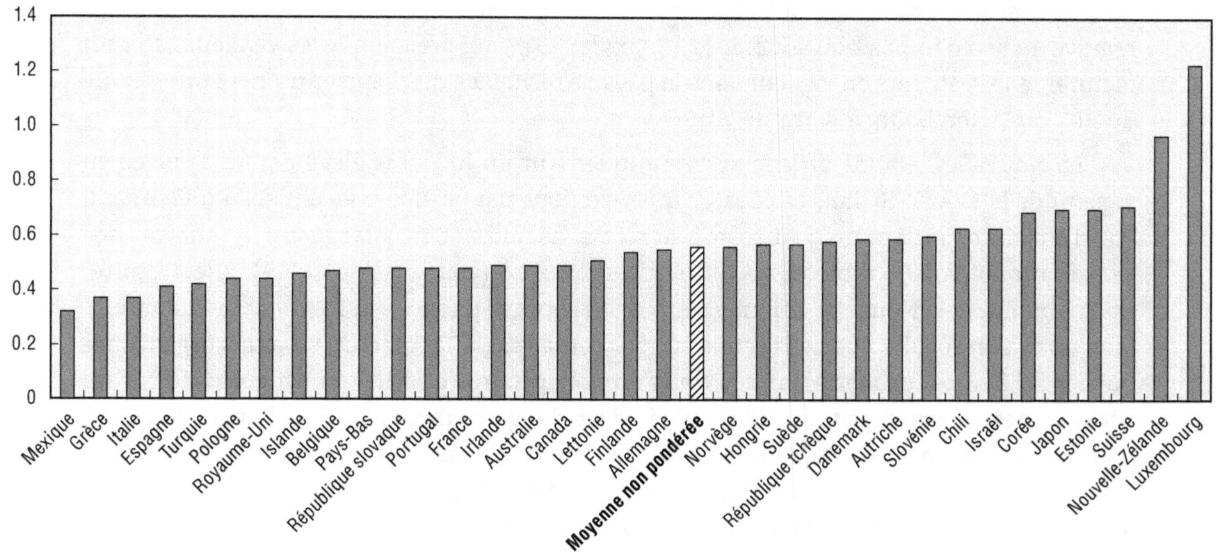

Source : Calculs réalisés par l'auteur sur la base de *Statistiques des recettes publiques 2016*, Éditions OCDE, Paris, *http://dx.doi.org/10.1787/rev_stats-2016-en-fr* et des Comptes nationaux. Le ratio de recettes TVA (RRT) se définit comme le ratio entre les recettes effectives de la TVA et les recettes qui seraient théoriquement collectées si la TVA s'appliquait au taux normal à l'ensemble de la consommation finale (voir tableau 3.A3.1).

StatLink http://dx.doi.org/10.1787/888933458560

Le poids des divers facteurs influant sur le RRT peut varier considérablement d'un pays à l'autre selon les circonstances. Les deux pays dont le RRT est le plus élevé, à savoir le Luxembourg et la Nouvelle-Zélande, se situent tous deux très au-dessus de la moyenne de l'OCDE (respectivement 1.23 et 0.97 alors qu'elle est de 0.56) et distancent même nettement la Suisse, troisième pays du classement, dont le RRT est de 0.71. Cependant, c'est pour des raisons très différentes que leurs ratios sont aussi élevés.

Le RRT du Luxembourg a constamment augmenté depuis la fin des années 90, passant de 0.56 en 1996 à 1.23 en 2014. Cette hausse est corrélée à une transformation profonde du marché de l'UE, qui se caractérise en particulier par la libéralisation des services financiers et l'essor du commerce électronique. On peut raisonnablement supposer que ces paramètres de marché et leur traitement spécifique au regard de la TVA ont concouru puissamment à la hausse du RRT au Luxembourg. Il est vraisemblable que le statut de ce pays en tant que grand centre financier international lui ait valu des recettes de TVA supplémentaires. D'après les règles de l'UE sur la TVA, les ventes de services financiers sont généralement exonérées de TVA au Luxembourg sans que la déduction de la taxe payée en amont soit possible, y compris quand l'acheteur est situé dans un autre pays membre de l'UE. Il s'ensuit que, en raison de l'expansion des ventes transfrontières de services financiers, la TVA supportée par les sociétés de services financiers au Luxembourg grossit les recettes de TVA dans ce pays alors qu'une grande partie de la consommation finale a lieu dans d'autres États membres de l'UE.

Au fil du temps, le Luxembourg est en outre devenu un centre majeur du commerce électronique international, en raison notamment du traitement de ce type d'activité prévu par la législation de l'UE sur la TVA. En effet, elle disposait (jusqu'au 1er janvier 2015) que les ventes réalisées dans le contexte du commerce électronique à des consommateurs finaux des autres États membres étaient taxées dans le pays où le fournisseur est établi. Le faible taux normal de TVA en vigueur au Luxembourg, le plus bas de l'UE (15 % en 2014), a incité les entreprises se livrant au commerce électronique à s'établir dans ce pays. Le Luxembourg y a gagné des recettes de TVA supplémentaires, qui n'ont cessé d'augmenter au fil du temps grâce à l'essor spectaculaire de l'économie numérique. Il est probable que la nouvelle règle relative au lieu d'imposition adoptée le 1er janvier 2015, qui prévoit que les vendeurs doivent facturer la TVA au taux en vigueur dans le pays de résidence du client, entraînera une décrue du RRT du Luxembourg à partir de 2015.

La Nouvelle-Zélande affiche systématiquement un RRT très élevé depuis l'entrée en vigueur de la TVA (TPS) dans ce pays, ce qui s'explique par plusieurs facteurs. Premièrement, contrairement au Luxembourg, son assiette fiscale est très large car le champ des exonérations (voir le tableau 2.A2.4) et du taux zéro (voir le tableau 2.A2.2) est limité. Deuxièmement, la Nouvelle-Zélande soumet les services publics à la TVA (voir le Chapitre 2). Bien qu'il n'en résulte pas de recettes supplémentaires (la TVA facturée par les organismes publics à l'État est couverte par des transferts budgétaires et celle qui est collectée sur les activités des collectivités territoriales est incluse dans les impôts locaux), la part de la TVA dans le total des recettes s'accroît mécaniquement, ce qui fait augmenter le RRT. Cependant, les comptes nationaux (voir la section ci-dessus) n'incluent pas la valeur ajoutée par l'État dans la base d'imposition potentielle de la TVA. L'ensemble de ces considérations pourrait expliquer pourquoi le RRT de la Nouvelle-Zélande est si élevé, et parfois même supérieur à 1.

À l'autre extrémité du spectre, le Mexique est le pays de l'OCDE dont le RRT est le plus bas (0.32). Cette situation s'explique vraisemblablement par plusieurs facteurs, notamment l'étendue des exonérations de TVA, le grand nombre de produits et services bénéficiant d'un taux zéro et l'importance de la fraude (l'écart de TVA est estimé à 21.7 % dans ce pays, voir CIAT 2012). Le régime de TVA a été réformé en 2014 de manière à supprimer le taux réduit de 11 % dans les zones frontalières, si bien que le taux normal de 16 % s'applique sur tout le territoire national. Par la même occasion, le taux zéro dont bénéficiaient l'hôtellerie et les services connexes rendus aux étrangers a été abrogé, de sorte qu'ils sont aujourd'hui soumis au taux normal, et le régime des activités de transformation destinées à l'exportation (*maquiladores*) a été réaménagé pour réduire le risque de fraude. Le RRT du Mexique est passé de 0.31 en 2012 à 0.28 en 2013 et 0.32 en 2014.

Si, sur longue période, le RRT moyen non pondéré est resté à peu près stable, les crises économiques ont laissé des traces visibles dans de nombreux pays, en particulier ceux qui ont le plus souffert de la crise économique et financière mondiale. Entre 2007 et 2012, le RRT a baissé dans 28 pays membres de l'OCDE alors qu'il n'a augmenté que dans 7 d'entre eux. Son repli est particulièrement marqué (plus de 0.1) dans les pays suivants : Espagne, Estonie, Grèce, Irlande, Islande, Lettonie, Pologne, République slovaque et Slovénie. Le recul du RRT tient à une conjonction de facteurs, notamment la fraude et l'évolution des modes de consommation causée par la crise économique. En effet, si la part des dépenses totales des ménages qui sont consacrées aux biens et services de première nécessité (qui bénéficient de taux réduits ou d'exonérations pour des postes tels que l'alimentation, le logement, la santé, etc.) s'élargit au détriment des autres dépenses (automobiles, logements neufs, loisirs), le RRT diminue automatiquement.

3.4. Comment interpréter les estimations du RRT ?

Facteurs susceptibles d'influer sur le RRT

En théorie, plus le régime de TVA d'un pays est « pur », plus son RRT est proche de 1. Les taux réduits, les exonérations et l'incapacité de collecter la totalité des impôts dus le font baisser par rapport à cette valeur de référence. Un RRT supérieur à 1 n'est théoriquement possible que si le taux normal s'applique à la quasi-totalité de la base d'imposition et si un certain nombre d'exonérations sans droit à déduction existent de telle sorte que l'effet en cascade des exonérations procure à l'État des recettes supplémentaires excédant leur coût. Un RRT proche de 1 est interprété comme une preuve que la TVA pèse uniformément sur une large assiette et qu'elle est efficacement recouvrée. En pratique, le RRT est rarement égal à 1 et il varie dans un sens ou dans l'autre en fonction de plusieurs facteurs complexes, à savoir :

- L'application d'un taux de TVA réduit à un certain nombre de biens et services et le niveau de ces taux, qui se traduisent par une perte de recettes et ont une incidence négative sur le RRT.
- Le niveau du seuil d'enregistrement et/ou de recouvrement au-dessous duquel les petites entreprises sont dispensées de payer la TVA. Ces seuils amoindrissent le montant de la TVA collectée même s'il est vraisemblable que le coût pour les recettes publiques est limité puisque les entreprises qui restent en deçà des seuils n'ont généralement pas le droit de déduire la TVA d'amont et leur valeur ajoutée est probablement modeste.
- Le champ des exonérations. Les exonérations peuvent soit éroder les recettes (quand elles s'appliquent à des biens et services fournis directement au consommateur final, comme c'est le cas par exemple dans la santé), soit les gonfler quand elles interviennent à un stade précoce de la chaîne d'approvisionnement (services financiers aux entreprises, par exemple) et que les recettes dues à l'effet de cascade dépassent la taxe qui aurait pu être obtenue moyennant une imposition au taux normal ouvrant droit à déduction de la TVA d'amont. Les exonérations peuvent, en fonction de leurs propres caractéristiques et de celles du marché, agir à la hausse ou à la baisse sur le RRT. L'exonération des services financiers a souvent un impact considérable sur le RRT compte tenu de l'importance de ce secteur dans de nombreux pays (pour des informations plus détaillées, voir la note technique sur les services financiers à la Section 3.5).
- Le traitement des activités de service public au regard de la TVA. La consommation finale des administrations publiques est le deuxième poste de la consommation finale dans les comptes nationaux après celle des ménages. Les activités de l'État sont exonérées ou exclues du champ de la TVA dans la plupart des pays, la Nouvelle-Zélande étant l'unique exception puisqu'elle y soumet toutes les activités de l'État. En conséquence, les organismes publics ne peuvent déduire la TVA payée en amont sur leurs dépenses assujetties, sauf en Nouvelle-Zélande où ils ont le droit de déduire intégralement la taxe acquittée en amont. Plusieurs pays se sont dotés de mécanismes destinés à compenser les effets néfastes de l'exonération, par exemple des remboursements de TVA ciblés, un droit à déduction totale ou partielle de la TVA d'amont, des compensations budgétaires ou l'imposition de vastes pans de l'activité des organismes publics. Les différentes options choisies par les gouvernements ont des effets inégaux sur le RRT. La compensation par des mécanismes autres que la TVA (par exemple une simple compensation budgétaire) n'a pas d'incidence directe sur le RRT parce que les activités de l'État demeurent passibles de la TVA sur leurs intrants, ce qui génère les recettes de TVA correspondantes. En revanche, un droit à déduction pour une grande partie de la TVA payée en amont peut diminuer le

montant de la TVA collectée par l'État et, par voie de conséquence, peser sur le RRT. À l'inverse, assujettir à la TVA une grande partie des activités de l'État comme c'est le cas en Nouvelle-Zélande aura pour effet d'accroître le montant de la TVA collectée parce que la taxe grèvera sa production plutôt que ses intrants (pour des explications plus détaillées, voir la note technique sur le secteur public à la Section 5.2).

- Les règles relatives au lieu d'imposition des échanges internationaux peuvent s'écarter du principe de destination et ne permettent pas toujours de taxer intégralement la base d'imposition potentielle dans le pays de destination (ex. : services taxés dans le pays où est établi le fournisseur alors que les clients résident à l'étranger). Selon qu'un pays est exportateur ou importateur net, son RRT pourra varier à la hausse ou à la baisse. En outre, les divergences entre les règles applicables au lieu d'imposition peuvent aboutir à une double imposition des ventes transfrontières.
- La capacité d'une administration fiscale de gérer efficacement la TVA et le niveau de discipline fiscale des contribuables influent aussi sur le RRT parce qu'une prévalence élevée de la fraude ampute les recettes de TVA. En outre, l'insolvabilité des contribuables et les faillites font baisser le RRT.
- Le fait que l'administration fiscale ne rembourse pas la TVA aux entreprises ayant un solde créditeur (par exemple, les exportations sont effectuées en franchise de TVA alors que les entreprises qui en sont les auteurs peuvent déduire la TVA sur leurs intrants), au mépris du principe fondamental de neutralité de la TVA, peut aboutir à une hausse du RRT.
- L'évolution des modes de consommation peut aussi affecter les recettes. À titre d'illustration, le RRT peut diminuer toutes choses égales par ailleurs si la part de la consommation de biens et services de première nécessité qui sont imposés à taux réduit augmente, à la suite d'une crise économique par exemple.
- Enfin, l'effet éventuel des écarts entre les dépenses de consommation finale mesurées par les comptes nationaux et la base d'imposition potentielle de la TVA des pays doit être pris en considération dans l'interprétation du RRT (voir la Section 3.5).

Évaluation de l'incidence relative des différents facteurs pouvant influer sur le RRT

Le niveau du RRT dépend rarement d'une cause unique, mais plutôt des liens réciproques entre plusieurs facteurs. À titre d'illustration, un taux normal élevé peut pousser à la fraude alors que l'existence de plusieurs taux réduits peut entraîner des pertes de recettes à cause de déclarations erronées ou trompeuses aboutissant à une mauvaise classification. L'exonération de certains secteurs d'activité peut engendrer des distorsions et favoriser l'évitement de l'impôt, ce qui exige de mobiliser des moyens administratifs supplémentaires qui autrement pourraient être consacrés à un recouvrement efficace de la TVA. Par ailleurs, une administration fiscale inefficace, des obligations administratives démesurées ou une complexité excessive des mécanismes de TVA peuvent amener des contribuables à se dérober à leurs obligations.

On peut classer ces facteurs dans deux grandes catégories :

- ceux qui résultent de décisions politiques, qui affectent principalement la base d'imposition ou le champ d'application du taux normal (ou, autrement dit, les taux réduits et exonérations de TVA), et
- ceux qui se rattachent à l'efficacité du recouvrement de l'impôt et à la discipline fiscale.

Il est possible d'isoler l'effet des décisions politiques sur les recettes de TVA au moyen d'un indicateur qu'on appelle parfois le « Ratio d'efficience compte tenu des choix politiques », qui compare les recettes de TVA théoriques aux taux et sur la base de l'assiette en vigueur (en supposant que la fraude est nulle) avec celles qui seraient obtenues si un taux uniforme était appliqué à la totalité de la consommation :

Ratio d'efficience compte tenu des choix politiques = (recettes théoriques de TVA sur la base de la législation en vigueur)/(consommation finale x taux de TVA normal).

Quant au « ratio d'efficience compte tenu des pertes liées à la fraude » ou « écart de TVA » dans l'UE, il compare le montant réel des recettes de TVA avec leur montant théorique en appliquant les taux en vigueur et la base d'imposition prévue par la loi :

Ratio d'efficience compte tenu des pertes liées à la fraude = (recettes de TVA)/(recettes théoriques de TVA selon la législation fiscale en vigueur)

Le RRT est la somme du « Ratio d'efficience compte tenu des choix politiques » et du « Ratio d'efficience compte tenu des pertes liées à la fraude ». Il est possible de concevoir des méthodes permettant de ventiler le RRT. L'une d'entre elles consiste à se référer aux dépenses fiscales (c'est-à-dire à la perte de recettes causée par l'application partielle du taux normal à la base d'imposition « totale ») pour calculer le ratio d'efficience compte tenu des choix politiques. Le reste de la différence entre 1 et le niveau réel du RRT donnerait par déduction le ratio d'efficience compte tenu des pertes liées à la fraude. Cependant, les chiffres doivent être interprétés avec prudence en raison du grand nombre de facteurs pouvant influer sur le RRT.

Une autre méthode consisterait à calculer « le manque à gagner fiscal », c'est-à-dire la différence entre les recettes effectivement collectées et le produit théorique des impôts si l'ensemble des consommateurs et des entreprises respectaient parfaitement la loi. Cette méthode est employée pour la TVA dans l'UE (CASE 2016), où l'écart de TVA correspond à la différence entre le montant de la TVA effectivement collectée et le montant théoriquement dû selon la législation fiscale (montant total de l'impôt dû au titre de la TVA ou montant total de la TVA due – MTTD). L'écart de TVA est estimé selon une démarche descendante qui applique les différents taux de TVA en vigueur aux composantes de la consommation (consommation finale des ménages, consommation finale des administrations publiques et des organismes sans but lucratif, consommation intermédiaire des entreprises partiellement exonérées, dépenses de logement, éléments spécifiques à un pays, corrections, etc.). L'Australie emploie une méthode similaire (ATO 2015). L'enquête de l'UE (CASE 2016) donne en outre une estimation de l'écart dû aux choix politiques et de sa répartition entre « l'écart dû aux taux » et « l'écart dû aux exonérations » ; il en ressort que, si de nombreux États membres disposent d'une certaine marge de manœuvre pour élargir le champ des biens et services imposés au taux normal, une application plus rigoureuse des règles demeure indispensable pour toute stratégie visant à améliorer le système de TVA.

3.5. Notes techniques

Écarts entre dépenses de consommation finale et assiette de la TVA qui peuvent influer sur le RRT

Les dépenses de consommation finale sont le principal indicateur de la consommation dans les comptes nationaux. Elles incluent la consommation des ménages, des organisations à but non lucratif et des administrations publiques. Elles comprennent plusieurs éléments qui ne sont considérés dans aucun pays membre de l'OCDE comme faisant partie de la base d'imposition, comme les loyers imputés sur les logements occupés par leur propriétaire (lesquels font partie de la consommation des ménages) et les services rendus à titre gratuit par les administrations publiques (qui sont inclus dans la consommation des administrations publiques). En revanche, elles excluent des postes soumis à la TVA dans certains pays membres de l'OCDE, en particulier la construction de logements.

Au vu des disparités entre les dépenses de consommation finale et la base d'imposition de la TVA, on peut considérer que la TVA est un impôt général sur la consommation et que, par conséquent, son produit doit être comparé avec celui qui serait obtenu si elle était appliquée à la définition de la consommation retenue dans les comptes nationaux, sa base naturelle. À défaut, une correction de l'indicateur de la consommation retenu dans les comptes nationaux pour le rapprocher de l'assiette type de la TVA autoriserait une interprétation plus pertinente du RRT d'un pays parce qu'elle cernerait mieux l'incidence sur les recettes de TVA des écarts par rapport à la base d'imposition généralement acceptée.

Quelle que soit l'approche retenue, plusieurs questions devront être approfondies. Cela est particulièrement évident pour la deuxième approche, qui nécessite de définir avec précision ce qui constitue une « base d'imposition normale de la TVA ». Ce problème, de même nature que celui de la définition d'un système fiscal de référence à l'aune duquel porter un jugement sur les dépenses fiscales, pourrait se révéler tout aussi ardu à résoudre. Les sections ci-après examinent les principales différences entre les dépenses de consommation finale des comptes nationaux et l'assiette type de la TVA ainsi que quelques facteurs supplémentaires qui peuvent influer sur le RRT.

Les dépenses privées de consommation finale des ménages

Les dépenses de consommation finale des ménages se composent des achats de biens et services utilisés par les ménages pour faire face à leurs besoins quotidiens (habillement, biens durables, loyers, transports, services personnels etc.), qui représentent de loin la partie la plus importante de leurs dépenses de consommation. Le mode de comptabilisation des dépenses de consommation finale dans les comptes nationaux est conforme à la base d'imposition potentielle de la TVA. De plus, par convention, tous les biens et services sont considérés comme ayant été intégralement consommés une fois qu'ils ont été acquis par les ménages, si bien qu'ils sont inclus dans la « consommation finale », ce qui est conforme à la manière dont la TVA fonctionne (voir le Chapitre 1).

Les achats de logements privés sont le principal point sur lequel le traitement des dépenses de consommation finale dans le SCN s'écarte de la base d'imposition potentielle de la TVA. En effet, les achats de logements ne sont pas enregistrés en tant que composantes de la consommation finale dans le poste P3, mais incorporés à la formation brute de capital fixe (poste P5). Cette règle n'est pas exactement conforme à la base d'imposition potentielle de la TVA parce que, normalement, elle inclut les logements neufs vendus par des entreprises aux consommateurs finaux. Au surplus, les comptables nationaux considèrent les propriétaires de logements comme des producteurs de services, que ce soit pour eux-mêmes ou pour des locataires. Les achats de matériaux pour les réparations ou les services des plombiers et électriciens nécessaires pour maintenir un logement en bon état sont considérés non comme des consommations finales, mais comme des consommations intermédiaires. Du point de vue de la TVA, quand un logement est proposé à la location, les loyers doivent être comptabilisés dans les dépenses de consommation finale des locataires puisqu'en théorie ils font partie de la base d'imposition potentielle de la TVA. Cependant, dans les comptes nationaux la consommation finale inclut la valeur imputée des services de logement consommés par les propriétaires-occupants (loyers imputés) mais, comme ces loyers ne résultent d'aucune transaction, ils ne peuvent être soumis à la TVA et n'entrent donc pas dans sa base d'imposition potentielle.

Corriger le dénominateur du RRT pour tenir compte de ces disparités peut se révéler délicat pour plusieurs raisons : plusieurs pays membres ne font pas apparaitre les loyers imputés de manière spécifique dans leurs comptes nationaux. Deuxièmement, cette correction peut être complexe. Par exemple, les dépenses encourues par un propriétaire pour réparer et maintenir en état le logement qu'il occupe doivent être assimilées à la consommation finale, ce qui n'est pas le cas si le logement est destiné à la location ; les ventes de logements privés doivent être incluses, mais uniquement pour ceux qui sont vendus par des entreprises (telles que, par exemple, des promoteurs) alors que les transferts de propriété entre ménages sont exclus. De plus, si les achats d'immobilisations sous la forme de logements étaient intégralement inclus dans la base d'imposition potentielle, certains loyers sur les logements loués seraient comptabilisés deux fois. C'est pourquoi aucune correction n'est pratiquée au titre des logements privés à la base d'imposition potentielle de la TVA mesurée par les dépenses de consommation finale.

Les dépenses de consommation finale des institutions sans but lucratif au service des ménages (ISBLSM)

Les ISBLSM sont des entités formées par des groupes de ménages pour fournir des services non commerciaux soit à eux-mêmes, soit à d'autres ménages. Les ISBLSM comprennent les partis politiques, les syndicats, les organisations religieuses, les clubs sportifs, les associations culturelles, les organismes caritatifs et associations à buts philanthropiques (Croix Rouge, etc.) ainsi que certaines fondations de bienfaisance. De plus, certaines universités sont classées dans ce secteur dans plusieurs pays. Cependant, les institutions sans but lucratif qui ne sont pas financées directement par les ménages mais, par exemple, par des entreprises (Chambres de commerce, associations professionnelles, etc.) sont incluses dans le secteur des entreprises. Celles qui sont contrôlées ou financées par les administrations publiques sont classées dans ces dernières. Les ISBLSM ne représentent qu'une petite partie des comptes nationaux.

À l'instar des administrations publiques, les ISBLSM dispensent des services non marchands. C'est pourquoi les comptes nationaux les comptabilisent dans les administrations publiques (voir plus bas). Les services produits par les ISBLSM sont évalués au coût de revient et, par convention, sont consommés par ces dernières. Les dépenses de consommation finale des ISBLSM sont donc égales à leurs frais de fonctionnement. Il n'est ici pas nécessaire de distinguer entre les dépenses individuelles et collectives parce que ces organisations sont au service des ménages, de sorte que la totalité de leurs dépenses sont considérées comme individuelles. Le traitement dans les comptes nationaux qui est ici décrit correspond aux règles de la TVA puisque dans la plupart des pays les ISBLSM en sont exonérées, sans déduction de la taxe payée en amont, de sorte que, en dernière analyse, la TVA est assise sur leurs intrants.

Les dépenses de consommation finale des administrations publiques

La consommation finale des administrations publiques est le deuxième poste de la consommation finale dans les comptes nationaux après celle des ménages. Les dépenses des administrations publiques sont incluses par convention dans la consommation finale de l'État lui-même. Par exemple, les dépenses courantes de police et d'enseignement sont considérées comme une consommation des administrations publiques. Cette convention est due au fait que, quoique ces dépenses profitent aux ménages et aux entreprises, il n'est pas possible de les imputer avec précision aux bénéficiaires parce que les prestations correspondantes ne sont pas achetées par ces derniers mais financées par l'impôt. C'est pourquoi une convention veut que, au lieu d'imputer ces dépenses à leurs bénéficiaires, on les attribue en totalité aux administrations publiques. Entre autres avantages, cette démarche a le mérite de rester plus proche des flux monétaires réels.

Les dépenses de consommation générale des administrations publiques comprennent les dépenses de consommation collective (dépenses liées aux activités des administrations publiques qui ne sont pas imputables uniquement aux ménages mais profitent aussi aux entreprises, notamment l'Assemblée nationale, le Parlement, les ministères des Affaires étrangères, de l'Intérieur, de la Défense, des Affaires économiques, etc.) et les dépenses de consommation individuelles, dont les différents bénéficiaires peuvent en principe être identifiés (dépenses manifestement engagées au profit des ménages telles que l'éducation et la santé publiques, les aides au logement social, les frais de fonctionnement des musées et les autres services dispensés aux ménages par l'État). Du point de vue comptable, les dépenses de consommation finale de l'État sont égales à leur coût, lequel est égal à : la rémunération des fonctionnaires de l'État *plus* les achats par l'État de matériels et d'autres biens de consommation intermédiaire *plus* la consommation de capital fixe de l'État *plus* les biens et services achetés au profit des ménages par l'État (comme, par exemple, les allocations logement, remboursements de frais de santé, etc.) *moins* les paiements partiels effectués par les ménages ou les entreprises en contrepartie de services dispensés par l'État (entrées dans les musées, achats de publications de l'État, etc.).

Les activités de l'État sont exonérées ou exclues du champ de la TVA dans la plupart des pays, à l'exception de la Nouvelle-Zélande où elles y sont intégralement assujetties. En conséquence, les organismes publics ne peuvent déduire la TVA payée en amont sur leurs achats imposables, de sorte que cette TVA non déductible est incluse dans le coût de la consommation des administrations publiques, sauf en Nouvelle-Zélande qui applique un droit de déduction intégrale de la taxe d'amont. Les règles de TVA assimilent les dépenses de consommation finale des ISBLSM et des administrations publiques à des consommations finales parce que ces entités se trouvent au stade ultime de la chaîne d'approvisionnement au fil de laquelle la TVA est recouvrée. Elles acquittent la TVA sur leurs intrants mais ne peuvent en principe pas la déduire parce que, en général, leur production est exonérée ou n'entre pas dans le champ de cet impôt. Cette approche est conforme dans ses grandes lignes à la définition de la base d'imposition décrite plus haut, qui couvre les dépenses réalisées pour obtenir une consommation (plutôt que la consommation elle-même). Le coût (ou la taille) des administrations publiques peut influer sur le RRT. À titre d'illustration, si le coût salarial de la production d'un même service (par exemple la justice) pour la population est de 100 unités dans le Pays A et de 120 dans le Pays B, la base d'imposition potentielle de la TVA mesurée par le poste P3 (P32-S13) sera plus élevée dans le Pays B, qui présentera mathématiquement un RRT plus bas que le Pays A toutes choses égales par ailleurs.

Plusieurs pays se sont dotés de mécanismes destinés à compenser les effets néfastes de l'exonération, comme des remboursements de TVA ciblés, un droit à déduction totale ou partielle de la TVA d'amont, des compensations budgétaires ou l'imposition de vastes pans de l'activité des organismes publics. Comme on l'a vu plus haut, la Nouvelle-Zélande soumet toutes les activités de l'État à la TVA, qui est donc assortie d'un droit au remboursement intégral de la taxe payée en amont. Les différentes options choisies par les gouvernements ont des effets inégaux sur le RRT. La compensation par des mécanismes autres que la TVA (par exemple une simple compensation budgétaire) n'a pas d'incidence directe sur le RRT parce que les activités de l'État demeurent passibles de la TVA sur leurs intrants, ce qui génère les recettes de TVA correspondantes. En revanche, un droit à déduction pour une grande partie de la TVA payée en amont peut diminuer le montant de la TVA collectée par l'État et, par voie de conséquence, peser sur le RRT. À l'opposé, une extension du champ des activités de l'État soumises à la TVA aura pour effet d'accroître le montant de la TVA collectée parce que la taxe grèvera sa production plutôt que ses intrants. La Nouvelle-Zélande, qui génère des recettes supplémentaires de TVA substantielles grâce à l'imposition intégrale de la production de l'État même si, en définitive, ce ne sont pas des recettes à proprement parler puisque l'État (l'administration centrale) paie la taxe ou l'inclut dans d'autres impôts (à savoir les impôts locaux), est un cas extrême. Il est clair dans ce dernier cas que le RRT aura tendance à augmenter.

Les autres facteurs susceptibles d'influer sur le RRT

D'autres facteurs peuvent agir sur le RRT. Ce sont les distorsions susceptibles de résulter de l'inclusion dans le calcul de la base d'imposition potentielle de la TVA des transactions imputées (autres que les loyers imputés) que les comptes nationaux assimilent aux dépenses de consommation finale. Certaines de ces transactions (ex. : biens produits par les ménages pour eux-mêmes tels que des produits agricoles et services de bricolage) ne font pas partie de la base d'imposition potentielle, tandis que d'autres (ex. : échanges de biens et services non déclarés aux autorités) pourraient légitimement être intégrées dans le champ de la TVA. Cependant, il très difficile de mesurer, à partir des comptes nationaux, l'incidence globale de ces différences sur la base d'imposition potentielle. Un autre point épineux est l'inclusion dans les dépenses de consommation finale des biens d'occasion (ex. : véhicules automobiles) vendus aux ménages par des entreprises. La consommation finale des ménages comprend la totalité du prix payé pour un bien. Étant donné que dans la plupart des cas la TVA ne s'applique qu'à la marge du revendeur, il pourrait en résulter des distorsions. Enfin, les achats transfrontaliers des ménages peuvent aussi influer à la marge sur le RRT parce que les dépenses de consommation finale se produisent dans un pays alors que la TVA est payée dans un autre.

Le traitement des activités de service public au regard de la TVA

Les organismes et entités publics sont exonérés de TVA dans la plupart des pays, ce qui signifie qu'ils ne facturent pas la TVA sur leur production et ne déduisent pas celle qu'ils ont acquittée en amont. Sous l'angle des recettes fiscales, ils sont donc traités comme des consommateurs finaux et la TVA n'est collectée que sur leurs achats imposables (dans le cas où ils leur sont fournis par des personnes imposables) alors que la valeur ajoutée créée par le secteur public n'est pas taxée.

Cette exclusion du champ de la TVA obéit à des considérations tant pratiques que de fond. En effet, dans la plupart des systèmes de TVA modernes, la base d'imposition visée est la consommation finale des agents privés, qui exclut les dépenses de consommation collective (c'est-à-dire les services fournis simultanément à tous les citoyens et qui sont automatiquement consommés sans aucune action particulière de leur part). Les dépenses de consommation collective comprennent notamment la sécurité (armée et police) ; la santé collective (politiques de prévention) ; l'éducation et la culture (écoles publiques, monuments et bibliothèques gratuites) ; et l'urbanisme (entretien et aménagement de l'espace public).

Juridiquement, la plupart des régimes de TVA prévoient que les ventes ne sont taxables que s'il existe un lien direct entre une vente identifiable et une contrepartie spécifique, ce qui n'est généralement pas le cas pour les postes faisant partie de la consommation collective. Enfin, lorsqu'elles agissent en tant que telles, les entités publiques n'exercent pas d'activité économique et n'ont donc pas la qualité de contribuable.

Cependant, les activités du secteur public sont généralement imposables dans les cas où les exonérer créerait des distorsions de concurrence substantielles avec les entreprises imposables du secteur privé qui dispensent des prestations similaires ou dans celui où des entités publiques exercent une activité commerciale. Les services dispensés par des entités publiques en contrepartie d'une rémunération spécifique considérée comme une rétribution liée directement à ces services peuvent aussi être inclus dans les ventes imposables. Dans ce cas, les entités publiques sont considérées comme des personnes imposables du fait de cette activité, indépendamment de leur statut juridique.

Nonobstant les raisons conceptuelles et pratiques plaidant pour l'exonération des activités du secteur public, des difficultés peuvent se présenter dans les cas où il n'est pas aisé de tracer la ligne de partage entre les activités imposables et non imposables parce que les exonérations sont déterminées en fonction d'une conjonction de facteurs tels que la nature de l'activité, le statut juridique du fournisseur ou les caractéristiques du marché. De plus, l'exonération peut engendrer des distorsions avec le secteur privé, empêcher l'émergence d'entreprises compétitives et créer un biais pénalisant la sous-traitance des fonctions administratives ou de soutien. En effet, comme elles sont exonérées (taxées sur les intrants), les entités publiques acquitteront la TVA sur les achats de services portant sur des fonctions sous-traitées à des entreprises imposables alors que ce ne sera pas le cas pour les prestations produites en interne. Au surplus, comme celle dont bénéficie le secteur financier (voir la section ci-dessus), l'exonération peut créer des effets d'imposition en cascade et des distorsions dans les échanges transfrontières de services et biens incorporels.

Il est possible de corriger les effets pervers de l'exonération de deux manières principales : le remboursement (d'une partie) de la taxe payée en amont par les organismes publics et l'extension du champ des activités imposables aux services publics. Un mécanisme de remboursement permettrait aux organismes exerçant des activités exonérées d'alléger, ou même éliminer en totalité, la charge de la TVA sur leurs intrants de manière à minimiser l'incitation à produire eux-mêmes. Dans l'UE, huit États membres (Autriche, Danemark, Finlande, France, Pays-Bas, Portugal, Royaume-Uni et Suède) se sont dotés de mécanismes destinés à dédommager les organismes publics de l'interdiction de déduire la TVA sur leurs intrants. Ces mécanismes, qui se présentent sous diverses formes, sont le plus souvent extérieurs au régime de TVA national (pour une description détaillée, voir Copenhagen Economics 2013). Selon le pays concerné, le remboursement de la TVA payée en amont peut être réservé aux organismes publics quelles que soient leurs activités (ex. : Danemark et Finlande) ou être accordé à un éventail plus large d'organismes mais en le cantonnant à certains secteurs tels que la santé et la sécurité sociale (Autriche) ou l'armée, les partis politiques, les Églises, les institutions de solidarité sociale et les services de lutte anti-incendie (Portugal). De plus, les remboursements peuvent n'être accordés qu'aux municipalités, aux autorités provinciales et aux régions (Pays-Bas). Il est également possible, en plus du remboursement de la TVA d'amont, de dédommager les organismes publics de la TVA incorporée dans le prix des services fournis par des intervenants exonérés du secteur privé, notamment dans la santé (Finlande et Suède). Ce remboursement peut aussi prendre la forme d'un pourcentage fixe des dépenses (par exemple en France, où les personnes morales soumises à la tutelle d'autorités publiques reçoivent cette compensation au titre de la TVA payée sur leurs dépenses d'investissement). En outre, certains pays fixent un seuil minimum à partir duquel certains organismes peuvent prétendre au remboursement de la TVA payée en amont si elle représente un pourcentage négligeable au regard de la TVA sur les intrants imputable aux transactions non exonérées des organismes non imposables (Royaume-Uni). Au Canada, les organismes participant au service public tels que les organismes sans but lucratif, les municipalités et les hôpitaux ou établissements d'enseignement publics peuvent prétendre à un remboursement total ou partiel de la TPS/TVH acquittée sur leurs intrants (Gendron, 2013). Il est aussi possible de mettre en place des systèmes visant à compenser certaines particularités de la TVA fédérale. Ainsi, par exemple, la Constitution du Canada interdit à l'État fédéral et aux provinces de se taxer mutuellement, si bien qu'un taux zéro est appliqué aux ventes des entreprises imposables aux provinces (du moins celles qui n'appliquent pas le régime de la taxe de vente harmonisée – TVH), tandis que les gouvernements des cinq provinces où la TVH existe ont accepté de payer la TPS/TVH sur leurs intrants taxables.

Cependant, si les remboursements de TVA aux organismes publics ont le mérite d'atténuer le biais défavorable à la sous-traitance, ils risquent d'aggraver les distorsions de concurrence avec le secteur privé en ajoutant à l'exonération de la production une compensation pour la TVA non déductible sur les intrants. Ils alourdissent en outre la charge de travail des organismes publics, qui doivent calculer le montant de la TVA non déductible sur leurs intrants pour obtenir la compensation.

Au lieu du mécanisme de remboursement, la Nouvelle-Zélande a opté pour un régime d'imposition intégrale (décrit en détail dans Millar, 2013) dans lequel la totalité de la production des organismes publics est imposable mais donne droit à la déduction de la TVA payée en amont. Dans ce système, beaucoup (mais non la totalité) de flux monétaires de l'État sont considérés comme la rémunération de prestations imposables. Les notions de « personne imposable », « fourniture » et « activité imposable » sont aménagées de manière à inclure l'administration centrale, les collectivités territoriales et les dotations et subventions qu'ils accordent. Dans ce cadre, les organismes publics qui dépendent de l'administration centrale sont considérés comme des assujettis exerçant des activités taxables. Les organismes publics sont réputés fournir des services taxables (sécurité, justice, éducation, santé, etc.) à l'État, qui leur alloue un budget (considéré comme une rémunération aux fins de la TVA) pour fournir ces services. À titre d'illustration, un organisme public reçoit un budget de 1 million NZD pour réformer les procédures de marché public. L'organisme public chargé de cette réforme facturera 1 million NZD plus 150 000 NZD de TPS. Si l'organisme responsable du projet a besoin de faire appel à d'autres organismes publics ou à des entreprises privées pour l'exécuter, la TPS facturée par ceux-ci donnera à cet organisme public le droit de la déduire en tant que taxe payée en amont. La production de l'administration centrale qui est destinée à être consommée individuellement ou collectivement par les citoyens ne leur est pas facturée directement (il n'y a pas de TPS sur l'impôt sur le revenu), mais est facturée à l'État, sauf si l'organisme public en question demande aux usagers une somme à titre de rémunération pour une prestation spécifique dont ils bénéficient individuellement. Il s'ensuit que les ventes entre autorités publiques sont imposables mais que, en définitive, elles sont payées par l'État lui-même, qui n'en tire donc aucune recette supplémentaire.

Le fonctionnement du régime d'imposition intégrale s'apparente à celui des entreprises lorsqu'il s'applique aux collectivités territoriales. Ces dernières prélèvent des impôts (qui, pour l'essentiel, se résument à la taxe foncière) sur des propriétaires fonciers afin de financer la consommation individuelle et collective. Ces propriétaires peuvent être résidents ou non et être des entreprises, enregistrées ou non à la TPS, et des consommateurs finaux. Le montant de l'impôt à la charge d'un contribuable donné n'est pas forcément proportionnel à sa consommation individuelle de services dispensés par la collectivité territoriale. En vertu de la loi sur la TPS, ces impôts locaux sont considérés comme la contrepartie de la fourniture de services imposables aux propriétaires fonciers. Contrairement aux organismes de l'administration centrale, la TPS est facturée directement à ces propriétaires, qui l'acquittent sur les impôts locaux. Les entreprises enregistrées à la TPS ont le droit de la déduire de ces impôts (sauf dans le cas où elles sont exonérées) et, comme les consommateurs finaux sont privés de ce droit, les règles de cet impôt engendrent dans ce cas précis un surcroît de recettes pour l'État. La plupart des autres prestations des collectivités territoriales (ex. : droits d'usage et taxes sur les permis et licences, subventions et dotations spécifiques, etc.) à destination des consommateurs sont aussi imposables. Bien entendu, les collectivités territoriales ont droit au remboursement intégral de la TPS sur leurs intrants.

L'exonération de TVA des services financiers

La principale raison pour laquelle les services financiers (banque et assurances) sont exonérés de TVA est qu'il est difficile d'évaluer la base d'imposition transaction par transaction pour les services d'intermédiation complexes qui constituent la plus grande partie des activités financières. Idéalement, la TVA ne serait perçue que sur la commission d'intermédiation, qui correspond à la valeur réellement créée par l'institution financière, et non sur le taux d'intérêt, la prime ou le rendement qui doit être payé par ses clients. Cependant, en pratique, il n'est pas aisé de pratiquer une telle distinction. Même si soumettre les services financiers à la TVA améliorerait l'efficience du système, beaucoup font valoir que, en l'absence d'approche simple et solide pour évaluer la base d'imposition, cette taxation pourrait aboutir à des coûts prohibitifs pour les contribuables comme pour l'administration fiscale.

Cependant, l'exonération de TVA des services financiers est la cause de plusieurs distorsions faussant les décisions tant des entreprises que des consommateurs. Elle entraîne une rupture de la chaîne de TVA, en ce sens que les institutions financières encourent des montants non négligeables de TVA non récupérable sur leur intrants parce qu'elles ne peuvent la facturer sur leurs propres ventes. Il en résulte des effets en cascade puisque la TVA non récupérable incorporée aux sommes facturées par les banques aux entreprises clientes ne peut être récupérée et sera répercutée dans le prix final facturé aux consommateurs situés sur le territoire national. Au surplus, la TVA non récupérable peut éroder les profits du secteur financier et/ou majorer les prix payés par les consommateurs en fonction de l'intensité de la concurrence qui règne sur le marché. En outre, l'exonération offre aux institutions financières une incitation fiscale à sous-traiter le moins possible pour éviter de supporter la TVA non récupérable qu'elles encourraient si elles faisaient appel à des entreprises extérieures. Aussi, le système fiscal favorise l'intégration verticale.

Cette rupture de la chaîne de TVA engendre aussi des distorsions de concurrence entre les services nationaux (exonérés mais assujettis à la TVA sur les intrants sans droit à déduction) et les services importés d'un pays où existe la TVA (et où les exportations de ce type de services sont exemptes de TVA) ou d'un pays où elle n'existe pas (États-Unis par exemple). Enfin, l'exonération crée des incitations à faire transiter certains achats par des juridictions étrangères ou à changer artificiellement la nature d'un achat dans le but d'accroître le pourcentage déductible. Ces failles sont d'autant plus graves que le traitement des services financiers au regard de la TVA n'est pas cohérent d'un pays à l'autre (il existe par exemple de grandes disparités en ce qui concerne leur définition, l'étendue de l'exonération, le calcul du prorata de droit à déduction, etc.).

Comme les institutions financières fournissent de nombreux types de services dont certains sont imposés tandis que d'autres sont exonérés sans droit à déduction, elles doivent se demander quels intrants (ou quelle part de certains intrants) servent à offrir des services imposables en aval et donnent donc droit à déduction et lesquels servent à d'autres fins. Dans un environnement hautement complexe, cette affectation des intrants aux ventes imposables et le calcul du pourcentage déductible induisent des coûts administratifs et de conformité élevés et sont une source d'incertitude pour les entreprises et les administrations fiscales. Il est en outre de plus en plus ardu de tracer une ligne de démarcation claire entre services exonérés et imposables à mesure qu'émergent de nouveaux produits et services.

Un moyen de corriger l'effet de cascade de l'exonération serait d'appliquer un taux zéro aux transactions financières entre entreprises soit directement comme en Nouvelle-Zélande, soit indirectement comme en Australie et à Singapour. Taxer tous les frais explicites facturés aux consommateurs finaux permettrait de toucher au moins une partie de la consommation finale de services financiers. Une telle solution aurait néanmoins l'inconvénient d'imposer trop légèrement les services financiers vendus par des entreprises aux particuliers et affaiblirait le principe d'auto surveillance qui est inhérent à la TVA.

Même s'il semble que la meilleure solution technique serait de soumettre intégralement les services financiers à la TVA de sorte que la totalité de la TVA d'amont serait déductible, elle se heurte à un obstacle fondamental : comment concevoir un mécanisme permettant d'y parvenir en pratique. En réalité, ce n'est pas la TVA en elle-même qui est la principale entrave à une bonne application de cet impôt aux services financiers, mais l'application du mécanisme en vertu duquel la déduction de TVA est accordée au vu des factures pour des services dont le prix est fixé sur la base d'un écart sur une marge plutôt que d'un montant explicite (Zee, 2013). Cet écueil, conjugué à plusieurs considérations historiques et politiques, a conduit la plupart des pays à exonérer ces services de la TVA.

Des efforts considérables ont été consacrés au fil des ans à la conception d'une méthode appropriée, les principales étant la méthode soustractive, une version tronquée de la méthode d'imposition des flux de trésorerie et un mécanisme d'autoliquidation modifié. Cependant, aucune de ces solutions n'est universellement admise. Il n'est pas encore prouvé que cette réforme soit réalisable compte tenu des charges administratives et de conformité qu'elle entraînerait. Il semble en outre qu'aucune évaluation exhaustive des avantages de la réforme (à savoir la suppression des distorsions) et des coûts qui pourraient en résulter, en particulier pour les recettes publiques, n'ait été effectuée. Il convient aussi de tenir compte des réactions politiques possibles à l'imposition des banques. Néanmoins, les nouvelles technologies et normes comptables devraient permettre de concevoir une méthode pour imposer les services financiers dont le prix est déterminé sur la base d'une marge d'une manière juste, fiable et à un coût raisonnable. Il faudrait pour ce faire trouver un équilibre entre le souci de simplicité et une attention excessive portée aux détails (Kerrigan, 2010).

Références

ATO (2015), *Measuring tax gaps in Australia 2014-15*, Australian Taxation Office, novembre 2015, *www.ato.gov.au/About-ATO/Research-and-statistics/In-detail/Tax-gap/Australian-tax-gaps-2015-16/?anchor=Summaryfindings#Summaryfindings*

Ebrill, L. et al. (2001), *The Modern VAT*, Fonds monétaire international, Washington, DC.

CASE (2016), Study and Reports on the VAT Gap in the EU 28 Member States: 2016 Final Report, Institute for Advanced Studies, Varsovie, août 2016.

CIAT (2012), *Estimating non-compliance in Latin America 2000-2010, Working Paper*, n° 3/2012.

Copenhagen Economics (2013) *VAT in the Public Sector and Exemptions in the Public interest*, Rapport pour la Commission européenne, Copenhague, janvier 2013.

HMRC (2013), *Measuring Tax Gaps 2013*, HM Revenue and Customs, Londres.

Keen, M. (2013), « The anatomy of the VAT », *IMF Working Papers*, WP/13/111, mai 2013, Washington.

Kerrigan, A. (2010), « The elusiveness of neutrality – why is it so difficult to apply VAT to financial services? », *International VAT Monitor*, vol. 21, n° 2 (18 mars 2010).

Millar, R. (2013), Smoke and Mirrors: Applying the Full Taxation Model to Government under the Australian and New Zealand GST Laws, *VAT exemptions, consequences and design alternatives*, Rita de la Feria, Wolters Kluwer 2013, New York.

OCDE (2010), *Choosing a Broad Base – Low Rate Approach to Taxation*, Études de politique fiscale de l'OCDE, n° 19, Éditions OCDE, Paris, *http://dx.doi.org/10.1787/9789264091320-en*.

OCDE (2006), *Understanding National Accounts*, Éditions OCDE, Paris, *http://dx.doi.org/10.1787/9789264027657-en*.

Reckon (2009), *Study to quantify and analyse the VAT gap in the EU-25 Member States*, Londres.

Nations Unies (2009), *Système de comptabilité nationale*, New York.

Warren, N. (2008), « A Review of Studies on the Distributional Impact of Consumption Taxes in OECD Countries », *Documents de travail de l'OCDE sur les affaires sociales, l'emploi et les migrations*, n° 64, juin 2008, OCDE, Paris.

Zee, H. (2013), *Further thoughts on reforming the VAT: Treatment of financial intermediation services*, *VAT exemptions, consequences and design alternatives*, Rita de la Feria, Wolters Kluwer 2013, New York.

ANNEXE 3.A3

Ratio de recettes TVA

Tableau 3.A3.1. **Ratio de recettes de TVA (RRT)**

	Taux de TVA normal 2014	1976	1980	1984	1988	1992	1996	2000	2005	2006	2007	2008	2009	2010	2011	2012	2013	2014	Écart 2007-12	Écart 2012-14
Allemagne	19.0	0.55	0.56	0.51	0.49	0.61	0.60	0.60	0.54	0.56	0.54	0.55	0.55	0.54	0.55	0.55	0.54	0.55	0.01	0.00
Australie	10.0								0.56	0.54	0.54	0.49	0.51	0.50	0.48	0.47	0.50	0.49	-0.07	0.02
Autriche	20.0	0.66	0.65	0.64	0.62	0.61	0.60	0.61	0.59	0.57	0.58	0.59	0.58	0.58	0.58	0.59	0.59	0.59	0.01	0.00
Belgique	21.0	0.562242	0.6	0.491352	0.5	0.49	0.46	0.50	0.50	0.50	0.51	0.48	0.46	0.48	0.48	0.48	0.47	0.47	-0.03	0.00
Canada	5.0					0.43	0.47	0.49	0.49	0.46	0.50	0.49	0.49	0.50	0.47	0.47	0.48	0.49	-0.03	0.02
Chili	19.0					0.63	0.68	0.64	0.67	0.64	0.67	0.70	0.59	0.62	0.63	0.64	0.63	0.63	-0.03	-0.01
Corée	10.0					0.64	0.58	0.59	0.64	0.63	0.63	0.63	0.65	0.67	0.67	0.69	0.67	0.69	0.06	0.00
Danemark	25.0	0.63	0.60	0.60	0.60	0.56	0.57	0.59	0.62	0.64	0.65	0.61	0.58	0.58	0.59	0.59	0.58	0.59	-0.06	0.00
Espagne	21.0				0.6	0.596141	0.43	0.52	0.57	0.57	0.53	0.43	0.32	0.45	0.39	0.41	0.39	0.41	-0.12	0.00
Estonie	20.0						0.73	0.72	0.70	0.81	0.80	0.67	0.73	0.67	0.67	0.69	0.66	0.70	-0.11	0.01
Finlande	24.0						0.54	0.61	0.60	0.61	0.60	0.58	0.56	0.55	0.56	0.56	0.55	0.54	-0.04	-0.02
France	20.0	0.65	0.69	0.62	0.62	0.53	0.52	0.50	0.52	0.51	0.51	0.50	0.47	0.47	0.48	0.48	0.48	0.48	-0.03	0.00
Grèce	23.0				0.46	0.47	0.43	0.49	0.47	0.46	0.48	0.46	0.39	0.44	0.37	0.37	0.36	0.37	-0.11	0.00
Hongrie	27.0					0.30	0.43	0.52	0.48	0.55	0.59	0.57	0.62	0.53	0.52	0.53	0.53	0.57	-0.06	0.04
Irlande	23.0	0.30	0.21	0.44	0.42	0.45	0.52	0.61	0.66	0.67	0.63	0.55	0.46	0.48	0.46	0.44	0.45	0.49	-0.18	0.04
Islande	25.5					0.56	0.54	0.59	0.61	0.64	0.59	0.53	0.45	0.43	0.44	0.45	0.45	0.46	-0.14	0.01
Israël	18.0						0.66	0.62	0.61	0.62	0.65	0.64	0.65	0.65	0.65	0.64	0.65	0.63	-0.01	-0.01
Italie	22.0	0.440902	0.4	0.381335	0.4	0.37	0.39	0.43	0.39	0.41	0.41	0.39	0.36	0.40	0.40	0.38	0.37	0.37	-0.03	-0.01
Japon	5.0					0.68	0.70	0.68	0.71	0.70	0.68	0.68	0.67	0.69	0.69	0.69	0.71	0.70	0.01	0.01
Lettonie	21.0							0.51	0.57	0.60	0.61	0.49	0.38	0.42	0.42	0.46	0.49	0.51	-0.15	0.05
Luxembourg	15.0	0.59	0.61	0.64	0.66	0.46	0.56	0.70	0.87	0.84	0.96	0.97	0.97	1.00	1.07	1.12	1.18	1.23	0.16	0.11
Mexique	16.0		0.33	0.27	0.25	0.31	0.24	0.28	0.30	0.33	0.33	0.34	0.30	0.32	0.31	0.31	0.28	0.32	-0.02	0.01
Norvège	25.0	0.661877	0.66	0.63	0.69	0.58	0.60	0.67	0.57	0.61	0.63	0.57	0.54	0.56	0.56	0.57	0.57	0.56	-0.06	0.00
Nouvelle-Zélande	15.0				0.89	0.96	0.99	0.99	1.03	1.03	0.96	0.96	0.97	1.10	0.93	0.94	0.95	0.97	-0.02	0.04
Pays-Bas	21.0	0.47	0.51	0.49	0.54	0.57	0.55	0.57	0.56	0.58	0.59	0.57	0.52	0.55	0.53	0.53	0.48	0.48	-0.07	-0.05
Pologne	23.0						0.42	0.42	0.48	0.51	0.53	0.50	0.45	0.47	0.47	0.43	0.42	0.44	-0.10	0.01
Portugal	23.0				0.45	0.49	0.55	0.60	0.56	0.51	0.51	0.49	0.43	0.48	0.45	0.47	0.46	0.48	-0.04	0.01
République slovaque	20.0						0.48	0.44	0.61	0.57	0.53	0.53	0.47	0.46	0.48	0.43	0.46	0.48	-0.10	0.05
République tchèque	21.0						0.43	0.42	0.56	0.53	0.54	0.57	0.55	0.53	0.55	0.57	0.57	0.58	0.03	0.02
Royaume-Uni	20.0	0.42	0.41	0.44	0.48	0.43	0.44	0.44	0.44	0.44	0.44	0.42	0.43	0.43	0.43	0.43	0.43	0.44	-0.01	0.01
Slovénie	22.0							0.67	0.66	0.68	0.69	0.68	0.59	0.59	0.59	0.58	0.64	0.60	-0.11	0.02
Suède	25.0	0.44	0.36	0.38	0.42	0.41	0.50	0.53	0.55	0.56	0.57	0.58	0.57	0.59	0.58	0.56	0.56	0.57	-0.01	0.01
Suisse	8.0						0.68	0.74	0.72	0.74	0.73	0.74	0.70	0.72	0.71	0.71	0.71	0.71	-0.02	0.00
Turquie	18.0				0.45	0.44	0.43	0.45	0.38	0.39	0.36	0.35	0.34	0.39	0.43	0.40	0.45	0.42	0.04	0.01
Moyenne non pondérée	19.1	0.53	0.51	0.50	0.53	0.52	0.55	0.57	0.58	0.59	0.59	0.57	0.54	0.55	0.55	0.55	0.55	0.56	-0.04	0.01

Formule de calcul : RRT = Recettes de TVA/[(Consommation – recettes de TVA) × taux de TVA normal]. Consommation = Dépenses de consommation finale (Rubrique P3) dans les comptes nationaux. Les taux de TVA utilisés sont les taux normaux en vigueur au 1er janvier de chaque année.

Série temporelle : Comme il n'existait pas de données dans tous les pays au-delà de 2014, le RRT n'a pas été calculé après cette date.

Canada: le calcul du RRT inclut uniquement la TVA (TPS) fédérale

Canada et Japon : les dépenses annuelles de consommation finale des comptes nationaux ont été corrigées pour assurer la concordance entre l'exercice budgétaire (T2 Y à T2 Y+1) pour les recettes de TVA et l'année civile pour la consommation finale.

Israël : Les données statistiques concernant Israël sont fournies par et sous la responsabilité des autorités israéliennes compétentes. L'utilisation de ces données par l'OCDE est sans préjudice du statut des hauteurs du Golan, de Jérusalem Est et des colonies de peuplement israéliennes en Cisjordanie aux termes du droit international. Quoique la TVA ait été instaurée en Israël en 1976, le RRT n'a été calculé qu'à partir de 1996 parce qu'il n'existe pas de statistiques sur les recette fiscales avant cette année.

Japon : en raison de la forte hausse de la TVA au 1er avril 2014, le RRT de 2014 a été calculé sur la base d'un taux moyen de TVA, à savoir (5X3+8X9)/12=7.25 %

Nouvelle-Zélande: le RRT est particulièrement élevé pour l'année 2010 (1.10) en raison de l'augmentation du taux de TPS de 12.5% à 15% en octobre 2010.

Source : OCDE.

StatLink http://dx.doi.org/10.1787/888933458692

Chapitre 4

Sélection d'accises appliquées dans les pays de l'OCDE

Ce chapitre présente les principales caractéristiques des droits d'accise et leurs effets sur les recettes, le comportement des consommateurs et les marchés. Il décrit l'impact des accises ad quantum et des droits ad valorem et leur interaction. Il présente le détail des droits qui frappent la bière, le vin, les boissons alcooliques, le tabac et les huiles minérales dans les pays de l'OCDE.

Les données statistiques concernant Israël sont fournies par et sous la responsabilité des autorités israéliennes compétentes. L'utilisation de ces données par l'OCDE est sans préjudice du statut des hauteurs du Golan, de Jérusalem Est et des colonies de peuplement israéliennes en Cisjordanie aux termes du droit international.

4.1. Introduction

Bien que les droits d'accise puissent s'appliquer à un grand nombre de produits, les accises sur l'alcool, le tabac et les huiles minérales sont communes à tous les pays de l'OCDE et procurent des recettes conséquentes aux gouvernements. Au cours des récentes décennies, les gouvernements ont utilisé ces taxes de manière croissante aux fins d'influencer le comportement du consommateur lorsque la consommation de certains produits est considérée comme nuisible à la santé ou à l'environnement.

Ce chapitre présente une vue d'ensemble des caractéristiques clés des droits d'accise et l'évolution de leur usage par les gouvernements dans certains domaines (Section 4.2). Il examine ensuite en détail la structure des taux d'accise pour quatre catégories principales de produits: les boissons alcooliques (section 4.3), les produits du tabac (section 4.4) et les huiles minérales (section 4.5). Il poursuit avec l'examen de l'impact des différences de niveaux d'accise entre les pays sur le commerce transfrontalier (section 4.6) et sur leurs effets redistributifs (section 4.7).

4.2. Principales caractéristiques des accises et évolution des recettes

À la différence des taxes sur la valeur ajoutée (TVA)[1] et d'autres impôts généraux sur la consommation, les accises ne frappent que certains biens. De nombreux produits peuvent y être soumis, par exemple le chocolat, le café ou encore le jus d'orange, mais le présent chapitre ne porte que sur un petit nombre d'entre eux, sélectionnés parce qu'ils sont taxés dans tous les pays de l'OCDE. Les trois grandes catégories de produits soumises aux droits d'accise dans tous les pays de l'OCDE sont les boissons alcooliques, les huiles minérales et les produits du tabac.

Avant de décrire ces trois catégories de produits et d'examiner le traitement qui leur est réservé dans différents pays, il est utile de présenter certaines caractéristiques générales des accises :

- Les accises sont généralement calculées sur la base d'un taux qui dépend du poids, du volume, de la concentration ou de la quantité de produit, parfois combiné avec sa valeur ; il existe également des accises basées uniquement sur la valeur du produit.
- Les accises ne sont normalement dues qu'au moment de la mise à la consommation : les marchandises peuvent donc faire l'objet de transferts de propriété sans donner lieu à la perception d'une accise si elles restent stockées dans un environnement contrôlé ou si le transfert s'opère entre des opérateurs agréés.
- Le régime des accises ne s'applique qu'à un petit nombre d'assujettis, exerçant une activité dans la fabrication, le commerce de gros ou l'importation des trois grandes catégories de produits précitées.

Contrairement à la TVA, qui est recouvrée au moyen d'un mécanisme de paiement fractionné impliquant tous les acteurs de la chaîne de valeur jusqu'au consommateur final (chapitre 1), les droits d'accise ne sont en principe acquittés qu'une seule fois, en l'occurrence par l'opérateur agréé au moment de la mise à la consommation. Au sein de l'Union européenne, la circulation entre États membres des produits soumis aux accises s'effectue dans le cadre d'un régime de suspension des droits d'accise jusqu'à la mise sur le marché. Aux États-Unis, l'administration fédérale et de nombreux États et autorités locales appliquent des accises, si bien qu'il existe à la fois des accises fédérales et des accises locales. Les premières sont recouvrées par l'administration fiscale fédérale (Internal Revenue Service), tandis que les États peuvent fixer leurs propres règles et leurs propres taux.

En principe, les droits d'accise sont inclus dans l'assiette de la TVA, c'est-à-dire que la TVA est généralement perçue sur la valeur taxes comprises des produits soumis à accises. Dès lors, toute augmentation du taux des droits d'accise entraîne une augmentation des accises, mais aussi du montant de la TVA.

La part des accises dans les recettes fiscales totales est en baisse constante depuis 1965, puisqu'elle est passée de 14.2 % en moyenne à 7.6 % en 2014 (tableau 4.A4.9). Cette moyenne calculée pour la zone OCDE dissimule de fortes disparités entre pays, les accises représentant 2.6 % des recettes fiscales totales en Nouvelle-Zélande contre 18.1 % en Turquie. Dans les deux tiers des pays de l'OCDE (24 pays sur 35), le poids des droits d'accise dans les recettes fiscales totales est compris entre 5 % et 10 %, tandis qu'il est inférieur à 5 % dans cinq pays (Belgique, Canada, États-Unis, Nouvelle-Zélande et Suisse) et supérieur à 10 % dans six pays (Estonie, Grèce, Lettonie, Pologne, Slovénie et Turquie).

Accises *ad valorem* et accises *ad quantum*

Le poids et l'impact des accises dépendent du taux et de l'assiette des droits, mais varient aussi sensiblement en fonction de leur structure. Il existe deux grands modes de taxation : une taxation *ad valorem* et une taxation *ad quantum*. L'accise *ad quantum* est un montant fixe appliqué par unité de produit (par exemple 1 USD par litre), si bien qu'elle est assimilable à une taxe sur le volume des ventes. L'accise *ad valorem* est proportionnelle au prix du produit (par exemple 20 % du prix de vente) et s'analyse donc en un impôt sur la valeur des ventes. Dans certains cas (par exemple les droits d'accise sur le tabac, présentés au tableau 4.A4.4), l'accise est calculée selon une formule mixte associant droits *ad valorem* et *ad quantum*. L'accise *ad quantum* suppose une définition précise de la nature et des caractéristiques de la matière imposable (par exemple, un litre d'essence sans plomb avec un indice 94 RON), tandis que l'accise *ad valorem* repose simplement sur le prix.

La plupart des produits sont définis par plusieurs caractéristiques (poids, concentration, indice d'octane, teneur en alcool ou en carbone, etc.). Alors que l'accise *ad quantum* n'est pas influencée par les caractéristiques qui n'ont pas été jugées pertinentes pour la détermination de la base d'imposition, l'accise *ad valorem* dépend de l'ensemble des caractéristiques qui sont reflétées dans le prix. Selon leur nature, les accises n'ont pas les mêmes effets sur la production et la consommation. Ainsi, un droit d'accise *ad quantum* sur la bière (par exemple, par pourcentage d'alcool pur par volume) peut inciter les brasseurs à concevoir des variétés de bière, notamment des variétés relativement haut de gamme, pouvant être vendues à un prix plus élevé tout en restant soumises à un droit d'assise identique à celui qui frappe une variété moins chère. à l'inverse, un droit *ad valorem* peut dissuader les producteurs de réaliser des améliorations coûteuses de la qualité de leurs produits ou inciter les consommateurs à se tourner vers des produits moins chers. Les droits *ad quantum* peuvent être plus faciles à administrer, parce qu'il suffit, pour les calculer, de déterminer la quantité physique du produit taxé. En outre, ils engendrent un flux de revenu plus prévisible, les recettes ne variant pas en fonction du prix du produit (OMS, 2015).

Cependant, les accises *ad valorem* suivent mieux le rythme de l'inflation que les accises *ad quantum*, même s'il est possible d'indexer les droits *ad quantum* sur l'inflation. Comme elles sont influencées par les variations des prix, elles peuvent aussi se révéler plus instables que les droits *ad quantum*. De surcroît, les données empiriques montrent que les droits *ad quantum* sont souvent répercutés à plus de 100 % sur les consommateurs (en d'autres termes, la hausse des prix est supérieure à celle de l'accise), tandis que les droits *ad valorem* ne sont souvent que partiellement répercutés (Sassi et al., 2013).

Lorsqu'un objectif redistributif est assigné à un droit d'accise donné, il peut être plus judicieux d'opter pour une taxation *ad valorem*, puisque, si l'on admet que les personnes les plus aisées achètent des produits plus onéreux, ce type de droit pèse plus sur les ménages situés en haut de l'échelle des revenus que sur ceux qui se situent au bas de l'échelle. La situation n'est toutefois pas aussi simple qu'il y paraît, l'effet des accises sur la répartition du revenu dépendant des comportements de consommation, si bien que même lorsqu'ils sont calculés *ad valorem*, il peut arriver que les droits d'accise représentent une charge moins lourde en proportion du revenu pour les personnes aisées que pour les ménages modestes. L'impôt progressif sur le revenu des personnes physiques, qui établit un lien direct entre le montant de l'impôt dû et le revenu, est probablement un instrument plus efficace pour atteindre des objectifs redistributifs (Thomas, A. et Brys, B. 2016) (voir également la partie 6 ci-après).

Si l'un des objectifs est d'exercer un effet dissuasif à la fois sur l'achat de produits chers et sur l'achat de produits bon marché ou de maximiser les recettes tirées des accises frappant ces deux catégories de produits, il peut être judicieux d'associer des droits *ad quantum* et *ad valorem*. Lorsqu'il existe d'importants écarts de prix au niveau d'un produit, un droit d'accise *ad quantum* a une probabilité moins forte de réduire la consommation du produit coûteux et permettra d'en retirer moins de recettes qu'un droit *ad valorem*. De plus, les consommateurs relativement aisés, plus susceptibles de consommer des produits chers, risquent d'être moins sensibles que les ménages plus modestes à l'application d'une taxe particulière (bien que les droits *ad quantum* puissent réduire les différentiels de prix). Il faudra donc alourdir la charge fiscale totale pesant sur ces produits coûteux pour influer sur les comportements. à cette fin, il peut être envisagé d'associer un droit *ad valorem* et un droit *ad quantum*, ce qui est une pratique courante pour la taxation des produits du tabac (voir la section 3 ci-après).

Le dosage « optimal » entre la composante *ad valorem* et la composante *ad quantum* de l'accise dépend des produits concernés, de la structure du marché et de l'objectif des pouvoirs publics, si bien qu'aucune combinaison n'est optimale dans l'absolu (Keen, 1998). L'objectif peut être de maximiser les recettes fiscales, de garantir leur prévisibilité et leur stabilité et/ou d'influencer le comportement des consommateurs.

L'utilisation des accises pour influer sur les comportements

Bien qu'elles aient initialement été instaurées pour produire des recettes fiscales, les accises sont aujourd'hui de plus en plus utilisées pour dissuader les consommateurs d'acheter certains produits jugés nocifs pour la santé et l'environnement. En tout état de cause, quelle que soit la raison pour laquelle elles ont été créées à l'origine, elles influent sur le comportement des consommateurs. En ce qui concerne les boissons alcooliques et le tabac, l'argument mis en avant est que leur consommation est dangereuse pour la santé et que l'augmentation des accises contribue à la réduire. Dans le cas des huiles minérales, l'application de droits d'accise est justifiée par des considérations de sécurité énergétique et par les externalités sociales de la consommation d'énergie, en particulier son coût pour l'environnement. Ces dix dernières années, les préoccupations liées à l'environnement ont joué un rôle croissant dans les décisions relatives à la nature et à l'application de taxes, par exemple dans le cas des taxes sur les carburants ou sur les véhicules (chapitre 5) ou encore sur les émissions de CO_2. Des travaux de l'OCDE (OCDE, 2010) confirment la supériorité des écotaxes par rapport à nombre d'autres instruments de politique environnementale en termes d'efficacité pour l'environnement, d'efficience économique, de capacité à rapporter des recettes publiques et de transparence. En outre, les écotaxes ont été utilisées avec succès dans divers domaines tels que l'élimination des déchets, la pollution de l'eau et les émissions atmosphériques. Elles illustrent également le fait que la manière dont une taxe est conçue et mise en œuvre est déterminante (OCDE, 2011).

Dans le même ordre d'idées, l'application de droits d'accise à l'énergie est justifiée par le fait que ces droits constituent un moyen rentable d'atténuation du réchauffement climatique. Lors de la Conférence cadre des Nations Unies sur les changements climatiques organisée à Paris (COP21), 195 pays se sont entendus pour décarboner l'économie mondiale au cours de la deuxième moitié du siècle (ONU, 2015). En 2010, la consommation d'énergie était à l'origine de 69 % des émissions de gaz à effet de serre (AIE, 2014), mais les droits d'accise appliqués aux sources d'énergie fossiles majorent le prix de ce type d'énergie et réduisent la demande. De surcroît, s'ils sont calculés en fonction de l'intensité de carbone de l'énergie, ils favorisent le remplacement progressif des sources fossiles par des formes d'énergie à moins forte intensité de carbone. Dans le cas de l'électricité par exemple, les producteurs peuvent renoncer au charbon au profit du gaz naturel, qui produit moins de carbone, ou de l'énergie solaire ou éolienne, qui n'en produit pas. Outre les droits d'accise sur l'énergie à proprement parler, les taxes carbone (qui sont aussi souvent perçues sous la forme de droits d'accise) et les permis d'émission négociables attribuent un prix à l'intensité de carbone de l'énergie. Le principal intérêt du recours à la tarification du carbone pour limiter les émissions réside dans le fait qu'elle permet de réduire les émissions là où cette réduction est la moins coûteuse.

Le rapport de l'OCDE intitulé *Effective Carbon Rates* (OCDE, 2016) présente pour la première fois une analyse complète du recours à la tarification du carbone dans 41 pays membres de l'OCDE ou du G20, qui représentent 80 % de la consommation mondiale d'énergie et des émissions de CO_2. Il en ressort que seulement 10 % des émissions ont un prix supérieur à 30 EUR par tonne, soit le prix qui correspond à l'estimation basse du dommage climatique minimum causé par une tonne de carbone. Ce sont les droits d'accise frappant spécifiquement l'énergie qui représentent la majeure partie des taux effectifs d'imposition du carbone, leur poids étant nettement supérieur à celui des taxes carbone et des permis d'émission négociables.

Bien que les droits d'accise aient pratiquement les mêmes caractéristiques générales et les mêmes objectifs partout dans la zone OCDE, leur application donne lieu à des différences parfois très importantes d'un pays à l'autre, notamment en termes de taux et de structure.

Il n'est pas aisé de donner un ordre de grandeur des différences de charge fiscale entre pays. Bien que les taxes (autres que la TVA) sur les boissons alcooliques et le tabac soient quasi-exclusivement des droits d'accise (*ad quantum* ou *ad valorem*), leur structure peut considérablement varier d'un pays à l'autre. Il arrive par exemple que la bière produite par les petites brasseries soit soumise à un taux d'accise réduit par rapport à celui normalement appliqué à la bière. De même, l'application de taux différents à des produits substituables (cigarettes et tabac à rouler) peut compliquer la situation. Dans le même ordre d'idée, pour évaluer la totalité de la fiscalité sur les services de transport automobile, il faut garder à l'esprit qu'une comparaison internationale du traitement fiscal des carburants ne révèle qu'une partie de la politique fiscale appliquée au secteur du transport, celle-ci englobant également les péages routiers, les taxes sur l'immatriculation et l'utilisation des véhicules, les taxes sur l'assurance, etc.

4.3. Boissons alcooliques

Il existe dans le monde une grande variété de boissons alcooliques, qui peuvent être obtenues par distillation ou fermentation de divers ingrédients (raisins, pommes, malt, riz, etc.). La nomenclature douanière combinée propose une classification des boissons alcooliques à laquelle les différentes catégories d'accise sont étroitement liées. Elle comprend six grandes catégories de boissons alcooliques : bières de malt (code 22.03) ; vins de raisins frais, y compris les vins enrichis en alcool (code 22.04) ; vermouths et autres vins de raisins frais préparés à l'aide de plantes ou de substances aromatiques (code 22.05) ; autres boissons fermentées (cidre, poiré, hydromel, par exemple), mélanges de boissons fermentées et mélanges de boissons fermentées et de boissons non alcooliques (code 22.06) ; alcool éthylique non dénaturé d'un titre alcoométrique volumique de 80 % vol. ou plus ; eaux-de-vie, liqueurs et autres boissons spiritueuses (code 22.07) et alcool éthylique non dénaturé d'un titre alcoométrique volumique de moins de 80 % vol. (code 22.08). Il existe inévitablement des subdivisions au sein de chacune de ces grandes catégories mais l'utilisation de cette nomenclature reconnue sur le plan international permet d'assurer une cohérence et contribue à éviter l'utilisation de définitions contradictoires pour l'application des taux. Les États membres de l'Union européenne appliquent en outre une structure harmonisée pour fixer les droits d'accise sur l'alcool et les boissons alcooliques (directive du Conseil 92/83/CEE). Sauf indication contraire dans les notes pays, les tableaux 4.A4.1 et 4.A4.2 portent sur les produits correspondant aux codes 22.03 et 22.04, et le tableau 4.A4.3 sur ceux non pris en compte dans les tableaux 4.A4.1 et 4.A4.2.

La taxation de l'alcool ayant une longue histoire, plusieurs méthodes et indicateurs ont été mis au point au fil du temps pour évaluer la teneur d'un produit en alcool. Actuellement, l'indicateur couramment utilisé pour mesurer la quantité d'alcool (éthanol) contenue dans une boisson alcoolique est le titre alcoométrique volumique. Il est égal au nombre de litres d'éthanol pur contenu dans 100 litres d'une solution à 20 °C, exprimé en pourcentage du volume total. Le titre alcoométrique présenté dans les tableaux 4.A4.1 et 4.A4.2 est donc exprimé en pourcentage par volume (% vol.). Dans certains pays, la teneur en alcool de la bière est encore mesurée en degrés Plato (° Plato), indicateur qui mesure la densité du moût, exprimée en pourcentage d'extrait par unité de masse. Pour que les données relatives aux accises soient comparables, les droits par degré Plato ont été convertis en droits par pourcentage d'alcool par volume. Il n'existe pas de taux précis pour la conversion des degrés Plato en pourcentage d'alcool par volume, mais à des fins fiscales, on suppose que 1 % vol. est équivalent à 2.5° Plato. On a donc multiplié les taux d'accise exprimés par degré Plato par 2.5 pour obtenir des taux par pourcentage d'alcool par volume.

Les droits d'accises sur les boissons alcooliques sont appliqués selon deux grandes méthodes : ils peuvent être *ad quantum*, dépendant alors de la teneur en alcool du produit, ou *ad valorem* et reposer ainsi sur la valeur du produit. Ces deux méthodes peuvent être associées, le droit comprenant une composante liée au volume (qui dépend de la teneur en alcool) et une composante liée à la valeur du produit. Le Mexique se démarque des autres pays en ce que les droits d'accise sur les produits alcooliques dépendent exclusivement de leur valeur ; le taux appliqué à la bière est progressif en fonction du degré d'alcool du produit. Il est possible que la forte inflation que connaît le pays ait joué un rôle dans ce choix. Les pays de l'Union européenne appliquent un droit de circulation par hectolitre sur les boissons alcooliques à l'exception des bières et des spiritueux auxquels les taxes *ad quantum* sont aussi appliquées.

Les tableaux 4.A4.1, 4.A4.2, et 4.A4.3 qui présentent respectivement les droits d'accise appliqués à la bière, au vin et à d'autres boissons alcooliques montrent que le calcul de ces droits est souvent complexe. Du fait qu'il existe différentes sous-catégories et divers taux particuliers (par exemple pour les produits peu alcooliques ou la bière produite par les petites brasseries) et que les droits sont parfois calculés à la fois en fonction de la valeur et de la nature des produits, il est difficile de fournir des indications précises sur les écarts de prix pour le consommateur. Ces trois tableaux mettent cependant en évidence de fortes disparités entre les pays : ainsi, l'accise sur le vin (tableau 4.A4.2) est comprise entre zéro (Allemagne, Autriche, Espagne, Hongrie, Israël, Italie, Luxembourg, Portugal, République slovaque, République tchèque, Slovénie et Suisse) et plus de 7 USD par litre pour le vin non pétillant (Norvège) et plus de 13 USD par litre pour le vin pétillant (Turquie). L'accise sur la bière (tableau 4.A4.1) varie d'environ 2 USD par degré d'alcool et par hectolitre. (Allemagne et Luxembourg) à 35 USD (Finlande) et même 59 USD (Israël).

4.4. Produits du tabac

À l'origine, les taxes sur le tabac ont, comme celles sur l'alcool, été instaurées parce qu'elles constituaient un moyen efficient de collecter des recettes publiques. Pratiquement tous les pays taxent les produits du tabac depuis des décennies, voire, dans certains cas, des siècles. Ces produits se caractérisent par une élasticité de la demande aux prix relativement faible (en d'autres termes, une hausse modérée des prix ne se traduit pas par une baisse équivalente de la consommation), par la faiblesse du nombre de producteurs et par l'importance de la consommation, si bien qu'ils constituent une cible particulièrement intéressante pour l'application d'accises et autres types de taxes. Ces dernières décennies, à mesure que les connaissances relatives aux effets du tabac sur la santé se sont accumulées, l'utilisation de la fiscalité sur le tabac dans un objectif de santé publique a gagné en importance, les études économiques montrant que l'augmentation de la fiscalité et des prix était un bon moyen de réduire la consommation (OMS, 2016).

Comme les boissons alcooliques et les huiles minérales, les produits du tabac se divisent en sous-catégories. Il en existe quatre : cigarettes, cigares, tabac à rouler les cigarettes et tabac à pipe.

Alors que les accises appliquées aux boissons alcooliques et aux huiles minérales sont presque exclusivement des droits *ad quantum*, dans la plupart des pays, les accises qui frappent les produits du tabac comprennent des éléments *ad quantum* et des éléments *ad valorem*.

Le tableau 4.A4.4 met en évidence d'importants écarts entre les pays. Il peut également exister des disparités au sein d'un même pays lorsque celui-ci a une structure fédérale ; c'est par exemple le cas aux États-Unis, où les droits d'accise locaux sur les cigarettes (qui s'ajoutent aux droits fédéraux) sont compris entre 0.17 USD par paquet de 20 cigarettes dans le Missouri et 4.35 USD dans l'État de New York (FTA, 2016). Toutefois, les taux ou montants de chaque taxe prise séparément – accise *ad valorem* ou *ad quantum*, TVA ou autres droits –

(tableau 4.A4.4) ne fournissent pas suffisamment d'informations pour permettre d'évaluer l'intégralité de la charge fiscale qui pèse sur ces produits. De fait, lorsque la structure des accises est mixte (l'accise comportant une composante *ad valorem* et une composante *ad quantum*), une taxe *ad valorem* élevée peut être contrebalancée par une accise *ad quantum* faible (ou *vice versa*). Les accises *ad valorem* peuvent être calculées sur différentes bases (prix à la production, prix à l'importation, prix de détail) et l'effet cumulé de la TVA et des droits d'accise n'apparaît pas.

Le calcul de la charge fiscale totale (CFT) en pourcentage du prix de vente au détail (PVD) pour le consommateur final donne une idée plus précise des niveaux d'imposition relatifs. Le tableau 4.A4.5 présente, pour les pays de l'OCDE, la charge fiscale totale (accise *ad quantum* + accise *ad valorem* + TVA) qui pèse sur les cigarettes en pourcentage du prix de vente au détail d'un paquet de 20 cigarettes (pour la méthode de calcul, voir la note relative au tableau 4.A.4.5). Il montre que la charge fiscale totale qui pèse sur un paquet de 20 cigarettes est très variable d'un pays à l'autre, puisqu'elle varie de 42.54 % du PVD (moyenne nationale des taxes fédérales et locales) aux États-Unis et 56.76 % en Australie à 84.10 % au Royaume-Uni et 86.51 % en Irlande. Elle est cependant supérieure à 50 % du PVD dans tous les pays (sauf aux États-Unis) et supérieure à 80 % dans dix pays (Chili, Estonie, Finlande, France, Grèce, Irlande, Lettonie, Pologne, Royaume-Uni et Turquie). Le tableau 4.A4.5 met également en évidence d'importantes différences de prix hors taxes, les prix variant en fonction de la structure du marché, du lieu géographique (en particulier en fonction de la possibilité ou non d'achats transfrontaliers) et de la structure des taxes. Ainsi, les prix hors taxes sont généralement plus élevés dans les pays qui n'appliquent pas de taxes *ad valorem* ou lorsque ces taxes sont faibles.

La capacité d'une taxe à atteindre son objectif dépend en grande partie de son taux. Lorsqu'elle a principalement pour but de permettre le recouvrement de recettes, son taux est fixé en fonction du montant de recettes visé et de l'élasticité-prix de la demande des produits taxés. Un taux moyen peut suffire à produire des recettes stables sans entraîner de difficultés importantes en termes d'économie politique. Si elle est censée influer sensiblement sur le comportement des consommateurs, il peut être nécessaire de fixer un taux plus élevé pour atteindre les objectifs sanitaires visés. Dans le cas précis du tabac, les travaux de recherche montrent que des taxes et des prix plus élevés font reculer à la fois la prévalence (certains fumeurs cessant de fumer) et l'intensité du tabagisme (les fumeurs fumant moins), en particulier au sein des populations vulnérables (jeunes et ménages modestes). De surcroît, une hausse de la fiscalité du tabac a des conséquences financières plus lourdes pour les fumeurs les plus aisés, qui diminuent moins leur consommation, tandis que l'essentiel des effets économiques et sanitaires positifs de la diminution du tabagisme concernent les populations défavorisées, dont la consommation diminue davantage lorsque la fiscalité s'alourdit (OMS, 2015). Il peut cependant être difficile d'appliquer un taux élevé en raison de facteurs d'économie politique (pressions exercées par les fabricants, opposition de la population, etc.). L'affectation des recettes tirées des taxes (ou d'une partie d'entre elles) au financement d'objectifs de santé spécifiques, par exemple de programmes de promotion de la santé et/ou d'activités de lutte contre le tabagisme, peut être un moyen de renforcer l'adhésion de la population, mais réduit la latitude dont disposent les pouvoirs publics pour élaborer leur budget (OCDE, 2016a). De plus, les risques d'achats transfrontaliers et de contrebande entre pays pratiquant des prix très différents peuvent rendre difficile l'application de taxes élevées dans certains pays, sauf si une coopération régionale s'instaure.

4.5. Les huiles minérales

En général, les huiles minérales sont réparties en plusieurs catégories en fonction de leurs caractéristiques techniques – essence sans plomb, carburant diesel et fioul lourd, par exemple. Certains pays de l'OCDE soumettent aussi d'autres produits énergétiques, comme le gaz naturel, l'électricité et le charbon, à un régime de droits d'accise (ou à une taxe spécialement applicable aux produits énergétiques, par exemple une taxe carbone). La directive européenne 2003/96/CE définit le cadre en vigueur au sein de l'Union européenne pour la taxation des produits énergétiques et de l'électricité. Elle fixe des taux minima pour la taxation de tous les produits énergétiques, dont le charbon, le gaz naturel et l'électricité. Le rapport de l'OCDE intitulé *Taxing Energy Use* (OCDE, 2015 et 2013) fournit un panorama complet des différentes taxes spéciales appliquées à l'énergie dans 41 pays, membres de l'OCDE ou du G20, et le rapport publié sous le titre *Effective Carbon Rates* (OCDE, 2016b) analyse le rôle que les taxes spéciales sur l'énergie, les taxes carbone et les permis d'émission négociables jouent dans l'atténuation du changement climatique.

Les huiles minérales se distinguent par le fait que les taux des droits d'accise sont, plus que dans beaucoup d'autres domaines, utilisés pour faire évoluer le comportement des consommateurs. Ainsi, les accises sur les carburants existent depuis des années, même si leur instauration a initialement été motivée par des raisons sans lien avec l'environnement (par exemple par la volonté de recouvrer des recettes fiscales, parfois affectées à des dépenses d'infrastructure). Lorsqu'elle est apparue sur le marché, l'essence sans plomb, moins nocive pour l'environnement, était plus chère à la production et, par conséquent, moins compétitive sur le marché de détail que l'essence avec plomb. L'application de taux de taxe différents a rapidement permis de remédier à ce problème en abaissant le prix à la pompe de l'essence sans plomb. L'essence avec plomb a aujourd'hui disparu du marché et n'est même plus autorisée à la vente. En revanche, l'application de taxes plus faibles au gaz de pétrole liquéfié (GPL) utilisé comme propulseur a eu un effet beaucoup moins net sur les choix des consommateurs du fait que les caractéristiques de ce produit (qui n'est pas liquide à température ambiante à pression atmosphérique, est plus difficile à stocker et nécessite des stations dotées d'équipements spéciaux) ont fait obstacle à son essor. Le GPL est globalement très peu utilisé par rapport au diesel et à l'essence.

En principe, les accises appliquées aux carburants utilisés dans le secteur des transports sont beaucoup plus élevées que celles qui frappent les huiles minérales et, plus généralement, les énergies fossiles utilisées dans d'autres secteurs (OCDE, 2013). Plusieurs raisons peuvent expliquer cet écart, par exemple l'élasticité-prix plus faible de la base d'imposition dans le secteur des transports, l'utilisation d'accises pour couvrir (plus ou moins directement) certains coûts externes propres à ce secteur (en particulier les embouteillages), des considérations liées à l'équité qui peuvent conduire à appliquer un taux plus faible au fioul domestique (tableau 4.A4.8). De fait, la grande majorité des pays de l'OCDE (à l'exception de la Hongrie, d'Israël, des Pays-Bas et de la République tchèque) taxent moins le fioul domestique que le diesel utilisé comme carburant, bien que ces deux produits soient plus ou moins identiques.

Les États membres de l'Union européenne ont adopté la directive 2003/96/CE restructurant le cadre communautaire de taxation des produits énergétiques et de l'électricité afin de réduire les distorsions de concurrence qu'induit l'application de taux de taxation différents aux produits énergétiques, à la fois entre États membres et entre les huiles minérales et les autres produits énergétiques. La directive vise également à favoriser une utilisation plus rationnelle de l'énergie. Elle fixe des règles communes pour la taxation d'un ensemble de produits énergétiques, notamment de nombreux produits pétroliers, du charbon et du gaz naturel, ainsi que pour la taxation de la consommation d'électricité Elle définit pour chaque produit des minima de taxation exprimés en fonction du volume, du poids ou du contenu énergétique. Par exemple, les minima applicables aux carburants utilisés pour le transport routier sont les suivants : 0.359 EUR par litre pour l'essence sans plomb ; 0.330 EUR par litre pour le gazole et 0.125 EUR par kilogramme pour le GPL. Elle ne précise cependant pas quelles taxes doivent être utilisées pour atteindre ces minima, si bien que des taxes très diverses peuvent être appliquées, par exemple des accises, une taxe carbone, une taxe sur l'énergie, etc.

Les recettes tirées de ces taxes sont élevées parce que la consommation d'énergie est très forte dans les pays de l'OCDE et les taux de taxation souvent élevés. Malgré d'importantes disparités entre pays, le taux de taxation des produits énergétiques par rapport au niveau de référence est très élevé comparativement à celui observé pour d'autres impôts. Pour le supercarburant sans plomb (tableau 4.A4.6), la charge fiscale totale (principalement composée d'un droit d'accise et de la TVA) est supérieure à 100 % du prix hors taxes dans tous les pays de l'OCDE sauf en Australie, au Canada, aux États-Unis, au Mexique et en Nouvelle-Zélande.

Dans la plupart des pays, le taux des droits d'accise est moins élevé pour le diesel que pour l'essence. Seuls deux pays – le Chili et la Suisse – appliquent un droit d'accise plus lourd sur le diesel que sur l'essence, et seulement deux autres pays – l'Australie et le Royaume-Uni – appliquent le même droit d'accise aux deux carburants. Du point de vue de l'environnement, cette situation est pour le moins paradoxale, le diesel étant beaucoup plus polluant que l'essence sans plomb, notamment parce qu'il émet beaucoup plus d'oxydes d'azote (NO_X)[2] et de particules. Sous l'effet du durcissement de la réglementation relative aux véhicules, cette différence s'estompe pour les nouveaux véhicules, mais les écarts entre les cycles d'essai et les performances sur route suscitent des inquiétudes ; de surcroît, le parc de véhicules reste pour l'heure dominé par les véhicules diesel plus anciens et plus polluants (OCDE, 2010 ; Harding, 2014a).

La prise en compte des droits d'accise appliqués aux carburants automobiles ne permet pas, à elle seule, de mesurer la charge fiscale globale pesant sur le transport automobile. Les véhicules sont également soumis à des droits d'immatriculation et à des taxes de circulation récurrentes que beaucoup de pays modulent en fonction du type de carburant utilisé ou des émissions de CO_2 par unité de distance (chapitre 5). De surcroît, l'utilisation de véhicules d'entreprise bénéficie souvent d'un traitement fiscal plus favorable – voire, parfois, beaucoup plus favorable – que l'utilisation d'autres types de véhicules (Harding, 2014b).

Les taux indiqués dans les tableaux 4.A4.6 à 4.A4.8 sont extraits d'une publication de l'Agence internationale de l'énergie et peuvent englober dans certains pays, outre les droits d'accise, diverses taxes telles que les redevances destinées à financer la constitution de stocks d'urgence.

4.6. Effets sur le commerce transfrontalier

Les écarts de taux d'accise entre pays résultent souvent des traditions nationales, des politiques sociales et de santé, de la production locale et des besoins de financement de l'État. Ils ne sont pas sans incidence sur la circulation transfrontalière des marchandises. La création de marchés intégrés (comme l'Union européenne) et la suppression des contrôles aux frontières ont permis de prendre conscience du fait que les différences de taux d'accise entre pays voisins étaient telles que le jeu du marché en était affecté. En pareil cas, les achats transfrontaliers peuvent être lourds de conséquences pour les entreprises et contraindre ainsi les autorités fiscales concernées à rapprocher leurs taux d'accise de ceux des pays limitrophes. Les écarts entre pays voisins peuvent également favoriser la « contrebande » transfrontalière (McKee et al., 2004). Ce phénomène pourrait plaider en faveur d'une convergence des taux, mais une telle orientation serait contradictoire avec d'autres aspects des politiques publiques lorsque des critères tels que la santé sont pris en compte pour la définition de ces taux.

4.7. Effets des accises sur la répartition du revenu

Les effets des accises sur la répartition du revenu préoccupent beaucoup de responsables publics. Les appréhender permet de mieux calibrer les effets redistributifs du système dans son ensemble. L'impact des droits d'accise sur la répartition du revenu varie selon les biens auxquels ils sont appliqués. Une récente étude portant sur 20 pays de l'OCDE majoritairement européens montre que l'effet cumulé des droits d'accise sur le tabac, l'alcool et les carburants est régressif, qu'il soit mesuré en pourcentage du revenu ou des dépenses (OCDE, 2014). à l'inverse, des travaux consacrés à l'effet des accises frappant les carburants démontrent que ces accises ne sont pas régressives (Flues et Thomas, 2015). Il y a lieu d'en déduire qu'à mesure que leur revenu augmente, les ménages consacrent une part de leur revenu et de leurs dépenses plus faible aux accises sur le tabac et l'alcool. La charge fiscale exacte peut varier selon la structure des accises. Par exemple, si les ménages aisés consomment des alcools et du tabac plus chers que les ménages plus modestes, ils auront à supporter une charge fiscale plus lourde si l'accise est calculée en fonction de la valeur du produit (*ad valorem*) que si elle dépend de la quantité consommée. Le caractère non régressif des taxes sur les carburants peut s'expliquer à la fois par le fait que les ménages modestes ont une probabilité plus faible de posséder une voiture et par le fait que ceux qui ont une voiture l'utilisent moins.

Notes

1. La TVA peut également porter le nom de taxe sur les biens et services (TPS). Par commodité, toutes les taxes sur la valeur ajoutée sont dénommées TVA dans ce chapitre.
2. Le terme générique oxydes d'azote (NO_x) englobe les divers oxydes d'azote produits durant la combustion, considérés comme d'importants polluants de l'air.

Références

Flues, F. et A. Thomas (2015), « The distributional effects of energy taxes », *OECD Taxation Working Papers*, n° 23, Éditions OCDE, Paris, *http://dx.doi.org/10.1787/5js1qwkqqrbv-en*.

FTA (2014), Federation of Tax Administrators, *State Excise Taxes*, Washington 2016 *www.taxadmin.org*.

Harding, M. (2014a), « The Diesel Differential – Differences in the tax treatment of gasoline and diesel for road use », Taxation Working Papers, n° 21, Éditions OCDE, Paris, *http://dx.doi.org/10.1787/5jz14cd7hk6b-en*.

Harding, M. (2014b), « Personal Tax Treatment of Company Cars and Commuting Expenses: Estimating the Fiscal and Environmental Costs », *Taxation Working Papers*, n° 20, Éditions OCDE, Paris, *http://dx.doi.org/10.1787/5jz14cg1s7vl-en*.

AIE (2014), *CO_2 emissions from fuel combustion – Highlights – 2014 Edition*, OCDE/AIE, Paris.

AIE (2010), *Energy prices and taxes, 2010*, Agence internationale de l'énergie, Paris.

Keen (1998), *The Balance Between Specific and Ad Valorem Taxation*, Fiscal Studies vol. 19, n° 1 pp. 1-37, Londres.

McKee, M., L. Mac Lehose et E. Nolte (2004), *Health policy and EU enlargement*, Observatoire européen des systèmes et des politiques de santé, Open University Press, Buckingham.

Thomas, A. et B. Brys (2016), « Health-related taxes on food and non-alcoholic beverages in OECD countries: key design issues », *OECD Taxation Working Papers*, à paraître.

OCDE (2016), *Effective Carbon Rates: Pricing CO_2 through Taxes and Emissions Trading Systems*, Éditions OCDE, Paris, *http://dx.doi.org/10.1787/9789264260115-en.*

OCDE (2015), *Taxing Energy Use 2015: OECD and Selected Partner Economies*, Éditions OCDE, Paris, *http://dx.doi.org/10.1787/9789264232334-en.*

OCDE (2014), *The Distributional Effects of Consumption Taxes in OECD Countries*, Études de politique fiscale de l'OCDE, n° 22, Éditions OCDE, Paris.

OCDE (2013), *Taxing Energy Use: A Graphical Analysis*, Éditions OCDE, Paris, *http://dx.doi.org/10.1787/9789264183933-en.*

OCDE (2011), *Environmental Taxation, a Guide for Policy Makers*, OCDE, Paris, *www.oecd.org/env/tools-evaluation/48164926.pdf.*

OCDE (2010), *La fiscalité, l'innovation et l'environnement*, Éditions OCDE, Paris, *www.oecd-ilibrary.org/fr/environment/la-fiscalite-l-innovation-et-l-environnement_9789264087651-fr.*

Sassi, F., A. Belloni et C. Capobianco (2013), « The Role of Fiscal Policies in Health Promotion », *Documents de travail de l'OCDE sur la santé*, n° 66.

ONU (2015), *Adoption de l'Accord de Paris*, Nations Unies, *http://unfccc.int/resource/docs/2015/cop21/fre/10a01f.pdf.*

OMS (2008), *Methods for evaluating tobacco control policies*, Centre international de recherche sur le cancer, Genève.

OMS (2015), *Using price policies to promote healthier diet*, Organisation mondiale de la santé, Genève.

OMS (2016), *Rapport de l'OMS sur l'épidémie mondiale de tabagisme 2015 – Augmenter les taxes du tabac*, Organisation mondiale de la santé, Genève.

ANNEXE 4.A4

Données sur les taux d'accise

Tableau 4.A4.1. **Impôts sur la bière**

Pays	Monnaie	Droit spécifique par hectolitre par % vol[1]		Taux réduit applicable aux petites brasseries indépendantes			Droit d'accise sur la bière à faible degré d'alcool (moins de 2.8 % vol Accise par hectolitre de produit		Taux de TVA	Taux d'imposition progressifs en fonction du degré d'alcool
		Monnaie nationale	USD	Production annuelle (hl)	Monnaie nationale	USD	Monnaie nationale	USD	%	
Allemagne	EUR	1.97	2.19	≤ 5 000	1.10	1.22	_	_	19.0	Non
				≤ 10 000	1.32	1.47			19.0	
				≤ 20 000	1.54	1.71			19.0	
				≤ 40 000	1.65	1.83			19.0	
Australie*	AUD	Note pays		Note pays			Note pays		10.0	Oui
Autriche	EUR	5.00	5.55	< 12 500	3	3.33	_	_	20.0	Non
				< 25 000	3.50	3.88			20.0	
				< 37 500	4	4.44			20.0	
				≤ 50 000	4.50	4.99			20.0	
Belgique	EUR	5.01	5.56	≤ 12 500	4.36	4.84	_	_	21.0	Non
				≤ 25 000	4.50	4.99			21.0	
				≤ 50 000	4.65	5.16			21.0	
				≤ 75 000	4.79	5.32			21.0	
				≤ 200 000	4.94	5.48			21.0	
Canada*	CAD	Note pays		Note pays			Note pays		5.0/13.0/14.0/15.0	Oui
Chili*	CLP	Note pays		Note pays			Note pays		19.0	Non
Corée*	KRW	Note pays					Note pays		10.0	Non
Danemark*	DKK	56.02	8.33	≤ 3 700	Note pays		0.00	0.00	25.0	Non
				≤ 20 000	Note pays				25.0	
				< 200 000	Note pays				25.0	
Espagne*	EUR	Note pays		_	_	_	Note pays		21.0	Oui
Estonie	EUR	8.30	9.21	≤ 3 000	4.15	4.61	_	_	20.0	Non
États-Unis*	USD	Note pays					_	_		Non
Finlande*	EUR	32.05	35.57	≤ 5 000	16.03	17.79	8.00	8.88	24.0	Non
				≤ 30 000	22.44	24.90			24.0	
				≤ 55 000	25.64	28.46			24.0	
				≤ 100 000	28.85	32.01			24.0	
France*	EUR	7.41	8.22	≤ 200 000	7.41	8.22	3.70	4.11	20.0	Non
Grèce	EUR	6.50	7.21	≤ 200 000	3.25	3.61	_	_	23.0	Non
Hongrie	HUF	1 620.00	5.80	< 8000	810.00	2.9			27.0	Non
Irlande*	EUR	22.55	25.03	Note pays			Note pays		23.0	Non
Islande*	ISK	Note pays		_	_	_	Note pays	_	11.0	Oui
Israël*	ILS	231.00	59.43	_	_	_	Note pays		17.0	Non
Italie*	EUR	7.60	8.44	_	_	_	Note pays	_	22.0	Non
Japon*	JPY	Note pays					_	_	8.0	Non
Lettonie*	EUR	3.80	4.22	≤ 10 000	1.90	2.11			21.0	Non
Luxembourg*	EUR	1.98	2.20	≤ 50 000	0.98	1.09	_	_	17.0	Non
				≤ 200 000	1.12	1.24	_	_	17.0	
Mexique*	MXN	0.27					_	_	16.0	Oui
Norvège*	NOK	Note pays					Note pays		25.0	Oui
Nouvelle-Zélande*	NZD	27.20	18.97				Note pays		15.0	Non
Pays-Bas*	EUR	Note pays		_	_	_	_	_	21.0	Oui
Pologne*	PLN	19.48	5.17	Note pays			_	_	23.0	Non
Portugal*	EUR	Note pays		Note pays			Note pays		23.0	Oui
République slovaque	EUR	3.59	3.98	≤ 200 000	2.652	2.94	_	_	20.0	Non
République tchèque	CZK	80.00	3.25	≤ 10 000	40.00	1.63	_	_	21.0	Non
				≤ 50 000	48.00	1.95			21.0	
				≤ 100 000	56.00	2.28			21.0	

Tableau 4.A4.1. **Impôts sur la bière** *(suite)*

Pays	Monnaie	Droit spécifique par hectolitre par % vol[1]		Taux réduit applicable aux petites brasseries indépendantes			Droit d'accise sur la bière à faible degré d'alcool (moins de 2.8 % vol Accise par hectolitre de produit		Taux de TVA	Taux d'imposition progressifs en fonction du degré d'alcool
		Monnaie nationale	USD	Production annuelle (hl)	Monnaie nationale	USD	Monnaie nationale	USD	%	
				≤ 150 000	64.00	2.60			21.0	
				≤ 200 000	72.00	2.93			21.0	
Royaume-Uni*	GBP	18.37	28.09	Note pays			8.10	12.39	20.0	Non
Slovénie*	EUR	12.10	13.43				–	–	22.0	Non
Suède	SEK	194.00	23.02	–	–	–	–	–	25.0	Non
Suisse*	CHF	Note pays					Note pays		8.0	Oui
Turquie*	TRY	0.63	–	–	–	–	–	–	18.0	Non

* Notes pays : voir l'encadré 4.A4.1

Note : Conversion de la monnaie nationale en USD : les taux de conversion sont les taux moyens du marché (2015) publiés dans les Statistiques monétaires mensuelles de l'OCDE (stats.oecd.org)

1. % vol = pourcentage d'alcool pur par volume à 20°C. Dans certains pays, le taux des droits d'accise applicables à la bière est calculé par hectolitre par degré Plato. Pour plus de commodité, tous les montants sont convertis en % vol. Il n'existe pas de table de conversion précise entre degrés Plato et % vol mais, aux fins fiscales, on admet souvent que 1 % vol équivaut à 2.5 degrés Plato. Par conséquent, les taux exprimés en degrés Plato ont été multipliés par 2.5 pour obtenir le % vol.

Source : Délégués nationaux ; position au 1er janvier 2016.

StatLink http://dx.doi.org/10.1787/888933458705

Encadré 4.A4.1. **Notes pays**

Australie : Les taux des droits d'accise applicables à la bière en récipients individuels de capacité inférieure ou égale à 48 litres sont les suivants : 41.08 AUD par litre d'alcool lorsque le volume d'alcool n'excède pas 3 %, 47.85 AUD lorsque le volume d'alcool est supérieur à 3 % mais n'excède pas 3.5 % et 46.30 AUD au-delà de 3.5 %. Les taux applicables à la bière en récipients individuels de capacité supérieure à 48 litres sont les suivants : 8.21 AUD par litre d'alcool lorsque le volume d'alcool n'excède pas 3 %, 25.73 AUD lorsque le volume d'alcool est supérieur à 3 % mais n'excède pas 3.5 %, et 33.70 AUD au-delà de 3.5 %. Ces taux s'appliquent à compter du 1er février 2016. Chaque taux est calculé à partir d'un seuil égal à 1.15 % par volume. Les bières ne titrant pas plus de 1.15 % par volume d'alcool sont exonérées d'accises. Les taux sont ajustés en fonction de l'inflation chaque année en février et en août. Les brasseurs indépendants reçoivent un remboursement égal à 60 % de l'accise acquittée, dans la limite de 30 000 AUD par exercice budgétaire, au titre de la bière vendue sans intermédiaire.

Canada : Les taux des droits d'accise s'appliquent par hectolitre de produit (non par degré d'alcool par hectolitre). Les autorités provinciales et territoriales appliquent également à la bière divers majorations et droits, généralement supérieurs à ceux imposés au niveau fédéral. Les taux des droits d'accise fédéraux sont les suivants : (1) 31.22 CAD per hectolitre sur la bière ou la liqueur de malt contenant plus de 2.5 % d'alcool éthylique pur par volume ; (2) 15.61 CAD par hectolitre sur la bière ou la liqueur de malt contenant plus de 1.2 % et jusqu'à 2.5 % d'alcool éthylique pur par volume ; (3) 2.591 CAD par hectolitre sur la bière ou la liqueur de malt ne contenant pas plus de 1.2 % d'alcool éthylique pur par volume. Les taux réduits suivants sont appliqués aux 75 000 premiers hectolitres produits au cours d'une année donnée par les brasseurs canadiens : (1) sur les 2 000 premiers hectolitres de bière et de liqueur de malt brassés au Canada : (a) 3.122 CAD par hectolitre pour la bière et la liqueur de malt contenant plus de 2.5 % d'alcool éthylique pur par volume ; (b) 1.561 CAD par hectolitre pour la bière et la liqueur de malt contenant plus de 1.2 % et jusqu'à 2.5 % d'alcool éthylique pur par volume ; et (c) 0.2591 CAD par hectolitre pour la bière et la liqueur de malt ne contenant pas plus de 1.2 % d'alcool éthylique pur par volume ; (2) sur les 3 000 hectolitres suivants de bière et de liqueur de malt brassés au Canada : (a) 6.244 CAD pour la bière et la liqueur de malt contenant plus de 2.5 % d'alcool éthylique pur par volume ; (b) 3.122 CAD par hectolitre pour la bière et la liqueur de malt contenant plus de 1.2 % et jusqu'à 2.5 % d'alcool éthylique pur par volume ; et (c) 0.5182 CAD par hectolitre pour la bière et la liqueur de malt ne contenant pas plus de 1.2 % d'alcool éthylique pur par volume ; (3) sur les 10 000 hectolitres suivants de bière et de liqueur de malt brassés au Canada : (a) 12.488 CAD pour la bière et la liqueur de malt contenant plus de 2.5 % d'alcool éthylique pur par volume ; (b) 6.244 CAD par hectolitre pour la bière et la liqueur de malt contenant plus de 1.2 % et jusqu'à 2.5 % d'alcool éthylique pur par volume ; et (c) 1.0364 CAD par hectolitre pour la bière et la liqueur de malt ne contenant pas plus de 1.2 % d'alcool éthylique pur par volume ; (4) sur les 35 000 hectolitres suivants de bière et de liqueur de malt brassés au Canada : (a) 21.854 CAD pour la bière et la liqueur de malt contenant plus de 2.5 % d'alcool éthylique pur par volume ; (b) 10.927 CAD par hectolitre pour la bière et la liqueur de malt contenant plus de 1.2 % et jusqu'à 2.5 % d'alcool éthylique pur par volume ; et (c) 1.8137 CAD par hectolitre pour la bière et la liqueur de malt ne contenant pas plus de 1.2 % d'alcool éthylique pur par volume ; (5) sur les 25 000 hectolitres suivants de bière et de liqueur de malt brassés au Canada : (a) 26.537 CAD pour la bière et la liqueur de malt contenant plus de 2.5 % d'alcool éthylique pur par volume ; (b) 13.269 CAD par hectolitre pour la bière et la liqueur de malt contenant plus de 1.2 % et jusqu'à 2.5 % d'alcool éthylique pur par volume ; et (c) 2.2024 CAD par hectolitre pour la bière et la liqueur de malt ne contenant pas plus de 1.2 % d'alcool éthylique pur par volume.

Chili : La vente de boissons alcoolisées (vin, bière, boissons distillées et autres boissons alcoolisées) est soumise à la TVA au taux de 19 % et à une surtaxe sur la vente ou l'importation de boissons alcoolisées. La surtaxe est appliquée à la bière au taux de 20.5 % et ne dépend pas du titre alcoométrique. Elle est appliquée à l'assiette de la TVA, à savoir au prix de vente (hors TVA) et frappe les transactions entre grossistes. S'agissant de ces transactions, la taxe versée au vendeur est déductible de la taxe sur les ventes

Encadré 4.A4.1. **Notes pays** *(suite)*

due à chaque étape de la chaîne de valeur (y compris l'importation) jusqu'à la vente au détaillant final. La surtaxe n'est pas perçue sur la vente du détaillant au consommateur final et le détaillant ne peut pas récupérer la taxe qu'il a versée en amont.

Corée : La taxe sur les alcools appliquée à la bière est égale à 72 % du prix à la production. Outre la taxe sur les alcools, une taxe d'enseignement (30 % du montant de la taxe sur les alcools perçue) est également appliquée.

Danemark : Les taux réduits suivants sont appliqués aux petites brasseries indépendantes : pour une production n'excédant pas 3 700 hectolitres, la réduction est de 77.08 DKK par hectolitre ; pour une production supérieure à 3 700 hectolitres mais n'excédant pas 20 000 hectolitres (X), la réduction est de 259.939/(X + 6.83) DKK par hectolitre ; pour une production supérieure à 20 000 hectolitres, la réduction est de 22.02-(X/9083) DKK par hectolitre. Un droit supplémentaire frappe les produits qui contiennent un mélange de bière et de boisson non alcoolisée. Les taux appliqués sont les suivants : 9.38 DKK par litre de mélange dont le titre alcoométrique n'excède pas 10 % vol. et 16.39 DKK par litre lorsque le titre est supérieur à 10 % vol. La bière titrant moins de 2.8 % vol. est exonérée de droits d'accise.

Espagne : Les taux d'accise, qui dépendent du degré d'alcool, sont les suivants : la bière titrant moins de 1.2 % vol. est exonérée ; elle est soumise à un droit de 2.75 EUR par hectolitre entre 1.2 % vol. et 2.8 % vol., de 7.48 EUR par hectolitre entre 2.8 % vol. et 11° Plato, de 9.96 EUR par hectolitre au-delà de 11° Plato et jusqu'à 15° Plato, de 13.56 EUR par hectolitre au-delà de 15° Plato et jusqu'à 19° Plato et de 0.91 EUR par hectolitre et par degré Plato au-delà de 19° Plato. Il n'y a pas de taxe sur la bière à Ceuta et Melilla (deux villes espagnoles situées en Afrique du Nord).

États-Unis : La moyenne pondérée des droits d'accise fédéraux et des droits appliqués par les États est de 22 USD par hectolitre de produit. L'accise fédérale s'établit à 18 USD par fût (un fût correspond à 1.1735 hectolitres). Les petites brasseries locales qui produisent moins de 2 millions de fûts de bière par année civile paient 7.00 USD de droits fédéraux par fût sur les 60 000 premiers fûts. Il n'existe pas de barème progressif en fonction du degré d'alcool ni de TVA fédérale.

Finlande : La bière titrant moins de 0.5 % vol. est exonérée de droits d'accise.

France : La bière ayant un titre alcoométrique supérieur à 18 % vol. est frappée d'un droit supplémentaire de 2.96 EUR par degré par hectolitre destiné à financer le système de protection sociale.

Islande : En Islande, le droit s'établit à 112 ISK par centilitre d'alcool par litre moins 2.25 centilitres. Par exemple, un litre de bière titrant 6 % vol. contient 6 centilitres d'alcool par litre. En conséquence, le droit perçu sur un litre de bière titrant 6 % vol. s'obtient à partir de la formule suivante : (6-2.25) × 112 = 420 ISK par litre. L'application de cette formule revient à exonérer de droits la bière titrant moins de 2.25 % vol.

Irlande : La bière brassée par des petites brasseries indépendantes ne produisant pas plus de 30 000 hectolitres par an donne lieu à une exonération ou à un remboursement de 50 % de la taxe frappant les produits alcoolisés (droits d'accise). Le droit est nul pour la bière peu alcoolisée (jusqu'à 1.2 % vol.) et s'établit à 11.27 EUR pour la bière titrant plus de 1.2 % vol. et moins de 2.8 % vol.

Israël : Le montant du droit a été fixé à 231 ILS le 1er janvier 2016. Il est ajusté chaque année en fonction de l'évolution de l'indice des prix à la consommation. Aucun droit n'est appliqué à la bière contenant moins de 2 % d'alcool. (ou moins de 3.8 % si elle est commercialisée dans des bouteilles réutilisables). Les données statistiques concernant Israël sont fournies par et sous la responsabilité des autorités israéliennes compétentes. L'utilisation de ces données par l'OCDE est sans préjudice du statut des hauteurs du Golan, de Jérusalem Est et des colonies de peuplement israéliennes en Cisjordanie aux termes du droit international.

Italie : La bière contenant moins de 0.5 % d'alcool par volume est exonérée.

Japon : Les droits d'accise s'établissent à 22 000 JPY par hectolitre de produit. Les petits brasseurs produisant moins de 13 000 hectolitres de bière par an acquittent un droit égal à 18 700 JPY par hectolitre sur les 2 000 premiers hectolitres pendant les cinq années suivant l'obtention de leur licence (mesure temporaire).

Encadré 4.A4.1. **Notes pays** *(suite)*

Lettonie : Depuis le 1er mars 2016, l'accise s'établit à 4.2 EUR par % vol. par hectolitre ; ce montant est réduit à 2.1 EUR par % vol. par hectolitre pour les petites brasseries indépendantes (mais ne peut pas être inférieur à 7.8 EUR par hectolitre). Le taux réduit consenti aux petites brasseries indépendantes (production annuelle n'excédant pas 50 000 hectolitres) s'applique aux 10 000 premiers hectolitres de bière produits.

Luxembourg : Les taux applicables aux petites brasseries (dont la production annuelle est inférieure à 200 000 hectolitres) varient entre 0.40 EUR et 0.45 EUR. Un droit supplémentaire égal à 600 EUR par hectolitre est perçu sur les bières confectionnées (« alcopops »).

Mexique : Les taux, appliqués sur une base *ad valorem*, sont les suivants : 26.5 % pour la bière et les autres boissons alcoolisées jusqu'à 14 degrés Gay-Lussac (° GL) ; 30 % au-delà de 14° GL et jusqu'à 20° GL ; 53 % au-delà de 20° GL. Un mécanisme a été mis en place pour lutter contre l'utilisation de récipients à usage unique : les assujettis doivent acquitter soit le montant *ad valorem* applicable soit un forfait de 3 MXN par litre (diminué de 1.26 MXN par litre pour les assujettis utilisant des récipients réutilisables) si ce second montant est plus élevé.

Pays-Bas : Aux Pays-Bas, la plupart des bières ont une densité comprise entre 11 et 15° Plato, la bière la plus courante ayant une densité de 12° Plato ; le taux du droit d'accise s'établit à 37.96/12 = 3.16 EUR par degré Plato. Les taux sont les suivants par hectolitre de produit : a) jusqu'à 7° Plato : 8.83 EUR ; b) de 7° à 11° Plato : 28.49 EUR ; c) de 11°à 15° Plato : 37.96 EUR ; d) 15° Plato ou plus : 47.48 EUR. Les taux applicables aux petites brasseries (dont la production annuelle est inférieure à 200 000 hectolitres) sont les suivants : a) jusqu'à 7° Plato le taux mentionné ci-dessus ; b) de 7° à 11° Plato : 26.35 EUR ; c) de 11° à 15° Plato : 35.11 EUR ; d) 15° Plato ou plus : 43.92 EUR. Pour la bière ne contenant pas plus de 0.5 % d'alcool, une taxe sur la consommation de 8.83 EUR par hectolitre est applicable et le taux de TVA est de 6 %.

Nouvelle-Zélande : Le taux des accises sur la bière titrant plus de 2.5 % vol. est de 27.870 NZD par litre d'alcool contenu dans le produit fini. Le taux appliqué à la bière titrant plus de 1.15 % vol. et jusqu'à 2.5% vol. est de 41.797 NZD par litre de produit. La bière titrant moins de 1.15 % vol. n'est pas soumise à accise.

Norvège : Les taux des droits d'accise sont les suivants par hectolitre de produit : a) 0.0-0.7 % vol. : zéro ; b) 0.7-2.7 % vol. : 327 NOK ; c) 2.7-3.7 % vol. : 1 229 NOK ; d) 3.7-4.7 % vol. : 2 129 NOK. La bière titrant plus de 4.7 % vol. est soumise à un droit de 476 NOK par degré d'alcool et par hectolitre.

Pologne : Abattements pour les petites brasseries : réduction de 30 PLN par hectolitre pour les brasseries dont les ventes n'excèdent pas 20 000 hectolitres par an ; réduction de 15 PLN par hectolitre lorsque les ventes n'excèdent pas 70 000 hectolitres par an ; réduction de 12 PLN par hectolitre lorsque les ventes n'excèdent pas 150 000 hectolitres par an ; réduction de 9 PLN par hectolitre si les ventes n'excèdent pas 200 000 hectolitres par an. Le montant de la réduction ne peut cependant pas être supérieur à 50 % du montant du droit d'accise calculé sur la base du taux normal appliqué à la bière.

Portugal : Les taux d'accise frappant la bière sont les suivants par hectolitre de produit : (a) plus de 0.5 % vol. et jusqu'à 1.2 % vol. : 7.98 EUR ; (b) plus de 1.2 % vol. et jusqu'à 2.8 % vol. : 10 EUR ; (c) plus de 2.8 % vol. et jusqu'à 4.4 % vol. : 15.98 EUR ; (d) plus de 4.4 % vol. et jusqu'à 5.2 % vol. : 20 EUR ; (e) plus de 5.2°% vol. et jusqu'à 6 % vol. : 23.99 EUR ; (f) plus de 6 % vol. : 28.06 EUR (taux en vigueur au 31 mars 2016). Les taux applicables aux petites brasseries (production annuelle n'excédant pas 200 000 hectolitres) sont de 50 % du taux normal.

Slovénie : Accise spécifique par degré d'alcool par hectolitre : 12.10 EUR.

Suisse : Taux par hectolitre : bière légère (jusqu'à 10° Plato) : 16.88 CHF, bière normale et spéciale (de 10.1 à 14° Plato) : 25.32 CHF, bière forte (à partir de 14.1° Plato) : 33.76 CHF. Les réductions accordées aux petites brasseries sont comprises entre 40 % (pour les brasseries ne produisant pas plus de 15 000 hectolitres par an) et 0 % (pour les brasseries produisant au moins 55 000 hectolitres par an). La bière titrant plus de 15 % vol. est fiscalement considérée comme une boisson alcoolisée (taxée à raison de 2 900 CHF par hectolitre d'alcool pur).

Encadré 4.A4.1. **Notes pays** *(suite)*

Turquie : La taxe ne peut pas être inférieure à 103 TL par degré par hectolitre. Si le montant obtenu à partir du taux (63 %) est inférieur à ce montant minimum, c'est celui-ci qui doit être acquitté.

Royaume-Uni : La bière ne titrant pas plus de 1.2 % vol. est exonérée de droit d'accise. Un droit applicable aux bières légères est perçu sur les bières titrant entre 1.3 % vol. et 2.8 % vol. Depuis le 1er octobre 2011, un droit spécial frappe toutes les bières fortes titrant plus de 7.5 % vol.. Ce droit s'ajoute au droit général sur la bière. Les petites brasseries indépendantes bénéficient de taux réduits : 50 % du taux normal pour une production inférieure à 5 000 hectolitres ; un taux obtenu en appliquant la formule suivante lorsque la production est comprise entre 5 000 et 30 000 hectolitres : production annuelle-2 500/production annuelle x taux normal ; un taux obtenu en appliquant la formule suivante lorsque la production est comprise entre 30 000 et 60 000 hectolitres : production annuelle (2500-8.33 % de la fraction de la production annuelle excédant 30 000 hl)/production annuelle x taux normal. Un petit brasseur ne peut solliciter aucune autre réduction du taux applicable aux bières légères.

Tableau 4.A4.2. **Impôts sur le vin**

	Monnaie	Vin non pétillant			Vin pétillant			Vin (non pétillant) à faible degré d'alcool (inférieur à 8.5 % d'apv)		
		Accise par hectolitre de produit		TVA	Accise par hectolitre de produit		TVA	Accise par hectolitre de produit		TVA
		Monnaie nationale	USD	%	Monnaie nationale	USD	%	Monnaie nationale	USD	%
Allemagne*	EUR	0.00	0.00	19.00	136.00	150.94	19.00	0.00	0.00	19.00
Australie*	AUD	Note pays	-	10.00	Note pays	-	10.00	Note pays	-	10.00
Autriche	EUR	0.00	0.00	20.00	100.00	110.99	20.00	0.00	0.00	20.00
Belgique	EUR	74.91	58.62	21.00	256.32	200.56	21.00	23.91	18.71	21.00
Canada*	CAD	62.00	0.09	5.0/13.0/14.0/15.0	62.00	0.09	5.0/13.0/14.0/15.0	Note pays	-	5.0/13.0/14.0/15.0
Chili*	CLP	Note pays	-	19.00	Note pays	-	19.00	Note pays	-	19.00
Corée*	KRW	Voir note	-	10.00	Note pays	-	10.00	Note pays	-	10.00
Danemark*	DKK	1 161.00	1 288.57	25.00	1 496.00	1 660.38	25.00	534.00	592.67	25.00
Espagne*	EUR	0.00	0.00	21.00	0.00	0.00	21.00	0.00	0.00	21.00
Estonie*	EUR	111.98	124.28	20.00	84.67	93.97	20.00	48.55	53.88	20.00
États-Unis*	USD	47.00	47.00	-	116.00	116.00	-	Note pays	-	-
Finlande*	EUR	339.00	376.25	24.00	339.00	376.25	24.00	Note pays	-	24.00
France*	EUR	3.77	0.01	20.00	9.33	0.03	20.00	3.77	0.01	20.00
Grèce	EUR	20.00	0.15	23.00	20.00	0.15	23.00	20.00	0.15	23.00
Hongrie	HUF	0.00	0.00	27.00	1 6460.00	1 8268.59	27.00	0.00	0.00	27.00
Irlande*	EUR	424.84	109.30	23.00	849.68	218.60	23.00	141.57	36.42	23.00
Islande*	ISK	Note pays	-	11.00	Note pays	-	11.00	Note pays	-	11.00
Israël*	ILS	0.00	0.00	17.00	Voir note	-	17.00	0.00	0.00	17.00
Italie	EUR	0.00	0.00	22.00	0.00	0.00	22.00	0.00	0.00	22.00
Japon	JPY	8 000.00	8 879.02	8.00	8 000.00	8 879.02	8.00	8 000.00	8 879.02	8.00
Lettonie*	EUR	70.00	77.69	21.00	70.00	77.69	21.00	Note pays		21.00
Luxembourg*	EUR	0.00	0.00	14 or 17	0.00	0.00	17.00	0.00	0.00	14.00
Mexique*	MXN	26.5 %/30 %	-	16.00	26.5 %/30 %	-	16.00	26.5 %	-	16.00
Norvège*	NOK	5712.00	3 983.26	25.00	5 712.00	3 983.26	25.00	Note pays	-	25.00
Nouvelle-Zélande*	NZD	Note pays	-	15.00	Note pays	-	15.00	Note pays	-	15.00
Pays-Bas*	EUR	88.36	23.44	21.00	254.41	67.48	21.00	44.18	11.72	21.00
Pologne	PLN	158.00	175.36	23.00	158.00	175.36	23.00	158.00	175.36	23.00
Portugal	EUR	0.00	0.00	13.00	0.00	0.00	23.00	0.00	0.00	23.00
République slovaque*	EUR	0.00	0.00	20.00	79.65	88.40	20.00	0.00	0.00	20.00
République tchèque	CZK	0.00	0.00	21.00	2340.00	2 597.11	21.00	0.00	0.00	21.00
Royaume-Uni*	GBP	273.31	32.42	20.00	350.07	41.53	20.00	84.21	9.99	20.00
Slovénie	EUR	0.00	0.00	22.00	0.00	0.00	22.00	0.00	0.00	22.00
Suède*	SEK	2517.00	924.35	25.00	2517.00	924.35	25.00	Note pays	0.00	25.00
Suisse*	CHF	0.00	0.00	8.00	0.00	0.00	8.00	0.00	0.00	8.00
Turquie*	TRY	557.00	557.00	18.00	3763.00	3 763.00	18.00	557.00	557.00	18.00

* Notes pays : voir l'encadré 4.A4.2

Note : Conversion de la monnaie nationale en USD : les taux de conversion sont les taux moyens du marché (2015) publiés dans les Statistiques monétaires mensuelles de l'OCDE (stats.oecd.org)

Source : Délégués nationaux ; position au 1er janvier 2016.

StatLink http://dx.doi.org/10.1787/888933458710

Encadré 4.A4.2. **Notes pays**

Allemagne : Taux d'accise applicable au vin pétillant ayant un faible titre alcoométrique, inférieur à 6 % vol. : 51 EUR. Les taux applicables aux produits intermédiaires dont le titre alcoométrique est compris entre 1.2 % vol. et 22 % vol. sont les suivants : plus de 15 % vol. et moins de 22 % vol. : 153 EUR par hectolitre ; jusqu'à 15 % vol. : 102 EUR ; jusqu'à 15 % vol. et pétillant : 136 EUR par hectolitre.

Australie : Tous les vins (vins non pétillants, pétillants et à faible degré d'alcool) sont soumis à la taxe d'égalisation sur le vin (WET), égale à 29 % du prix de gros final (hors TPS). Les producteurs qui remplissent certaines conditions peuvent bénéficier d'une remise de la taxe WET versée ou du montant qui aurait été versé si l'acheteur n'avait pas fait valoir son droit de report de la WET, dans la limite de 500 000 AUD par exercice budgétaire. Le gouvernement australien a annoncé, dans le cadre de la présentation de la loi de finances 2016-17, que ce plafond serait ramené à 350 000 AUD à compter du 1er juillet 2017 et à 290 000 AUD à compter du 1er juillet 2018, et que les conditions d'accès seraient durcies à compter du 1er juillet 2019.

Canada : (1) Un droit de 0.62 CAD par litre s'applique au vin titrant plus de 7 % vol., de 0.295 CAD par litre au vin dont le titre alcoométrique est supérieur à 1.2 % vol. mais n'excède pas 7 % vol. et de 0.0205 CAD au vin titrant 1.2 % vol. ou moins. (2) Les vins enrichis en alcool titrant plus de 22.9 % vol. n'entrent pas dans la catégorie des vins (ils font partie des spiritueux). Les autorités provinciales et territoriales perçoivent également divers majorations et droits sur le vin, appliquant généralement un taux supérieur au taux fédéral.

Chili : Une surtaxe de 20.5 % est appliquée à la vente ou à l'importation de vin, de vin pétillant, de champagne, de cidre et d'autres boissons alcoolisées (entre autres). Cette taxe est appliquée à l'assiette de la TVA, à savoir au prix de vente (hors TVA), et frappe les transactions entre grossistes. S'agissant de ces transactions, la taxe versée au vendeur est déductible de la taxe sur les ventes due à chaque étape de la chaîne de valeur (y compris l'importation) jusqu'à la vente au détaillant final. La surtaxe n'est pas perçue sur la vente du détaillant au consommateur final et le détaillant ne peut pas récupérer la taxe qu'il a versée en amont ; de même, elle n'est pas perçue sur la vente de vin en vrac réalisée par un producteur à un détaillant assujetti.

Corée : La taxe sur les alcools appliquée au vin est égale à 30 % du prix à la production (ou du prix à l'importation). En outre, la taxe d'enseignement (10 % du montant de la taxe sur les alcools) est également appliquée. Ces taux sont applicables aux vins pétillants et non pétillants quel que soit leur degré d'alcool.

Lettonie : Depuis le 1er mars 2016, l'accise sur le vin (non pétillant et pétillant) s'établit à 74 EUR par hectolitre. Il n'existe pas de taux spécifique pour le vin à faible degré d'alcool (non pétillant) (titrant moins de 8.5 % vol.).

Danemark : Le taux appliqué aux vins forts, titrant plus de 15 % vol. et jusqu'à 22 % vol., s'établit à 1 555 DKK par hectolitre, celui appliqué aux vins moyennement alcoolisés, titrant plus de 6 % vol. et jusqu'à 15 % vol., s'établit à 1 161 DKK par hectolitre et celui appliqué aux vins à faible degré d'alcool, titrant plus de 1.2 % vol. et jusqu'à 6 % vol., s'établit à 534 DKK par hectolitre. Les droits appliqués au vin pétillant correspondent à ceux appliqués au vin non pétillant majorés de 335 DKK par hectolitre. Un droit supplémentaire frappe les mélanges de vin et de boisson non alcoolisée. Les taux appliqués sont les suivants : 7.13 DKK par litre de mélange ne titrant pas plus de 10 % vol. et 11.50 DKK par litre de mélange titrant plus de 10 % vol.

Espagne : Les produits intermédiaires – produits auxquels de l'alcool distillé a été ajouté – dont le titre alcoométrique est compris entre 1.2 % vol. et 22 % vol. sont taxés comme suit : titre compris entre 1.2 % vol. et 15 % vol. : 36.65 EUR par hectolitre ; autres : 61.08 EUR par hectolitre.

Estonie : Le taux d'accise appliqué au vin non pétillant et pétillant à faible degré d'alcool ne titrant pas plus de 6 % vol. s'établit à 48.55 EUR (taux applicable au 1er février 2016).

États-Unis : La moyenne pondérée des droits d'accise fédéraux et des droits appliqués par les États est de 47 USD par hectolitre de produit pour le vin non pétillant jusqu'à 14 % vol. et de 116 USD pour le vin pétillant.

Encadré 4.A4.2. **Notes pays** *(suite)*

Les droits d'accise fédéraux sont les suivants : a) jusqu'à 14 % vol. : 1.07 USD par gallon ; b) de 14 à 21 % vol. : 1.57 USD par gallon ; c) de 21 à 24 % vol. : 3.15 USD par gallon ; d) vin gazéifié : 3.30 USD par gallon ; et e) vin pétillant : 3.40 USD par gallon. 26.42 gallons des États-Unis = 1 hectolitre. Il n'y a pas de TVA fédérale.

Finlande : Les taux des accises sur le vin à faible degré d'alcool sont les suivants : a) plus de 1.2 % vol. et jusqu'à 2.8 % vol. : 22 EUR ; b) plus de 2.8 % vol. et jusqu'à 5.5 % vol. : 169 EUR ; c) plus de 5.5 % vol. et jusqu'à 8 % vol. : 241 EUR.

France : Un taux réduit s'applique aux catégories de vin à faible degré d'alcool suivantes : cidre, poiré, hydromel et pétillant de raisin.

Irlande : Le taux applicable au vin à faible degré d'alcool s'applique au vin titrant moins de 5.5 % vol. Le taux applicable au vin non pétillant titrant plus de 15 % vol. s'établit à 616.45 EUR.

Islande : En Islande, le droit s'établit à 102 ISK par centilitre d'alcool par litre moins 2.25 centilitres pour le vin ne titrant pas plus de 15 % vol. Par exemple, un litre de vin titrant 15 % vol. contient 15 centilitres d'alcool par litre. En conséquence, le droit perçu sur un litre de vin titrant 15 % vol. s'obtient à partir de la formule suivante : (15-2.25) x 102 = 1 300.50 ISK par litre.

Israël : Les données statistiques concernant Israël sont fournies par et sous la responsabilité des autorités israéliennes compétentes. L'utilisation de ces données par l'OCDE est sans préjudice du statut des hauteurs du Golan, de Jérusalem Est et des colonies de peuplement israéliennes en Cisjordanie aux termes du droit international.

Luxembourg : Le taux de TVA réduit (12 %) s'applique au vin non pétillant ne titrant pas plus de 13 % vol. Un droit supplémentaire égal à 600 EUR par hectolitre est perçu sur les boissons confectionnées (« alcopops »).

Mexique : Les taux, appliqués sur une base *ad valorem* et non par hectolitre de produit, sont les suivants : 26.5 % pour la bière et les autres boissons alcoolisées jusqu'à 14 degrés Gay-Lussac (° GL) ; 30 % au-delà de 14° GL et jusqu'à 20° GL ; 53 % au-delà de 20° GL.

Nouvelle-Zélande : Le taux d'accise qui frappe le vin non enrichi s'établit à 2.7870 NZD par litre de produit.

Norvège : Le taux mentionné dans le tableau est celui qui s'applique aux vins titrant 12 % vol. Pour les vins dont le titre alcoométrique est compris entre 4.7 et 22 %, le taux des droits d'accise est de 476 NOK par degré d'alcool et par hectolitre.

Pays-Bas : Le taux du droit d'accise applicable au vin non pétillant titrant plus de 15 % vol. s'établit à 129.81 EUR par hectolitre. Le taux du droit d'accise applicable au vin pétillant à faible degré d'alcool (8.5 % vol. au maximum) s'établit à 48.25 EUR par hectolitre. Le taux de TVA appliqué au vin ayant un titre alcoométrique inférieur à 1.2 % vol. est de 6 %.

République slovaque : Le taux de 54.16 EUR par hectolitre s'applique aux boissons fermentées pétillantes ne titrant pas plus de 8.5 % vol. Le taux applicable aux produits intermédiaires est de 84.24 EUR par hectolitre.

Royaume-Uni : Les taux réduits des droits d'accise applicables aux boissons faiblement alcoolisées (catégorie des vins) sont les suivants : a) de 1.2 % vol. à 4 % vol. : 84.21 GBP par hectolitre ; b) de 4 % à 5.5 % vol. : 115.80 GBP; et c) vin pétillant peu alcoolisé titrant de 5.5 à 8.5 % vol. : 264.61 GBP ; d) vin pétillant et produits à base de vin ne titrant pas moins de 8.5 % vol. mais pas plus de 15 % vol. : 350.07 GBP. Le taux appliqué au vin titrant entre 15 % vol. et 22 % vol. est de 364.37 GBP (vins et produits à base de vin). Les taux des droits sur le vin ont été modifiés le 21 mars 2016 et sont désormais les suivants : le taux des droits d'accise sur le vin non pétillant s'établit à 277.84 EUR ; les taux réduits appliqués aux boissons faiblement alcoolisées sont les suivants (catégorie des vins) : a) de 1.2 % vol. à 4 % vol. : 85.60 GBP ; b) de 4 % vol. à 5.5 % vol. : 117.72 GBP ; et c) vin pétillant peu alcoolisé titrant plus de 5.5 % vol. mais moins de 8.5 % vol. :

Encadré 4.A4.2. **Notes pays** *(suite)*

268.99 GBP ; d) vin pétillant et produits à base de vin ne titrant pas moins de 8.5 % vol. mais pas plus de 15 % vol. : 355.87 GBP. Le taux appliqué au vin titrant entre 15 % vol. et 22 % vol. est de 370.41 GBP (vin et produits à base de vin).

Suède : Les taux des droits d'accise pour les vins à faible degré d'alcool sont les suivants : a) moins de 2.25 % vol. : 0 SEK ; b) 7 %-8.5 % vol. : 1 797 SEK ; c) 4.5 %-7 % vol. : 1 306 SEK ; d) 2.25 %-4.5 % vol. : 884 SEK. Il n'existe pas de taux particulier pour les vins pétillants.

Suisse : En général, le vin titrant plus de 15 % vol. est taxé comme une boisson alcoolisée (2 900 CHF par hectolitre d'alcool pur). Le vin naturel obtenu à partir de raisin frais qui titre plus de 18 % vol. est taxé comme une boisson alcoolisée (1 450 CHF par hectolitre d'alcool pur jusqu'à 22 % vol., et 2 900 CHF par hectolitre d'alcool pur au-delà).

Turquie : Le taux d'accise s'établit à 0 %.

Tableau 4.A4.3. **Impôts sur les boissons alcooliques**[1]

	Monnaie	Taxe par hectolitre d'alcool pur			
		Accise		Taux de TVA	Taux applicable aux petites distilleries
		Monnaie nationale	USD	%	
Allemagne*	EUR	1 303.00	1 446.17	19.00	Oui
Australie*	AUD	8 105.00	6 089.41	10.00	Non
Autriche*	EUR	1 200.00	1 331.85	20.00	Oui
Belgique	EUR	2 992.79	3 321.63	21.00	Non
Canada*	CAD	1 169.60	915.18	5.0, 13.0, 14.0 ou 15.0	Non
Chili*	CLP	voir note	-	19.00	Non
Corée*	KRW	voir note	-	10.00	Non
Danemark*	DKK	15 000.00	2 230.48	25.00	Non
Espagne*	EUR	913.28	1 013.63	21.00	Oui
Estonie	EUR	2 172.00	2 410.65	20.00	Non
États-Unis*	USD	995.00	995.00	-	Non
Finlande*	EUR	4 555.00	5 055.49	24.00	Non
France*	EUR	1 737.56	1 928.48	20.00	Non
Grèce*	EUR	2 450.00	2 719.20	23.00	Non
Hongrie*	HUF	333 385.00	1 194.10	27.00	Oui
Irlande	EUR	4 257.00	4 724.75	23.00	Non
Islande*	ISK	1 380 000.00	10 462.79	11.00	Non
Israël*	ILS	voir note	-	17.00	Non
Italie*	EUR	1 035.52	1 149.30	22.00	Non
Japon*	JPY	voir note	-	8.00	Non
Lettonie*	EUR	1 360.00	1 509.43	21.00	Non
Luxembourg	EUR	1 041.15	1 155.55	17.00	Non
Mexique*	MXN	53%	-	16.00	Non
Norvège	NOK	73 100.00	9 064.98	25.00	Non
Nouvelle-Zélande*	NZD	voir note	-	15.00	Non
Pays-Bas*	EUR	1 686.00	1 871.25	6.0 ou 21.0	Non
Pologne	PLN	5 704.00	1 513.00	23.00	Non
Portugal*	EUR	1 327.94	1 473.85	23.00	Oui
République slovaque*	EUR	1 080.00	1 198.67	20.00	Non
République tchèque	CZK	28 500.00	1 158.87	21.00	Non
Royaume-Uni*	GBP	2 766.00	4 229.36	20.00	Non
Slovénie*	EUR	1 320.00	1 465.04	22.00	Non
Suède	SEK	51 148.00	6 068.10	25.00	Non
Suisse*	CHF	2 900.00	3 014.55	8.00	Oui
Turquie*	TRY	15 071.00	5 534.70	18.00	Non

* Notes pays : voir l'encadré 4.A4.3.

Note : Conversion de la monnaie nationale en USD : les taux de conversion sont les taux moyens du marché (2015) publiés dans les Statistiques monétaires mensuelles de l'OCDE (stats.oecd.org).

1. Boissons alcoolisées autres que celles figurant dans les tableaux 4.1 et 4.2.

Source : Délégués nationaux ; position au 1er janvier 2016.

StatLink http://dx.doi.org/10.1787/888933458729

Encadré 4.A4.3. **Notes pays**

Allemagne : Les taux applicables aux petites distilleries sont de 730 EUR ou 1 022 EUR. Un droit supplémentaire, égal à 5 550 EUR par hectolitre d'alcool pur, frappe les alcopops.

Australie : Un droit d'accise de 81.05 AUD par litre d'alcool est appliqué aux spiritueux et autres boissons soumises aux droits d'accise (exception faite de la bière). Un taux réduit, de 75.70 AUD par litre l'alcool, s'applique au brandy (obtenu par distillation de vin de raisin). Ces taux s'appliquent à compter du 1er février 2016 et sont ajustés chaque année en février et août en fonction de l'inflation. Le gouvernement australien a annoncé, dans le cadre de la présentation de la loi de finances 2016-2017, que les distilleries locales et les producteurs de boissons alcooliques à faible degré d'alcool pourraient obtenir à compter du 1er janvier 2017 un remboursement égal à 60 % des accises versées dans la limite de 30 000 AUD par exercice budgétaire.

Autriche : Pour les petites distilleries ne produisant pas plus de 4 hectolitres d'alcool pur par an, le taux des droits s'établit à 648 EUR (soit 54 % du taux normal).

Canada : (1) Les spiritueux sont soumis à un droit d'accise à raison de 11.696 CAD par litre d'alcool éthylique. Les spiritueux qui ne contiennent pas plus de 7 % vol. sont soumis à un droit d'accise au taux de 0.295 CAD par litre. (2) La bière titrant plus de 11.9 % vol. est assimilée à un spiritueux. Les autorités provinciales et territoriales perçoivent également divers majorations et droits sur les spiritueux, appliquant généralement un taux supérieur au taux fédéral.

Chili : Une surtaxe est appliquée à la vente ou à l'importation de boissons alcooliques. Les taux appliqués sont les suivants : 31.5 % sur les liqueurs, les eaux de vie, les vermouths, le pisco, le whisky et d'autres boissons alcooliques obtenues par distillation ; 20.5 % sur la bière, le vin, le vin pétillant, le champagne, le cidre et d'autres boissons alcooliques. Cette taxe est appliquée à l'assiette de la TVA, à savoir au prix de vente (hors TVA), et frappe les transactions entre grossistes. S'agissant de ces transactions, la taxe versée au vendeur est déductible de la taxe sur les ventes due à chaque étape de la chaîne de valeur (y compris l'importation) jusqu'à la vente au détaillant final. La surtaxe n'est pas perçue sur la vente du détaillant au consommateur final et le détaillant ne peut pas récupérer la taxe qu'il a versée en amont ; de même, elle n'est pas perçue sur la vente de vin en vrac réalisée par un producteur à un détaillant assujetti.

Corée : Le droit d'accise sur les alcools s'appliquant sur une base *ad valorem*, il ne varie pas en fonction du titre alcoométrique. Pour le whisky, le brandy, les alcools distillés en général, les liqueurs, le soju dilué et le soju distillé, son taux est de 72 % et le taux de la taxe d'enseignement est de 30 %.

Danemark : Un droit supplémentaire frappe les produits qui contiennent un mélange de spiritueux et de boisson non alcoolique. Il s'élève à 4.21 DKK par litre de mélange.

Espagne : Le droit d'accise pour les îles Canaries est de 714.63 EUR par hectolitre d'alcool pur. Un régime spécial est appliqué aux petites distilleries, auxquels un taux de 799.19 EUR par hectolitre (ou 622.23 EUR dans les îles Canaries) est appliqué.

États-Unis : La moyenne pondérée des droits d'accise fédéraux et des droits appliqués par les États est de 995 USD par hectolitre. Le droit d'accise fédéral est de 13.50 par « *proof gallon* ». Un « *proof gallon* » est un gallon américain (3.785 litres) contenant 50 % d'alcool. Il n'y a pas de TVA fédérale.

Finlande : Les taux des accises sont les suivants : (a) CN – code 2208, titre alcoométrique compris entre 1.2 % vol. et 2.8 % vol. : 800 EUR ; (b) autres produits : 4 555 EUR.

France : Droit supplémentaire destiné à financer le système de protection sociale : 557.90 EUR par hectolitre d'alcool pur.

Grèce : Le droit appliqué à l'ouzo et à l'alcool éthylique est de 1 225 EUR par hectolitre d'alcool pur (une dérogation est possible pour plusieurs régions mais elle ne s'applique que dans le département du Dodécanèse).

Encadré 4.A4.3. **Notes pays** *(suite)*

Hongrie : Un taux réduit de 50 % s'applique à l'alcool éthylique produit par des distilleries de récoltants de fruits à partir de fruits qui leur sont fournis par des ménages de récoltants. L'application du taux réduit est limitée à 43 litres d'alcool pur par an et par ménage de récoltants, destinés à la consommation personnelle du ménage.

Islande : Le taux d'accise indiqué dans le tableau est celui applicable aux boissons alcooliques autres que la bière ou le vin titrant jusqu'à 15 % vol. Il s'établit à 138 ISK par centilitre d'alcool par volume au-delà de 2.25 % vol.

Israël : Le droit d'accise applicable à tous les types de boissons alcooliques s'établit à 84.24 ILS par litre d'alcool pur. Les données statistiques concernant Israël sont fournies par et sous la responsabilité des autorités israéliennes compétentes. L'utilisation de ces données par l'OCDE est sans préjudice du statut des hauteurs du Golan, de Jérusalem Est et des colonies de peuplement israéliennes en Cisjordanie aux termes du droit international.

Italie : Des droits frappent les boissons titrant plus de 1.2 % vol. Un taux de 88.67 EUR s'applique aux produits intermédiaires.

Japon : Les taux des droits d'accise s'établissent comme suit : a) whisky et brandy (40 % vol.) : 40 000 JPY ; b) spiritueux (37 % vol.) : 37 000 JPY ; c) Shochu groupe A et B (25 % vol.) : 25 000 JPY.

Lettonie : à compter du 1er mars 2016, le taux du droit d'accise s'établit à 1 400 EUR par hectolitre d'alcool pur.

Luxembourg : Un droit supplémentaire égal à 600 EUR par hectolitre est perçu sur les boissons confectionnées (« alcopops »).

Mexique : Les taux, appliqués sur une base *ad valorem*, sont les suivants : 26.5 % pour les boissons alcooliques jusqu'à 14 degrés Gay-Lussac (° GL) ; 30 % au-delà de 14° GL et jusqu'à 20° GL ; 53 % au-delà de 20° GL.

Nouvelle-Zélande : Pour les boissons alcooliques ayant un titre alcoométrique compris entre 9 et 14 % vol., le droit d'accise s'établit à 2.7870 NZD par litre. Au-delà de 14 % vol., le droit est de 50.759 NZD par litre d'alcool pur (exception faite du vin non enrichi et du vermouth, taxés à raison de 2.7870 NZD par litre de produit).

Pays-Bas : Le taux de TVA sur les spiritueux à faible teneur en alcool (moins de 1.2 %) est de 6 %.

Portugal : Les produits intermédiaires sont soumis à un droit de 72.86 EUR par hectolitre ; alcool éthylique/spiritueux : 1 327.94 EUR par hectolitre (montants applicables au 31 mars 2016). Un taux réduit égal à 50 % du taux normal est appliqué aux petites distilleries.

République slovaque : Un taux réduit égal à 50 % du taux national du droit d'accise frappant l'alcool éthylique est appliqué à l'alcool éthylique produit par des distilleries exploitées par des récoltants de fruits. Ce taux s'applique dans la limite de 43 litres d'alcool éthylique par an, destinés à la consommation personnelle du récoltant.

République tchèque : Un taux réduit, égal à 14 300 CZK par hectolitre d'alcool pur, s'applique aux distilleries exploitées par de petits récoltants de fruits ne produisant pas plus de 30 litres de spiritueux de fruits par an et par ménage. Un droit d'accise de 2 340 CZK par hectolitre de produit s'applique aux produits intermédiaires.

Royaume-Uni : Toutes les boissons titrant plus de 22 % vol. sont fiscalement considérées comme des spiritueux. La plupart des autres boissons obtenues en mélangeant des spiritueux avec d'autres types d'alcool sont également fiscalement considérées comme des spiritueux. Le taux appliqué au cidre et au poiré non pétillants dont le titre alcoométrique est supérieur à 1.2 % mais n'excède pas 7.5 % vol. s'établit à 38.87 GBP, celui appliqué au cidre et au poiré non pétillants titrant plus de 7.5 % mais moins de 8.5 % vol. est de 58.75 GBP, celui appliqué au cidre et au poiré pétillants dont le titre alcoométrique est supérieur à

Encadré 4.A4.3. **Notes pays** *(suite)*

1.2 % mais n'excède pas 5.5 % vol. est de 264.61 GBP et celui appliqué au cidre et au poiré pétillants titrant plus de 5.5 % et moins de 8.5 % vol. est de 264.61 GBP. Le taux appliqué au cidre et au poiré pétillants titrant plus de 5.5 % et moins de 8.5 % vol. a été porté à 268.99 GBP le 21 mars 2016.

Slovénie : Le montant du droit s'élève à 1 320 EUR par hectolitre d'alcool pur.

Suisse : Si certaines conditions sont remplies, les agriculteurs ne sont pas imposés sur les cinq premiers litres d'alcool pur produits chaque année, réservés à leur consommation personnelle. Les petits producteurs bénéficient d'une réduction de 30 % pour les 30 premiers litres d'alcool pur produits chaque année. Le taux normal s'établit à 2 900 CHF par hectolitre. Un taux spécial de 1 450 CHF par hectolitre est appliqué à certains types de vin. Un taux spécial de 11 600 EUR par hectolitre est appliqué aux alcopops (l'alcopop, également dénommé boisson prête à consommer, est un mélange d'alcool et de soda).

Turquie : Le taux d'accise est nul. Si le montant de la taxe calculé à partir du taux indiqué est inférieur au montant minimum indiqué dans le tableau, c'est celui-ci qui doit être acquitté.

Tableau 4.A4.4. **Impôts sur le tabac**

		Cigarettes			Cigares[2]			Tabac à rouler pour cigarettes			TVA
	Monnaie	Accise spécifique par 1 000		Accise ad valorem	Accise spécifique par 1 000		Accise ad valorem	Accise spécifique par 1 000 grammes		Accise ad valorem	
		Monnaie nationale	USD	% du PVD[1]	Monnaie nationale	USD	% du PVD[1]	Monnaie nationale	USD	% du PVD	%
Allemagne	EUR	98.20	108.99	21.69	14.00	15.54	1.47	48.49	53.82	14.76	19.00
Australie*	AUD	530.96	398.92	0.00	Note pays	-	0.00	663.72	498.66	0.00	10.00
Autriche*	EUR	45.00	49.94	40.00	0.00	0.00	13.00	0.00	0.00	56.00	20.00
Belgique	EUR	39.52	43.86	45.84	0.00	0.00	10.00	23.70	26.30	31.50	21.00
Canada*	CAD	105.15	82.28	Note pays	22.89	17.91	Note pays	131.44	102.85	Note pays	5.0/13.0/14.0/15.0
Chili*	CLP	46 323.00	70.80	30.00	0.00	-	52.60	0.00	-	59.70	19.00
Corée*	KRW	145 450.00	109.25	64.64	Note pays	-	0.00	103 200.00	77.52	0.00	10.00
Danemark*	DKK	1 182.50	175.84	1.00	500.00	74.35	10.00	788.50	117.25	0.00	25.00
Espagne	EUR	24.10	26.75	51.00	0.00	0.00	15.80	22.00	24.42	41.50	21.00
Estonie*	EUR	46.50	51.61	34.00	211.00	234.18	0.00	61.00	67.70	0.00	20.00
États-Unis*	USD	135.00	135.00	Note pays	Note pays	-	-	Note pays	-	-	-
Finlande*	EUR	37.50	41.62	52.00	0.00	0.00	31.00	26.00	28.86	52.00	24.00
France	EUR	48.75	54.11	49.70	19.00	21.09	23.00	67.50	74.92	32.00	20.00
Grèce	EUR	82.50	91.56	20.00	0.00	0.00	35.00	156.70	173.92	0.00	23.00
Hongrie*	HUF	15 700.00	56.23	25.00	0.00	0.00	14.00	14 000.00	50.14	0.00	27.00
Irlande*	EUR	271.96	301.84	9.20	Note pays	-	0.00	291.68	323.73	0.00	23.00
Islande*	ISK	22 990.00	174.30	0.00	Note pays	-	0.00	16 450.00	124.72	0.00	24.00
Israël*	ILS	395.00	101.62	Note pays	0.00	0.00	Note pays	454.03	116.81	0.00	17.00
Italie	EUR	17.34	19.25	58.70	0.00	0.00	23.00	0.00	0.00	58.50	22.00
Japon*	JPY	12 244.00	101.19	0.00	1 2244.00	101.19	0.00	1 2244.00	101.19	0.00	8.00
Lettonie*	EUR	54.20	60.16	25.00	42.69	47.38	-	58.00	64.37	-	21.00
Luxembourg	EUR	18.39	20.41	46.65	0.00	0.00	10.00	10.00	11.10	34.30	17.00
Mexique*	MXN	350.00	22.05	38.77	Note pays	-	Note pays	Note pays	-	Note pays	16.00
Norvège	NOK	2 500.00	310.02	0.00	2 500.00	310.02	0.00	2 500.00	310.02	0.00	25.00
Nouvelle-Zélande*	NZD	Note pays	-	0.00	Note pays	-	0.00	386.14	269.27	0.00	15.00
Pays-Bas	EUR	178.28	197.87	1.09	0.00	0.00	5.00	78.68	87.33	4.60	21.00
Pologne*	PLN	206.76	54.84	31.41	393.00	104.24	-	141.29	37.48	31.41	23.00
Portugal*	EUR	90.85	100.83	17.00	0.00	0.00	25.00	78.00	86.57	20.00	23.00
République slovaque*	EUR	59.50	66.04	23.00	71.11	78.92	-	71.11	78.92	0.00	20.00
République tchèque	CZK	1 290.00	52.45	27.00	1 420.00	57.74	-	1 896.00	77.00	-	21.00
Royaume-Uni*	GBP	189.49	289.74	16.50	236.37	361.42	0.00	185.74	284.01	0.00	20.00
Slovénie*	EUR	68.82	76.38	21.18	0.00	0.00	6.00	40.00	44.40	35.00	22.00
Suède	SEK	1 500.00	177.96	1.00	1 320.00	156.60	0.00	1 833.00	217.46	0.00	25.00
Suisse*	CHF	1 18.32	122.99	25.00	5.60	5.82	1.00	38.00	39.50	25.00	8.00
Turquie*	TRY	221.00	81.16	65.25	221.00	81.16	40.00	221.00	81.16	65.25	18.00

* Notes pays : voir l'encadré 4.A4.4.

1. PVD = prix de vente au détail.
2. Cigares. Le Danemark et le Japon taxent les cigares par 1 000 pièces et non au poids. Au Danemark, un cigare est supposé peser 3 grammes et au Japon 1 gramme.

Note : Conversion de la monnaie nationale en USD : les taux de conversion sont les taux moyens du marché (2015) publiés dans les Statistiques monétaires mensuelles de l'OCDE (stats.oecd.org).

Source : Délégués nationaux et Commission européenne ; position au 1er janvier 2016.

StatLink http://dx.doi.org/10.1787/888933458738

Encadré 4.A4.4. **Notes pays**

Australie : Le taux d'accise de 0.53096 AUD par pièce s'applique aux cigarettes ou aux cigares (roulés) dont la teneur en tabac par pièce n'excède pas 0.8 gramme. Les autres produits du tabac sont frappés d'un droit d'accise égal à 663.72 AUD par kilogramme de tabac.

Autriche : Les cigares sont taxés à raison de 13 % du prix de vente au détail (PVD), au minimum 100 EUR pour 1 000 pièces. Le droit d'accise minimum appliqué au tabac à rouler s'établit à 80 EUR par kilogramme. Le droit d'accise minimum appliqué aux cigarettes s'établit à 98 % du total des droits d'accise frappant les cigarettes imposées sur la base du prix moyen pondéré de vente au détail.

Canada : Le droit d'accise appliqué aux cigares s'élève à 22.88559 CAD par millier d'unités. S'y ajoute un droit supplémentaire égal à 0.08226 CAD par cigare ou 82 % du prix de vente si ce second montant est plus élevé. Chaque province ou territoire prélève également sur tous les produits du tabac une taxe dont le taux est variable. Les prix de vente au détail sont ensuite majorés de la TPS/TVH et dans certains cas, lorsque la TVH n'est pas applicable, d'une taxe provinciale sur les ventes.

Chili : La vente de produits du tabac est soumise à la TVA au taux de 19 % et à une taxe sur la vente ou l'importation de tabac manufacturé, de cigarettes et de cigares. La taxe appliquée au tabac manufacturé est égale à 59.7 % du prix de vente. La taxe sur les cigarettes s'établit à 30 % du prix de vente du paquet plus un taux supplémentaire égal à 0.0010304240 d'une unité fiscale mensuelle par cigarette contenue dans le paquet (une unité fiscale mensuelle représente environ 44 955 CLP ou 68.71 USD). Le taux appliqué aux cigares s'établit à 52.6 %. L'accise est prélevée sur le prix de vente au consommateur final majoré de la TVA et de la taxe perçue sur le tabac manufacturé, les cigarettes et les cigares.

Corée : Le droit d'accise sur les cigares est de 294 800 KRW pour 1 000 grammes. Depuis 2015, la taxe nationale (taxe sur la consommation individuelle) est perçue sur le tabac.

Danemark : Le droit d'accise applicable aux autres tabacs à fumer est de 738.5 DKK pour 1 000 grammes pour le tabac épais.

Estonie : Les cigarettes sont soumises à un droit d'accise minimum de 90 EUR par millier d'unités (millier de cigarettes).

États-Unis : Les taxes varient beaucoup d'un État à l'autre. La moyenne pondérée des taxes fédérales et des taxes appliquées par les États par millier de cigarettes est de 135.00 USD. Les taux des droits d'accise fédéraux spécifiques sur le tabac sont les suivants : 50.33 USD par millier pour les cigarettes courtes (ne pesant pas plus de 3 livres, soit 1.36 kilogrammes, par millier) ; 105.69 USD pour les cigarettes longues ; 50.33 USD pour les petits cigares dont le poids n'excède pas 3 livres par millier ; les gros cigares sont soumis à un impôt de 52.75 % du prix à la production dans la limite de 402.60 USD par millier ; 24.78 USD par livre (54.63 USD par kilogramme) pour le tabac à rouler. Certains États appliquent également une taxe *ad valorem*.

Finlande : Le papier à cigarette est soumis à un droit d'accise égal à 60 % du PVD. Les autres tabacs à fumer sont soumis à un droit égal à 28.75 EUR par kilogramme et 48 % du PVD. Le droit d'accise minimum s'établit à 188.50 EUR par millier d'unités pour les cigarettes et à 114.50 EUR par kilogramme pour le tabac à rouler fine coupe. à compter du 1er juillet 2016, le droit d'accise sur les cigarettes s'établit à 41.50 EUR par millier de cigarettes et 52 % du PVD. Le droit d'accise minimum s'établit à 200 EUR par millier de cigarettes. Le droit d'accise sur les cigares est égal à 32 % du PVD. Pour le tabac à rouler fine coupe, il s'établit à 28.50 EUR par kilogramme et 52 % du PVD. Le droit d'accise minimum pour le tabac à rouler fine coupe s'établit à 121.50 EUR par kilogramme. Les autres tabacs à fumer sont soumis à un droit égal à 33.00 EUR par kilogramme et 48 % du PVD.

Hongrie : Le droit d'accise minimum s'établit à 28 000 HUF par millier d'unités pour les cigarettes, à 4 000 HUF par millier d'unités pour les cigares et les cigarillos. La TVA, assise sur le prix de vente au détail taxes comprises, est perçue au taux de 21.26 %.

Irlande : Le taux des droits d'accise appliqués aux cigarettes s'établit à 271.96 EUR par millier de cigarettes, auxquels s'ajoute un montant égal à 9.20 % du prix de vente au détail ou à 307,61 EUR par millier

Encadré 4.A4.4. **Notes pays** *(suite)*

de cigarettes si ce second montant est plus élevé. Le taux du droit d'accise sur les cigares s'établit à 315.359 EUR par kilogramme. Celui sur le tabac à rouler fine coupe à 291.683 EUR par kilogramme. Les autres tabacs à fumer sont soumis à un droit d'accise de 218.783 EUR par kilogramme.

Islande : Pour les cigares, il n'existe pas de droit d'accise spécifique par unité. Le taux s'établit à 16 450 ISK pour 1 000 grammes de cigares (soit un taux identique à celui applicable au tabac à rouler).

Israël : Les accises sont calculées sur un pourcentage du prix de gros au taux de 270 % pour les cigarettes et 90 % pour les cigares. Les données statistiques concernant Israël sont fournies par et sous la responsabilité des autorités israéliennes compétentes. L'utilisation de ces données par l'OCDE est sans préjudice du statut des hauteurs du Golan, de Jérusalem Est et des colonies de peuplement israéliennes en Cisjordanie aux termes du droit international.

Japon : La taxe comprend un élément national, un élément préfectoral et un élément municipal.

Lettonie : à compter du 1er juillet 2016, l'accise est de 56.20 EUR par millier de cigarettes et 25 % du PVD. Le droit d'accise minimum s'établit à 93.70 EUR par millier de cigarettes.

Mexique : Un droit *ad valorem* égal à 160 % du prix à la production ou du prix d'importation est appliqué à toutes les catégories. Un taux réduit de 30.4 % s'applique aux cigares ou au tabac à rouler dès lors qu'ils sont manufacturés à la main. Le droit *ad valorem* s'applique au niveau du producteur ou de l'importateur mais il est assis sur le prix de détail. Une taxe supplémentaire de 0.35 MXN doit être acquittée pour chaque cigarette importée ou vendue. Cette taxe s'applique aussi aux cigares et autres tabacs (0.35 MXN par 0.75 gramme), sauf aux produits manufacturés à la main.

Nouvelle-Zélande : Le taux d'accise pour 1 000 cigarettes dont la teneur en tabac n'excède pas 0.8 kilogramme s'établit à 545.39 NZD. Lorsque la teneur en tabac excède 0.8 kilogamme pour 1 000 cigarettes, le taux est de 777.18 NZD. Pour les autres produits, comme le tabac à priser, les cigares et les cigarillos, le taux d'accise pour 1 000 grammes de contenu en tabac est de 681.72 NZD.

Pologne : Depuis le 1er janvier 2015, le droit d'accise sur les cigares est calculé par kilogramme.

Portugal : Les taux ci-après sont applicables depuis le 31 mars 2016. Le taux du droit d'accise sur les cigarettes est réduit et ramené à (1) 18.50 EUR et 41 % pour les cigarettes vendues aux Açores et fabriquées par de petits producteurs des Açores ou de Madère ; (2) 78.37 EUR et 20 % pour les cigarettes vendues à Madère et fabriquées par de petits producteurs des Açores ou de Madère.

République slovaque : La taxe sur le tabac à rouler les cigarettes s'applique également à d'autres tabacs à fumer. Le droit d'accise appliqué aux cigares est de 71.11 EUR par kilogramme.

Royaume-Uni : Le taux d'accise spécifique applicable aux cigares est exprimé par kilogramme et non pour 1 000 unités. Il existe des taux spéciaux pour les « autres tabacs à fumer » et les autres « tabacs à mâcher », qui s'établissent actuellement dans les deux cas à 84.98 GBP par kilogramme.

Slovénie : Le droit d'accise minimum s'élève à 106 EUR pour 1 000 cigarettes. Il est de 88 EUR par kilogramme pour le tabac à rouler les cigarettes et de 40 EUR par kilogramme pour les cigares.

Suisse : Si le PVD de 1 000 cigarettes s'établit à 375 CHF ou moins, le droit d'accise minimum (spécifique + *ad valorem*) s'établit à 212.10 CHF par millier d'unités. Le droit d'accise minimum perçu pour 1 000 grammes de tabac à rouler les cigarettes (spécifique + *ad valorem*) s'établit à 80 CHF pour 1 000 grammes.

Turquie : La taxe minimale s'établit à 221 TL par millier de cigarettes. Le droit spécifique est de 0.2468 par paquet de cigarettes. Le montant de la taxe sur les cigarettes et autres produits du tabac obtenu en appliquant la taux ne peut pas être inférieur au montant minimum. Après avoir calculé la taxe en appliquant cette règle, il faut ajouter le droit spécifique pour un paquet de cigarettes.

Tableau 4.A4.5. **Charge fiscale en pourcentage du prix total des cigarettes**[1]

	Prix hors taxe (USD)[2]	Accise spécifique % PVD[3]	Accise ad valorem % PVD[4]	TVA/TPS/TVD % PVD[5]	Total de la taxe en % PVD	Prix d'un paquet de 20 cigarettes[6]		
						Monnaie	Prix (PVD en monnaie locale)	Prix (PVD en USD)
Australie	5.54	47.67	0.00	9.09	56.76	AUD	17.05	12.81
Allemagne	1.51	36.78	21.69	15.97	74.44	EUR	5.34	5.93
Autriche	1.08	20.79	40.00	16.67	77.46	EUR	4.33	4.81
Belgique	1.38	13.90	45.84	17.36	77.10	EUR	5.52	6.00
Canada*	2.19	60.93	0.00	9.05	69.80	CAD	9.25	7.24
Chili	0.65	36.76	30.00	15.97	82.73	CLP	2 458.00	3.76
Corée	0.89	64.65	0.00	9.09	73.74	KRW	4 500.00	3.38
Danemark	1.28	57.89	1.00	20.00	78.89	DKK	40.80	6.07
Espagne	1.04	10.86	51.00	16.96	78.82	EUR	4.44	4.93
Estonie	0.65	30.29	34.00	16.67	80.96	EUR	3.07	3.41
États-Unis*	3.58	37.38	0.00	5.16	42.54	USD	6.23	6.23
Finlande	1.06	11.80	52.00	19.35	83.15	EUR	5.68	6.30
France	1.44	14.40	49.70	16.67	80.81	EUR	6.75	7.49
Grèce	0.69	44.50	20.00	18.70	83.20	EUR	3.70	4.11
Hongrie	0.91	29.67	25.00	21.26	75.93	HUF	1 058.00	3.79
Irlande	1.39	58.61	9.20	18.70	86.51	EUR	9.28	10.30
Islande	3.91	37.54	0.00	19.35	56.89	ISK	1 195.00	9.06
Israël*	1.71	25.08	39.27	14.53	78.87	ILS	31.50	8.10
Italie	1.17	7.67	51.03	18.03	76.73	EUR	4.52	5.02
Japon	1.27	56.95	0.00	7.41	64.36	JPY	430.00	3.55
Lettonie	0.61	37.95	25.00	17.36	80.30	EUR	2.79	3.10
Luxembourg	1.84	18.39	46.65	17.00	68.20	EUR	5.20	5.77
Mexique	0.98	14.76	38.77	13.79	67.33	MXN	47.42	2.99
Norvège	3.90	48.80	0.00	20.40	69.20	NOK	102.00	12.65
Nouvelle-Zélande*	2.69	64.29	0.00	13.04	77.34	NZD	17.00	11.85
Pays-Bas	1.42	60.06	1.09	17.36	78.51	EUR	5.94	6.59
Pologne	0.66	31.13	31.41	18.70	81.24	PLN	13.30	3.53
Portugal	1.06	42.15	17.00	18.70	77.85	EUR	4.31	4.78
République slovaque	0.72	59.50	23.00	16.67	79.30	EUR	3.12	3.46
République tchèque	0.76	32.20	27.00	17.36	76.56	CZK	80.14	3.26
Royaume-Uni	1.81	50.94	16.50	16.67	84.10	GBP	7.44	11.38
Slovénie	0.84	39.22	21.18	18.03	78.43	EUR	3.51	3.90
Suède	1.29	57.38	1.00	20.00	79.31	SEK	52.63	6.24
Suisse	3.51	27.84	25.00	7.41	60.25	CHF	8.50	8.84
Turquie	0.73	12.34	65.25	15.25	82.62	TRY	11.50	4.22

* Au Canada et aux États-Unis, les estimations de la moyenne nationale calculées par les prix et les taxes reflètent le fait que différents taux sont appliqués par les États/provinces en plus de la taxe fédérale en vigueur. Pour le Canada, le taux pondéré est celui au 1er janvier 2016. Le taux de TVA augmentera dans trois provinces canadiennes en 2016.

* Israël : les données statistiques concernant Israël sont fournies par et sous la responsabilité des autorités israéliennes compétentes. L'utilisation de ces données par l'OCDE est sans préjudice du statut des hauteurs du Golan, de Jérusalem Est et des colonies de peuplement israéliennes en Cisjordanie aux termes du droit international.

* Nouvelle-Zélande : l'accise spécifique inclut les droits de douane de 0.13 %.

1. La part des impôts est exprimée en pourcentage du prix de vente au détail (PVD) pour un paquet de 20 cigarettes. Le PVD correspond au prix moyen pondéré, c'est-à-dire au prix moyen payé par le consommateur calculé à partir des prix des différentes marques et pondéré par les ventes de chaque marque dans le pays. Lorsque le prix moyen pondéré n'est pas disponible, le PVD correspond au prix moyen de la marque de cigarettes la plus vendue sur le marché (voir l'annexe D). Ce tableau reflète la situation pour l'année 2015 car il est basé sur des prix moyens annuels et des impôts qui ne sont pas disponibles pour 2016 au moment de cette publication.
2. Le prix hors taxe inclut les marges du producteur et du distributeur. Il est estimé en déduisant le pourcentage du total de la taxe du PVD.
3. Accise spécifique : une accise spécifique est une taxe sur un bien spécifique produit ou importé dans un pays et calculée sous forme d'un montant forfaitaire par unité de produit. Le montant indiqué dans ce tableau est un pourcentage du PVD.
4. Accise ad valorem : une accise ad valorem est une taxe sur un bien produit ou importé dans un pays et calculée en pourcentage de la valeur d'une transaction. Exemple : 50 % du PVD.
5. TVA/TPS : taxe sur la valeur ajoutée ou taxe sur les biens et services (voir le chapitre 1). TVD : taxe de vente au détail au Canada (dans certaines provinces) et aux États-Unis. Le montant indiqué dans ce tableau est un pourcentage du PVD.
6. Prix sur le marché d'un paquet de 20 cigarettes calculé selon la méthode du prix moyen pondéré lorsqu'il est connu ou selon la méthode de la marque la plus vendue dans le cas contraire.

Source : Délégués nationaux, Commission européenne et Organisation mondiale de la santé ; 2015.

StatLink http://dx.doi.org/10.1787/888933458743

Note technique du tableau 4.A4.5. Calcul de la charge fiscale totale

Pour mesurer la charge fiscale totale, il faut définir un prix de détail de référence du produit sur le marché et adopter une méthodologie pour calculer la charge fiscale totale pour ce prix. La charge fiscale totale indiquée dans le tableau 4.A4.5 est calculée sur la base du prix moyen pondéré, c'est-à-dire le prix à la consommation moyen d'un produit du tabac calculé sur la base du prix des différentes marques et pondéré en fonction des ventes de chaque marque dans le pays. Le prix moyen pondéré est considéré comme la référence la plus appropriée compte tenu de la dynamique du marché, caractérisé par la coexistence de plusieurs marques appréciées et par des changements de prix réguliers. Il est également un gage de transparence et crée des conditions de concurrence équitables pour les fabricants. L'Union européenne l'a adopté comme prix de détail de référence pour mesurer la charge fiscale qui pèse sur les produits du tabac. Il n'est cependant pas connu pour tous les pays. Lorsqu'il n'est pas connu, le prix de vente au détail de référence est défini comme le prix moyen de la marque de cigarettes la plus vendue sur le marché (annexe D).

Le calcul de la charge fiscale totale présenté dans le tableau 4.A4.5 tient compte des taxes indirectes perçues sur les cigarettes (droits d'accise et taxes similaires, TVA et droits d'importation) parce que ce sont ces taxes qui ont généralement l'incidence la plus forte sur le prix des produits du tabac. Certains autres impôts, en particulier des impôts directs tels que l'impôt sur les sociétés, peuvent avoir des effets sur le prix du tabac si les fabricants les répercutent sur les consommateurs. Ils ne sont cependant pas pris en compte en raison des difficultés pratiques que pose l'obtention de données sur ces impôts et parce qu'il est difficile d'en estimer les effets dans différents pays de manière cohérente. Les droits d'importation ne sont pris en compte dans les calculs que si la marque la plus consommée est importée.

Tableau 4.A4.6. **Impôts sur l'essence sans plomb (RON 94-96) (par litre), 2015**[1]

Pays	Monnaie	Prix hors taxe[2]	Prix hors taxe[2]	Accise[3]		Taux de TVA[4]	Montant de la TVA	Total de la taxe	Prix total	Total de la taxe en % du prix total
		Monnaie nationale	USD	Monnaie nationale	USD	%	USD	USD	USD	
Allemagne*	EUR	0.461	0.512	0.655	0.727	19.00	0.235	0.962	1.474	65.3
Australie	AUD	0.851	0.639	0.392	0.295	10.00	0.093	0.388	1.027	37.8
Autriche*	EUR	0.450	0.499	0.482	0.535	20.00	0.207	0.742	1.241	59.8
Belgique	EUR	0.603	0.658	0.619	0.687	21.00	0.285	0.972	1.641	59.2
Canada*	CAD	0.755	0.591	0.338	0.264	9.05	0.077	0.342	0.933	36.7
Chili*	CLP	374.30	0.572	317.00	0.484	19.00	0.170	0.654	1.227	53.4
Corée	KRW	881.000	0.779	781.890	0.691	10.00	0.147	0.838	1.617	51.8
Danemark*	DKK	3.852	0.673	4.137	0.615	25.00	0.297	0.912	1.485	61.4
Espagne*	EUR	0.496	0.550	0.462	0.513	21.00	0.223	0.736	1.287	57.2
Estonie	EUR	0.448	0.497	0.423	0.469	20.00	0.193	0.663	1.160	57.1
États-Unis*	USD	0.492	0.492	0.143	0.143	-	-	0.143	0.635	22.5
Finlande*	EUR	0.451	0.501	0.681	0.756	24.00	0.302	1.057	1.558	67.9
France*	EUR	0.439	0.487	0.624	0.693	20.00	0.236	0.929	1.416	65.6
Grèce	EUR	0.463	0.514	0.670	0.744	23.00	0.289	1.033	1.547	66.8
Hongrie	HUF	142.580	0.511	120.000	0.430	27.00	0.254	0.684	1.194	57.2
Irlande	EUR	0.471	0.523	0.588	0.653	23.00	0.270	0.923	1.446	63.8
Islande*	ISK	92.090	0.698	69.860	0.530	24.00	0.295	0.824	1.523	54.1
Israël*	ILS	2.080	0.535	3.056	0.786	17.00	0.224	1.010	1.545	65.4
Italie	EUR	0.469	0.521	0.728	0.808	22.00	0.292	1.100	1.621	67.9
Japon*	JPY	64.800	0.536	56.300	0.465	8.00	0.080	0.545	1.081	50.5
Lettonie	EUR	0.448	0.498	0.411	0.457	21.00	0.200	0.657	1.155	56.9
Luxembourg*	EUR	0.453	0.503	0.462	0.513	17.00	0.173	0.685	1.188	57.7
Mexique*	MXN	12.158	0.766	0.000	0.000	16.00	0.123	0.123	0.888	13.8
Norvège*	NOK	4.940	0.613	5.820	0.722	25.00	0.334	1.055	1.668	63.3
Nouvelle-Zélande*	NZD	1.054	0.735	0.671	0.468	15.00	0.180	0.648	1.383	46.9
Pays-Bas	EUR	0.458	0.508	0.766	0.850	21.00	0.285	1.135	1.644	69.1
Pologne	PLN	1.883	0.499	1.669	0.443	23.00	0.217	0.659	1.159	56.9
Portugal	EUR	0.491	0.545	0.618	0.686	23.00	0.283	0.969	1.514	64.0
République slovaque*	EUR	0.514	0.570	0.515	0.572	20.00	0.228	0.800	1.370	58.4
République tchèque	CZK	11.730	0.477	12.840	0.522	21.00	0.210	0.732	1.209	60.5
Royaume-Uni	GBP	0.309	0.472	0.580	0.887	20.00	0.272	1.159	1.631	71.0
Slovénie*	EUR	0.432	0.479	0.545	0.605	22.00	0.239	0.843	1.323	63.8
Suède*	SEK	4.384	0.520	5.575	0.661	25.00	0.295	0.957	1.477	64.8
Suisse*	CHF	0.596	0.620	0.735	0.764	8.00	0.111	0.875	1.494	58.5
Turquie	TRY	1.510	0.555	2.177	0.799	18.00	0.244	1.043	1.598	65.3

* Notes pays: voir encadré 4.A4.6.

Note : Conversion de la monnaie nationale en USD : les taux de conversion sont les taux moyens du marché (2015) publiés dans les Statistiques monétaires mensuelles de l'OCDE (stats.oecd.org). Voir également l'annexe A.

1. Prix et taxes au 4e trimestre 2015 (1er trimestre 2015 pour l'Islande)
2. Le prix hors taxe correspond au prix hors TVA et accise
3. Les accises sont exprimées en monnaie locale/USD par litre. Elles incluent toutes les taxes hors TVA perçues sur le produit. Dans le cadre de ce tableau, les paiements en faveur d'organismes spécifiques qui emploient tous les montants recouvrés pour accomplir des missions déterminées (constitution de stocks d'urgence, par exemple) ne sont pas considérés comme des « impôts » et sont donc inclus dans le prix hors taxe. Lorsque différents taux s'appliquent au même produit en fonction de sa teneur en soufre ou en biocarburant par exemple, le taux indiqué est celui applicable au carburant le plus couramment utilisé dans le pays.
4. TPS pour l'Australie, le Canada et la Nouvelle-Zélande, taxes sur les ventes pour les États-Unis et taxe sur la consommation pour le Japon. TVA pour tous les autres pays.

Source : Agence internationale de l'énergie, Energy Prices and Taxes, et Commission européenne, Excise Duty Tables Part II.

StatLink http://dx.doi.org/10.1787/888933458750

Encadré 4.A4.6. **Notes pays**

Allemagne : le montant de l'accise indiqué est celui applicable à l'essence sans plomb dont la teneur en soufre est inférieure ou égale à 10mg/kg. Dans les autres cas, le droit d'accise s'établit à 0.6698 EUR par litre.

Autriche : le droit d'accise de 0.482 EUR par litre est applicable à l'essence sans plomb dont la teneur en biocarburant est de 4.6 % au minimum et la teneur en soufre inférieure ou égale à 10mg/kg. Dans les autres cas, le droit d'accise s'établit à 0.515 EUR par litre.

Canada : les taux d'accise tiennent compte des taxes fédérales et provinciales/urbaines (le taux fédéral s'établit à 0.1 CAD par litre). Le taux de la TPS fédérale est de 5 %. Le taux de TVA pondéré englobant les taux de TVA provinciaux s'établissait à 10.46 % le 1er janvier 2016 et le taux pondéré de TVA/taxe sur les ventes était de 9.05 %. Le taux de TVA augmentera dans trois provinces au cours de l'année 2016.

Chili : le Système de stabilisation des prix (*Mecanismo de Estabilisación de Precios de los Combustibles*, "MEPCO") instauré en juillet 2014 porte sur la composante variable de l'accise, qu'il ajuste chaque semaine pour qu'elle se comporte soit comme une taxe soit comme un crédit d'impôt, l'objectif étant de stabiliser les prix à la consommation par rapport aux variations de prix sur les marchés internationaux.

Danemark : le montant de l'accise est celui appliqué au carburant dont la teneur en biocarburant s'établit à 4.8 % au minimum. Il englobe le droit d'accise, l'écotaxe et la taxe sur les oxydes d'azote.

Espagne : le montant de l'accise (0.462 EUR par litre) englobe le droit d'accise (0.424 EUR par litre) et le montant moyen de la taxe appliquée par les autorités régionales (0.038 EUR par litre).

États-Unis : moyenne des taxes appliquées par l'État fédéral et par les États – il n'est pas appliqué de TVA.

Finlande : le montant de l'accise indiqué pour le supercarburant sans plomb englobe les taxes sur l'énergie et le CO_2 et la redevance pour la constitution de stocks stratégiques.

France : un taux compris entre 0.6064 et 0.6241 EUR par litre est fixé pour chaque région. Un droit supplémentaire de 0.073 EUR par litre au maximum peut être appliqué par les conseils régionaux ou l'Assemblée de Corse pour financer des infrastructures durables, ferroviaires ou fluviales.

Islande : ce pays n'étant membre ni de l'AIE ni de l'UE, les données ont été obtenues auprès de l'Association des constructeurs européens d'automobiles.

Israël : les données statistiques concernant Israël sont fournies par et sous la responsabilité des autorités israéliennes compétentes. L'utilisation de ces données par l'OCDE est sans préjudice du statut des hauteurs du Golan, de Jérusalem Est et des colonies de peuplement israéliennes en Cisjordanie aux termes du droit international.

Japon : le montant de l'accise indiqué est celui appliqué à l'essence sans plomb ordinaire (91 RON) et non au super sans plomb. Il englobe la taxe sur l'essence et la taxe routière.

Luxembourg : le montant de l'accise indiqué est celui applicable à l'essence sans plomb dont la teneur en soufre est inférieure ou égale à 10mg/kg. Dans les autres cas, le droit d'accise s'établit à 0.464 EUR par litre.

Mexique : il n'existe pas d'accise spécifique. Une taxe spéciale (*Impuesto Especial de Productos y Servicios*), correspondant à un pourcentage du prix de gros du produit, est appliquée. Elle est incluse dans le prix hors taxe.

Norvège : le montant de l'accise indiqué englobe le droit d'accise et la taxe carbone.

Nouvelle-Zélande : le montant de l'accise indiqué inclut la taxe pour le Fonds national pour les transports terrestres (*National land transport fund*), la redevance sur les carburants (*Petroleum or Engine Fuel Monitoring Levy*) et la taxe locale sur les carburants et combustibles (*Local Authority Fuel Tax*).

Pays-Bas : le droit indiqué (0.774 EUR par litre) inclut un droit d'accise de 0.766 EUR par litre et une taxe de 0.008 EUR par litre destinée à financer la constitution de stocks.

Pologne : le montant de l'accise indiqué englobe le droit d'accise et la taxe sur les carburants.

Encadré 4.A4.6. **Notes pays** *(suite)*

République slovaque : le montant de l'accise s'établit à 0.55052 EUR par litre pour l'essence dont la teneur en biocarburant est inférieure au minimum.

Slovénie : le montant de l'accise englobe la taxe carbone, qui s'établit à 41.47 EUR pour 1 000 litres.

Suède : le montant de l'accise s'établit en réalité à 5.85 EUR par litre (2.60 EUR de taxe sur l'essence + 3.25 EUR de taxe carbone). Cependant, le chiffre indiqué dans le tableau correspond à 95 % de ce montant parce qu'il tient compte de la teneur de l'essence en carburant E85 (5 %), exonéré de taxe.

Suisse : le montant de l'accise inclut la contribution au Fonds de garantie, le droit d'accise et la surtaxe au titre des émissions de CO_2.

Union européenne : la directive 93/2006/CE fixe les taux d'accise minima applicables aux produits énergétiques et à l'électricité.

Tableau 4.A4.7. **Impôts sur le carburant diesel (par litre), 2015[1]**

Pays	Monnaie	Prix hors taxe[2]	Prix hors taxe[2]	Accise[3]		Taux de TVA[4]	Montant de la TVA	Total de la taxe	Prix total	Total de la taxe en % du prix total
		Monnaie nationale	USD	Monnaie nationale	USD	%	USD	USD	USD	
Allemagne*	EUR	0.547	0.607	0.470	0.522	19.00	0.214	0.736	1.343	54.8
Australie	AUD	0.749	0.563	0.392	0.295	10.00	0.086	0.380	0.943	40.3
Autriche*	EUR	0.476	0.528	0.397	0.441	20.00	0.194	0.634	1.163	54.6
Belgique	EUR	0.516	0.573	0.480	0.533	21.00	0.232	0.765	1.338	57.2
Canada*	CAD	0.724	0.567	0.265	0.207	9.05	0.070	0.277	0.844	32.9
Chili*	CLP	342.500	0.523	802.000	1.226	19.00	0.332	1.558	2.081	74.9
Corée	KRW	591.820	0.523	528.750	0.467	10.00	0.099	0.566	1.090	52.0
Danemark	DKK	3.857	0.574	2.997	0.446	25.00	0.255	0.700	1.274	55.0
Espagne*	EUR	0.494	0.548	0.368	0.408	21.00	0.201	0.609	1.158	52.6
Estonie	EUR	0.467	0.518	0.393	0.436	20.00	0.191	0.627	1.145	54.7
États-Unis*	USD	0.494	0.494	0.150	0.150	-	-	0.150	0.644	23.3
Finlande*	EUR	0.494	0.548	0.506	0.562	24.00	0.266	0.828	1.376	60.2
France*	EUR	0.420	0.466	0.468	0.519	20.00	0.197	0.717	1.183	60.6
Grèce	EUR	0.563	0.625	0.330	0.366	23.00	0.228	0.594	1.219	48.7
Hongrie*	HUF	155.070	0.555	110.350	0.395	27.00	0.257	0.652	1.207	54.0
Irlande	EUR	0.496	0.550	0.479	0.532	23.00	0.249	0.781	1.331	58.6
Islande*	ISK	102.450	0.777	61.840	0.469	24.00	0.299	0.768	1.545	49.7
Israël*	ILS	2.262	0.582	2.928	0.753	17.00	0.227	0.980	1.562	62.7
Italie	EUR	0.475	0.527	0.617	0.685	22.00	0.267	0.951	1.479	64.3
Japon	JPY	70.000	0.579	34.600	0.286	8.00	0.069	0.355	0.934	38.0
Lettonie	EUR	0.444	0.493	0.333	0.370	21.00	0.181	0.551	1.045	52.8
Luxembourg*	EUR	0.429	0.476	0.335	0.372	17.00	0.144	0.516	0.992	52.0
Mexique*	MXN	10.541	0.664	0.000	0.000	16.00	0.106	0.106	0.770	13.8
Norvège	NOK	5.090	0.631	4.450	0.552	25.00	0.296	0.848	1.479	57.3
Nouvelle-Zélande	NZD	0.937	0.653	0.004	0.003	15.00	0.098	0.101	0.755	13.4
Pays-Bas	EUR	0.476	0.528	0.490	0.544	21.00	0.225	0.769	1.297	59.3
Pologne	PLN	2.002	0.531	1.459	0.387	23.00	0.211	0.598	1.129	53.0
Portugal*	EUR	0.518	0.575	0.402	0.446	23.00	0.235	0.681	1.256	54.2
République slovaque*	EUR	0.532	0.590	0.368	0.408	20.00	0.200	0.608	1.199	50.7
République tchèque	CZK	13.300	0.541	10.950	0.445	21.00	0.207	0.652	1.193	54.7
Royaume-Uni	GBP	0.333	0.509	0.580	0.887	20.00	0.279	1.166	1.675	69.6
Slovénie*	EUR	0.428	0.475	0.462	0.513	22.00	0.217	0.730	1.205	60.6
Suède*	SEK	5.266	0.625	5.051	0.599	25.00	0.306	0.905	1.530	59.2
Suisse*	CHF	0.632	0.657	0.763	0.793	8.00	0.116	0.909	1.566	58.1
Turquie	TRY	1.510	0.555	1.595	0.586	18.00	0.205	0.791	1.346	58.8

* *Voir les notes pays à l'encadré 4.A4.7.*

Note : conversion de la monnaie nationale en USD : les taux de conversion sont les taux moyens du marché (2015) publiés dans les Statistiques monétaires mensuelles de l'OCDE (stats.oecd.org). Voir l'annexe A.

1. Prix et taxes au 4e trimestre 2015.
2. Le prix hors taxe correspond au prix hors TVA et accise
3. Les accises sont exprimées en monnaie locale/USD par litre. Elles incluent toutes les taxes hors TVA perçues sur le produit. Dans le cadre de ce tableau, les paiements en faveur d'organismes spécifiques qui emploient tous les montants recouvrés pour accomplir des missions déterminées (constitution de stocks d'urgence, par exemple) ne sont pas considérés comme des « impôts » et sont donc inclus dans le prix hors taxe. Lorsque différents taux s'appliquent au même produit en fonction de sa teneur en soufre ou en biocarburant par exemple, le taux indiqué est celui applicable au carburant le plus couramment utilisé dans le pays.
4. TPS pour l'Australie, le Canada et la Nouvelle-Zélande, taxes sur les ventes pour les États-Unis et taxe sur la consommation pour le Japon. TVA pour tous les autres pays.

Source : Agence internationale de l'énergie, Energy Prices and Taxes, et Commission européenne, Excise Duty Tables Part II.

StatLink http://dx.doi.org/10.1787/888933458769

Encadré 4.A4.7. **Notes pays**

Allemagne : le montant de l'accise indiqué s'applique au diesel dont la teneur en soufre est inférieure ou égale à 10mg/kg.

Autriche : l'accise de 0.397 EUR par litre s'applique au carburant diesel dont la teneur en biocarburant est de 6.6 % au minimum et la teneur en soufre inférieure ou égale à 10mg/kg. Dans les autres cas, le droit d'accise s'établit à 0.425 EUR par litre.

Canada : les taux d'accise tiennent compte des taxes fédérales et provinciales/urbaines (le taux fédéral s'établit à 0.04 CAD par litre). Le taux de la TPS fédérale est de 5 %. Le taux de TVA pondéré englobant les taux de TVA provinciaux s'établissait à 10.46 % le 1er janvier 2016 et le taux pondéré de TVA/taxe sur les ventes était de 9.05 %. Le taux de TVA augmentera dans trois provinces au cours de l'année 2016.

Chili : le Mécanisme de stabilisation des prix du carburant (*Mechanisme de Estabilisacion de Precios de los Combustibles* "MEPCO") instauré en juillet 2014 porte sur la composante variable de l'accise, qu'il ajuste chaque semaine pour qu'elle se comporte soit une taxe soit comme une taxe négative, l'objectif étant de stabiliser les prix à la consommation face aux fluctuations du prix sur le marché mondial.

Espagne : le montant de l'accise (0.368 EUR par litre) englobe le droit d'accise (0.331 EUR par litre) et le montant moyen de la taxe appliquée par les autorités régionales (0.037 EUR par litre).

États-Unis : moyenne des taxes appliquées par l'État fédéral et par les États – il n'est pas appliqué de TVA.

Finlande : le montant de l'accise indiqué (0.506 EUR par litre) englobe l'accise au titre de la teneur en soufre (applicable au carburant diesel à faible teneur en soufre, inférieure à 0.001 %), la taxe sur l'énergie/le CO2 et la redevance destinée à financer la constitution de stocks stratégiques.

France : un taux compris entre 0.6064 EUR et 0.6241 EUR par litre est fixé pour chaque région. Un droit supplémentaire de 0.073 EUR par litre au maximum peut être appliqué par les conseils régionaux ou l'Assemblée de Corse pour financer des infrastructures durables, ferroviaires ou fluviales.

Islande : ce pays n'étant membre ni de l'AIE ni de l'UE, les données ont été obtenues auprès de l'Association des constructeurs européens d'automobiles.

Israël : les données statistiques concernant Israël sont fournies par et sous la responsabilité des autorités israéliennes compétentes. L'utilisation de ces données par l'OCDE est sans préjudice du statut des hauteurs du Golan, de Jérusalem Est et des colonies de peuplement israéliennes en Cisjordanie aux termes du droit international.

Luxembourg : le montant de l'accise indiqué s'applique au diesel dont la teneur en soufre est inférieure ou égale à 10mg/kg. Dans les autres cas, le droit d'accise s'établit à 0.338 EUR par litre.

Mexique : en 2015, les droits d'accise sur l'essence et le diesel étaient formés de trois composantes : (1) une taxe d'accise sur le carbone, fixée proportionnellement à la teneur en carbone du carburant et perçue sous la forme d'un montant forfaitaire par litre ; elle avait principalement pour but d'envoyer un signal de prix du carbone afin de favoriser le respect des engagements souscrits en matière de changement climatique ; (2) un droit d'accise dont les recettes étaient affectées au budget des autorités des États, en fonction de leur consommation ; elle revêtait elle aussi la forme d'un montant forfaitaire par litre ; (3) le droit d'accise principal, dont le montant variait mensuellement en fonction d'un ensemble de critères ; il correspondait au prix réglementé du carburant amputé du coût d'importation ou de production, des coûts de distribution, des dépenses logistiques et de la marge bénéficiaire des exploitants de stations-service. Cette accise générale pouvait même se comporter comme une taxe négative (en d'autres termes une subvention) si le prix national du carburant était bas et le prix international de référence élevé, comme ce fut le cas durant les trois premières années de la décennie. Les réformes des droits d'accise adoptées en 2016 ont totalement transformé cette troisième composante. L'accise générale sur l'essence et le diesel est désormais elle aussi une taxe forfaitaire par litre. Durant la période de transition précédant la libéralisation totale des prix prévue pour 2018, la partie forfaitaire de l'accise sera complétée par une autre

Encadré 4.A4.7. **Notes pays** *(suite)*

composante (positive ou négative) qui empêchera les prix de détail du carburant de sortir d'une fourchette de plus ou moins 3 % de leur niveau de 2015. Cette composante supplémentaire ne peut en aucun cas atteindre le même montant que le droit d'accise, l'objectif étant d'empêcher la réapparition de subventions aux énergies fossiles.

Pays-Bas : le droit indiqué (0.490 EUR par litre) inclut un droit d'accise de 0.482 EUR par litre et une taxe de 0.008 EUR par litre destinée à financer la constitution de stocks.

Portugal : un taux de TVA réduit, égal à 13 %, est appliqué au carburant diesel utilisé dans l'agriculture.

République slovaque : le montant de l'accise s'établit à 0.386 EUR par litre pour le diesel dont la teneur en biocarburant est inférieure au minimum, qui est de 6.8 %.

Slovénie : le montant de l'accise englobe la taxe carbone, qui s'établit à 44.93 EUR pour 1 000 litres.

Suède : l'accise de 5.051 SEK par litre s'applique au carburant diesel de classe 1 (teneur en composés aromatiques inférieure à 5 % vol. ; teneur en soufre inférieure ou égale à 10 wppm). Des taux plus élevés s'appliquent aux carburants de classe 2 (5.331 SEK par litre) et de classe 3 (5.477 SEK par litre).

Suisse : le montant de la taxe (0.763 CHF) inclut le droit d'accise et la contribution au Fonds de garantie.

Union européenne : la directive 93/2006/CE fixe les taux d'accise minima applicables aux produits énergétiques et à l'électricité.

Tableau 4.A4.8. **Impôts sur le fioul à usage domestique (par litre), 2015**[1]

Pays	Monnaie	Prix hors taxe[2]	Prix hors taxe[2]	Accise[3]		Taux de TVA[4]	Montant de la TVA	Total de la taxe	Prix total	Total de la taxe en % du prix total
		Monnaie nationale	USD	Monnaie nationale	USD	%	USD	USD	USD	
Allemagne*	EUR	0.389	0.432	0.061	0.068	19.00	0.095	0.163	0.595	27.4
Australie*	AUD	voir note				10.00				
Autriche*	EUR	0.438	0.486	0.098	0.109	20.00	0.119	0.228	0.714	31.9
Belgique	EUR	0.389	0.432	0.019	0.021	21.00	0.095	0.116	0.548	21.1
Canada*	CAD	0.892	0.698	0.052	0.041	9.05	0.067	0.108	0.805	13.4
Chili*	CLP	493.030	0.753	0.239	0.000	19.00	0.143	0.144	0.897	16.0
Corée*	KRW	729.995	0.645	72.450	0.064	10.00	0.071	0.135	0.780	17.3
Danemark*	DKK	4.600	0.684	2.667	0.397	25.00	0.270	0.667	1.351	49.4
Espagne*	EUR	0.316	0.350	0.088	0.097	21.00	0.094	0.191	0.541	35.3
Estonie	EUR	0.499	0.554	0.111	0.123	20.00	0.135	0.259	0.812	31.8
États-Unis*	USD	0.986	0.986	0.000	0.000	0.00	0.000	0.000	0.986	0.0
Finlande*	EUR	0.434	0.481	0.187	0.208	24.00	0.165	0.373	0.855	43.7
France	EUR	0.456	0.506	0.076	0.085	20.00	0.118	0.203	0.709	28.6
Grèce*	EUR	0.433	0.481	0.230	0.255	23.00	0.169	0.425	0.906	46.9
Hongrie*	HUF	103.618	0.371	110.350	0.395	27.00	0.207	0.602	0.973	61.9
Irlande*	EUR	0.427	0.474	0.102	0.114	13.50	0.079	0.193	0.666	28.9
Islande*	ISK	voir note				24.00				
Israël*	ILS	2.107	0.542	2.928	0.753	17.00	0.220	0.973	1.516	64.2
Italie	EUR	0.514	0.570	0.403	0.447	22.00	0.224	0.671	1.242	54.1
Japon*	JPY	67.728	0.560	2.540	0.021	8.00	0.046	0.067	0.627	10.8
Lettonie	EUR	0.471	0.523	0.057	0.063	21.00	0.123	0.187	0.710	26.3
Luxembourg*	EUR	0.362	0.402	0.010	0.011	14.00	0.058	0.069	0.471	14.6
Mexique*	MXN	voir note								
Norvège	NOK	5.908	0.733	2.490	0.309	25.00	0.260	0.569	1.302	43.7
Nouvelle-Zélande*	NZD	voir note								
Pays-Bas	EUR	0.184	0.204	0.490	0.544	21.00	0.157	0.701	0.905	77.4
Pologne	PLN	2.017	0.535	0.232	0.062	23.00	0.137	0.199	0.734	27.1
Portugal	EUR	0.463	0.514	0.343	0.380	13.00	0.116	0.497	1.011	49.1
République slovaque*	EUR	voir note								
République tchèque*	CZK	11.762	0.478	10.950	0.445	21.00	0.194	0.639	1.117	57.2
Royaume-Uni	GBP	0.281	0.430	0.111	0.170	20.00	0.120	0.290	0.720	40.2
Slovénie	EUR	0.392	0.435	0.201	0.223	22.00	0.145	0.368	0.802	45.8
Suède*	SEK	voir note								
Suisse	CHF	0.498	0.518	0.163	0.170	8.00	0.055	0.225	0.743	30.2
Turquie	TRY	1.240	0.455	0.237	0.087	18.00	0.098	0.185	0.640	28.9

* Voir les notes pays à l'encadré 4.A4.8

Note : conversion de la monnaie nationale en USD : les taux de conversion sont les taux moyens du marché (2015) publiés dans les Statistiques monétaires mensuelles de l'OCDE (stats.oecd.org). Voir également l'annexe A.

1. Prix et taxes au 4e trimestre 2015
2. Le prix hors taxe correspond au prix hors TVA et accise
3. Les accises sont exprimées en monnaie locale/USD par litre. Elles incluent toutes les taxes hors TVA perçues sur le produit. Dans le cadre de ce tableau, les paiements en faveur d'organismes spécifiques qui emploient tous les montants recouvrés pour accomplir des missions déterminées (constitution de stocks d'urgence, par exemple) ne sont pas considérés comme des « impôts » et sont donc inclus dans le prix hors taxe. Lorsque différents taux s'appliquent au même produit en fonction de sa teneur en soufre ou en biocarburant par exemple, le taux indiqué est celui applicable au carburant le plus couramment utilisé dans le pays.
4. TPS pour l'Australie, le Canada et la Nouvelle-Zélande, taxes sur les ventes pour les États-Unis et taxe sur la consommation pour le Japon. TVA pour tous les autres pays.

Source : Agence internationale de l'énergie, Energy Prices and Taxes, et Commission européenne, Excise Duty Tables Part II.

StatLink http://dx.doi.org/10.1787/888933458778

Encadré 4.A4.8. **Notes pays**

Allemagne : le montant de l'accise indiqué s'applique au fioul dûment marqué dont la teneur en soufre est inférieure ou égale à 50mg/kg.

Australie : aucune donnée n'est disponible.

Autriche : le droit de 0.098 EUR par litre s'applique au fioul léger dont la teneur en soufre est inférieure ou égale à 10mg/kg. Dans les autres cas, le droit d'accise s'établit à 0.128 EUR par litre.

Canada : les taux d'accise tiennent compte des taxes fédérales et provinciales/urbaines. Aucun droit d'accise fédéral n'est appliqué au fioul utilisé pour le chauffage des bâtiments ou la production d'électricité ; seul le fioul utilisé dans ou par un véhicule servant au transport est taxé. Le taux de la TPS fédérale est de 5 %. Le taux de TVA pondéré englobant les taux de TVA provinciaux s'établissait à 10.46 % le 1er janvier 2016 et le taux pondéré de TVA/taxe sur les ventes était de 9.05 %. Le taux de TVA augmentera dans trois provinces au cours de l'année 2016.

Chili : le kérosène domestique relève du Fonds de stabilisation des prix du pétrole (*Fundo de Estabilisacion de Preicos del Petroleo*,"FEPP"), qui applique une taxe ou un abattement exprimée en USD par mètre cube. Cette taxe n'entre pas dans l'assiette de la TVA, que ce soit au stade de l'importation, de la production, du raffinage, de la distribution ou de la vente au consommateur ; la taxe négative est déductible de l'assiette imposable lors de la première vente ou de l'importation.

Corée : kérosène domestique.

Danemark : le montant indiqué (2.667 DKK par litre) englobe le droit d'accise (2.215 DKK par litre), l'écotaxe (0.451 DKK par litre) et la taxe sur les oxydes d'azote (0.0009 DKK par litre).

Finlande: le montant de l'accise indiqué (0.1874 EUR par litre) englobe la taxe sur l'énergie/le CO_2 (0.1839 EUR par litre) et la redevance destinée à financer la constitution de stocks stratégiques (0.00353 EUR par litre).

Grèce : l'accise de 0.230 EUR par litre qui frappe le fioul destiné au chauffage s'applique en hiver (15 octobre-15 avril). Le reste de l'année, son montant s'établit à 0.330 EUR par litre.

Hongrie : les prix du marché ne sont pas disponibles dans les statistiques de l'AIE ou de l'UE. Les données relatives aux prix ont été établies à partir d'informations économiques consultables à l'adresse suivante : *http://countryeconomy.com/energy/prices-gasoline-gas-oil-heating/hungary*.

Irlande : le taux de 0.102 EUR par litre s'applique au fioul marqué. Le kérosène marqué est également très utilisé pour le chauffage (y compris par les ménages) ; il est frappé d'un droit de 0.05073 EUR par litre.

Islande : aucune donnée n'est disponible.

Israël : les données statistiques concernant Israël sont fournies par et sous la responsabilité des autorités israéliennes compétentes. L'utilisation de ces données par l'OCDE est sans préjudice du statut des hauteurs du Golan, de Jérusalem Est et des colonies de peuplement israéliennes en Cisjordanie aux termes du droit international.

Japon : kérosène domestique.

Luxembourg : un taux de TVA réduit, égal à 14 %, s'applique au fioul utilisé pour le chauffage.

Mexique : aucune donnée n'est disponible.

Norvège : Le montant indiqué (2.49 NOK par litre) inclut une taxe de base (1.59 NOK par litre) et une taxe carbone (0.90 NOK par litre).

Nouvelle-Zélande : aucune donnée n'est fournie parce que ce produit n'est pas consommé en quantité suffisante.

Pays-Bas : le droit indiqué (0.490 EUR par litre) inclut un droit d'accise de 0.482 EUR par litre et une taxe de 0.008 EUR par litre destinée à financer la constitution de stocks.

Encadré 4.A4.8. **Notes pays** *(suite)*

République slovaque : aucune donnée n'est fournie parce que ce produit n'est pas consommé en quantité suffisante.

République tchèque : le fioul marqué selon la directive 95/60/CE donne lieu au remboursement d'une accise de 10 290 CZK pour 1 000 litres dès lors qu'il est démontré qu'il a servi au chauffage.

Slovénie : le montant de l'accise correspond au montant moyen pour le quatrième trimestre 2015.

Espagne : le montant de l'accise (0.088 EUR par litre) englobe le droit d'accise (0.085 EUR par litre) et le montant moyen de la taxe appliquée par les autorités régionales (0.003 EUR par litre).

Suède : les données relatives aux prix ne sont pas disponibles.

États-Unis : moyenne des taxes appliquées par l'État fédéral et par les États – il n'est pas appliqué de TVA.

Union européenne : la directive 93/2006/CE fixe les taux d'accise minima applicables aux produits énergétiques et à l'électricité.

Tableau 4.A4.9. **Accises (5121) en pourcentage du total des recettes fiscales**

	1965	1975	1985	1990	1995	2000	2005	2010	2011	2012	2013	2014
Allemagne	11.1	8.8	6.8	6.9	7.1	7.5	8.4	7.0	6.9	6.5	6.3	6.1
Australie	15.5	11.8	13.9	10.3	9.4	9.2	7.6	7.4	6.7	6.3	6.1	5.5
Autriche	9.8	7.9	7.0	6.1	6.1	6.1	6.4	5.8	5.9	5.7	5.5	5.3
Belgique	8.3	6.6	4.7	4.9	5.3	5.1	5.3	5.0	4.8	4.6	4.5	4.6
Canada	9.8	6.3	7.9	5.9	5.6	4.7	4.9	4.5	4.3	4.2	4.1	4.1
Chili				9.3	7.9	10.3	7.8	7.1	6.8	6.8	7.3	7.6
Corée		22.0	13.7	13.2	13.5	13.3	12.0	10.6	7.9	8.3	8.0	7.7
Danemark	26.3	13.8	12.0	10.0	10.7	11.1	10.3	9.1	9.1	9.1	9.1	8.2
Espagne	5.6	2.2	5.4	5.8	7.7	7.5	6.4	6.6	6.4	6.3	6.9	6.8
Estonie					7.5	9.5	12.2	12.6	13.5	13.9	13.3	13.0
États-Unis	12.7	7.6	6.2	4.2	4.6	3.7	3.9	4.1	4.0	4.0	3.6	3.4
Finlande	13.4	11.5	12.0	9.8	9.9	9.0	8.6	8.2	8.8	8.8	8.5	8.3
France	10.8	6.5	6.2	6.2	6.7	6.2	5.7	5.4	5.4	5.3	5.4	5.4
Grèce	17.3	13.6	14.4	12.0	14.4	8.9	8.2	10.0	11.1	10.4	10.6	10.6
Hongrie					10.0	10.4	9.7	9.2	9.4	9.3	8.7	8.4
Irlande	39.2	26.0	19.0	17.0	15.0	13.2	10.7	10.7	10.4	9.9	9.9	9.3
Islande	1.1	3.0	6.0	2.0	8.9	9.3	9.2	8.6	8.6	8.6	8.2	7.4
Israël[1]					3.4	3.5	4.5	5.8	5.5	5.5	5.2	5.0
Italie	14.8	10.2	5.8	7.7	7.9	6.3	5.6	5.4	6.0	6.6	6.5	6.9
Japon	17.2	11.3	10.5	6.6	7.4	7.2	6.9	6.5	6.4	6.2	6.0	5.3
Lettonie					6.6	11.6	12.6	12.8	12.4	11.5	11.4	11.2
Luxembourg	9.8	7.3	10.3	9.9	11.9	12.2	11.8	9.3	9.4	9.1	8.4	8.3
Mexique			11.4	9.9	10.9	10.3	4.6	4.6	4.6	4.5	4.4	6.0
Norvège	13.9	10.3	14.5	12.4	12.5	8.7	7.4	7.0	6.6	6.3	6.4	6.5
Nouvelle-Zélande	12.4	9.4	7.4	7.0	5.8	5.4	3.9	2.9	2.8	2.7	2.5	2.6
Pays-Bas	8.1	6.3	5.4	5.7	7.7	8.3	8.8	8.1	7.9	7.5	7.3	7.2
Pologne					12.0	11.0	13.0	13.2	12.7	12.4	12.5	12.0
Portugal	15.2	13.0	16.1	13.8	14.7	11.3	11.9	10.4	9.4	8.9	8.1	8.2
République slovaque					8.7	9.1	11.5	10.2	9.9	9.6	8.9	8.5
République tchèque					9.8	9.3	9.8	10.8	11.2	11.1	10.7	8.7
Royaume-Uni	21.8	12.7	11.2	9.7	11.3	10.5	8.8	8.9	8.5	8.5	8.2	8.1
Slovénie					..	8.4	9.0	11.6	11.5	12.3	12.0	11.7
Suède	14.9	8.8	9.4	7.3	7.2	6.0	6.1	6.0	5.8	5.7	5.5	5.2
Suisse	9.0	7.7	6.8	1.8	1.8	5.4	5.1	5.2	4.8	4.9	4.7	4.7
Turquie	23.2	17.6	3.8	0.9	1.0	11.7	21.2	19.9	17.8	18.3	18.6	18.1
Moyenne non pondérée[2]												
Moyenne OCDE	**12.7**	**10.2**	**9.1**	**7.3**	**8.3**	**8.6**	**8.6**	**8.3**	**8.1**	**8.0**	**7.8**	**7.6**

1. **Israël.** Les données statistiques concernant Israël sont fournies par et sous la responsabilité des autorités israéliennes compétentes. L'utilisation de ces données par l'OCDE est sans préjudice du statut des hauteurs du Golan, de Jérusalem-Est et des colonies de peuplement israéliennes en Cisjordanie aux termes du droit international.
2. **Moyennes non pondérées.** Tous les pays membres sont pris en compte pour le calcul des moyennes non pondérées, y compris les pays qui n'avaient pas mis en oeuvre les impôts correspondants l'année considérée. Ces pays sont comptabilisés avec comme valeurs zéro au numérateur et 1 au dénominateur. Néanmoins, les pays qui n'existaient pas à la date en question (Républiques tchèque et slovaque avant 1993 ; Slovénie avant 1991) ne sont pas inclus dans le calcul des moyennes. Sont également exclus du calcul des moyennes les pays pour lesquels on ne dispose pas de données sur la période considérée (Chili avant 1990, Estonie, Hongrie et Israël avant 1995, Corée avant 1975 ; Mexique avant 1980 ; Pologne avant 1995 ; et République slovaque avant 2000).

Source : Statistiques des recettes publiques de l'OCDE 2016 (1965-2015).

StatLink http://dx.doi.org/10.1787/888933458786

Chapitre 5

Fiscalité des véhicules

Il s'agit ici de décrire la fiscalité des véhicules dans ses grandes lignes ainsi que l'usage qui en a été fait ces dernières décennies pour influer sur le comportement des consommateurs, en particulier dans le cadre des politiques environnementales. Une attention particulière est accordée aux impôts liés à la vente et à l'immatriculation des véhicules ainsi qu'aux impôts périodiques sur l'utilisation des véhicules à moteur et leurs composants, l'analyse s'accompagnant d'une comparaison statistique des barèmes.

Les données statistiques concernant Israël sont fournies par et sous la responsabilité des autorités israéliennes compétentes. L'utilisation de ces données par l'OCDE est sans préjudice du statut des hauteurs du Golan, de Jérusalem-Est et des colonies de peuplement israéliennes.

5.1. Introduction

Dans la plupart des pays de l'OCDE, les véhicules ont commencé à être taxés au cours de la première moitié du XXe siècle jusqu'à devenir, dans bien des cas, une importante source de recettes pour les pouvoirs publics. Tous les pays membres disposent d'un arsenal d'instruments fiscaux qui leur garantissent un volume non négligeable de rentrées budgétaires provenant des usagers de la route, qu'il s'agisse de particuliers ou de personnes morales. La fiscalité des véhicules au sens large illustre bien l'utilisation possible de toute la panoplie des impôts sur la consommation, TVA, impôts spécifiques et *ad valorem* inclus. Depuis maintenant plus de quinze ans, les dispositifs sont revus et corrigés de manière à peser sur le comportement des consommateurs, essentiellement à des fins environnementales.

Les taxes et autres impositions applicables aux véhicules comprennent :

- les impôts liés à l'achat (TVA et impôts sur les ventes au détail) et à l'immatriculation des véhicules automobiles, dus au moment de l'acquisition ou de la première utilisation du véhicule (voir tableau 5.A5.1) ;
- les impôts périodiques dus au titre de la possession ou de l'utilisation des véhicules (voir tableau 5.A5.2) ;
- les taxes sur les carburants (voir tableaux 4.A4.6 et 4.A4.7 dans le chapitre 4) ; et
- toute autre taxe et imposition, telles que les taxes sur les assurances, les droits de péage et les redevances de congestion.

La vente et l'utilisation des véhicules à moteur génèrent des recettes considérables de TVA ou d'impôts sur les ventes. Ces prélèvements concernent l'importation et la vente de véhicules (auquel cas ils s'appliquent au prix de vente total ou, dans le cas des véhicules d'occasion, à la différence entre le prix d'achat et le prix de vente). En général, la TVA ou l'impôt sur les ventes s'applique aussi aux coûts généraux d'entretien et de fonctionnement du véhicule. L'assiette imposable est le plus souvent la valeur finale droits de douane inclus (par exemple, la TVA sur les carburants est prélevée sur la base du prix majoré de l'accise. Voir tableaux 4.A4.6 et 4.A4.7).

La fiscalité sur les véhicules est sensible à diverses influences hormis la nécessité évidente de tirer des revenus. Qu'il s'agisse du contexte géographique, industriel et social ou encore des politiques liées aux questions énergétiques, aux transports et à l'environnement, toutes ces considérations pèsent sur le niveau et la structure de l'imposition. La plupart des dispositifs (à l'exception des plus récents liés à la pollution) ont vu le jour à une époque où l'automobile était considérée comme un objet de luxe. La généralisation de l'usage des automobiles qui a marqué ces dernières décennies a fait baisser la progressivité de l'impôt (à l'heure actuelle, nombre de ménages à faible revenu possèdent au moins une voiture). Aujourd'hui, la plupart des régimes en place ont vocation à influer sur le comportement des consommateurs ou des entreprises. Plus récemment, des considérations énergétiques et environnementales ont conduit à moduler les prélèvements en fonction de la consommation de carburant des véhicules, des émissions de CO_2 et autres substances polluantes, de l'aménagement urbain et des politiques de transport, notamment la mise en place de péages routiers ou urbains.

Dans la plupart des pays, le montant total des recettes fiscales liées aux véhicules est composé de prélèvements ponctuels (intervenant au moment de l'achat ou de l'importation) et réguliers (lorsqu'ils visent les propriétaires de véhicules ou l'utilisation) auxquels s'ajoute un panachage d'impôts *ad valorem* (sur le prix) et spécifiques (fondés sur les volumes d'émissions polluantes, le poids du véhicule, la puissance du moteur, le nombre d'essieux, l'âge, la consommation spécifique moyenne de carburant, l'équipement, la suspension, la cylindrée, le nombre de sièges, le type de carburant consommé, la propulsion électrique et la distance parcourue).

Bien que ce chapitre ne porte que sur les impôts liés à l'achat/l'immatriculation des véhicules (tableaux 5.A5.1 et 5.A5.2), ces impôts ne doivent pas être considérés de manière isolée des autres bases et taux d'imposition. Un certain nombre d'autres éléments entrent en ligne de compte, tels que les taxes sur la prime d'assurance, certains péages (pour ponts et autoroutes), les taxes sur les carburants (voir chapitre 4) ou l'énergie ainsi qu'un certain nombre d'éléments liés aux impôts directs tels que le traitement fiscal des véhicules d'entreprise pour les individus (Harding 2014).

5.2. Fiscalité des véhicules à moteur et émissions polluantes

Cela fait maintenant une quarantaine d'années que les pouvoirs publics s'emploient à réduire la pollution occasionnée par les véhicules à moteur en imposant des normes techniques à l'industrie automobile. Ainsi, depuis 1970, l'Union européenne (UE) régit les émissions polluantes et promulgue régulièrement de nouvelles dispositions durcissant les valeurs limites. Les normes en vigueur fixent le niveau maximal autorisé des émissions de monoxyde de carbone (CO), de composés organiques volatils, d'oxydes d'azote (NO_x) et de particules. Il s'agit des normes Euro 6 (qui déterminent les limites maximales d'émission applicables à l'immatriculation et à la vente de voitures et fourgonnettes neuves à compter du 1er septembre 2015) et des normes Euro VI, qui visent les véhicules lourds. Les émissions de dioxyde de carbone (CO_2) étant également dans la ligne de mire de la Commission européenne depuis 2007, l'UE a mis en place un vaste cadre juridique pour réduire les émissions de CO_2 des véhicules légers neufs dans le cadre des efforts engagés pour atteindre les objectifs définis en matière d'émission de gaz à effet de serre en vertu du Protocole de Kyoto et pour l'après-Kyoto. Aux termes du règlement UE 510/2011, le parc automobile neuf de l'UE devait atteindre un niveau moyen d'émission de CO_2 de 130 g/km en 2015, le but étant de l'abaisser à 95 g/km à l'horizon 2021. Des normes devraient également être mises au point à l'égard des véhicules lourds (bus, camions, etc.) dans le cadre d'une vaste stratégie de réduction des émissions de CO_2.

Il est de plus en plus recouru à l'impôt pour influencer le comportement du consommateur et encourager les achats de véhicules peu polluants. En 2016, plus des trois quarts (29 sur 35) des pays membres de l'OCDE soumettaient l'achat ou l'utilisation/la possession de véhicules à des taux d'imposition plus faibles ou à des exonérations selon des critères d'ordre environnemental ou liés à la consommation de carburant (voir tableaux 5.A5.1 et 5.A5.2). Ainsi, 22 assoient les taxes à l'achat ou les prélèvements annuels sur des niveaux d'émissions polluantes (par exemple, CO, CO_2, NO_x ou particules au kilomètre) et 19 pratiquent des dégrèvements ou exemptions d'impôt à l'égard des véhicules électriques ou hybrides. Un certain nombre d'États membres de l'UE s'appuient sur les normes d'émissions polluantes définies dans les directives européennes (voir le paragraphe précédent) pour établir leur système d'impôt sur les véhicules bien qu'il n'existe pas encore de règle européenne en la matière.

Dès lors que le montant de la taxe à l'achat d'un véhicule automobile varie en fonction de sa consommation spécifique moyenne de carburant ou de ses rejets d'émissions polluantes, l'acquéreur est immédiatement incité à opter pour un véhicule affichant un niveau d'émission relativement bas. Moduler le montant des redevances annuelles peut-être le même effet incitateur quoique de façon moins directe. Des taxes d'immatriculation très élevées peuvent par ailleurs faire reculer le nombre des achats de véhicules neufs. Si, de prime abord, cela peut sembler favorable à l'environnement, cette situation peut aussi amener certains consommateurs à reporter à plus tard leur décision d'achat ou à se rabattre sur des voitures plus anciennes et plus polluantes. À partir d'estimations de la distance parcourue par un véhicule tout au long de sa durée de vie utile, il est possible d'exprimer le taux d'imposition par tonne de CO_2 que chaque véhicule rejettera durant cette même période. Il ressort clairement des comparaisons que ce chiffre varie grandement d'un pays à l'autre (pour une étude approfondie de ce sujet, voir OCDE 2009).

5.3. Impôts liés à l'achat et à l'immatriculation des véhicules à moteur

Les impôts liés à l'achat et à l'immatriculation des véhicules à moteur peuvent comprendre la TVA, les taxes à l'achat, les droits d'accise et d'autres droits et redevances associés à l'immatriculation d'un véhicule. Variant considérablement d'un pays à l'autre (voir tableau 5.A5.1), ils reposent sur une grande diversité ou combinaison de critères. Il en existe cinq principaux sur la base desquels l'impôt est calculé :

- le prix ou la valeur du véhicule ;
- la puissance du moteur ou la cylindrée ;
- l'impact environnemental (consommation de carburant, niveau d'émissions polluantes, type de carburant consommé) ;
- certaines considérations sociales : exonérations applicables aux véhicules d'intervention d'urgence, aux ambulances, aux véhicules pour personnes handicapées, aux véhicules de transport public, etc. ;
- l'usage qui est fait du véhicule (les véhicules commerciaux sont soumis à des critères particuliers, comme le nombre d'essieux, le volume de cargaison, le nombre de sièges, etc.).

À cela peut s'ajouter un certain nombre d'éléments spécifiques : le poids du véhicule, la présence d'équipement de sécurité ou de climatisation. Par ailleurs, le montant de l'impôt dépend de l'âge du véhicule dans plusieurs pays, de même que les pneumatiques font l'objet d'une taxe particulière aux États-Unis.

La charge représentée par tous ces impôts varie grandement d'un pays à l'autre, et bien souvent même à l'intérieur d'un pays, entre États, provinces, villes ou régions. Par exemple, au Japon, le taux de la TVA est de 8 % et celui de la taxe à l'achat de 3 %, alors que le Danemark applique un taux de TVA de 25 % et une taxe d'immatriculation de 150 %.

Contrairement à bien d'autres produits, les véhicules à moteur ne sont pas l'objet d'achats transfrontaliers motivés par la disparité des fiscalités dans la mesure où ils ne peuvent être immatriculés que dans le pays principal d'utilisation. De même, la TVA à l'importation (ou « acquisition » du véhicule à l'intérieur de l'UE) est généralement due dans le pays d'immatriculation. Même sur le marché commun de l'Union européenne les impôts et taux d'imposition applicables aux véhicules automobiles ne sont ni harmonisés, ni même convergents.

La fiscalité peut néanmoins influer sur le fonctionnement du marché des véhicules à moteur, principalement à travers les taxes liées à l'immatriculation. En général, le montant de la taxe versé dans le pays de première immatriculation n'est pas restitué lorsque le véhicule est transféré dans un autre pays (par exemple, si le propriétaire déménage à l'étranger). Lorsque la taxe d'immatriculation doit (une nouvelle fois) être payée dans le pays de destination, il y a double imposition. Par ailleurs, des disparités fiscales trop importantes accentuent la fragmentation du marché automobile. Les voitures techniquement adaptées à la structure fiscale d'un pays donné (par exemple, fourchettes de puissance du moteur, politique fiscale à l'égard du diesel) sont des substituts imparfaits et peuvent ne pas convenablement rivaliser avec les modèles commercialisés dans un autre pays, doté de règles fiscales différentes. Les prix avant impôt semblent eux aussi dépendre de considérations fiscales. Dans certains cas, une disparité fiscale trop importante incite les consommateurs à acheter dans un pays où les taxes d'immatriculation sont très élevées et le prix du fabricant, par compensation, plus faible net d'impôt pour ensuite les importer et les immatriculer dans leur pays de résidence. Une telle pratique peut remettre en question les avantages que les consommateurs et le secteur sont censés tirer d'un marché concurrentiel.

5.4. Impôts périodiques dus au titre de la possession ou de l'utilisation des véhicules à moteur

Les impôts liés à l'utilisation des véhicules à moteur comportent les redevances pour droit d'usage des routes publiques, qui prennent généralement la forme d'une taxe annuelle (voir tableau 5.A5.2), auxquelles ajoutent les droits d'accise perçus sur les carburants (voir chapitre 4) ainsi que les redevances autoroutières, péages routiers et autres impôts sur les carburants des véhicules à moteur. Les impôts périodiques sur la possession d'un véhicule à moteur existent sous plusieurs formes. Leur montant est calculé sur la base d'éléments très semblables à ceux retenus dans le cas des impôts liés à la vente et à l'immatriculation : la nature de l'utilisation (professionnelle ou non), le type du véhicule concerné, le type de carburant consommé, la cylindrée, l'âge, les niveaux d'émissions polluantes et la consommation de carburant.

Références

Barde, J.P. et N.A. Braathen (2005), « Environmentally Related Taxes », *Theory and Practice of Excise Taxation*, Sijbren Cnossen, 120-54, Oxford, Royaume-Uni.

Base de données sur la fiscalité des véhicules à moteur (*www.oecd.org/env/policies/database*).

Commission européenne (2005), *Proposition de directive du Conseil concernant les taxes sur les voitures particulières*, COM(2005)261final, Bruxelles.

Harding, M. (2014), "Personal Tax Treatment of Company Cars and Commuting Expenses: Estimating the Fiscal and Environment Costs", OECD *Taxation Working Papers*, No. 20, OECD Publishing, Paris, *http://dx.doi.org/10.1787/5jz14cg1s7vl-en*.

OCDE (2009), *Incentives for CO_2 Emissions Reductions in Current Motor Vehicle Taxes*, Éditions OCDE, Paris, *www.oecd.org/officialdocuments/publicdisplaydocumentpdf/?cote=env/epoc/wpnep/t(2009)2/final&doclanguage=en*.

ANNEXE 5.A5

Données sur l'imposition des véhicules

Tableau 5.A5.1. **Impôts liés à la vente et à l'immatriculation des véhicules à moteur**[1]

Pays	Taxes	Critères	Abattements/Exemptions
Allemagne	**TVA :** 19 %	Valeur	
Australie	**TPS :** 10 % **Taxe sur les voitures de luxe :** 33 % de la différence entre la valeur du véhicule et le seuil fixé à 60 316 AUD après impôt (TPS incluse). **Droit d'immatriculation** calculé sur la base de la tare du véhicule. **Droit de timbre** calculé sur la base de la valeur du véhicule.	Valeur Poids	Véhicules d'intervention d'urgence (ambulances et camions de pompiers) Véhicules transformés pour assurer le transport de personnes handicapées. Taxe sur les voitures de luxe : un seuil plus élevé de 75 375 AUD après impôt pour l'exercice budgétaire 2013-14, s'applique aux voitures plus économes en carburant qui remplissent les conditions requises. Sont exemptés de cette taxe les véhicules d'intervention d'urgence, les véhicules transformés pour assurer le transport d'une personne en chaise roulante (sous réserve qu'ils ne soient pas soumis à la TPS) et les véhicules utilitaires servant principalement à l'acheminement de marchandises dans le cadre de transactions ou d'échanges. Les prestataires de services touristiques et les producteurs de matières premières qui remplissent les conditions requises ont droit au remboursement de la taxe jusqu'à 3 000 AUD dans certains cas. TPS : en sont exonérés les vétérans et les personnes handicapées à certaines conditions.
Autriche	**TVA :** 20 %. **Taxe d'immatriculation des véhicules neufs :** sa base est le prix de vente, mais le taux appliqué dépend du niveau d'émissions de CO_2, calculé comme suit : nombre de grammes de CO_2 émis par kilomètre moins 90 grammes, le tout divisé par 5. Ce taux ne peut excéder 32 % (ce qui correspond à 250 g/km). Au-delà de 250 g/km, chaque g/km supplémentaire entraîne une majoration de 20 EUR. La somme de 300 EUR est déduite (pour tous les véhicules sans exception) du total ainsi obtenu. **Droit d'immatriculation (impôt) :** taux fixe pour les véhicules à moteur enregistrés pour l'Etat ou les autorités locales. 119.80 EUR par véhicule à moteur (+ 45 EUR maximum de frais de dossier au bureau des immatriculations + environ 20 EUR au titre des autres dépenses).	Valeur Émissions de CO_2	En sont exemptés les véhicules de démonstration, les véhicules d'auto-écoles, les véhicules de location, les véhicules affectés au transport d'hôtes ou à des services de taxi, les véhicules à moteur destinés à la location de courte durée, les véhicules à moteur utilisés pour transporter des personnes malades et assurer des services de secours, les véhicules utilisés pour transporter des corps, les véhicules de lutte contre les incendies et les véhicules auxiliaires de transport spécialisé.
Belgique	**TVA :** 21 % **Taxe de mise en circulation** *Au niveau fédéral* : les voitures de société font l'objet d'une taxe basée sur les émissions de CO_2. La possibilité de déduire les frais d'utilisation du véhicule (50 % à 120 %), hors frais de carburant, en dépend également. *Flandre* : le taux d'imposition dépend de la puissance du moteur, de l'âge du véhicule et de ses caractéristiques environnementales. Le barème progressif de 41.99 EUR à 10 497.70 EUR indexé et revu au 1er juillet de chaque année en fonction de l'inflation. *Wallonie* : le taux d'imposition dépend de la puissance du moteur et est fixé suivant un barème dégressif fondé sur l'âge du véhicule. Dans le cas des motocycles, le montant dû est calculé sur la base de la puissance exprimée en kilowatt (kW). Pour les voitures électriques, il est tenu compte de la puissance continue nominale. Si elle diffère selon qu'elle est exprimée en cheval-vapeur (C.V.) ou en kilowatt, c'est la valeur la plus élevée qui est retenue. *Région de Bruxelles-Capitale* : le taux d'imposition dépend de la puissance du moteur et est fixé suivant un barème dégressif fondé sur l'âge du véhicule (il oscille entre 61.50 EUR et 4.957 EUR pour les véhicules essence et diesel et entre 61.50 EUR et 4.659 EUR pour les véhicules GPL).	Valeur Âge Puissance du moteur Émissions de CO_2 Type de carburant Bonus/malus	*Flandre* : sont exemptés les véhicules tout-électrique, à hydrogène, hybrides plug-in (jusqu'en 2021) et au GNV/GNL (jusqu'en 2021). Abattement (298.00 EUR) pour les voitures fonctionnant au GPL et autres gaz. Exonération des personnes handicapées et des propriétaires de véhicules utilitaires. Exemption de la taxe annuelle additionnelle pour les utilitaires. Abattement (298.00 EUR) pour les voitures fonctionnant au GPL et autres gaz. *Wallonie* : les voitures qui rejettent 145 g ou plus de CO_2 par kilomètre sont l'objet d'une pénalité pouvant atteindre au maximum 2 500 EUR (en cas d'émission égale ou supérieure à 255 g/km). Les propriétaires qui ont au moins trois enfants à charge (< 25 ans ou >25 si juridiquement considérés comme mineurs) et les propriétaires de véhicules fonctionnant au gaz bénéficient d'une réduction de cette pénalité. Pour certaines catégories de véhicules anciens et les voitures de société de crédit-bail, la pénalité est nulle. Les voitures utilitaires sont exemptées de cet « éco-malus ». *Région de Bruxelles-Capitale* : les personnes handicapées bénéficient d'une exonération. Un abattement (298 EUR) est appliqué aux voitures fonctionnant au GPL ou autres gaz.

Tableau 5.A5.1. Impôts liés à la vente et à l'immatriculation des véhicules à moteur[1] *(suite)*

Pays	Taxes	Critères	Abattements/Exemptions
Canada	**TPS :** 5 % **Taxe de vente harmonisée (TVH) :** 13 %, 14 % ou 15 % dans les provinces participantes. Les provinces ci-après ont combiné leur taxe provinciale à la taxe fédérale sur les produits et les services et appliquent le taux indiqué entre parenthèses : Nouveau-Brunswick, Terre-Neuve-et-Labrador, Ontario (13 %) ; Île-du-Prince-Édouard (14 %) ; Nouvelle-Écosse (15 %) ; le Québec applique une TPS au taux de 5 % et la taxe de vente du Québec à 9.975 %. **Tax provinciale :** appliquée dans les provinces qui n'appliquent pas de TVH. **Taxe d'accise sur les climatiseurs d'automobiles :** 100 CAD par unité. **Taxe d'accise sur les véhicules énergivores :** les véhicules dont la consommation moyenne pondérée est d'au moins 13 litres aux 100 kilomètres (55 % en ville et 45 % sur autoroute) sont assujettis à une taxe d'accise selon le barème suivant : – au moins 13 mais moins de 14 litres aux 100 kilomètres : 1 000 CAD ; – au moins 14 mais moins de 15 litres aux 100 kilomètres, 2 000 CAD ; – au moins 15 mais moins de 16 litres aux 100 kilomètres, 3 000 CAD ; et – 16 litres ou plus aux 100 kilomètres : 4 000 CAD.	Valeur Consommation de carburant Climatiseur	**Remboursement de la TPS/TVH pour les véhicules spécialement équipés :** en bénéficient les propriétaires de véhicules à moteur spécialement équipés pour personnes handicapées. Le remboursement se limite à la TPS/TVH versée sur la partie du prix d'acquisition imputable aux dispositifs spéciaux. **Remise de la taxe d'accise sur les véhicules énergivores (fourgonnettes adaptées) :** en bénéficient les propriétaires de fourgonnettes munies d'un appareil conçu exclusivement pour faciliter le chargement d'un fauteuil roulant sans qu'il soit nécessaire de le plier.
Chili	**TVA :** 19 % (les voitures d'occasion en sont exonérées à quelques exceptions près). **Droits d'immatriculation payables au service du registre civil :** première immatriculation, nouvelle plaque d'immatriculation, transfert et immatriculation de véhicules. **Taxe de transfert des véhicules à moteur d'occasion (perçue par les municipalités) :** 1.5 % de la valeur du véhicule.	Valeur Redevance forfaitaire	-
Corée	**TVA :** 10 % **Taxe d'accise spéciale :** comprise entre 0 % et 5 % du prix du constructeur selon la cylindrée. **Impôt en faveur de l'éducation :** 30 % du montant de la taxe d'accise. **Taxe d'acquisition :** entre 2 % et 7 % du prix de détail hors TVA.	Valeur Cylindrée Propulsion électrique	**Sont exonérées de la taxe d'accise spéciale et de l'impôt en faveur de l'éducation :** les voitures utilisées par les personnes handicapées ; les ambulances utilisées par les hôpitaux ; les véhicules de transport public de voyageurs ; les véhicules utilisés par les sociétés de location de voitures. **Sont exonérées de la taxe d'acquisition :** les voitures utilisées par les personnes handicapées ; les voitures dont les propriétaires sont parents d'au moins trois enfants à charge ; les voitures de petites dimensions utilisées à des fins non commerciales. **Les véhicules hybrides et électriques** bénéficient d'un allégement de la taxe d'accise spéciale d'un montant maximal de 1 000 000 KRW (hybrides) ou 2 000 000 KRW (électriques).

Tableau 5.A5.1. Impôts liés à la vente et à l'immatriculation des véhicules à moteur[1] *(suite)*

Pays	Taxes	Critères	Abattements/Exemptions
Danemark	**TVA :** 25 % **Taxe d'immatriculation des véhicules :** elle doit être acquittée au moment de la première immatriculation du véhicule. Le taux d'imposition varie avec la valeur du véhicule (le taux le plus bas s'appliquant aux véhicules utilitaires) entre 105 % et 150 % (du reliquat au-delà de 82 800 DKK) dans le cas des véhicules privés et entre 0 % et 50 % (du reliquat au-delà de 17 500 DKK) dans le cas des véhicules utilitaires.	Valeur Utilisation Équipement de sécurité Équipement anti-pollution	**Abattement applicable aux véhicules sobres en carburant :** la taxe d'immatriculation est diminuée de 4 000 DKK pour tout kilomètre que le véhicule peut parcourir au-delà de 16 km avec 1 litre d'essence et au-delà de 18 km avec 1 litre de diesel. À l'inverse, une majoration de 1 000 DKK est appliquée pour chaque kilomètre en-deçà de 16 (essence) ou 18 (diesel) que la voiture peut parcourir avec un litre de carburant. **Équipement de sécurité :** pour tout véhicule à moteur doté d'importants équipements de sécurité routière, la valeur servant de base au calcul du droit d'immatriculation est diminuée d'un montant pouvant atteindre 13 370 DKK. Ce montant est compris entre 200 DKK et 600 DKK dans le cas des véhicules à moteur dotés d'équipements de sécurité d'importance mineure.
Espagne	**TVA :** 21 % La **taxe d'immatriculation des véhicules** est basée sur les émissions de CO_2 et son taux est compris entre 0 % (jusqu'à 120 grammes de CO_2 émis par km) et 14.75 % (200 g/km et plus).	Valeur Émissions de CO_2	**Sont exemptés de la taxe d'immatriculation :** les taxis, les véhicules d'auto-école, les véhicules de location ; les véhicules acquis et utilisés par des personnes handicapées ; les véhicules diplomatiques ; les véhicules transférés dans le cadre du changement de résidence de leur propriétaire.
Estonie	**TVA :** 20 % **Droit d'immatriculation des véhicules (prélevé par l'administration centrale) :** 130 EUR (335 EUR dans le cas des véhicules importés temporairement).	Valeur Type de véhicule	
États-Unis	**Une taxe de surconsommation d'essence** est prélevée sur les constructeurs et les importateurs de véhicules dont la consommation mixte (urbaine et autoroutière) de carburant est inférieure à 22.5 miles par gallon. Son montant est compris entre 1 000 USD et 7 700 USD selon la valeur de la consommation spécifique moyenne. **Une taxe camion** est prélevée au taux de 12 % du prix de vente sur la première acquisition au détail d'un camion de plus de 15 tonnes (33 000 lb) adapté à un usage routier. **Une taxe sur les pneumatiques** est prélevée sur l'achat de pneumatiques destinés aux véhicules routiers . Les pneumatiques imposables vendus par un fabricant, producteur ou importateur sont imposés au tarif de 0.0945 USD (0.04725 USD dans le cas des pneumatiques diagonaux ou simples larges) par tranche de 10 livres (environ 4.6 kg) de la charge utile nominale maximale au-delà de 3 500 livres (environ 1 590 kg). Les autorités étatiques et locales prélèvent une taxe à l'achat non récurrente et/ou une redevance sur la délivrance du titre de propriété.	Consommation de carburant Valeur Poids Pneumatiques	La taxe de surconsommation d'essence est largement appliquée, y compris sur les véhicules vendus aux autorités fédérales, étatiques et locales et aux organismes éducatifs sans but lucratif. En sont exemptés les véhicules utilisés par la police et autres autorités répressives, les véhicules destinés à la lutte contre les incendies, les ambulances et les limousines pesant plus de 6 000 livres (environ 2.7 tonnes) ou conçues pour transporter plus de 10 personnes. Sont exemptés de l'impôt sur l'achat des pneumatiques ceux destinés aux autobus locaux et scolaires ou à l'usage exclusif du Département de la défense ou du service de garde-côtes.
Finlande	**TVA :** 24 % La **taxe d'immatriculation des véhicules** est liée au volume des émissions de CO_2. Son taux est compris entre 4.4 % du prix de vente pour les voitures rejetant au plus zéro gramme par kilomètre et 50 % pour les voitures rejetant au moins 360 g/km. Les **camionnettes de livraison** dont le poids maximal en charge est supérieur à 2 500 kg font l'objet d'une déduction. Dans le cas des **motocycles**, le taux appliqué dépend de la cylindrée : compris entre 9.8 % et 24.4 %, il est calculé sur la base du prix de vente.	Valeur Émissions de CO_2 Utilisation Cylindrée Type	**Exemption** pour les personnes handicapées, les taxis, les autocaravanes, les voitures utilisées à des fins vétérinaires, les véhicules de secours et les véhicules funéraires.

Tableau 5.A5.1. **Impôts liés à la vente et à l'immatriculation des véhicules à moteur**[1] *(suite)*

Pays	Taxes	Critères	Abattements/Exemptions
France	**TVA :** 20 % Le **certificat d'immatriculation** est soumis au paiement d'une taxe régionale dont le montant dépend de la puissance du moteur et du niveau des émissions de CO_2. Il est compris entre 27 EUR et 46 EUR par cheval-vapeur selon la région. La composante liée aux émissions de CO_2 va de 0 EUR (<160 grammes de CO_2 émis par kilomètre) à 2 600 EUR (>250g/km). Ce montant est réduit de moitié pour certains véhicules, selon leur type (camions de plus de 3.5 tonnes, motocycles) ou leur âge (plus de 10 ans). Une **taxe additionnelle** est appliquée aux poids lourds en fonction de leur PTAC (son montant est compris entre 38 EUR si le PTAC est inférieur à 3.5 tonnes et 305 EUR si le PTAC est supérieur à 11 tonnes ou si le véhicule en question est un tracteur routier ou un véhicule de transport public de voyageurs) ; La **taxe sur les véhicules de société** est liée aux émissions de CO_2. Le tarif applicable va de 2 EUR par gramme de CO_2 émis par les véhicules qui rejettent au maximum 100 grammes par kilomètre et 19 EUR par gramme de CO_2 émis par les véhicules qui rejettent plus de 250 grammes par kilomètre.	Valeur Puissance du moteur Poids Utilisation Âge Émissions de CO_2 Type de carburant Propulsion électrique Bonus-malus	**Exonération accordée aux véhicules neufs affectés à la démonstration** pesant moins de 3.5 tonnes, aux véhicules appartenant à l'État et à certains motocycles. Les **voitures fonctionnant au moyen de l'énergie électrique ou de gaz** bénéficient d'une exonération totale ou de moitié de la taxe sur les certificats d'immatriculation. Les **voitures fonctionnant au moyen du super éthanol E85** bénéficient d'une exonération de moitié de la taxe sur les certificats d'immatriculation. **Système de bonus-malus :** L'achat d'une voiture neuve émettant 125 grammes de CO_2 ou moins par kilomètre donne lieu à l'octroi d'une prime atteignant au maximum 5 000 EUR (< 60 g/km). Une taxe additionnelle est due lors de l'achat d'une voiture émettant plus de 155 grammes de CO_2 par kilomètre. Son montant maximal est de 2 600 EUR (au-delà de 245 g/km).
Grèce	**TVA :** 23 % **Taxe d'immatriculation :** – voitures particulières : entre 5 % et 346 % de la valeur imposable (prix de gros), selon la cylindrée et la technologie anti-pollution installée (émissions polluantes). – camions : entre 5 % et 26 % de la valeur imposable selon la cylindrée et la masse (plus ou moins 3.5 tonnes). Une majoration de 30 % est appliquée aux véhicules non conformes aux prescriptions des directives et règlements de l'UE en matière d'émission. – motocycles : entre 0 % et 25 % de la valeur imposable selon la cylindrée. Le montant de la **taxe d'immatriculation des autobus** dépend du nombre de sièges. **Impôt sur les véhicules de luxe** : entre 10 % et 40 % selon la valeur imposable.	Valeur Poids Cylindrée Émissions polluantes Nombre de sièges Propulsion électrique	**Sont exonérées de la taxe d'immatriculation :** – les voitures utilisées par les autorités publiques ; – les voitures hybrides ou électriques ; – les voitures utilisées par des personnes handicapées ; – les voitures dont les propriétaires sont parents d'au moins trois enfants à charge ; – les ambulances utilisées par les hôpitaux publics ; – les voitures dont les propriétaires ont installé leur résidence principale en Grèce ; – les voitures dont il a été fait don à la police, aux sapeurs-pompiers ou aux garde-côtes grecs. **Sont exonérés de l'impôt sur les véhicules de luxe :** – les taxis, caravanes, ambulances, corbillards et voitures électriques ; – les voitures utilisées par des personnes atteintes d'une paralysie complète des membres inférieurs (taux d'invalidité de 80 % ou 100 %) et par des personnes amputées des membres inférieurs ; – les voitures dont il a été fait don à la police, aux sapeurs-pompiers ou aux garde-côtes grecs.
Hongrie	**TVA :** 27 % **Taxe d'immatriculation :** entre 45 000 HUF et 400 000 HUF pour les voitures particulières neuves, selon le type de moteur (diesel ou essence) et la cylindrée ; entre 20 000 HUF et 230 000 HUF pour les motocycles, selon la cylindrée. Plus la performance environnementale du moteur est faible, plus le taux appliqué augmente (de 400 %, 600 %, 800 % ou 1 200 %), mais il diminue suivant un barème fondé sur l'âge (jusqu'à 90 %). Une exonération partielle est prévue pour les voitures hybrides et totale pour les voitures électriques. **Transfert de véhicules à moteur :** le tarif appliqué dépend de la puissance du moteur du véhicule (en kW). Il est compris entre 300 HUF/kW et 850 HUF /kW selon l'âge du véhicule (le tarif diminue avec l'âge).	Type de moteur Cylindrée Puissance du moteur Émissions polluantes Type de carburant Âge Propulsion électrique	La **taxe d'immatriculation est réduite** pour les voitures équipées d'une installation motrice hybride ou d'un moteur fonctionnant au gaz (76 000 HUF) et elle est nulle dans le cas des voitures équipées d'un moteur électrique.

Tableau 5.A5.1. **Impôts liés à la vente et à l'immatriculation des véhicules à moteur**[1] *(suite)*

Pays	Taxes	Critères	Abattements/Exemptions
Irlande	**TVA :** 23 % **Taxe d'immatriculation :** son assiette repose sur les émissions de CO_2. Son taux est compris entre 14 % et 36 % de la valeur du véhicule selon que les émissions de CO_2 sont inférieures ou égales à 80 g/km ou supérieures à 225 g/km. Un taux spécial est appliqué aux véhicules conçus et fabriqués pour transporter des marchandises, d'une masse maximale de 3.5 tonnes et ne contenant pas plus de 3 sièges ainsi qu'aux autocaravanes (13.30 % de la valeur, montant minimal de 125 EUR) ; aux motocycles neufs et d'occasion (2 EUR et 1 EUR par cm^3 au-delà de 350 cm^3) ; aux véhicules utilitaires et aux véhicules de collection (plus de 30 ans) (200 EUR).	Valeur Émissions de CO_2 Type Age Type de carburant Propulsion électrique	**Allégement pour les véhicules électriques hybrides :** au maximum 1 500 EUR. **Allégement pour les véhicules électriques rechargeables :** au maximum 2 500 EUR. **Allégement pour les véhicules électriques fabriqués en série :** au maximum 5 000 EUR. **Remise/remboursement pour les véhicules adaptés au handicap :** au maximum 10 000 EUR, 16 000 EUR ou 22 000 EUR si les aménagements concernent le poste de conduite ; 16 000 EUR et 22 000 EUR s'ils concernent les passagers, le montant dépendant de la nature des aménagements effectués dans le véhicule.
Islande	**TVA :** 24 % Le **droit d'immatriculation des véhicules** s'élève à 15 000 ISK lors de la première immatriculation et à 2 630 ISK les fois suivantes. **Droit d'accise sur les véhicules à moteur :** basé sur les émissions de CO_2, il se situe entre 0 % et 65 %. **Droits d'accise sur les véhicules à moteur autre que les voitures particulières :** En sont exonérés les véhicules de grandes dimensions destinés au transport de marchandises et à usage spécial, les tracteurs, les remorques agricoles, les grosses motoneiges, les véhicules amphibies, les voitures et motos de compétition, les véhicules destinés au transport de personnes handicapées, les véhicules de secours et les grands autocars. Véhicules de petites dimensions destinés au transport de marchandises et à usage spécial, les véhicules de plus de 40 ans, les caisses motorisées : 13 % Minibus, motos et autres : 30 %.	Valeur Émissions de CO_2 Propulsion électrique	**Exonération temporaire de la TVA** à l'import et à la vente de véhicules électriques, à hydrogène et hybrides plug-in sur le territoire national.
Israël[2]	**TVA :** 17 % **Taxe à l'achat :** les véhicules à usage privé et professionnel d'un poids inférieur ou égal à 3.5 tonnes sont frappés d'une taxe équivalant à 83 % de leur valeur ; les véhicules dont la valeur excède 300 000 NIS sont soumis à une taxe additionnelle sur les véhicules de luxe dont le montant est calculé comme suit : 20 % *(prix du véhicule - 300 000)/prix du véhicule ; Taxi < 3.5 tonnes : 8 % ; Taxi > 3.5 tonnes : 0 % ; Les véhicules utilitaires de plus de 3.5 tonnes sont imposés à 72 % de leur valeur mais ne sont pas admissibles au versement d'une prime.	Poids Émissions polluantes Puissance Propulsion électrique	**Abattement selon le niveau d'émissions polluantes :** les véhicules de plus de 3.5 tonnes peuvent être partiellement exonérés de la taxe à l'achat selon le niveau de pollution auquel ils appartiennent. Il existe 15 de ces niveaux, associés à un « score vert » (pondération des émissions de cinq grandes substances polluantes). Le montant maximal de l'abattement est de 16 384 NIS ; **Taux appliqué aux véhicules hybrides** (niveau 1 ou 2 de pollution) : Si capacité des batteries > 3 kWh et score « vert » < 100 : 20 % Autres cas : 30 %. **Taux appliqué aux véhicules électriques :** 10 % de la valeur selon le taux de taxe douanière et de taxe à l'achat. Les véhicules hybrides et électroniques ne sont pas soumis à l'impôt sur les véhicules de luxe.
Italie	**TVA :** 22 % **Taxe d'immatriculation** (IPT) : 151 EUR pour les voitures d'une puissance inférieure à 53 kW, 3.5 EUR par kW pour les voitures d'une puissance supérieure à 53 kW. Pour les autres véhicules (par exemple, autobus, tracteurs et camions avec remorques), le montant de la taxe est calculé sur la base de la puissance du moteur, du poids du véhicule, du nombre de sièges ou d'autres critères. Les provinces peuvent augmenter le taux jusqu'à 30 %.	Type de véhicule Puissance du moteur Émissions polluantes Poids Nombre de sièges	**Les personnes handicapées, les associations de volontaires, les propriétaires de motocycles, ainsi que les ventes de véhicules d'occasion de particuliers à professionnels** bénéficient d'une exonération totale de la taxe d'immatriculation. Font l'objet d'une exonération partielle les véhicules de collection et les véhicules spéciaux.

Tableau 5.A5.1. **Impôts liés à la vente et à l'immatriculation des véhicules à moteur**[1] *(suite)*

Pays	Taxes	Critères	Abattements/Exemptions
Japon	**TVA :** 8 % **Taxe d'acquisition (Préfecture) :** 3 % du prix d'achat (2 % dans le cas des utilitaires légers).	Valeur	La taxe d'acquisition est réduite pour les véhicules ayant un faible impact sur l'environnement, les autobus et taxis accessibles à tous, les camions équipés d'un dispositif de freinage anticollision, etc., ainsi que les autobus pour voyageurs exploités sur des voies dédiées en vertu d'une décision préfectorale.
Lettonie	**TVA :** 21 % La **taxe d'immatriculation** des voitures particulières est basée sur les émissions de CO_2 depuis 2009. Elle est comprise entre 0.43 EUR par gramme de CO_2 émis par kilomètre (pour un niveau maximal de 120 g/km) et 7.11 EUR par gramme de CO_2 émis par kilomètre (pour un niveau supérieur à 350 g/km). Dans le cas des voitures particulières immatriculées avant 2009, le montant de la taxe dépend de l'âge du véhicule et de la puissance du moteur. La taxe d'immatriculation des motocycles est de 0.14 EUR par cm^3.	Émissions de CO_2 Âge du véhicule Puissance du moteur Propulsion électrique	**Sont exonérés de la taxe d'immatriculation :** – les voitures et motocycles de plus 25 ans ; – les voitures équipées d'un moteur électrique ; – les voitures particulières spéciales (par exemple, ambulances, autocaravanes, corbillards) ; – les voitures spécialement aménagées pour transporter des personnes en fauteuil roulant.
Luxembourg	**TVA :** 17 % La **taxe d'immatriculation** est calculée pour 100 cm^3 comme suit : Taxe = a * b * c Dans cette formule, a = composante « émissions de CO_2 » ; b = multiplicateur (0.9 dans le cas des voitures roulant au diesel et 0.6 dans les autres cas). c = multiplicateur additionnel appliqué en cas d'émissions de CO_2 > 90 g/km (0.5 augmenté de 0.1 pour chaque 10 g/km).	Valeur Émissions de CO_2 Type de carburant Propulsion électrique	**Système de bonus :** les acquéreurs de voitures hybrides neuves émettant moins de 60 grammes de CO_2 par kilomètre et les véhicules électriques peuvent prétendre à une prime de 5 000 EUR.
Mexique	**TVA :** 16 % **Taxe sur les véhicules neufs :** entre 2 % et 17 % de la valeur du véhicule auxquels s'ajoute une part fixe déterminée en fonction de la valeur du véhicule. Lorsque le prix du véhicule dépasse 660 255.71 MXN (pour 2016), le montant de l'impôt est déduit de 7 % de la différence entre le prix de vente et le plafond susmentionné. Les fourchettes de ce barème sont revues tous les ans.	Valeur Propulsion électrique	Exonération totale de l'impôt sur les véhicules neufs pour les véhicules dont la valeur est inférieure ou égale à 222 032.19 MXN. Exonération de 50 % de l'impôt sur les véhicules neufs pour les véhicules dont la valeur est comprise entre 222 032.20 MXN et 281 240.78 MXN. Exonération totale de l'impôt des véhicules neufs pour les véhicules hybrides et électriques.
Norvège	**TVA :** 25 % **Taxe d'immatriculation :** le tarif varie selon le poids, la performance du moteur (en kW) ainsi que les émissions de CO_2 et de NO_x. Si l'information sur les émissions de CO_2 est manquante, le montant de la taxe dû est calculé sur la base de la cylindrée.	Poids Performance moteur Émissions de CO_2 Émissions de NO_x Type de carburant Propulsion électrique	Les **véhicules électriques** sont exemptés de la taxe d'immatriculation. Les **véhicules hybrides** (c'est-à-dire équipés d'un moteur électrique et d'un moteur à combustion) bénéficient d'une exonération partielle : la performance du moteur électrique et 10 % du poids total sont déduits de la base d'imposition. Dans le cas des voitures hybrides plug-in, ce sont 26 % du poids qui sont déduits. Les **véhicules polycarburants** (pouvant utiliser du carburant composé d'éthanol à 85 % minimum) bénéficient d'un allégement de 10 000 NOK par véhicule.
Nouvelle-Zélande	**TPS :** 15 % **Droit d'immatriculation** (première immatriculation) : le tarif varie selon la cylindrée et le type du véhicule, mais aussi selon que l'immatriculation est demandée pour 6 mois ou un an. Dans le cas des voitures particulières à essence, il est compris entre 291.08 NZD et 462.30 NZD.	Valeur Cylindrée	

Tableau 5.A5.1. **Impôts liés à la vente et à l'immatriculation des véhicules à moteur**[1] *(suite)*

Pays	Taxes	Critères	Abattements/Exemptions
Pays-Bas	**TVA** : 21 % La **taxe d'immatriculation** des voitures particulières est basée sur les émissions de CO_2 et le type de carburant utilisé. En sont exonérés les véhicules qui émettent 0 gramme de CO_2 par kilomètre. Progressive, la taxe d'immatriculation est comprise entre 175 EUR et 478 EUR par gramme émis sur un kilomètre au-delà de 1 g/km. Les voitures particulières qui fonctionnent au diesel sont surtaxées à hauteur de 86.43 EUR par gramme émis sur un kilomètre au-delà de 67 g/km. Dans le cas des motocycles et camionnettes de livraison, le montant de la taxe d'immatriculation est calculé sur la base de la valeur du véhicule.	Émissions de CO_2 Carburant moteur Valeur Propulsion électrique	**Les véhicules à émission zéro (par exemple, les véhicules électriques)** sont exonérés de la taxe d'immatriculation. **Autres exemples de véhicules exonérés :** les camionnettes de livraison dont les propriétaires sont des entrepreneurs et qui sont utilisées à des fins commerciales au moins 10 % du temps. **Un remboursement fiscal est prévu pour certains véhicules :** véhicules de lutte contre les incendies, véhicules utilisés par la police, véhicules funéraires, véhicules utilisés pour le transport de prisonniers, camionnettes utilisées par les personnes handicapées, ambulances (vétérinaires), taxis et véhicules de transport sécurisés.
Pologne	**TVA** : 23 % Un **droit d'accise** est perçu sur les voitures particulières avant leur première immatriculation au titre de leur vente, acquisition intracommunautaire et importation. Son taux dépend de la cylindrée du moteur : - voitures particulières équipées d'un moteur d'une cylindrée supérieure à 2 000 cm^3 : 18.6 %, - autres : 3.1 %.	Valeur Cylindrée	
Portugal	**TVA** : 23 % Le tarif du **droit d'accise sur les véhicules** est établi comme suit : Formule : Cylindrée × Taux – Abattement fixe (au 31 mars 2016) – véhicules dont la cylindrée est inférieure ou égale à 1 000 cm^3 = nombre de cm^3 × 0.95 EUR – 737.00 EUR – véhicules dont la cylindrée est comprise entre 1 001 cm^3 et 1 250 cm^3 = nombre de cm^3 x 1.03 EUR – 740.55 EUR – véhicules dont la cylindrée est supérieure à 1 250 cm^3 = nombre de cm^3 × 4.84 EUR – 5362.67 EUR Les fourchettes diffèrent pour les véhicules utilitaires légers et certains types de véhicules de transport combiné (de passagers et de marchandises).	Valeur Cylindrée du moteur Émissions de CO_2	**Abattements prévus en fonction du niveau des émissions de CO_2 (au 31 mars 2016)** L'abattement est calculé suivant la formule (nombre de grammes de CO_2 émis par kilomètre) x taux – abattement fixe **Véhicules essence** — EUR — EUR Jusqu'à 99 g/km — 4.00 — 370.00 De 100 à 115 — 7.00 — 650.00 De 116 à 145 — 45.49 — 5 110.00 De 146 à 175 — 53.00 — 6 180.00 De 176 à 195 — 135.00 — 20 450.00 Au-delà de 195 — 178.00 — 28 900.00 **Véhicules diesel*** Jusqu'à 79 — 5.00 — 380.00 De 80 à 95 — 20.30 — 1 600.00 De 96 à 120 — 68.58 — 6 228.00 De 121 à 140 — 152.10 — 16 380.00 De 141 à 160 — 169.15 — 18 800.00 Au-delà de 160 — 232.33 — 28 950.00 * Les véhicules légers particuliers fonctionnant au diesel qui rejettent au moins 0.002 gramme de particules par kilomètre sont surtaxés à hauteur de 500 EUR.

Tableau 5.A5.1. **Impôts liés à la vente et à l'immatriculation des véhicules à moteur**[1] *(suite)*

Pays	Taxes	Critères	Abattements/Exemptions
République slovaque	**TVA :** 20 % **Redevances administratives :** La première immatriculation d'un véhicule à moteur d'une puissance inférieure ou égale à 80 kW (qu'il s'agisse d'un véhicule neuf, importé ou d'occasion) doit être inscrite dans le Registre slovaque des véhicules contre un droit d'immatriculation de 33 EUR ; La première immatriculation d'un véhicule à moteur d'une puissance supérieure à 80 kW, mais inférieure ou égale à 86 kW (voitures neuves ou importées) doit être faite dans le Registre slovaque des véhicules contre un droit d'immatriculation de 167 EUR ; – puissance supérieure à 86 kW mais inférieure ou égale à 92 kW : 217 EUR – puissance supérieure à 92 kW mais inférieure ou égale à 98 kW : 267 EUR – puissance supérieure à 98 kW mais inférieure ou égale à 104 kW : 327 EUR – puissance supérieure à 104 kW mais inférieure ou égale à 110 kW : 397 EUR – puissance supérieure à 110 kW mais inférieure ou égale à 121 kW : 477 EUR – puissance supérieure à 121 kW mais inférieure ou égale à 132 kW : 657 EUR – puissance supérieure à 132 kW mais inférieure ou égale à 143 kW : 787 EUR – puissance supérieure à 143 kW mais inférieure ou égale à 154 kW : 957 EUR – puissance supérieure à 154 kW mais inférieure ou égale à 165 kW : 1 157 EUR – puissance supérieure à 165 kW mais inférieure ou égale à 176 kW : 1 397 EUR – puissance supérieure à 176 kW mais inférieure ou égale à 202 kW : 1 697 EUR – puissance supérieure à 202 kW mais inférieure ou égale à 228 kW : 2 047 EUR – puissance supérieure à 228 kW mais inférieure ou égale à 254 kW : 2 467 EUR – puissance supérieure à 254 kW : 2 997 EUR La première immatriculation d'un véhicule à moteur électrique doit être inscrite dans le Registre slovaque des véhicules contre un droit d'immatriculation de 33 EUR. Toute inscription subséquente (deuxième, troisième, etc.) dans le Registre slovaque des véhicules est effectuée par le nouveau propriétaire au tarif de 33 EUR. Droit à régler pour l'attribution et la délivrance d'un numéro de plaques d'immatriculation : 16.50 EUR par plaque (soit 33 EUR par véhicule)	Valeur Puissance du moteur	Les **personnes handicapées** bénéficient d'allégements des redevances administratives. **Autres exemptions :** services de l'État, collectivités, organismes publics, diplomates, tribunaux, ministère public, police, Croix-Rouge slovaque et entreprises publiques (détenues à 100 % par l'État).
République tchèque	**TVA :** 21 % **Droit d'immatriculation :** 300 ou 500 CZK pour les motocycles (selon la cylindrée) ; 800 CZK pour les autres véhicules. Inclut la plaque d'immatriculation. Droit de permis pour les véhicules à moteur hors normes.	Valeur Cylindrée	
Royaume-Uni	**TVA :** 20 % **Droit de première immatriculation :** un montant uniforme de 55 GBP est dû lors de la première immatriculation d'un véhicule à moteur au Royaume-Uni.	Valeur	**Abattement pour les personnes handicapées :** les personnes handicapées sont exonérées du droit de première immatriculation. **Autres exemptions :** – véhicules précédemment immatriculés en Irlande du Nord ; – véhicules immatriculés pour un usage hors route ; – véhicules de la Couronne ; – véhicules de collection précédemment immatriculés auprès d'anciennes autorités locales (conversions tardives) ; – véhicules importés précédemment immatriculés dans le cadre des dispositifs *Personal Export Scheme* (exportation de biens destinés à l'usage personnel) et *New Means of Transport Scheme* (moyens de transport neufs) ; – véhicules des forces en visite.

Tableau 5.A5.1. **Impôts liés à la vente et à l'immatriculation des véhicules à moteur**[1] *(suite)*

Pays	Taxes	Critères	Abattements/Exemptions
Slovénie	**TVA :** 22 % Un **impôt sur les véhicules à moteur** vise les voitures particulières, les motocycles et les autocaravanes mises en circulation en Slovénie pour la première fois ; l'importation et l'acquisition auprès d'autres États membres de l'UE donnent également lieu au règlement d'un impôt. La base d'imposition est le prix de vente du véhicule à moteur, hors taxes. Le taux appliqué est déterminé au regard de critères environnementaux (normes EURO d'émission de CO_2) et est compris entre 0.5 % et 28 % dans le cas des voitures essence et entre 1 % et 31 % dans celui des voitures diesel. Les voitures particulières dont la cylindrée est supérieure à 2 500 cm^3 sont soumises à une taxe additionnelle, dont le taux est compris entre 8 % (cylindrée égale ou supérieure à 2 500 cm^3) et 16 % (cylindrée égale ou supérieure à 4 000 cm^3). Dans le cas des voitures diesel, il est également tenu compte des émissions de particules. S'agissant des motocycles et des autocaravanes, le taux d'imposition dépend de la puissance du moteur : il est compris entre 1.5 % et 5 % pour les motocycles et entre 6 % et 18 % pour les autocaravanes. Les motocycles dont la cylindrée est supérieure à 1 000 cm^3 sont soumis à une taxe additionnelle de 5 %. L'impôt sur les véhicules à moteur est levé lors de la première immatriculation du véhicule et non sur une base annuelle. Une **taxe environnementale** destinée à financer la lutte contre la pollution imputable aux véhicules à moteur d'occasion est due lors de la première mise en circulation, sur le territoire slovène, des voitures particulières, motocycles, autocaravanes et véhicules de transport de marchandises ; l'importation et l'acquisition auprès d'autres États membres de l'UE et de pays tiers sont également taxées. Calculé en fonction de la masse du moteur du véhicule, le montant de la taxe environnementale est revu chaque année par les pouvoirs publics compte tenu des coûts de prise en charge des véhicules à moteur d'occasion désimmatriculés en Slovénie au cours de l'année précédente. Le règlement de la taxe environnementale est une condition préalable à l'immatriculation. Pour l'année 2015, son montant n'ayant pas été établi, il s'élevait à 0 EUR/kg. Cet impôt est levé lors de la première immatriculation du véhicule et non sur une base annuelle.	Valeur Prix de vente Émissions de CO_2 Émissions Particules Normes d'émission Euro Puissance du moteur Cylindrée Poids	**Sont exemptés de l'impôt sur les véhicules à moteur :** – les véhicules destinés au transport de familles comptant trois enfants ou plus ; – les véhicules destinés au transport de personnes handicapées ; – les véhicules destinés : 1. à l'usage officiel des représentants diplomatiques et consulaires accrédités auprès de la Slovénie ; 2. à l'usage officiel des organisations internationales, tel que disposé dans les traités internationaux par lesquels la Slovénie est liée ; 3. à l'usage personnel des fonctionnaires étrangers des missions diplomatiques et consulaires accrédités auprès de la Slovénie, y compris les membres de leur famille ; 4. à l'usage personnel des fonctionnaires étrangers des organisations internationales, y compris les membres de leur famille, tel que disposé dans les traités internationaux par lesquels la Slovénie est liée ; – les véhicules d'occasion (voitures de collection) ; – les véhicules importés temporairement (en cas de changement temporaire de résidence du propriétaire du véhicule, qui ne conserve pas la résidence permanente en Slovénie) ; – les véhicules de sport non adaptés à la conduite sur route et exclusivement destinés à la conduite sur circuit ; – les véhicules transférés en raison d'un changement de résidence ; – les véhicules à moteur de secours d'urgence utilisés pour le transport de victimes et de patients ; – les véhicules de location longue durée en crédit-bail. **Taxe environnementale :** pas d'exemption.
Suède	**TVA :** 25 %	Valeur	
Suisse	**TVA :** 8 % L'**impôt sur l'achat** de véhicules neufs (d'un poids inférieur ou égal à 1 600 kg et toutes les voitures particulières d'un poids inférieur ou égale à 3 500 kg) : 4 % du prix d'achat. Il n'y a pas de taxe d'immatriculation (mais le paiement de faibles redevances est exigé pour les plaques et documents d'immatriculation).	Valeur Propulsion électrique	Les **véhicules électriques** sont exemptés de l'impôt sur l'achat des véhicules neufs.

Tableau 5.A5.1. **Impôts liés à la vente et à l'immatriculation des véhicules à moteur**[1] *(suite)*

Pays	Taxes	Critères	Abattements/Exemptions
Turquie	**TVA :** 18 %. La **taxe spéciale de consommation** est due lors de la première acquisition de véhicules (importation, acquisition aux enchères, achat auprès d'un négociant de véhicules à moteur, mise en circulation, immobilisation ou immatriculation au nom d'un négociant de véhicules à moteur). Un **droit proportionnel sur les véhicules à moteur** est appliqué. Les véhicules à moteur de la catégorie CN 87.02 conçus pour le transport de voyageurs sont taxés au taux de 9 % (minibus), 4 % (midibus) ou 1 % (autobus). Pour les voitures particulières et autres véhicules à moteur conçus pour transporter des personnes appartenant à la catégorie CN 87.03, d'un poids maximal de 3.5 tonnes et d'une capacité voyageurs inférieure à 50 % de la charge utile maximale, le taux de la taxe spéciale de consommation est de 15 % si la charge utile maximale est inférieure ou égale à 850 kg et la cylindrée inférieure à 2 000 cm³, et si la charge utile maximale est supérieure à 850 kg et la cylindrée inférieure à 2 800 cm³. Dans les autres cas, le taux varie entre 45 % et 145 % selon la cylindrée. Le taux appliqué aux voitures électriques est compris entre 3 % et 15 % selon la puissance du moteur électrique. Pour les **véhicules à moteur conçus pour le transport de marchandises** qui relèvent de la catégorie CN 87.04, dont le poids de chargement maximal est inférieur ou égal à 4 700 kg et qui sont équipés d'un siège en sus de celui du conducteur ou de fenêtres latérales en sus de celles du poste de conduite, le taux de la taxe spéciale de consommation est de 10 % si la cylindrée du moteur est inférieure ou égale à 3 000 cm³, de 52 % si la cylindrée du moteur est supérieure à 3 000 cm³, mais inférieure ou égale à 4 000 cm³, et de 75 % si la cylindrée du moteur est supérieure à 4 000 cm³. Un taux de 10 % est appliqué dans le cas des véhicules dotés d'une caisse couverte et d'une charge utile maximale inférieure à 620 kg. Il est de 4 % dans les autres cas. Le taux de la **taxe sur les motocycles** est compris entre 8 % et 37 % selon la cylindrée. Pour les motocycles électriques, il varie entre 3 % et 37 % selon la cylindrée du moteur électrique.	Valeur Cylindrée Poids Nomenclature douanière Propulsion électrique	**Les personnes handicapées sont exonérées** de la taxe spéciale de consommation.

1. Ne sont pas pris en compte dans ce tableau : les droits de douane ; les régimes spécifiques aux véhicules d'occasion (par exemple, concernant la marge, les véhicules de collection) ; les ventes diplomatiques ; les dispositifs concernant l'export/import et le transfert de véhicules et la taxe sur les primes d'assurance.
2. **Israël :** Les données statistiques concernant Israël sont fournies par et sous la responsabilité des autorités israéliennes compétentes. L'utilisation de ces données par l'OCDE est sans préjudice du statut des hauteurs du Golan, de Jérusalem Est et des colonies de peuplement israéliennes en Cisjordanie aux termes du droit international.

Source : Délégations nationales ; état des lieux au 1er janvier 2016.

Tableau 5.A5.2. **Impôts liés à la possession ou à l'utilisation de véhicules à moteur**[1]

Pays	Taxes	Critères	Abattements/Exemptions
Allemagne	Pour les voitures particulières immatriculées pour la première fois après le 1er juillet 2009, l'impôt sur les véhicules à moteur est principalement basé sur les émissions de CO_2. Il comprend une composante de base (liée à la cylindrée) et une composante liée aux émissions de CO_2. Le tarif de la composante de base s'élève à 2 EUR (essence) ou 9.50 EUR (diesel) pour 100 cm^3. La composante liée aux émissions de CO_2 est taxée à 2 EUR par gramme de CO_2 émis sur un kilomètre. Les voitures immatriculées avant le 1er juillet 2009 sont imposées en fonction de leurs émissions polluantes (Normes EURO) et de la cylindrée.	Émissions polluantes Cylindrée Émissions de CO_2	Les voitures émettant moins de 95 grammes de CO_2 par kilomètre sont exonérées de la composante « CO_2 » et sont uniquement soumises à la composante de base. Les voitures tout-électrique sont exonérées pendant dix ans suivant la date de la première immatriculation si celle-ci a eu lieu entre le 18 mai 2011 et le 31 décembre 2020.
Australie	Les États et les territoires prélèvent des redevances au titre de l'immatriculation annuelle, de l'assurance responsabilité civile obligatoire et de la délivrance du permis de conduire. Leur coût est généralement plus élevé dans le cas des véhicules utilitaires que dans celui des véhicules particuliers. Dans la plupart des États, le montant des redevances sur les camions varie selon le type de véhicule et sa masse brute. Celui de la redevance due au titre du renouvellement du permis dépend de la durée de validité, comprise entre un et cinq ans.	Usage professionnel/privé Masse brute	
Autriche	Pour les véhicules à moteur d'un poids brut admissible supérieur à 3.5 tonnes, l'impôt sur les véhicules à moteur est calculé en fonction du poids du véhicule (entre 1.55 EUR et 1.90 EUR par mois et par tonne selon le poids). Pour les véhicules à moteur d'un poids brut maximal admissible inférieur ou égal à 3.5 tonnes, l'impôt sur l'assurance automobile est calculé en fonction de la puissance du moteur exprimée en kilowatt (voitures) ou en cylindrée (motos). Le tarif applicable aux voitures suit un barème progressif allant de 0.62 EUR à 0.75 EUR par mois et par kW. Dans le cas des motos, le montant de l'impôt est de 0.025 EUR par mois et par centimètre cube.	Poids Puissance du moteur Cylindrée	Véhicules utilisées par les missions diplomatiques et les bureaux consulaires ; les forces armées ; la police ; les brigades de pompiers ; les ambulances ; les services de secours en montagne ; les véhicules à propulsion électrique ; les engins de chantier automoteurs ; les véhicules à l'essai ; les véhicules affectés exclusivement à des services de taxi ; les cyclomoteurs et les motocycles d'une cylindrée maximale de 100 cm^3 ; les véhicule exclusivement à usage agricole et forestier ; et les véhicules destinés au transport de personnes handicapées.
Belgique	**Taxe de circulation (annuelle) :** *Wallonie et Région de Bruxelles-Capitale* : variant selon la puissance fiscale (C.V.) et la cylindrée, le taux d'imposition suit un barème progressif compris entre 77.35 EUR et 1 979.60 EUR. Les véhicules d'une puissance supérieure à 20 C.V. (cylindrée supérieure à 4 litres) sont soumis à une surtaxe de 107.98 EUR par C.V. Les véhicules de plus de 30 ans (25 ans dans la Région de Bruxelles-Capitale) sont soumis à un impôt annuel de 35.10 EUR. *Flandre* : variant selon la puissance fiscale (C.V.) et de la cylindrée, le taux d'imposition suit un barème progressif compris entre 70.32 EUR et 1 799.52 EUR. Les véhicules d'une puissance supérieure à 20 C.V. (cylindrée supérieure à 4 litres) sont soumis à une surtaxe de 98.04 EUR par C.V. Les véhicules de plus de 25 ans sont soumis à un impôt annuel de 35.10 EUR. À compter de l'année budgétaire 2016, l'impôt sera modulé en fonction du niveau d'émission de CO_2, des normes EURO et du type de carburant (sauf pour les voitures en crédit-bail). *Flandre et Wallonie* : une taxe complémentaire est levée sur les voitures partiellement ou entièrement alimentées au gaz de pétrole liquéfié. Son montant est calculé suivant un barème progressif basé sur la puissance du moteur et est compris entre 89.16 EUR et 208.20 EUR. L'**Eurovignette** est abolie à compter du 1er avril 2016 pour être remplacée par le prélèvement kilométrique.	Puissance du moteur Cylindrée Carburant employé Propulsion électrique	Dans toutes les régions, des exemptions sont prévues à l'égard des voitures utilisées par les services publics, des véhicules destinés aux personnes handicapées et invalides de guerre, des véhicules agricoles, des véhicules de secours, des véhicules à l'essai, des bateaux et canots, des véhicules affectés exclusivement à des services de taxi, des cyclomoteurs et des motocycles d'une cylindrée maximale de 250 cm^3. Une exonération partielle est accordée aux véhicules employés pour le transport rémunéré de personnes et aux véhicules utilisés exclusivement dans l'enceinte des ports. *Flandre :* à compter de l'année budgétaire 2016, une réduction fiscale de 100 EUR s'applique aux voitures roulant au gaz de pétrole liquéfié. Sont exemptées les voitures tout-électrique, à hydrogène, hybrides plug-in (jusqu'en 2021), GNV/GNL (jusqu'en 2021).

Tableau 5.A5.2. **Impôts liés à la possession ou à l'utilisation de véhicules à moteur**[1] *(suite)*

Pays	Taxes	Critères	Abattements/Exemptions
Canada	Toutes les provinces imposent des redevances annuelles sur la détention de véhicules à moteur. Leur montant dépend généralement du type du véhicule concerné et, le plus souvent, de son poids.	Type Poids	
Chili	L'impôt annuel levé (par les municipalités) au titre de l'utilisation d'un véhicule à moteur sur la voie publique dépend de la valeur commerciale du véhicule. Véhicules légers : tarif basé sur la valeur commerciale du véhicule. Véhicules de transport de personnes : tarif fixe. Véhicules de transport de marchandises : tarif basé sur la charge utile.	Valeur commerciale Tarif fixe Charge utile (camions)	
Corée	Taxe automobile, assise sur la cylindrée : de 80 KRW à 200 KRW par cm^3 pour les véhicules non utilitaires et de 18 KRW à 24 KRW par cm^3 pour les véhicules utilitaires.	Cylindrée	Exonération totale pour les personnes handicapées.
Danemark	**Taxe semestrielle sur les voitures particulières :** basé sur la consommation de carburant, son montant est compris entre 310 DKK (>20 km/l) et 10 830 DKK (< 4.5 km/l) pour les voitures à essence, et entre 130 DKK (>32.1 km/l) et 16 100 DKK (< 5.1 km/l) pour les voitures diesel. **Taxe annuelle sur les camions :** Véhicules immatriculés pour la première fois avant le 25 avril 2007 : le montant de la taxe sur l'usage à titre personnel est de 1 060 DKK par an si le poids total admissible est inférieur ou égal à 2 tonnes et de 5 920 DKK par an si le poids total admissible est compris entre 2 et 4 tonnes. S'agissant des véhicules immatriculés le 25 avril 2007 ou après, le montant de la taxe sur l'usage à titre personnel est de 5 920 DKK par an si le poids total admissible est inférieur ou égal à 3 tonnes et de 17 590 DKK par an si le poids total admissible est compris entre 3 et 4 tonnes. Le montant de la taxe est réduit de moitié pour les véhicules utilisés à des fins personnelles et professionnelles tandis que ceux exclusivement utilisés à des fins commerciales sont exonérés en totalité.	Consommation de carburant Poids (camions)	
Espagne	L'impôt sur les véhicules à moteur (levé par les municipalités) est basé sur : la puissance du moteur (voitures particulières), la capacité voyageurs (autobus), la charge utile (camions) ou la cylindrée (motocycles).	Type de véhicule Puissance du moteur Cylindrée	**Sont exonérés :** – les véhicules officiels appartenant aux services diplomatiques, les ambulances, les véhicules adaptés pour personnes handicapées, les véhicules de transport public comprenant plus de neuf sièges, les tracteurs et autres véhicules à usage agricole ; les véhicules de collection.
Estonie	Taxe sur les poids lourds : de 0 à 232.60 EUR (par trimestre) selon la fourchette de poids (12 tonnes - 40 tonnes ou plus), le nombre d'essieux (2, 3, 4, 2+1, 2+2, 2+3, 3+2, 3+3), le type de suspension (pneumatique ou autre).	Poids, Nombre d'essieux, Type de suspension	Sont exemptés les poids lourds de l'armée, des forces de l'ordre, des services de secours, des autorités locales, des ONG, ainsi que les véhicules affectés à des opérations de sauvetage.
États-Unis	L'utilisation des camions d'un poids égal ou supérieur à 55 000 livres (environ 25 tonnes) est frappée d'une taxe. Jusqu'à 75 000 livres (sauf camions grumiers) le montant de cette taxe est de 100 USD par an auxquels s'ajoutent 22 USD par tranche de 1 000 livres à partir de 55 000 livres. Au-delà de 75 000 livres, la taxe est de 550 USD. Dans le cas des camions grumiers, le montant dû est de 75 USD par an plus 16.50 par tranche de 1 000 livres au-delà de 55 000 livres, mais si leur poids est supérieur à 75 000 livres, il est de 412.50 USD. Un crédit d'impôt peut être demandé l'année suivante si le véhicule a parcouru 5 000 miles ou moins (7 500 miles ou moins dans le cas des véhicules agricoles.).	Poids (camions)	

Tableau 5.A5.2. **Impôts liés à la possession ou à l'utilisation de véhicules à moteur**[1] *(suite)*

Pays	Taxes	Critères	Abattements/Exemptions
	Les autorités étatiques et locales peuvent imposer des redevances périodiques d'immatriculation, d'exploitation, de stationnement et d'inspection ainsi que des taxes sur la propriété.		
Finlande	L'impôt annuel sur la détention d'une voiture particulière ou camionnette de livraison est basé sur les émissions de CO_2. En l'absence de données d'émission dans le registre des véhicules et conducteurs, son montant est calculé sur la base de la masse totale du véhicule. Il varie de 106.21 EUR (véhicules rejetant moins de 400 grammes de CO_2 par kilomètre) à 654.44 EUR (400 g/km ou plus). Les voitures particulières et camionnettes qui roulent au diesel sont imposées au titre de la puissance motrice sur la base de la masse totale du véhicule. Cette taxe s'applique aussi aux voitures et camionnettes qui consomment d'autres carburants moins taxés que l'essence. Les camions sont soumis à une taxe annuelle basée sur le poids brut maximal, le nombre d'essieux et l'usage des remorques.	Émissions de CO_2 Poids Nombre d'essieux (camions)	
France	Taxe sur les véhicules de société (voitures particulières) : jusqu'à 7 CV: 1 130 EUR ; plus de 7 CV : 2 440 EUR. Une taxe annuelle est levée sur les propriétaires de véhicules émettant plus de 190g de CO_2 pour 100 kilomètres	Puissance du moteur Propulsion électrique Type de carburant	Exemptions : – voitures de plus de 10 ans ; – voitures destinées au transport public, à la location ou à la vente ; – voitures fonctionnant à l'électricité ou au gaz (celles combinant énergie électrique et motorisation à essence ou au gazole bénéficient d'une exonération de moitié). Les véhicules pouvant fonctionner à la fois à l'essence et au GPL sont exonérés de moitié.
Grèce	Taxe annuelle de circulation : le montant dû pour les voitures particulières immatriculées pour la première fois en Grèce avant le 31 octobre 2010 (ou à l'étranger avant 2002) et les motocycles, quelle que soit leur date d'immatriculation, dépend de la cylindrée et est compris entre 22 EUR et 1 380 EUR. Il est également tenu compte du nombre d'années de circulation du véhicule. Pour les voitures particulières et les taxis immatriculés pour la première fois en Grèce après le 1er novembre 2010, la taxe est basée sur les émissions de CO_2 et son montant est compris entre 0 EUR et 3.72 EUR par gramme de CO_2. Pour les camions, le montant de la taxe dépend du poids brut et, pour les autobus, du nombre de sièges.	Cylindrée Émissions de CO_2 Propulsion électrique Poids brut (camions) Nombre de sièges (autobus)	Principaux véhicules exonérés : voitures utilisées par les pouvoirs publics, municipalités incluses, les ambulances etc. ; voitures utilisées par des personnes handicapées et des membres des services diplomatiques étrangers ; voitures électriques ou hybrides immatriculées le 31 octobre 2010 ou avant cette date et dont la cylindrée est inférieure à 1 549 cm^3, voitures particulières immatriculées après le 1er novembre 2011 et dont le niveau d'émission de CO_2 est inférieur à 100 g/km ; motocycles d'une cylindrée inférieure ou égale à 300 cm^3 et utilisées en remplacement de vieux modèles (le remplacement doit être intervenu au plus tard le 31 décembre 2009). Les motocycles d'une cylindrée supérieure à 300 cm^3 et utilisés en remplacement de vieux modèles sont exemptés pendant seulement cinq ans suivant la date de la première immatriculation du nouveau motocycle. Les voitures et motocycles titulaires d'un permis de circulation en cours de validité peuvent être importés, pendant une période limitée n'excédant pas six mois par an, suivant la procédure douanière d'importation temporaire.
Hongrie	L'impôt sur les véhicules à moteur est basé sur la puissance du moteur (en kW) dans le cas des voitures particulières et des motocycles. Il est calculé en fonction du poids à vide pour ce qui est des autobus, des semi-remorques et des autocaravanes. S'agissant des camions, son assiette est le poids net augmenté de 50 % du poids de la cargaison. Le taux imposé est compris entre 140 HUF et 345 HUF par kW pour les voitures particulières et les motocycles selon l'âge du véhicule (plus il est vieux, plus le montant dû est faible) ; il s'élève à 850 HUF par tranche de 100 kg de la base imposable dans le cas des camions, des autobus et des semi-remorques équipés d'essieux qui préservent la chaussée. Pour les autres camions et remorques, le tarif imposé est de 1 380 HUF par tranche de 100 kg.	Puissance du moteur Poids (camions) Type d'essieux (véhicules lourds) Propulsion électrique	Sont exemptés : – les véhicules détenus par des organismes publics ou des organisations religieuses ; – les véhicules détenus par des organismes sociaux et fondations non redevables de l'impôt sur les bénéfices ; – les véhicules de transport public ou de lutte contre les incendies ; – les véhicules détenus par une personne atteinte d'un handicap grave ou affectés au transport de telles personnes âgées de moins de 18 ans ou placées sous tutelle en raison de leur invalidité ; et – les voitures particulières non polluantes.

Tableau 5.A5.2. **Impôts liés à la possession ou à l'utilisation de véhicules à moteur**[1] *(suite)*

Pays	Taxes	Critères	Abattements/Exemptions
Irlande	La taxe de circulation appliquée aux voitures particulières est basée sur les émissions de CO_2. Son montant est compris entre 120 EUR (pour 0 gramme de CO_2 émis par kilomètre) et 2 350 EUR (au-dessus de 225 g/km). La taxe sur les véhicules utilitaires est basée sur le poids net : son montant est compris entre 333 EUR (< 3000 kg) et 5 195 EUR (> 20 000 kg)	Émissions de CO_2 Poids (véhicules utilitaires) Propulsion électrique	Véhicules à propulsion électrique : montant forfaitaire de 120 EUR (véhicules particuliers) ou 92 EUR (véhicules utilitaires d'un poids inférieur ou égal à 1 500 kg.
Islande	Une redevance d'élimination de 350 ISK est levée tous les six mois sur la totalité des véhicules, pendant quinze ans à compter de la date de la première immatriculation en Islande, sauf si le véhicule a 25 ans révolus au début de l'année du paiement. Il s'agit d'une taxe environnementale censée financer l'élimination du véhicule à la fin de sa vie utile. À la mise au rebut du véhicule, le propriétaire reçoit une prime de 20 000 ISK. Les véhicules diesel de plus de 10 tonnes sont soumis à une taxe spéciale dont le montant est calculé sur la base du poids du véhicule et du nombre de kilomètres parcourus. Les propriétaires de véhicules diesel de moins de 10 tonnes ne sont pas redevables d'une telle taxe. Les voitures particulières sont soumises à une taxe semestrielle de circulation basée sur le niveau d'émission de dioxyde de carbone déclaré par le constructeur pour une combinaison de cycles de circulation urbaine et routière. En l'absence de données sur les émissions, le tarif appliqué dépend du poids du véhicule. Le montant de la taxe routière semestrielle est de 130 ISK par gramme de dioxyde de carbone émis au-delà de 121 grammes, en supplément du montant forfaitaire de 5 415 ISK.	Poids Distance Émissions de CO_2	
Israël[2]	Une redevance annuelle est due au titre de la détention des véhicules particuliers et utilitaires d'un poids inférieur ou égal à 3.5 tonnes. Les véhicules sont classés en sept groupes (généralement sur la base du prix). Le montant de la redevance annuelle dépend de l'année de construction et du groupe auquel appartient le véhicule. Il est compris entre 718 NIS et 4 535 NIS. Le barème est différent pour les véhicules utilitaires de plus de 3.5 tonnes fonctionnant au diesel.	Prix Âge Catégorie	Véhicules détenus par des personnes handicapées, des diplomates, des entités du Système des Nations Unies ou certaines œuvres caritatives.
Italie	Taxe annuelle sur la détention : entre 2.58 EUR par kW et 4.95 EUR par kW selon la cylindrée et le niveau d'émissions polluantes. Le tarif national peut être modifié par les autorités régionales. Une surtaxe sur l'usage des voitures et véhicules destinés au transport de personnes ou de marchandises s'applique lorsque la puissance du moteur dépasse 185 kW à hauteur de 20.00 EUR par kW supplémentaire. Elle est réduite de 40 %, 70 % et 85 % pour les véhicules construits depuis plus de cinq, dix et quinze ans respectivement.	Puissance du moteur Émissions polluantes Propulsion électrique	Sont exonérés les véhicules de collection de plus de 30 ans ainsi que les véhicules de plus de 20 ans qualifiés « de collection » dont l'intérêt historique ou spécial est avéré. Si ces véhicules continuent d'être utilisés sur la voie publique, ils sont soumis à une taxe de circulation forfaitaire. Dans nombre de régions, les véhicules à propulsion électrique, GPL et GNV sont exonérés de la taxe sur la détention véhicules : en totalité au cours des cinq premières années (à compter de la date de la première immatriculation) ; puis à 75 % les années suivantes. De même, les véhicules destinés aux personnes handicapées sont exonérés en totalité.
Japon	Une taxe sur le tonnage des véhicules à moteur (*véhicules utilitaires) basée sur le poids est levée à l'échelle nationale. Véhicules de transport de personnes : entre 4 100 JPY par demi-tonne et 6 300 JPY par demi-tonne (entre 2 600 JPY et 2 800 JPY). Camions : entre 3 300 JPY par demi-tonne et 6 300 JPY par demi-tonne (entre 2 600 JPY et 2 800 JPY). Une taxe automobile basée sur la cylindrée est levée par les préfectures. Véhicules de transport de personnes : entre 29 500 JPY et 111 000 JPY (entre 7 500 JPY et 40 700 JPY). Camions (*charge maximale de 4-5 tonnes) : 25 500 JPY (18 500 JPY). Autobus (*capacité de 41 à 50 voyageurs) : 49 000 JPY (17 500 JPY). Une taxe sur les véhicules légers et les motocycles, basée sur la cylindrée et des normes, est levée à l'échelle locale.	Poids Cylindrée	Des réductions de la taxe sur le tonnage des véhicules à moteur sont prévues, notamment, pour les véhicules ayant un faible impact sur l'environnement, les autobus et taxis accessibles à tous et les camions équipés d'un dispositif de freinage anticollision. Le remboursement de la taxe sur le tonnage des véhicules à moteur est prévu pour les véhicules d'occasion dûment mis au rebut avant la date d'expiration de la période de validité du certificat d'inspection. Des réductions de la taxe automobile et de la taxe sur les véhicules légers s'appliquent aux véhicules ayant un faible impact sur l'environnement.

Tableau 5.A5.2. **Impôts liés à la possession ou à l'utilisation de véhicules à moteur**[1] *(suite)*

Pays	Taxes	Critères	Abattements/Exemptions
Lettonie	La **taxe annuelle** sur les voitures particulières est basée sur le poids brut, la cylindrée et la puissance maximale pour les voitures immatriculées après 2005, et uniquement sur le poids brut pour celles immatriculées avant 2005. S'agissant des motocycles, la taxe annuelle est basée sur la puissance du moteur et, dans le cas des poids lourds, sur le poids brut, le nombre d'essieux et le type de suspension si le poids brut est supérieur à 12 tonnes.	Poids (voitures particulières et poids lourds) Puissance du moteur (voitures particulières et motocycles) Puissance maximale du moteur Nombre d'essieux et type de suspension (poids lourds) Propulsion électrique	Sont principalement exonérés : – les voitures, motocycles, tricycles ou quadricycles, dont le propriétaire, détenteur ou conducteur est handicapé ; – les véhicules dont le propriétaire, détenteur ou conducteur est représentant diplomatique/consulaire ou représentant d'une organisation internationale ou jouit de privilèges et immunités diplomatique ou consulaires ; – les véhicules d'urgence ; – les véhicules immatriculés ou en cours d'immatriculation en tant que véhicule de collection ; – les véhicules à propulsion électrique.
Luxembourg	Taxe automobile : il s'agit d'une taxe annuelle de circulation basée sur les émissions de CO_2. Son montant est égal au niveau d'émissions de CO_2 (en g/km) multiplié par un coefficient de 0.9 dans le cas des voitures diesel et de 0.6 dans les autres cas, le tout multiplié par un facteur exponentiel (il est de 0.5 si le niveau d'émissions est inférieur à 90 g/km et augmente de 0.1 par tranche de 10 g/km supplémentaire). Une taxe sur les poids lourds (également appelée « Eurovignette ») est levée au titre de l'utilisation des routes sur les véhicules (camions) dont le poids brut est égal ou supérieur à 12 tonnes. Son montant dépend également des normes EURO concernées.	Émissions de CO_2 Propulsion électrique	Exemptions : véhicules destinés aux personnes handicapées ; véhicules de collection ; voitures utilisées par les pouvoirs publics ; voitures à propulsion électrique.
Mexique	Il n'y a plus de taxe fédérale sur la détention depuis 2002. Une taxe sur la détention et/ou l'immatriculation périodique peut être appliquée au niveau des États. La redevance d'immatriculation avoisine 400 MXN dans la plupart des États et la taxe sur la détention est généralement comprise entre 3 % et 19 % de la valeur du véhicule, selon la catégorie à laquelle il appartient et le nombre de passagers qu'il peut transporter.	Valeur Type de véhicule Nombre de passagers Propulsion électrique	Dans certains États, les véhicules hybrides et électriques affectés au transport public de voyageurs bénéficient d'une exonération. Certains États accordent un allégement de 100 %.
Nouvelle-Zélande	Le montant de la redevance annuelle d'utilisation varie selon le type de véhicule. Il est de 280.55 NZD pour les voitures particulières équipées d'un moteur à essence.	Type de véhicule	
Norvège	Taxe annuelle : 3 655 NOK pour les voitures diesel équipées d'un filtre à particules par le constructeur et 3 135 NOK dans les autres cas ; 1 920 NOK pour les motos ; 1 120 NOK pour les caravanes et 445 NOK pour les cyclomoteurs, tracteurs, véhicules électriques, etc.	Type de véhicule Propulsion électrique Filtre à particules	
Pays-Bas	L'impôt sur les véhicules à moteur est basé sur le poids et le type de carburant employé. À cela s'ajoute une surtaxe provinciale. La taxe sur les poids lourds (également appelée « Eurovignette ») est levée sur les véhicules (camions) d'un poids brut égal ou supérieur à 12 tonnes au titre de l'utilisation des routes nationales. Son montant est basé sur les normes EURO (catégorie diesel)	Impôt sur les véhicules à moteur : carburant employé, poids Taxe régionale (province) : émissions de CO_2 Taxe sur les poids lourds : nombre d'essieux émissions polluantes	Les véhicules qui n'émettent pas de CO_2 sont exonérés en totalité ; les véhicules faiblement pollueurs (moins de 50 g/km) sont exonérés de moitié. **Autres véhicules bénéficiant d'exonérations :** ambulances (vétérinaires) ; véhicules utilisés par les brigades de pompiers ; véhicules utilisés par la police/l'armée ; véhicules funéraires ; véhicules affectés au nettoyage, à l'entretien ou à la construction des routes ; taxis et véhicules de plus de 40 ans. Autres exemples de régime spécial : réduction fiscale à l'égard des camionnettes de livraison servant à des fins professionnelles dans au moins 10 % du temps et des minibus pour personnes handicapées (transport et conduite).

Tableau 5.A5.2. **Impôts liés à la possession ou à l'utilisation de véhicules à moteur**[1] *(suite)*

Pays	Taxes	Critères	Abattements/Exemptions
Pologne	Une taxe annuelle sur les véhicules à moteur est levée par les municipalités. Sont concernés : les poids lourds d'un PTAC supérieur à 3.5 tonnes, les tracteurs routiers et lourds, les remorques et semi-remorques et les autobus.	Poids Type de véhicule Nombre de passagers (autobus)	Véhicules détenus par les représentations diplomatiques, les bureaux consulaires et autres missions étrangères ; véhicules de transport de la force de réserve ; véhicules spéciaux ou à usage spécial ; véhicules de collection.
Portugal	La taxe annuelle levée par l'État et les municipalités sur la détention d'un véhicule a été réformée au 1er juillet 2007 s'agissant des véhicules de transport de personnes et des voitures à usage mixte d'un poids brut inférieur ou égal à 2.5 tonnes. Son montant est basé sur la puissance du moteur et les émissions de CO_2 si le véhicule a été immatriculé après la réforme, mais si l'immatriculation a été effectuée entre 1981 et l'adoption de la réforme, il dépend de la puissance du moteur (ou tension), de la date d'immatriculation et du type de carburant utilisé. Un droit d'accise est perçu sur les camions de plus de 2.5 tonnes affectés au transport public et privé de marchandises.	Puissance du moteur Émissions de CO_2 Propulsion électrique Poids Nombre d'essieux Type de véhicule et de carburant Type de suspension	Sont exonérés les véhicules détenus par l'État (administrations centrales, régionales ou locales), les brigades de pompiers, des États étrangers, des missions diplomatiques et consulaires, des organisations internationales, des agences spécialisées européennes et des personnes handicapées ; véhicules saisis par l'État dans le cadre d'une procédure pénale. Sont également exonérés les ambulances, les véhicules de transport de voyageurs affectés à la location ou à des services de taxi, les tracteurs, les véhicules funéraires, les véhicules non motorisés à assistance électrique ou fonctionnant à l'aide des énergies renouvelables.
République slovaque	**Impôt sur les véhicules à moteur** : s'applique aux véhicules utilisés à des fins commerciales. Son montant dépend du type du véhicule (utilitaires et autobus), de son poids, de sa cylindrée et du nombre d'essieux.	Usage Type de véhicule (voitures particulières) Poids, cylindrée (véhicules utilitaires and autobus) Nombre d'essieux Émissions polluantes	Sont exonérés de l'impôt sur les véhicules à moteur : a) les véhicules enregistrés au nom de l'unité territoriale qui perçoit l'impôt sur les véhicules à moteur ; b) les véhicules des missions diplomatiques et corps consulaires sous réserve que la réciprocité est garantie.
République tchèque	Une taxe de circulation frappe tous les véhicules routiers automobiles et leurs remorques immatriculés et exploités en République tchèque dont les propriétaires sont soumis à : – l'impôt sur les sociétés (à l'exception des véhicules servant à des activités d'intérêt général non soumises à l'impôt sur les sociétés) ; – l'impôt sur le revenu des personnes physiques au titre d'activités indépendantes rémunérées ou d'un lien indirect avec de telles activités ; Les véhicules d'un poids total admissible de plus 3.5 tonnes, immatriculés en République tchèque et exclusivement affectés au transport de marchandises sont soumis à la taxe de circulation. Dans le cas des voitures particulières, la base imposable est la cylindrée du moteur exprimée en centimètres cubes, sauf pour les voitures électriques. Dans le cas des semi-remorques et autres véhicules à moteur, la base imposable est la charge à l'essieu (en tonnes) et le nombre d'essieux des semi-remorques. Dans les autres cas, la base imposable est le poids maximal admissible en tonnes et le nombre d'essieux. Le montant annuel de la taxe est compris entre 1 200 CZK et 4 200 CZK pour les voitures particulières, et entre 1 800 CZK et 44 100 CZK pour les autres véhicules.	Cylindrée (voitures particulières) Type de propulsion Type de carburant Charge à l'essieu nombre d'essieux (semi-remorques) Poids maximal admissible et nombre d'essieux (autres véhicules)	Sont exemptés : les véhicules de moins de quatre roues (motocycles) ; les véhicules des missions diplomatiques et bureaux consulaires (en cas d'accord réciproque) ; les véhicules affectés au transport de voyageurs sur des lignes intérieures, les véhicules des forces armées et de la protection civile ; les véhicules affectés à la réserve opérationnelle ou d'urgence ; les véhicules de la police nationale ; les véhicules de lutte contre les incendies ; les ambulances ; les véhicules d'exploitation minière et de secours en montagne ; les véhicule d'intervention de sécurité des sociétés gestionnaires d'infrastructures électriques et gazières ; les véhicules de voirie ; les véhicules à usage spécial (par exemple, marquage de la chaussée) et les véhicules détenus par les autorités routières et les personnes agréées par celles-ci et exclusivement dédiés au maintien des communications terrestres, à l'exception des voitures particulières, des véhicules électriques, des véhicules hybrides, des véhicules roulant au GPL ou au GNV et des véhicules équipés d'un moteur conçu pour être alimenté à l'E85. Les véhicules exclusivement affectés au transport combiné ferroviaire ou fluvial bénéficient d'une réduction fiscale (de 25 % à 100 %). Cette réduction s'applique pendant une période 108 mois à compter de la date de la première immatriculation du véhicule (à hauteur de 48 % les 36 premiers mois, de 40 % les 36 mois suivants et de 25 % les 36 mois restants).

Tableau 5.A5.2. **Impôts liés à la possession ou à l'utilisation de véhicules à moteur**[1] *(suite)*

Pays	Taxes	Critères	Abattements/Exemptions
Royaume-Uni	Dans le cas des camions, le droit d'accise sur les véhicules (VED) est calculé en fonction du nombre d'essieux, du poids et du type de véhicule. Pour les voitures immatriculées depuis le 1er mars 2001 sur la base d'un certificat d'approbation type dans lequel le niveau d'émission de dioxyde de carbone (CO_2) est indiqué, le droit d'accise sur les véhicules est calculé en fonction de la quantité de CO_2 rejetée et du type de carburant consommé suivant un barème composé de 13 tranches, allant de A à M, la tranche A correspondant aux véhicules les moins polluants et la tranche M à ceux qui émettent le plus de CO_2 (pour en savoir plus, *www.direct.gov.uk/Motoring*). Les voitures particulières qui ne relèvent pas de ce barème sont soumises à un système de seuil : le montant du droit annuel est de 145 GBP si la cylindrée est inférieure ou égale à 1 549 cm^3, et de 230 GBP si la cylindrée est supérieure à 1 549 cm^3.	Type de véhicule Émissions de CO_2 Type de carburant Propulsion électrique	Sont exonérés les véhicules destinés aux personnes handicapées, les véhicules de collection construits avant le 1er janvier 1975, les véhicules à usage limité, les engins agricoles, les tondeuses, les véhicules à vapeur, les véhicules à propulsion électrique et les cycles à assistance électrique, ainsi que les véhicules détenus par des entités publiques (ambulances, camions de pompiers, voitures de police, etc.).
Slovénie	Les propriétaires de véhicules à moteur et de remorques s'acquittent d'un **impôt de circulation** une fois par an, au moment du renouvellement du certificat d'immatriculation. Contre versement d'un droit annuel, tout véhicule immatriculé est autorisé à circuler sur la voie publique pendant une période de 12 mois. Le montant de cet impôt dépend de la catégorie à laquelle appartient le véhicule et est proportionnel à la durée de la période d'immatriculation pour une année donnée.	Cylindrée Puissance du moteur Poids Émissions polluantes Propulsion électrique Type de suspension Nombre de sièges	Sont exonérés de l'impôt de circulation : – les véhicules fonctionnant exclusivement à l'électricité, les tracteurs et remorques, les motocycles, les tricycles d'une cylindrée inférieure ou égale à 50 cm^3 et les quadricycles légers, les remorques légères d'un PTAC inférieur ou égal à 750 kg, les véhicules à moteur de l'armée slovène, de la protection civile, des services de secours en montagne, du « laboratoire écologique », les véhicules des unités mobiles, de la police et des sapeurs-pompiers, les ambulances, les véhicules à moteur et les remorques immatriculés au nom de missions diplomatiques et consulaires, les véhicules de certaines organisations internationales et les véhicules affectés au transport de personnes handicapées. Réduction fiscale accordée aux camions peu polluants : Camions de la catégorie N1 : réduction fiscale au titre de EURO 5 (-25 %), EURO 6 et au-delà (-35 %) ; surtaxe au titre de EURO 3 (+10 %), EURO 2 (+20 %), EURO 1 (+30 %) et EURO 0 ou en-deçà (+40 %). Camions des catégories N2, N3 et autobus (M2, M3) : réduction fiscale au titre de EURO 5 (-25 %), EURO 6 et au-delà (-35 %) et surtaxe au titre de EURO 3 (+10 %), EURO 2 (+20 %), EURO 1 (+30 %) et EURO 0 ou en-deçà (+40 %). Réduction fiscale pour les autobus et camions à suspension pneumatique (-15 %). Réduction fiscale pour les véhicules de collection (-80 %) et les véhicules acquis pour le transport de familles d'au moins quatre enfants (-50 %).
Suède	La taxe annuelle de circulation est basée sur les émissions de CO_2 pour les voitures datant de 2006 et après, pour les véhicules plus anciens au moins conformes aux normes d'émission EURO 4, ainsi que pour les autocaravanes, les véhicules légers et les autobus légers mis en circulation en 2011 ou à une date ultérieure. Cette taxe est composée d'un tarif de base de 360 SEK auquel s'ajoutent 22 SEK par gramme de CO_2 émis par le véhicule au-delà de 111 g/km. Si le véhicule peut fonctionner au diesel, la somme obtenue est multipliée par 2.37. Dans le cas des véhicules alternatifs, la taxe est de 360 SEK plus 11 SEK par gramme de CO_2 émis au-delà de 111 g/km.	Poids Émissions de CO_2 Type de carburant. Propulsion électrique	Les voitures non polluantes sont exonérées de la taxe annuelle de circulation pendant les cinq premières années suivant leur mise en circulation. Cette exemption s'applique aux voitures, autocaravanes, véhicules utilitaires légers et autobus légers qui émettent proportionnellement peu de CO_2 par rapport à leur poids. Ces émissions ne doivent pas dépasser la valeur obtenue à l'aide de la formule (95 + 0.0457 x (le poids du véhicule en kg – 1 372)). Pour les véhicules alternatifs, la formule utilisée est (150 + 0.0457 x (le poids du véhicule en kg – 1 372)). Les voitures électriques ne doivent pas consommer plus de 37 kWh aux 100 km.

Tableau 5.A5.2. **Impôts liés à la possession ou à l'utilisation de véhicules à moteur**[1] *(suite)*

Pays	Taxes	Critères	Abattements/Exemptions
Suisse	**Au niveau des cantons :** La taxe annuelle sur les véhicules à moteur est calculée en fonction du poids ou de la cylindrée du véhicule. **Au niveau fédéral :** Une redevance doit être payée pour l'utilisation des routes suisses (de première et deuxième classes). Elle est perçue sous la forme d'une vignette dont le prix de vente est 40 CHF. Les véhicules à moteur et les remorques dont le poids total ne dépasse pas 3.5 tonnes sont en principe soumis à la vignette. Ce groupe comprend avant tout les voitures de tourisme, les motocycles, les voitures de livraison, les remorques, etc. Les véhicules à moteur et les remorques dont le poids total excède 3.5 tonnes (véhicules lourds) ont besoin d'une vignette s'ils ne sont pas soumis à la redevance sur le trafic des poids lourds. Relèvent par exemple de cette catégorie les véhicules de travail lourds (camions-grues). La redevance sur le trafic des poids lourds liée aux prestations (RPLP) est calculée en fonction du poids total, des émissions polluantes et de la distance parcourue en Suisse. Elle est perçue sur tous les véhicules à moteur et remorques dont le poids total admissible est supérieur à 3.5 tonnes, qui sont destinés au transport de marchandises, qui sont immatriculés en Suisse ou à l'étranger et qui empruntent le réseau routier public suisse. Les véhicules ci-après qui sont utilisés sur le réseau routier public suisse sont soumis à une redevance forfaitaire sur le trafic des poids lourds (RPLF) perçue sous la forme d'une somme fixe : voitures de tourisme lourdes, voitures automobiles lourdes servant d'habitation (camping-cars) et caravanes, véhicules destinés au transport de personnes (autocars), tracteurs et chariots à moteur, véhicules à moteur de forains et de cirques, autres véhicules à moteur destinés au transport de marchandises dont la vitesse maximale ne dépasse pas 45 km/h.	Poids Cylindrée Distance parcourue Émissions polluantes Propulsion électrique	Les véhicules électriques et agricoles bénéficient généralement d'une réduction de la taxe sur les véhicules à moteur.
Turquie	L'impôt sur les véhicules à moteur est calculé en fonction du poids, du type du véhicule et de la cylindrée. Le propriétaire enregistré s'en acquitte sous la forme de deux versements annuels d'un montant identique.	Poids, Type de véhicule Cylindrée Propulsion électrique	Sont exonérées les voitures particulières à propulsion électrique.

1. Taxe sur les primes d'assurance non incluse.
2. **Israël :** Les données statistiques concernant Israël sont fournies par et sous la responsabilité des autorités israéliennes compétentes. L'utilisation de ces données par l'OCDE est sans préjudice du statut des hauteurs du Golan, de Jérusalem Est et des colonies de peuplement israéliennes en Cisjordanie aux termes du droit international.

Source : Délégations nationales; état des lieux au 1er janvier 2016.

ANNEXE A

*Pays dotés d'un régime de TVA**

Pratiquement tous les pays prélèvent des impôts généraux sur la consommation, c'est-à-dire des impôts sur la vente de la plupart des biens et services aux consommateurs. Dans la grande majorité de ces pays, cet impôt est une TVA, c'est-à-dire une taxe collectée à tous les stades des processus de production et de distribution de biens et de services, l'effet d'accumulation de la taxe étant empêchée par le mécanisme du droit à déduction, par les entreprises, de la taxe qu'elles ont acquitté sur leurs intrants de celui qu'elles facturent sur leurs ventes de biens et services. Une minorité de pays appliquent des taxes de vente au détail, qui désignent des impôts perçus à un stade unique sur les biens et services fournis aux consommateurs finals. Tous les pays de l'OCDE prélèvent une TVA, à l'exception des États-Unis où les taxes sur les reventes sont perçues au niveau infranational (voir le chapitre 1).

Au 1er janvier 2016, 166 pays et territoires dans le monde avaient mis en œuvre un régime de TVA :

Pays et territoires appliquant une TVA

No	Pays	Mise en œuvre	Taux en 2016 (%)		
			Normal	Réduit	Majoré
1	Afrique du Sud	1991	14.0	0	
2	Albanie	1995	20.0	0, 10	
3	Algérie	1992	17.0	0, 7	
4	Allemagne	1968	19.0	7	
5	Andorre	2013	4.5	0, 1, 2.5	9.5
6	Antigua-et-Barbuda	2007	15.0	0, 12.5	
7	Argentine	1974	21.0	2.5, 5, 10.5	27
8	Arménie	1993	20.0		
9	Australie	2000	10.0	0	
10	Autriche	1973	20.0	10, 13	
11	Azerbaïdjan	1992	18.0		
12	Bahamas	2015	7.5		
13	Bangladesh	1991	15.0	0, 7.5	10, 500
14	Barbade	1997	17.5	0, 7.5	
15	Belarus	1991	20.0	10	
16	Belgique	1971	21.0	0, 6, 12	
17	Belize	2006	12.5		

* L'acronyme « TVA » désigne tout impôt national qui réunit les caractéristiques fondamentales d'une taxe sur la valeur ajoutée telles qu'elles sont décrites dans le chapitre 1, quels que soient sa dénomination ou son acronyme, « taxe sur les biens et services » (TPS) par exemple.

Pays et territoires appliquant une TVA *(suite)*

No	Pays	Mise en œuvre	Taux en 2016 (%)		
			Normal	Réduit	Majoré
18	Benin	1991	18.0	0	
19	Bolivie	1986	13.0	0	
20	Bosnie-Herzégovine	2006	17.0		
21	Botswana	2002	12.0	0	
22	Brésil	1964	17, 18	4, 7, 12	25
23	Bulgarie	1994	20.0	9	
24	Burkina Faso	1993	18.0	0	
25	Burundi	2009	18.0	0, 10	
26	Cabo Verde	2004	15.0	0	
27	Cambodge	1999	10.0		
28	Cameroun	1999	19.25	0	
29	Canada	1991	TPS : 5.0 TVH : 13/14/15		
30	Chili	1975	19.0		
31	Chine (République populaire)	1994	17.0	13	
32	Chypre[1]	1992	19.0	0, 5, 9	
33	Colombie	1983	16.0	0, 5	
34	Commonwealth de la Dominique	2006	15.0	0, 10	
35	Congo (République)	1997	18.0	0, 5	
36	Corée (du Sud)	1977	10.0		
37	Costa Rica	1982	13.0	5, 10	
38	Côte d'Ivoire	1960	18.0	0, 9	
39	Croatie	1998	25.0		
40	Danemark	1967	25.0	0	
41	Djibouti	2009	10.0		
42	Égypte	1991	10.0	5	15, 20, 30
43	El Salvador	1992	13.0	0	
44	Équateur	1982	12.0	0	
45	Espagne	1986	21.0	4, 10	
46	Estonie	1991	20.0	0, 9	
47	Éthiopie	2003	15.0		
48	Ex-République yougoslave de Macédoine	2000	18.0	5	
49	Fidji	1992	15.0	0	
50	Finlande	1994	24.0	0, 10, 14	
51	France	1968	20.0	2.1, 5.5, 10	
52	Gabon	1995	18.0	0, 5, 10	
53	Gambie	2013	15.0	0	
54	Géorgie	1993	18.0	0	
55	Ghana	1998	15 + 2.5	0, 3, 5	
56	Grèce	1987	23.0	6, 13	
57	Grenade	2010	15.0	10	20
58	Guatemala	1992	12.0	0	
59	Guinée	1996	18.0	0	
60	Guinée-Bissau	2001	15.0	0, 10	20
61	Guinée équatoriale	2005	15.0	0, 6	
62	Guyana	2007	16.0	0	
63	Haïti	1982	10.0		
64	Honduras	1964	15.0		18
65	Hongrie	1988	27.0	5, 18	
66	Îles Féroé	1993	25.0	0	
67	Îles Cook	1997	15	0	
68	Île de Man	1973	20.0	0, 5	
69	Indonésie	1985	10.0	4, 8.4	10-200

Pays et territoires appliquant une TVA *(suite)*

No	Pays	Mise en œuvre	Taux en 2016 (%)		
			Normal	Réduit	Majoré
70	Iran	2008	6.0 + 3.0		12+3, 20 (5 ou 10)
71	Irlande	1972	23.0	0, 4.8, 5.2, 9, 13.5	
72	Islande	1990	24	11	
73	Israël[2]	1976	17.0	0	
74	Italie	1973	22.0	0, 4, 5, 10	
75	Jamaïque	1991	16.5	2, 10	21.5, 25
76	Japon	1989	8.0		
77	Jersey	2008	5.0	0	
78	Jordanie	2001	16.0	0, 4, 8	16, 20, 24
79	Kazakhstan	1992	12.0	0	
80	Kenya	1990	16.0	0	
81	Kirghizistan	1999	12.0	0	
82	Kosovo	2001	16.0	8	
83	Lao (République démocratique populaire)	2010	10.0	0	
84	Lesotho	2003	14.0	0, 5	15
85	Lettonie	1995	21.0	12	
86	Liban	2002	10.0	0	
87	Liechtenstein	1995	8.0	2.5, 3.8	
88	Lituanie	1994	21.0	5, 9	
89	Luxembourg	1970	17.0	3, 8, 14	
90	Madagascar	1994	20.0	8	
91	Malaisie	2015	6.0		
92	Malawi	2002	16.5	0	
93	Maldives	2011	6.0		12
94	Mali	1991	18.0	5	
95	Malte	1999	18.0	0, 5, 7	
96	Maroc	1986	20.0	0, 7, 10, 14	
97	Maurice	1998	15.0		
98	Mauritanie	1995	16.0		18
99	Mexique	1980	16.0	0	
100	Moldova	1998	20.0	8	
101	Monaco	1968	20.0	2.1, 5.5, 10	
102	Mongolie	1998	10.0		
103	Monténégro	2003	17.0	0, 7	
104	Mozambique	1999	17.0		
105	Namibie	2000	15.0		
106	Népal	1997	13.0		
107	Nouvelle-Zélande	1986	15.0	0	
108	Nicaragua	1975	15.0	0, 7	
109	Niger	1986	19.0	0, 5	
110	Nigeria	1994	5.0	0	
111	Niue	2009	12.5	0	
112	Norvège	1970	25.0	0, 10, 15	
113	Ouganda	1996	18.0	0	
114	Ouzbékistan	1992	20.0	0	
115	Pakistan	1990	17.0	0, 2	18.5, 21, 22, 25
116	Panama	1977	7.0		10, 15
117	Papouasie-Nouvelle-Guinée	1999	10.0	0	
118	Paraguay	1993	10.0	5, 2	
119	Pays-Bas	1969	21.0	6	
120	Pérou	1991	16.0 + 2.0		
121	Philippines	1988	12.0	5	
122	Pologne	1993	23.0	0, 5, 8	

Pays et territoires appliquant une TVA *(suite)*

No	Pays	Mise en œuvre	Taux en 2016 (%)		
			Normal	Réduit	Majoré
123	Portugal	1986	23.0	6, 13	
124	Porto Rico	2016	10.5 + 1.0	4	
125	République centrafricaine	2001	19.0	5	
126	République démocratique du Congo	2012	16.0	0	
127	République dominicaine	1983	18.0	0, 16	
128	République slovaque	1993	20.0	10	
129	République tchèque	1993	21.0	10, 15	
130	Roumanie	1993	20.0	5, 9	
131	Royaume-Uni	1973	20.0	0, 5	
132	Russie	1991	18.0	10	
133	Rwanda	2001	18.0	0	
134	Saint-Kitts-et-Nevis	2010	17.0	0, 10	
135	Saint-Vincent-et-les-Grenadines	2007	15.0	0, 10	
136	Sainte Lucie	2012	15	0, 10	
137	Samoa	1994	15.0	0	
138	Sénégal	1980	18.0	0, 10	
139	Serbie	2005	20.0	10	
140	Seychelles	2012	15.0	0	
141	Sierra Leone	2009	15.0	0	
142	Singapour	1994	7.0	0	
143	Slovénie	1999	22.0	9.5	
144	Soudan	2000	17.0	0	
145	Sri Lanka	1998	11.0	0	
146	Suède	1969	25.0	0, 6, 12	
147	Suisse	1995	8.0	2.5, 3.8	
148	Swaziland	2012	14	0	
149	Tadjikistan	1992	18.0	0	
150	Taïwan	1986	5.0	0, 1	
151	Tanzanie	1998	18.0	0	
152	Tchad	2000	18.0	0	
153	Thaïlande	1992	7.0	0	
154	Togo	1995	18.0		
155	Tonga	2005	15.0		
156	Trinité-et-Tobago	1990	12.5		
157	Turquie	1984	18.0	1, 8	
158	Turkménistan	1992	15.0	0	
159	Tunisie	1988	18.0	0, 6, 12	
160	Ukraine	1992	20.0	0, 7	
161	Uruguay	1972	22.0	0, 10	
162	Vanuatu	1998	12.5	0	
163	Venezuela	1993	12.0	0	
164	Vietnam	1999	10.0	0, 5	
165	Zambie	1995	16.0	0	
166	Zimbabwe	2004	15.0	0	

1. **Note de la Turquie** : Les informations figurant dans ce document qui font référence à « Chypre » concernent la partie méridionale de l'Île. Il n'y a pas d'autorité unique représentant à la fois les Chypriotes turcs et grecs sur l'Île. La Turquie reconnaît la République Turque de Chypre Nord (RTCN). Jusqu'à ce qu'une solution durable et équitable soit trouvée dans le cadre des Nations Unies, la Turquie maintiendra sa position sur la « question chypriote ».
Note de tous les États Membres de l'Union européenne de l'OCDE et de la Commission européenne : La République de Chypre est reconnue par tous les membres des Nations Unies sauf la Turquie. Les informations figurant dans ce document concernent la zone sous le contrôle effectif du gouvernement de la République de Chypre.
2. **Israël :** Les données statistiques concernant Israël sont fournies par et sous la responsabilité des autorités israéliennes compétentes. L'utilisation de ces données par l'OCDE est sans préjudice du statut des hauteurs du Golan, de Jérusalem Est et des colonies de peuplement israéliennes en Cisjordanie aux termes du droit international.

ANNEXE B

Compte rendu des conclusions sur les Principes directeurs internationaux de l'OCDE pour la TVA/TPS

FORUM MONDIAL DE L'OCDE SUR LA TVA – PARIS, 5-6 NOVEMBRE 2015

Nous, hauts responsables de 104 juridictions et organisations internationales du monde entier, nous sommes réunis lors de la troisième réunion du Forum mondial de l'OCDE sur la TVA (le Forum mondial) les 5 et 6 novembre 2015 à Paris pour discuter des progrès réalisés dans l'achèvement des Principes directeurs de l'OCDE pour la TVA/TPS* (les Principes directeurs) en tant que norme mondiale visant à traiter des problèmes de double imposition et d'absence involontaire d'imposition dans l'application de la TVA au commerce international.

Nous rappelons que, lors de sa première réunion des 7 et 8 novembre 2012 à Paris, le Forum mondial a appelé à construire le consensus international le plus large possible sur les Principes directeurs aux fins de leur approbation comme norme mondiale.

Nous rappelons également que, lors de sa deuxième réunion des 13 et 14 avril 2015 à Tokyo, le Forum mondial :

- a soutenu et approuvé les trois premiers chapitres des Principes directeurs sur le principe de neutralité et sur le lieu d'imposition des transactions internationales entre entreprises (B2B - «*business-to-business*») portant sur les services et les biens incorporels afin qu'ils servent de point de référence dans la conception et l'application des législations, et
- a demandé à l'OCDE de finaliser les chapitres restants des Principes directeurs, en particulier pour le traitement cohérent des ventes internationales de services aux consommateurs privés (B2C - «*business-to-consumer*») et de présenter les Principes directeurs ainsi complétés pour approbation lors de la troisième réunion du Forum mondial en novembre 2015.

Dans ce contexte, et à la lumière des discussions à la troisième réunion du Forum mondial :

- Nous nous félicitons de l'approbation de l'ensemble des Principes directeurs consolidés par le Comité des affaires fiscales de l'OCDE (CAF) le 7 juillet 2015, comprenant les nouveaux éléments des Principes directeurs élaborés depuis la deuxième réunion du Forum mondial en avril 2014, avec les pays de l'OCDE et du G20 travaillant de concert sur

* La taxe sur la valeur ajoutée (TVA) est également appelée « taxe sur les biens et services » (TPS) dans de nombreuses juridictions. Afin de rendre le texte plus lisible, l'acronyme « TVA » utilisé dans ce document couvre l'ensemble des taxes sur la valeur ajoutée, quelle que soit leur dénomination.

un pied d'égalité. Ces nouveaux éléments comprennent les règles et les éléments de mise en œuvre pour une application efficace et cohérente de la TVA aux ventes de services et de biens incorporels aux consommateurs privés (B2C – « *business-to-consumer* »), qui faciliteront la collecte efficace de la TVA due sur ces transactions, aidant ainsi les juridictions à protéger leurs recettes de TVA et à assurer des conditions de concurrence équitables entre les vendeurs nationaux et étrangers.

- Nous nous félicitons de la participation active d'un nombre croissant de pays au-delà de l'OCDE et du G20 ainsi que de la communauté mondiale des entreprises dans la réalisation de ce travail, notamment par la participation aux consultations sur les projets pour discussion, aux séminaires, aux ateliers et aux réunions du Forum mondial sur la TVA.
- Nous nous félicitons de l'inclusion des Principes directeurs pour l'application de la TVA aux fournitures internationales de services et de biens incorporels dans l'ensemble des rapports sur l'érosion de la base d'imposition et le transfert de bénéfices (BEPS – Base Erosion and Profit Shifting) qui ont été approuvés par le Conseil de l'OCDE le 1er octobre 2015 et soumis aux Ministres des Finances du G20 le 8 octobre 2015.
- Nous approuvons l'ensemble des Principes directeurs consolidés en tant que norme pour l'application de la TVA au commerce international de services et de biens incorporels afin qu'ils servent de point de référence dans la conception et l'application des législations pour minimiser les risques d'absence involontaire d'imposition et de double imposition.
- Nous attendons l'élaboration d'une Recommandation de l'OCDE en 2016, qui inclura l'ensemble des Principes directeurs et sera ouverte à l'adhésion de tous les non-membres de l'OCDE.
- Nous demandons à l'OCDE d'élaborer des dispositions de mise en œuvre (« implementation packages ») afin de soutenir la mise en œuvre efficace et cohérente des Principes directeurs et de travailler dans les domaines qui ne sont pas encore couverts par ces Principes directeurs. Ces travaux peuvent inclure des recherches et des analyses sur les méthodes visant à améliorer la neutralité et la performance d'ensemble des systèmes de TVA, tels que la conception et la mise en œuvre de mécanismes de remboursement de la TVA et les méthodes d'évaluation des risques. Ces travaux peuvent aussi comprendre le développement d'un cadre éventuel pour l'échange d'informations et l'amélioration de la coopération administrative dans le domaine de la TVA. Les travaux futurs pourront aussi couvrir l'application de la TVA au commerce international des biens, y compris la collecte de la TVA sur l'importation des biens de faible valeur ainsi que les bonnes pratiques dans le domaine du respect des obligations fiscales. Il pourrait aussi être nécessaire d'entreprendre des travaux sur les interactions entre la TVA et le cadre applicable aux impôts directs, notamment dans le domaine des prix de transfert.
- Nous attendons la conception d'un cadre encore plus inclusif pour mener et soutenir ces travaux avec la participation de tous les pays et juridictions intéressés, en particulier les économies en développement, sur un pied d'égalité.

Site Internet du Forum mondial : *www.oecd.org/fr/fiscalite/consommation/forum-mondial-tva.htm*

ANNEXE C

Taux de change

Taux de change

Pays	Monnaie	Taux de PPA[1]	Taux du marché[2]
Allemagne	EUR	0.79	0.90
Australie	AUD	1.49	1.33
Autriche	EUR	0.82	0.90
Belgique	EUR	0.82	0.90
Canada	CAD	1.25	1.28
Chili	CLP	392.30	654.32
Corée	KRW	891.25	1 331.31
Danemark	DKK	7.50	6.73
Espagne	EUR	0.67	0.90
Estonie	EUR	0.56	0.90
États-Unis	USD	1.00	1.00
Finlande	EUR	0.93	0.90
France	EUR	0.82	0.90
Grèce	EUR	0.61	0.90
Hongrie	HUF	133.86	279.19
Irlande	EUR	0.85	0.90
Islande	ISK	142.20	131.90
Israël*	ILS	3.88	3.89
Italie	EUR	0.75	0.90
Japon	JPY	105.33	121.00
Lettonie	EUR	0.51	0.90
Luxembourg	EUR	0.90	0.90
Mexique	MXN	8.26	15.87
Norvège	NOK	9.80	8.06
Nouvelle-Zélande	NZD	1.47	1.43
Pays-Bas	EUR	0.83	0.90
Pologne	PLN	1.80	3.77
Portugal	EUR	0.59	0.90
République slovaque	EUR	0.50	0.90
République tchèque	CZK	13.18	24.59
Royaume-Uni	GBP	0.69	0.65
Slovénie	EUR	0.60	0.90
Suède	SEK	9.13	8.43
Suisse	CHF	1.28	0.96
Turquie	TRY	1.27	2.72

Note sur les taux de change : Les comparaisons internationales de seuils et de montants d'impôt exprimés en monnaie nationale nécessitent de les convertir en une monnaie unique. Par convention, la monnaie utilisée dans cette publication est le dollar des États-Unis (USD). Deux taux peuvent généralement être employés pour convertir des monnaies nationales en USD : (1) les taux du marché, qui sont les taux de change observés sur les marchés (le taux utilisé dans cette publication est le taux moyen pour 2015 tel qu'il est publié dans les Statistiques monétaires et financières de l'OCDE) ; (2) les taux de change à parité de pouvoir d'achat (PPA) pour le PIB, qui égalisent le pouvoir d'achat de différents pays en supprimant les écarts de niveaux de prix entre eux ; ils indiquent le nombre d'unités monétaires requis dans chaque pays pour acheter le même panier représentatif de biens et de services de consommation qui coûte 1 USD aux États-Unis. Les taux de change à PPA (pour 2015) sont utilisés pour les tableaux 1.A1.10 (chapitre 1), 2.A2.3 et 2.A2.7 (chapitre 2) car ils permettent une meilleure comparaison de la valeur des seuils d'exonération de la TVA. Les taux de change du marché sont utilisés pour les autres tableaux car ils facilitent la comparaison des prix et du niveau des impôts dans les différents pays.

Note sur Israël : Les données statistiques concernant Israël sont fournies par et sous la responsabilité des autorités israéliennes compétentes. L'utilisation de ces données par l'OCDE est sans préjudice du statut des hauteurs du Golan, de Jérusalem Est et des colonies de peuplement israéliennes en Cisjordanie aux termes du droit international.

1. Parités de pouvoir d'achat (PPA) pour le PIB 2015. Consulté le 1er juillet 2016. Pour plus de détails, voir *www.oecd.org/fr/std/prix-ppa/*.
2. Taux moyens du marché en 2015. Statistiques monétaires mensuelles de l'OCDE. Pour plus de détails, voir stats.oecd.org

Source : OCDE.

ANNEXE D

Cigarettes – Marques les plus vendues dans les pays de l'OCDE

Cigarettes – Marques les plus vendues dans les pays de l'OCDE

Pays	Marque la plus vendue en 2014
Allemagne	Marlboro
Australie	Winfield
Autriche	Marlboro
Belgique	Marlboro
Canada	NA
Chili	Belmont
Danemark	Prince
Espagne	Ducados
Estonie	Marlboro
États-Unis d'Amérique	N/C
Finlande	L&M
France	Marlboro
Grèce	Marlboro
Hongrie	Sopianae
Irlande	Silk Cut
Islande	Winston
Israël	Marlboro
Italie	Marlboro
Japon	Mevius
Luxembourg	Marlboro
Mexique	Marlboro
Norvège	Prince
Nouvelle-Zélande	Holiday
Pays-Bas	Marlboro
Pologne	L&M
Portugal	SG
République de Corée	Esse
République tchèque	Red &White
Royaume-Uni de Grande-Bretagne et d'Irlande du Nord	Marlboro Red Kingsize
Slovaquie	Goden Gate
Slovénie	Boss
Suède	Marlboro
Suisse	Marlboro
Turquie	Winston

Source : Organisation mondiale de la santé (OMS)/délégués nationaux.

ORGANISATION DE COOPÉRATION ET DE DÉVELOPPEMENT ÉCONOMIQUES

L'OCDE est un forum unique en son genre où les gouvernements œuvrent ensemble pour relever les défis économiques, sociaux et environnementaux liés à la mondialisation. À l'avant-garde des efforts engagés pour comprendre les évolutions du monde actuel et les préoccupations qu'elles suscitent, l'OCDE aide les gouvernements à y faire face en menant une réflexion sur des thèmes tels que le gouvernement d'entreprise, l'économie de l'information et la problématique du vieillissement démographique. L'Organisation offre aux gouvernements un cadre leur permettant de confronter leurs expériences en matière d'action publique, de chercher des réponses à des problèmes communs, de recenser les bonnes pratiques et de travailler à la coordination des politiques nationales et internationales.

Les pays membres de l'OCDE sont : l'Allemagne, l'Australie, l'Autriche, la Belgique, le Canada, le Chili, la Corée, le Danemark, l'Espagne, l'Estonie, les États-Unis, la Finlande, la France, la Grèce, la Hongrie, l'Irlande, l'Islande, Israël, l'Italie, le Japon, le Luxembourg, le Mexique, la Norvège, la Nouvelle-Zélande, les Pays-Bas, la Pologne, le Portugal, la République slovaque, la République tchèque, le Royaume-Uni, la Slovénie, la Suède, la Suisse et la Turquie. L'Union européenne participe aux travaux de l'OCDE.

Les Éditions OCDE assurent une large diffusion aux travaux de l'Organisation. Ces derniers comprennent les résultats de l'activité de collecte de statistiques, les travaux de recherche menés sur des questions économiques, sociales et environnementales, ainsi que les conventions, les principes directeurs et les modèles développés par les pays membres.

ÉDITIONS OCDE, 2, rue André-Pascal, 75775 PARIS CEDEX 16
(23 2016 35 2 P) ISBN 978-92-64-26406-9 – 2017

www.ingramcontent.com/pod-product-compliance
Lightning Source LLC
LaVergne TN
LVHW080653011026
849160LV00014B/1407
* 9 7 8 9 2 6 4 2 6 4 0 6 9 *